ポルトガル語圏世界への50のとびら

Cinquenta portas para o mundo lusófono

上智大学外国語学部ポルトガル語学科●編

Sophia University Press
上智大学出版

まえがき

ポルトガル語というといまだに「ポルトガル以外にどこで話している言語ですか」とよく聞かれる。ブラジルは何とか国名が出てきても、そこから先は「うーん」と考えてしまう人も多い。確認だが、現在ポルトガル語を公用語とする国は世界で八つ、すなわち、ポルトガル、ブラジル、カボベルデ、ギニア・ビサウ、アンゴラ、モザンビーク、サントメ・プリンシペ、東ティモールである（厳密にいうと九つである。二〇一〇年に赤道ギニアがポルトガル語を公用語とすることを発表しているが、現在は話者がほとんどいないのが現状である）。カボベルデからサントメ・プリンシペまではアフリカの国々であり、二一世紀最初の独立国家東ティモールはアジアにある。

ポルトガル語を母語とする人々のコミュニティは日本にも存在する。一〇七年前に日本からブラジルに移民として渡った日本人の子孫たちが、一九八〇年代末頃から出稼ぎ労働者として日本を訪れ、生活をしている（二〇一五年現在およそ一七万人）。そしてかつて東方貿易の拠点の一つであったマカオもまた、ポルトガル語を含め、ポルトガルの文化や歴史を色濃く残す地域である。

こうしてポルトガル語を軸として世界規模で広がる国や地域が「ポルトガル語圏」であり、そこを対象とした様々な研究を「ポルトガル語圏研究」と呼んでいる。研究というとやや敷居が高いかもしれないが、平たくいえば、ポルトガル語圏といわれる国や地域にはどんな人々が暮らし、どんな社会が広がっているのか、どんな歴史や文化があるのか、またどんな問題を抱えているのか、など、様々な手法を使って明らかにしようとするものである。

今あなたが手にしている書物は、そんなポルトガル語圏研究を知るための五〇枚の扉（とびら）である。ポルトガル語圏の世界をある程度知っている人も、そうでない人も、まずはこのとびらを開いてほしい。日本のニュースではあまり取り上げられないけれども、ポルトガル語圏の世界を知る上で重要なテーマを簡潔に説明している。本書を読んだのちに読者の皆さんがそれぞれの関心を見出し、新しいとびらを発見するべく、ポルトガル語圏研究を続けてくれることを願っている。とびらはまだまだあるはずだから。

本書は五章から成り立っている。目次を見ていただくとわかるが、各章のタイトルは動詞である。とびらを開くには行動する必要があると考え、あえてそうしてみた。順に「振り返る」（revisitar）、「交わる」（interagir）、「闘う」（lutar）、「楽しむ」（desfrutar）、「夢見る」（sonhar）である。カッコの中はポルトガル語である（ちなみにポルトガル語の動詞の原形はｒで終わる。関心のある方は是非ポルトガル語を勉強してください）。ポルトガル語圏の歴史的な内容を集めた一章、コミュニケーションやつながりという面からポルトガル語圏のテーマを集めた二章、何かを求めて闘ってきたポルトガル語圏については三章、とにかく楽しんでほしい四章、そして未来のあるポルトガル語圏について述べた五章、である。どこから読んでいただいても大丈夫である。

各項目を執筆したのは上智大学外国語学部ポルトガル語学科の教員である。各々専門を生かしながらテーマを選択した。なかには研究領域を広げるつもりで新しいテーマに取り組んだ教員もいる。執筆者一人ひとりにとっても勉強になった一冊として仕上がった。当初はポルトガル語学科創設五〇周年（二〇一四年）に合わせ企画された。だからとびらは五〇になったが、本当はもっと取り上げたいテーマもあった。一〇〇周年は先の話になってしまうので、それより前に今回入れられなかったテーマについても書いてみたい。読者の皆さんから「こういうテーマも知りたい」というご意見をいただければ非常にありがたい。

本書を刊行するにあたっては、上智大学出版ならびに出版社ぎょうせいの皆さんに本当に、本当にお世話になりました。原稿は遅れ、ゲラの段階での加筆修正もてんこ盛りで本当にご迷惑をおかけしました。ここに改めておわびと御礼を申し上げます。

そして何よりも学科教員の皆さんにも御礼申し上げます。

二〇一五年一二月

ブラジルと日本の修好通商航海条約一二〇周年の年の終わりを間近に控えて

編集者代表　子安　昭子

目　次

第4章 楽しむ *Desfrutar*

第5章　夢見る　*Sonhar*

第1章

振り返る

Revisitar

1 大航海時代
—船団は世界を港に—

市之瀬 敦

キーワード　発見、大西洋、エンリケ航海王子、マゼラン、国際貿易

最近のポルトガル語学科新入生に「ポルトガルといえば？」と問うと、「クリスティアーノ・ロナウド」とサッカー選手の名前を挙げる学生がけっこういる。一サッカーファンである私としては決して悪いことではないと思うし、サッカーはモダンなポルトガルを海外にアピールしうると考えているので歓迎すべき変化だと思うが、一昔前に同じ問いを投げかけたら、かなりの数の学生が過去を想起して、「大航海時代」と答えたものである（もちろん今もいる）。

日本の高校で世界史を学ぶとき、唯一ポルトガルの国名に触れるのがこの時代だろう。その意味では、当然の反応だったと思う。なお、大航海時代は、ポルトガルで出版される歴史書を読むと、Época dos Descobrimentos, Era das Descobertas、すなわち「発見の時代」とされていることが多いが、ここでは「発見」というヨーロッパの視点を嫌って作られた日本生まれの歴史用語＝「大航海時代」を用いることにしよう。もちろん、「大航海時代」を意味するÉpoca das Grandes Navegaçõesを歴

史用語として用いることも可能である。

現在、ポルトガル語はポルトガルだけでなく、南米のブラジル、アフリカ大陸の五か国＝アンゴラ、モザンビーク、カボベルデ、ギニア・ビサウ、サントメ・プリンシペ（ポルトガル語を公用語の一つに採用して間もない赤道ギニア共和国には話者はほとんどいないのが実情）、インドのゴア、中国南部のマカオ、東南アジアの東ティモールなどに話者がいるが（ほかにも日本を含め、ポルトガル人やブラジル人の移民が暮らすがゆえに話者が存在する地域がある）、もしこの時代がなかったら、これほどまでにグローバルなポルトガル語の普及はなかったはずである。もしこの時代がなかったら、ポルトガル人は自分たちの国の歴史を今ほどに誇ることもできなかっただろう。もっとも、この時代がなかったらポルトガルの衰退は起こらなかっただろうと言った作家もかつてはいたのだが……。

リスボンにある大航海記念碑
（筆者撮影）

いずれにしても、ポルトガルをポルトガルたらしめるのは大航海時代だといっても過言ではないくらいなのである。一度は歴史にその名を永遠に残すことによって、ポルトガル人は世界の海を征服する国民になった。ポルトガルは人類史上最初の海洋帝国である。確かに、ポルトガル人の語りはあまりにも自国の役割を強調しすぎているのではないかとも思われるのだが、ポルトガル人からすれば自分たちの貢献を過小評価されていると感じているらしく、第三者的には誇張のように思われるところがあるのもしかたないといえばそうなのであろう。

海に出た理由

一般に、大航海時代とは一五世紀から一七世紀半ばまで続いた時代のことを指す。それ以前の十字軍の時代にもヨーロッパ人たちは大西洋や地中海を伝って大規模な移動を行っていたが、大航海時代は文字通りグローバルな人やモノの移動の始まりであった。二世紀以上も続いたその時代において、ポルトガルが常に中心的な役割を果たしていたわけではないが、先陣を切った国であったことはまぎれもない事実である。では、なぜポルトガル船団は大西洋の大海原へと旅立ったのだろうか。いくつかの条件を指摘しておこう。

なんといっても、ポルトガルの地理的位置は重要である。地図を見れば一目瞭然だが、大西洋に面した長い海岸線が続き、しかもリスボンやポルトなど良港に恵まれている。大西洋は外に開かれた広大な海である。しかもアメリカ大陸に向かうにはイベリア半島は海流の方向がよかった。さらに、漁業も盛んであった。ポルトガル人はポルトガル人になってからずっと海になじんでいるのだ。それゆえ航海術に関する知識も豊富であり、羅針盤・四分儀・アストロナーベなど天文学を利用した航海術を使っており、中世時代に使われた帆船に代わるカラベラ船（三本のマストを持つ小型の帆船）を開発したのもポルトガル人であった（スペイン人も大いに利用したが）。大型船よりもカラベラ船は操縦が容易で、小回りが利いたのである。バルトロメウ・ディアスが喜望峰を周回したときに乗っていたのもカラベラ船であったし、ヴァスコ・ダ・ガマがインドに到達したのもカラベラ船によってであった。ただし貨物輸送には向いておらず、いずれ大型船に取って代わられたが。

　また、当時のヨーロッパにおいて、ポルトガルは珍しくすでに国境を画定し、政治的な安定を享受する国であったことも〝船出〟を助けた。様々な社会集団も海外進出に利益をそれぞれ見出していた。大事業を成功させることで王室は権威をさらに高めたかったし、国内にある経済的な困窮も解決したかった。またイスラム教徒との戦いに勝利を望んでもいた。貴族階級は新しい領土を欲し、地位向上も求めていた。カトリック教会は信仰を広め、権限をさらに強めたかった（ポルトガル人航海士たちは地上にキリストの王国を創るために仕えるキリストの兵士なのであった。またポルトガル人たちは新しい土地を発見すると、そこの高台に十字架を立てたことも忘れてはならない）。中産階級は新しい市場を見つけ富を増大させたかった（彼らからの資金援助は「大航海」という一大事業にとって不可欠であった）。庶民は新しい職を見つけ、生活を改善したかった。すなわち、国を挙げて海外拡張を望み、成功を模索していたのである。

　大航海時代のポルトガルを支えた人物としてエンリケ航海王子の名前を憶えている方も多いはずだ。その人物像はどこかミステリアスで、彼の功績に関しては賛否両論がある。大航海時代の開始を告げるセウタ攻略（一四一五年）を指揮し、一四一七年にはキリスト教騎士団長に任命され、海外拡張のプロジェクトに専念するようになった。未知の海に乗り出すのは恐怖そのものであった。怪獣が棲むかもしれない海に対する漠然とした恐怖感も当時は支配的であった。にもかかわらず、王子の教養、周囲から寄せられる信頼があったからこそ、ポルトガル船団の発見の航海は可能になったのである。

ポルトガルの航路と港

　ポルトガル人はまず現在も国内領土であるアゾレス諸島とマデイラ島を「発見」し、定住を始めた。

さらに南下し、カボベルデ諸島を「発見」した後も大西洋沿岸部を南下、一四八八年には南アフリカの喜望峰を周回した。航海困難な海に囲まれ、当初は「苦難の岬」と呼ばれていたがローマ教皇の意向で「喜望峰」に名称変更された。一四九八年にはインドのコルカタまで到達。日本に姿を見せるのは一五四三年（四一年、四二年ともいわれる）だが、それは新しい時代の開始からおよそ一〇〇年後のことであった。やはり極東に位置する日本は遠かったのだ。

一五〇〇年四月には、偶然かどうかは別にして、ブラジルも「発見」している。ポルトガル語圏の形成という意味でブラジルの誕生、発展はきわめて重要であった。また、意外と知られていないことであるが、太平洋を航海したマゼランは本当はマガリャンイス（Fernão de Magalhães）という名のポルトガル人であった。本人の帰還は果たせなかったが、彼が踏破した航続距離は驚異的であった。

あの時代によくもポルトガルのような小さな国が世界を股にかけて活躍できたものだと感嘆してしまうが、裏返していえば、あの時代だからこそわずかな期間だったかもしれないがポルトガルのような小さな国でも世界を支配できたのかもしれない。東洋から持ち帰った物品をヨーロッパで誇示し、数十年間とはいえ、ポルトガルは西洋世界のあこがれの的だったのである。一五一四年、ポルトガル国王はローマに使節団を派遣し、富を積んだペルシャの馬、宝石で着飾った東洋人、白い象を運んだが、これらは、ローマ市民はもちろんのことローマ教皇さえも驚かせたと伝えられる。

帰港の後で

人類が真剣に取り組めば限界を超えることができると証明した大航海時代の偉業であるが、その歴史的影響は計り知れない。地中海から大西洋に国際貿易の中心が移った。農業より商業に対する関心が高まった。アフリカ、アジア、アメリカから貴金属がもたらされた。ジャガイモやトマトなど食料品が変化した。ブルジョワ階級の経済力が向上し力を得た。未知の地理、民族、文化、動植物に関する知識が増大した。ポルトガル語（や他のいくつかのヨーロッパ言語）が世界に広まり、語彙や表現力も増えた。人の移動（奴隷が流入し、富を求めた人々が移住した）、キリスト教の普及なども指摘できる。ポルトガル人たちの航海は、正に人類の歴史を変えた大事業であった。

しかし、急激に富を得れば、人々の心に変化が生じ、生活習慣も影響を受ける。古い伝統を失い始めたリスボンの退廃を憂える声も聞かれるようになった。一六世紀末の大叙事詩『ルジアダス』（ルジタニアの人々＝ポルトガル国民）に、旅立つ船乗りたちを引き留めようとする「レステロの老人」が登場する所以である。ポルトガル帝国の偉大さを信じたセバスティアン王子はモロッコの戦闘で行方不明、王位継承者を失ったポルトガルはスペイン王室に統合され、六〇年間にわたって屈辱の歴史を経験することになった。国力の可能性以上の事業をもくろんだとき、何が待っているのかを教えてくれる出来事である。時代が変わり、ポルトガルの海が消えてなくなっても、サウダーデ（ここではノスタルジーと訳しておこう）は残った。いや、大航海時代の遺産が文学だけではないことはすでに指摘した通りである。

かつては世界の各大陸を港に変えたポルトガル。航海の目的が次第に帝国に貢献するよりも貿易によって利益をあげることに重点が置かれるようになったとしても、それぞれの港を起点として言語や文化を広めたことは否定できない。逆に、古い世界（ヨーロッパ）に新しい世界を伝える、すなわち、未知の土地の人や物品に関する新しい情報を旧大陸にもたらしたのだ。全人類史の中で、「知」に最大規模の飛躍をもたらした時代なのである。二一世紀、我々が研究対象とするポルトガル語圏が大航海時代とまったく同じ広がりを見せているわけではないが、基盤はこの時代にこそある。ポルトガル語圏研究者は大航海時代を無視できないのである。

かつて、リスボンの港から船が出港するとき、見送る者の中には無事と成功をひたすら祈る者もいたが、船員たちに向かってこう叫ぶ者もいたという。Boa viagem!「良い旅を」。本書を手に取り、ポルトガル語圏研究の世界に第一歩を踏み出そうとしている読者たちに、いやポルトガル語の海に船を漕ぎだそうとしている読者たちに、成功を祈るとともに、この言葉を送りたい。

〈参考文献・ウェブサイト〉

Martins, J. Cândido. O mar, as descobertas e a literatura portuguesa. 〈http://alfarrabio.di.uminho.pt/vercial/letras/candid02.htm〉（Acesso em: 20 de dezembro de 2012）

Porto Editora（2007）*História de Portugal. 1.º e 2.º ciclos. Dos 8 anos 13 anos*, Porto, Porto Editora.

Ramos, Rui（coord.）（2010）*História de Portugal*, Lisboa, A Esfera dos Livros.

金七紀男（二〇〇四）『エンリケ航海王子——大航海時代の先駆者とその時代』刀水書房。

2 黒い南大西洋
―西洋近代の陰画を超えて―

矢澤達宏

キーワード　「黒い大西洋」、奴隷貿易、ディアスポラ、アグダ、カンドンブレ

奴隷船の辿った道

かつて新世界有数の奴隷輸入港であったブラジル北東部のサルヴァドール。その旧市街の一角、トドスオスサントス湾（Baía de Todosos Santos）を見下ろす断崖上に郷土の誇る偉大な詩人カストロ・アルヴェス（Antônio F. de Castro Alves）の像が立っている。奴隷貿易の惨状を告発する彼の代表作「奴隷船（O navio negreiro）」（一八六八年）はこう締めくくられている。

すぐにも廃絶せよ、忌まわしきブリッグ船を
コロンブスが波間に切り開きし道　深遠なる大海に輝く光彩のごとし……
…されど（※同じ道を辿る奴隷貿易の）破廉恥なことときわまりなし……
（中略）
コロンブスよ、貴方の拓きし諸海への扉を閉ざしたまえ　（※訳者注）

カストロ・アルヴェス像
（筆者撮影）

この叫びからほどなくしてブラジルでは奴隷制そのものが廃止され、一九世紀後半は密貿易の形で運ばれ続けた「黒い積荷」もついに途絶えた。しかし、アフリカとブラジルを結ぶ道は完全に閉ざされたわけではなかった。

黒人中心にみる大西洋世界

大西洋はひと昔前までは、ヨーロッパから植民者やキリスト教が渡っていき、新世界からは金・銀や砂糖・綿・コーヒーといった富が運ばれてくる舞台として、もっぱら描かれてきた。一九九二年の「コロンブス五〇〇年」を機に、そうしたまなざしのヨーロッパ中心性を暴き出す声が高まったことは記憶に新しい。西洋近代の栄華をもたらした新世界の植民地化が、先住民の征服やアフリカ人の奴隷化といった負の側面と表裏一体であったことは、改めて指摘するまでもない。奴隷貿易の帰結としてのアフリカ人およびその文化の新世界各地への広まりは、西洋近代の新世界への拡大のいわば陰画だといえる。

ところで、新世界のアフリカ系人を全体としてとらえていこうとする試みは、二〇世紀中葉に活躍した米国の人類学者ハースコヴィッツ（Melville J. Herskovitz）あたりから始まる。彼はアフリカからの文化的伝播とその後の変容が、新世界の中でも地域によってどのように違ってくるのかを研究した。その後二〇世紀後半になると、元々世界各地に広がるユダヤ人の状況を表すものであった「ディアスポラ（diaspora; 離散の意）」という用語および概念を援用し、ブラック・ディアスポラ（もしくはアフリカン・ディアスポラ）なる表現がしばしば聞かれるようになる。その含意は、アフリカ外のアフリカ系の人々を単なるアフリカ系文化の受動的な継承者としてでなく、ルーツであるアフリカを様々な形で見つめ返す能動的な存在としてとらえるべきだというものである。たとえば二〇世紀前半、主に米国の黒人のあいだで、自らに着せられた汚名の返上、地位向上も見据えながら、植民地支配にあえぐアフリカ人との連帯を示し、その解放・独立運動を支援する動きが見られた。このパン・アフリカニズム運動のような、新世界からアフリカへという逆のベクトルを持つ現象も、ディアスポラの枠組みに依拠すれば射程に収めることができるというわけである。シーガル（Ronald Segal）の著した『ブラック・ディアスポラ』（一九九五年）は、そうした視点に立った概説書である。

「黒い大西洋」とブラジル・アフリカ

そして二〇世紀末、英国の黒人学者が発表した『ブラック・アトランティック』（一九九三年）は認識のさらなる革新をもたらすことになる。著者ギルロイ（Paul Gilroy）は、ディアスポラの概念を受け継ぎつつも、より精緻化した枠組みを提起して大きな反響を呼んだ。ともすればアフロ・セントリズムのように「起源（roots）」の方に傾斜して想定しがちであったディアスポラの人間像を、「経路（routes）」にも規定要因として同等の重みを置いたものへとギルロイは矯正した。つまり、アフリカという故地の共有もさることながら、その後の互いに異なる移動の遍歴もまた、世界各地に広がる黒人たちのありように影響を及ぼしていると指摘したのである。このようなディアスポラのあり方を、彼は大西洋というトランス・ナショナルな空間を行き交う船になぞらえる。アフリカ、新世界、西欧のあいだのアフリカ（系）人の移動、そして彼らのあいだの観念、書籍、レコード等の流通が知や文化のネットワークを織りなしてきたことを主張し、それを「黒い大西洋（Black Atlantic）」と呼んだのであった。

では、「黒い大西洋」におけるブラジルの位置づけとはどのようなものであろうか。ブラジルといえば、現在の国単位で見るなら、かつては大西洋奴隷貿易においてアフリカ人を最も多く受け入れた国であり、今日でもアフリカ系人口がアフリカ諸国を入れても世界で二番目（一番はナイジェリア）に多い国である。それが、ハースコヴィッツ流のアフリカ系文化研究でこそ、その「黒さ」で傑出した地位を揺るぎないものとしているものの、アフリカへの志向をはじめその他の局面では拍子抜けするほど影が薄い。『ブラック・アトランティック』でも、挙げられている具体的事例は米国、カリブ、英国のものに偏重し、ブラジルなど非英語圏やアフリカそのものへの言及はきわめて限定的である。なぜか？——理由は様々に考えうるが、限られた紙数では掘り下げて議論することはかなわない。ブラジルに関しては、政治面、文化面ともに黒人運動の国際的影響力が大きい米国との言語的相違は無視できまいが、ブラジルが長らく人種主義と無縁だと認識されてきたこと、アフリカ植民地の保持に執着したポルトガルを当初支持したことなども関係していたであろうことだけ指摘しておこう。

ただ、だからといってブラジルやアフリカに対する扱いが正当だとも思えない。英語圏ほど影響度は大きくなかったかもしれないが、これら地域が「黒い大西洋」の一角を担っていたのはたしかである。現にマトリー（J. Lorand Matory）を筆頭に、大西洋の南半分に対する『ブラック・アトランティック』の沈黙を批判し、見過ごされてきた局面を描き出そうとする動きも出てきている。かつての奴隷船の航跡を辿り、何がその後ブラジルとアフリカのあいだを行きかったのか見てみよう。

解放奴隷のアフリカ帰還—ベニン湾岸のアグダたち

西アフリカのベニン湾岸と呼ばれる地域は、ポルトガル語圏でないにもかかわらず、この言語に由来する地名を一部残している。ナイジェリアの最大都市ラゴス（Lagos）やその隣国ベナンの首都ポルトノヴォ（Porto Novo）はその代表例である。大航海時代にヨーロッパ勢力の先陣をきってポルトガルがこの地に進出したことの名残であるが、ポルトガル語との縁は実は地名だけではない。この地域には、シルヴァ、ブランコ、カンポス、ローシャ、アルメイダといった姓を持つ人々がちらほらいる。その大半は、ブラジルで奴隷身分から解放された後、大西洋をふたたび渡って戻ってきたアフリカ人の子孫で、しばしばアグダ（Aguda）と総称される。偶然ではあるが、ラゴスとポルトノヴォは、ウィダ（Ouidah: ベナン南西部の沿岸都市）とならび、最大規模のアグダ・コミュニティを抱える都市となっている。このほかバダグリ（Badagry: ナイジェリア南西部）、アクラ（Accra: ガーナの首都）などにもアグダ（ガーナでは「タボン（Tabon: Está bom からの派生）」と呼ばれる）は存在している。

アグダの祖にあたる人々は、どのような経緯でブラジルから戻ってきたのだろうか。彼らの一部は一八三五年にバイア県サルヴァドールで発生した、奴隷や自由黒人を中心としたマレー反乱（Revolta dos Malês）に加わったかどで強制追放された形だったが、大半は自発的に船賃も払って大西洋を渡ったとみられる。一九世紀前半から二〇世紀初頭まで、八〇〇〇人ほどがアフリカへ戻ったと推測される。その意図については想像するほかないが、マレー反乱後に厳しさを増した黒人に対する制約と迫害が大きく作用したとの見方が強い。他方、望郷の念がそうさせたという側面も否定はできないが、本来の生地にまで戻った者はわずかだったことが推定されるため、その点では留保をつけざるをえない。たしかに彼らはかつてこの地域の港から積み出されはしたものの、その多くは元々一九世紀に入り内陸部を襲った大規模な戦乱の中で奴隷化された人々であった。だが「ブラジル帰り」のほとんどは内陸部には戻らず、沿岸部諸都市に定着した。もはや居場所がない、あるいは故郷そのものが戦乱で消失してしまったといった理由で戻れなかったのか、それとも戻ろうとしなかったのか――。いずれにせよ、彼らは「ブラジルで奴隷だった」という共通の経験（ギルロイのいう「経路」ということになる）を紐帯としてコミュニティを形成し、ベニン湾岸各地で暮らしていくこととなる。

アグダたちは自身のバックグラウンドを強みに、この地域での存在感を増していく。まず、大西洋の両側に通じていることから、アフリカ・ブラジル間の交易に従事する人々が多く出た。バイアのタバコや火酒、ベニン湾岸のパノ・ダ・コスタ（Pano da Costa; ブラジルの黒人女性に好まれた、片方の肩から上半身をくるむように掛ける色縞の布）やパーム油などが取り引きされたが、奴隷貿易に手を染めることも厭わなかったという。またブラジルで身につけた技術を活かし、大工や石工、指物師、女性であれば裁縫師や料理人として活躍した者たちも少なくない。今日でもラゴスやポルトノヴォの「ブラジル人街」では、昔年のバイアの面影を残す家々を見かける。これらは主に「ブラジル帰り」の職人たちがかつての主人の町屋敷を模して建てたものである。

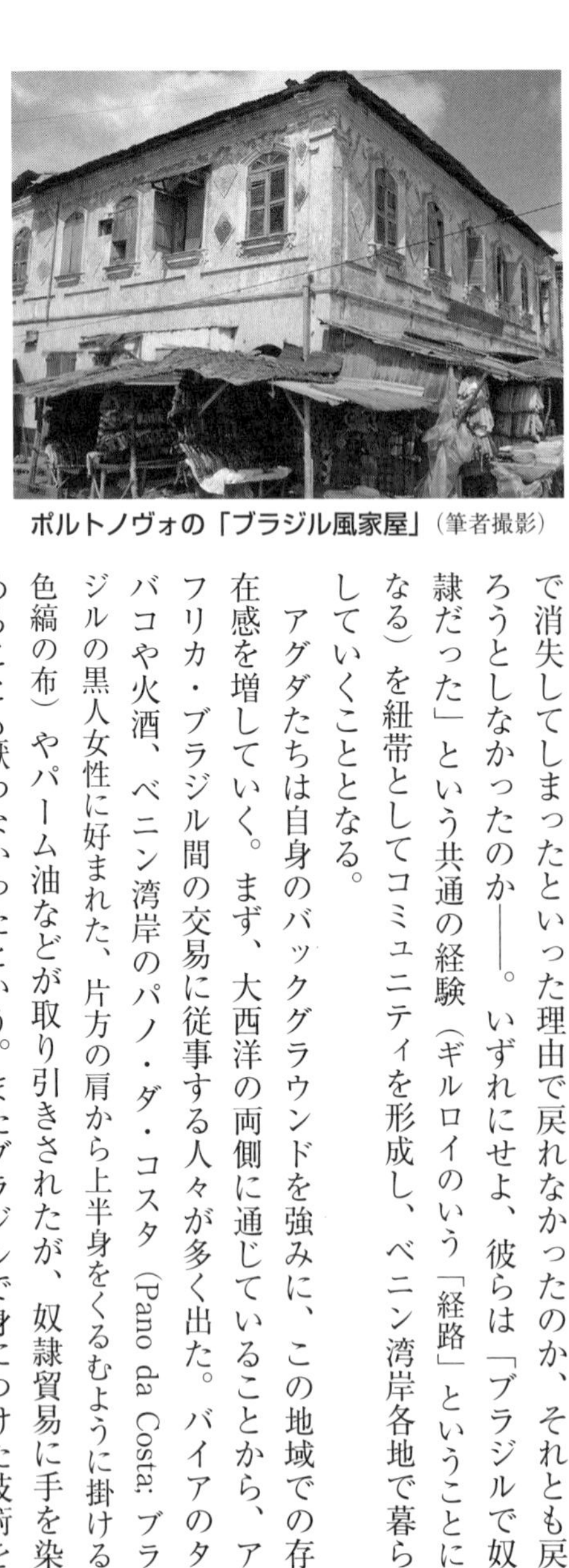

ポルトノヴォの「ブラジル風家屋」（筆者撮影）

黒人でありながらヨーロッパの言語が使え、キリスト教徒であることは、ヨーロッパ人とアフリカ人のあいだを仲介する領域にも適応した。特に二世代目以降になると現地のアフリカ人エリートや富裕層の一角を占めるようになる。よく知られるのはアラキジャ（Alakija）一族の例であろう。もとはアスンサン（Assumpção）という姓だったが、しばらくするとヨルバ（ベニン湾岸の主要民族の一つ）

名へと変えた。「ブラジル帰り」の父母から生まれたアデイェモ・アラキジャ（Adeyemo Alakija; 旧名プラシド・アスンサン Plácido Assumpção）は英国に留学して法学を修めた後、英領ナイジェリアの植民地政府で要職を務めた。その後はナイジェリア青年運動（Nigerian Youth Movement）に加わるなど萌芽期のナショナリズム運動に身を投じている。またベナンの西隣トーゴの初代大統領に選出されたオリンピオ（Sylvanus Olympio）もアグダの一族の出であった。ちなみにアデイェモの兄マクスウェル（Maxwell Porphyrio de Assunção Alakija; 旧名ポルフィリオ・マクシミリアノ Porfilio Maximiliano）は二〇歳の頃にサルヴァドールへと渡り、弁護士、英語教師として活動した。アラキジャ家は大西洋に文字通りまたがった名家となっている。

宗教的パワーを求めて—カンドンブレ祭司たちのアフリカ「巡礼」

ブラジルとベニン湾岸との関係は、解放奴隷の帰還だけで終わってしまったのではない。まさにギルロイが提起した人や情報の往来が、いかに細く途切れがちな流れであろうとも、今日まで続いてきたといえる。なにより当事者にとっては、その意義は決してとるに足らぬものなどではない。この両地域の交流を支えてきたのは文化的実践である。

アフロ・ブラジル宗教の中で抜群の知名度を誇るのがカンドンブレ（Candomblé）である。これはベニン湾岸地域の一大民族であるヨルバの宗教を核にして形成されたといわれ、バイアを中心に数々のテレイロ（terreiro: 儀礼場、またそこを拠点としている集団）があるが、名門とうたわれるいくつかのテレイロには起源にまつわる、ある口頭伝承が存在する。それは創立に際し中心的な役割を果たした人物のアフリカ遍歴にまつわるものである。近年、渡航記録等様々な史料により、それがあながち単なる伝説でもないことが明らかにされている。

最も古いとされるカザ・ブランカ（Casa Branca do Engenho Velho）の例を見てみよう。このテレイロでは、アフリカ生まれの二人の女性解放奴隷イヤー・ナッソー（Iyá Nassô）とマルセリーナ・ダ・シルヴァ（Marcelina da Silva）がアフリカに赴き、七年間の滞在の後、アフリカ人祭司バンボシェ・オビティコ（Bamboxê Obitikô）をサルヴァドールに連れ帰り、彼の協力のもと創立したという神話が伝えられている。最近の検証によれば、バンボシェ・オビティコ（別名Rodolfo Manoel Martins de Andrade）は実際にはブラジルの奴隷だったなど、この神話には事実と食い違う点もあるものの、イヤー・ナッソー、マルセリーナのアフリカ行き（一八三七～三九年）は事実とみられる。そして一九世紀半ばにマルセリーナがカザ・ブランカの指導者となったこともたしかなようである。もっともバンボシェにしても、奴隷身分から解放された後、一八七〇年代には娘、息子とともにラゴスに渡り五年の滞在を経てサルヴァドールに戻ったのをはじめ、九〇年代までに少なくともあと二度ラゴスとのあいだを往復するなど、アフリカと浅からぬ縁があったことは間違いない。彼の子孫もまた、アラキジャ一族と同様、サルヴァドールとラゴスに分かれ、今日も関係を保っているという。

もう一つの権威あるテレイロがイレ・アシェ・オポ・アフォンジャ（Ilê Axé Opó Afonjá）である。ここにも創立の鍵を握る人物がアフリカからやってきたとする語りがある。その人物とはマルティニアーノ・ボンフィン（Martiniano Eliseu do Bonfim）という名の男である。こちらはもう少し時代が後だけに不確かな要素は少ない。彼は解放奴隷の父母のもとサルヴァドールで生まれた自由身分の黒人であったが、ベニン湾岸との交易に従事していた父の意向で一八七五年にラゴスの学校に入った。一〇年あまりしてサルヴァドールに戻ったが、その間にヨルバの宗教の祭司となっていたらしい。マルセリーナにイニシエーションを受けていたエウジェニア・サントス（Eugênia Anna Santos; 通称マンィ・アニーニャ Mãe Aninha）はカザ・ブランカを離れた後、彼の助力を得て一九一〇年、イレ・アシェ・オポ・アフォンジャを立ち上げたのだった。

「裕福なアフリカ生まれの元奴隷のなかにはブラジルで生まれた子弟を宗教の勉強のためアフリカに送る者もいる」。二〇世紀初頭、ジョアン・ド・リオ（João do Rio）はいみじくもそう記した。ここで紹介した例は必ずしも偶発的なものではないことがうかがえる。これらが示唆するのは、カンドンブレにおいてはルーツ（起源）であるヨルバの地へと赴くことが、ある種の正統性や権威を生み出す意味を有していたということである。信仰を汚した奴隷身分からのみそぎという意味があったとする解釈もある。だが二〇世紀後半以降も、たとえばイレ・アシェ・オポ・アフォンジャの現指導者でカンドンブレ界の重鎮マンィ・ステラ（Mãe Stella; 本名Maria Stella de Azevedo Santos）がナイジェリアを訪問（一九八一年）するなど、アフリカへの「巡礼」は今日まで続いている。いや、むしろ拍車がかかっているというのが実情であろうか。交通手段の発達と情報化の進展が著しいこの時代、信者がヨルバの地を訪れ現地の宗教者と接触することは、ツアーにでも参加するかのように手軽なものとなってきているという。カンドンブレの「再アフリカ化」などといわれるが、アフリカのものを「本物」としていたずらに崇めるのは、いってみればアフロ・セントリズムなどとも同根の危険性を孕んでいることは肝に銘じておかねばなるまい。も

マンィ・アニーニャ。肩から掛けているのがパノ・ダ・コスタ。
（Wikimedia Commonsより）

しもギルロイのいうもう一つのルーツ（経路）を軽視し、「アフリカ性」を基準に価値を序列化してしまうとするなら、それはアフリカ系ブラジル人に対する見方を一面的にし、他の側面を見失わせることになってしまうだろう。

アフリカに生き続ける「ブラジル」の記憶—ボンフィン祭とブリーニャ

さて、逆の方向性へと目を向けてみよう。アグダの中でも自らのアイデンティティの表明として、今日において最も「ブラジル的なもの」を維持しているのはベナンに住む彼らであろう。ポルトノヴォのアグダのあいだでは「ブラジル帰り」たちが持ち込んだボンフィン祭（Festa do Bonfim）がいまだに行われている。サルヴァドールのボンフィン教会にまつわる奇蹟を起こすという民間信仰が起源とされ、カンドンブレの神々（orixá）のうちオシャラ（Oxalá）と重ね合わせた黒人たちの参加が際立つようになっていったものである。ポルトノヴォのボンフィン祭は時期こそ同じであるが、中身はもちろん本家と同じではなく、むしろブラジル的習俗のショーケースといったものになっている。そこでは二本のブラジルの大きな国旗を先頭にカーニバルのパレードのごとく、人々は歌い踊りながら練り歩く。またブリアン（bourian）という、人が入ったロバや牛等の動物の張りぼてが音楽に合わせて踊り暴れる余興も催される。これは、今日のブラジルで一般的なブンバ・メウ・ボイ（Bumba-meu-boi；牛の死と再生にまつわる物語を音楽に合わせ演じる習俗）の原型といわれるブリーニャ（burrinha）が「ブラジル帰り」の手によりもたらされたのが始まりとされる。パレード、ブリアンいずれにおいても現地語とともにポルトガル語の歌も披露される。ブリアンについては、いまやボンフィン祭やアグダ・コミュニティだけに限らず、一般の人々にも親しまれているという。

ベナンでは一九七〇年代初めから二〇年ほど続いた権威主義的な政治体制下で、人々による伝統文化の実践には様々な制約が課されてきたが、九〇年代初めに民主化によりそうした禁が解かれるにいたった。同じ時期、ユネスコはベナンで奴隷貿易を人類の忘れてはならない記憶として形に残す「奴隷の道プロジェクト」を進めていたが、民主化後の新政権はこれに乗る形で文化芸術祭の開催を打ち出した。ベナンにはかつて大規模な奴隷貿易を手がけたダホメー王国が位置し、ハイチをはじめ米州の国々にはこの地に由来する文化を保持するアフリカ系の人々が多数存在する。彼らを含む内外の文化実践者や芸術家が一堂に会するものとして、かつて一大奴隷積出港であったウィダを舞台に大々的に企画されたのが「ウィダ92」であった。結果的に九三年二月に実現の運びとなったこのイベントには、ブラジルからも縁の深いヴェルジェ（Pierre Fatumbi Verger: フランス出身の民族誌家・写真家）や代表的な黒人ミュージシャン、ジルベルト・ジル（Gilberto Gil）が参加した。ベナン政府による観光振興策の一環と揶揄されもするが、こうした新世界とのつながりも含めた伝統文化復興という社会状況が、ベナンのアグダたちのアイデンティティ表明の後押しとなっていることは間違いなかろう。

「黒い南大西洋」のさらなる地平へ

ベニン湾岸とのあいだのこうした関係以外はどうであろうか。二〇世紀前半には、サンパウロを中心に展開された黎明期のブラジル黒人運動がアフリカとのあいだにコンタクトを持った形跡がある。この時期の運動を代表する組織、ブラジル黒人戦線（Frente Negra Brasileira）の機関紙『人種の声（A Voz da Raça）』の第一号（一九三三年三月一八日）には、ポルトガル支配下のモザンビークから寄せられた『アフリカ論壇（Tribuna d'África）』の編集者を名乗るマリオ・フェレイラ（Mário Ferreira）なる人物の書簡が掲載されている。それによれば、モザンビークでも「黒人種の擁護を目的とする貴組織が創設された」ことが報道されたという。また、ブラジル黒人戦線の書記を務めたルクレシオ（Francisco Lucrécio）は、同じくポルトガル植民地だったアンゴラともやりとりがあったと証言している。残念ながらそれ以上の詳細はわからないが、ポルトガルの植民地支配にあえぐアフリカ人たちから産声を上げたばかりのブラジル黒人運動に熱いまなざしが向けられていたことがうかがえる。

また、一九七四年にはサルヴァドールでアフリカに関わるテーマを表現する革新的なブロコ（Bloco; カーニバルのパレード・グループ）、イレ・アイェ（Ilê Aiyê）が誕生する。七四年といえば、アフリカの各ポルトガル領植民地で解放戦争が大詰めを迎えていた時期である。イレ・アイェの創始者ヴォヴォ（Vovô; 本名Antônio Carlos dos Santos）は、ブロコ設立のきっかけの一つに、そうした独立に向けた動きもあったと後に明かしている。ここでは逆に、アフリカ人の闘いがブラジルの黒人運動を触発するといった局面が見てとれる。イレ・アイェは毎年のカーニバルに先立って小冊子を発行し、その年のテーマに関わるオリジナル曲の歌詞のみならず、当該テーマについての詳しい解説を掲載し、アフリカやブラジル黒人の歴史の啓発において先駆的な活動を行ってきた。

国際的な黒人運動の舞台では、アブディアス・ド・ナシメント（Abdias do Nascimento）によるブラジル黒人としての孤軍奮闘に触れぬわけにはいかない。若き日にブラジル黒人戦線に参加した後、黒人実験劇場（Teatro Experimental do Negro）を主宰するなどリオデジャネイロを中心に活動していたナシメントは、軍政期に入るとたびたび当局の取り調べを受け、一九六八年には国外に逃れることを余儀なくされる。米国で大学教員となった後、ナイジェリアの大学で客員教授をしていた七七年、同国で第二回世界黒人・アフリカ芸術文化祭（ＦＥＳＴＡＣ77）が開催された。この際、ブラジルの奇跡と呼ばれる経済成長を実現しアフリカ市場への進出をにらむ軍事政権の意向を受け、ブラジル代表団はシンポジウムにおいて自国が文化的にいかにアフリカに近しいかアピールしようとしたが、オブザーバーとして参加していたナシメントは国内の人種主義には触れようとしない同代表団の姿勢を厳しく糾弾した。このほかにもナシメントは様々なアフリカ（系）人による国際会議に参加し、人種民主主義（democracia racial）の影響などにより認知されにくかったブラジル黒人の状況を訴え、世界のアフリカ（系）人との連携を模索していったのである。

「黒い南大西洋」の全容はこれまでのところ必ずしも十分には明らかにされていないが、ブラジルの黒人とアフリカのあいだにも、双方向での人やモノの移動、影響の及ぼし合いが見られてきたことは疑いない。そしてその関係性はこれからも続いていくはずである。「黒い南大西洋」は今後どのような表情を我々に見せてくれるであろうか。

〈参考文献〉

Cunha, Manuela Carneiro da（2012）*Negros, estrangeiros: os escravos libertos e sua volta à África*（2ª ed. revista e ampliada）, São Paulo, Companhia das Letras.

Guran, Milton（1999）*Agudás: os "brasileiros" do Benin*, Rio de Janeiro, Nova Fronteira.

シーガル、ロナルド（一九九九）『ブラック・ディアスポラ――世界の黒人がつくる歴史・社会・文化』（富田虎男監訳）明石書店。

ギルロイ、ポール（二〇〇六）『ブラック・アトランティック――近代性と二重意識』（上野俊哉ほか訳）月曜社。

旦敬介（二〇一三）「環大西洋コミュニティ――ブラジル帰還人の世界」『神奈川大学評論』第七六号（二〇一三年一一月）。

3 ブラジルの民主化
―一九四五年と一九八五年―

子安昭子

キーワード
民主主義、軍事政権、権威主義体制、軍政令、タンクレード・ネーヴェス、ジョゼ・サルネイ、ジレッタス・ジャ（Diretas já）、民主化、一九八八年憲法、政治腐敗

世界各国の民主主義インデックス

エコノミスト・インテリジェンス・ユニット（ＥＩＵ）が*Democracy index 2012*において世界一六五か国と二領土を対象に民主主義指数を調査した。それによると世界は五つのカテゴリー（選挙の多元性、市民の自由、政府の機能、政治参加、政治文化）を通して、四つに類型される。①完全な民主主義、②欠陥のある民主主義、③ハイブリッドな体制、そして④権威主義体制である。前者二つは民主主義国家に分類され、①は二五か国、②は五四か国である。③のハイブリッドな体制の特徴は、選挙の実施が不定期であり、しかも公正や自由な状態からはしばしばほど遠い形で行われる社会である。また市民社会も脆弱であり、政権与党の野党に対する不当な圧力もあるような体制であり、三七か国がここに分類されている。そして④の権威主義体制は五一である。世界にはまだまだ民主主義とは呼びきれない国家が多数存在するということであろう。

表1　ポルトガル語圏諸国の民主主義度*

	順位	総スコア	選挙の多元性	政府の機能	政治参加	政治文化	市民の自由	民主主義インデックス		変化の状況
								2006年	2012年	
欠陥のある民主主義　flawed democracies										
カボベルデ	26位	7.92	9.17	7.86	7.22	6.25	9.12	7.43	7.92	↑
ポルトガル	26位	7.92	9.58	6.43	6.67	7.5	9.41	8.16	7.92	↓
東ティモール	43位	7.16	8.67	6.79	5.56	6.88	7.94	6.41	7.16	↑
ブラジル	44位	7.12	9.58	7.5	**5**	**4.38**	9.12	7.38	7.12	↓
ハイブリッドな体制　hybrid regime										
モザンビーク	102位	4.88	4.83	4.29	5.56	5.63	4.12	5.28	4.88	↓
権威主義体制　authoritarian regime										
アンゴラ	133位	3.35	0.92	3.21	5	4.38	3.24	2.41	3.35	↑
ギニア・ビサウ	166位	1.43	0.42	0	2.22	1.88	2.65	2	1.43	↓

注）＊60の指標をもとに5つのカテゴリーごとに1～10のスケールで表し、それを平均したものを総スコアとして表示。完全な民主主義は8～10、欠陥のある民主主義は6～7.9、ハイブリットな体制は4～5.9、権威主義体制は4以下のスケール。
出所）Economist Intelligence Unit (EIU), *Democracy index 2012* by Economistより筆者作成。

ちなみにこの調査にはポルトガル語圏の中の七つの国も調査対象になっている。それによると四か国（カボベルデ、ポルトガル、東ティモール、ブラジル）が欠陥のある民主主義、一か国がハイブリッド（モザンビーク）、そして二か国（アンゴラ、ギニア・ビサウ）が権威主義体制と分類されている（表1参照）。

欠陥のある民主主義に位置づけられたブラジルだが、気になるのが五つの指標のうち「政治参加」と「政治文化」である。ブラジルと近い順位の国に比べて低いのである。総スコアに基づく順位でブラジル（四四位）の一つ上に位置する東ティモール（四三位）の「政治文化」のスコアは六・八八であった。ポルトガル語圏以外では四六位、四七位であったパナマ、ラトビアが五・〇〇、五・六三であるのに比べてもかなり低い（ブラジルは四・三八）。ここでいう政治文化とは、安定的で機能している民主主義を下支えするべく社会における同意や団結の度合いが十分かどうか、議会に対して強い力を持つリーダーを望む人口はどのくらいか（立法府と行政府のパワーバランス）、軍事政権をどう考えるか、民主主義は経済発展を促すかどうか、政教分離の伝統があるかどうか、政府や政党に対する国民の信用の有無（もしくは強弱）、などである。

一方の「政治参加」は国民の政治への関心度、女性の政治参加、政府が国民に対して政治参加を促す活動をしているかどうか、などが指標となっており、こちらの指数も同順位のポーランドが六・一一、ブラジルの次のパナマやラトビアが五・六五であることを見ると、ブラジルは五・〇〇であり、やや低い印象を持つ。一般的にブラジルは民主的な国家である。議会や憲法が機能しており、選挙も定期的に実施されている。こうした点でブラジルが民主体制であることは間違いないし、ルセフ現大統領も国連総会などにおいてブラジルの民主主義を強調する。またブラジルがインドや南アとともに形成する「インド・ブラジル、南ア（ＩＢＳＡ）対話フォーラム」というグループも「三つの異なる大陸にある民主主義的国家の集まりである」（傍線は筆者による）ということをしばしばいう。

二〇一三年六月にブラジルの主要都市で政府に対する抗議デモが発生した際、ルセフ大統領は政府がデモ参加者（の代表）との対話を行ったことは民主主義の表れであると述べた。抗議デモを行った人々に対しても（政府に不満があることをぶつけるその行為に対して）、ブラジルに民主主義があるからこそ可能であるとも述べた。抗議デモに参加した人々の要求は政治・経済・社会的なものと様々であったが、あえていえばブラジルの民主主義の質（中身）を問う行動であったともいえる。歴史をひもとけば、軍政下にあったブラジルにおいて一九八四年一月、大統領の直接選挙を求める大規模な民主化デモが起こった（ポルトガル語で「ジレッタス・ジャ」Diretas já）。翌年にブラジルは二一年ぶりに民主主義政治が復活することになった。今あるブラジルの民主主義体制はそこから始まったのである。三〇年前のブラジルの民主化劇を振り返ってみよう。

ブラジルの民主化

（一）軍政から民政へ―起爆剤となったジレッタス・ジャ

一九八四年一月二五日、サンパウロのセー広場には様々なグループが、一つの目的のために集まった。サンパウロ市制四三〇年を祝うその日に三〇万人もの人々が「大統領の直接選挙を！」（ジレッタス・ジャ！）と声を上げたのである。実際のところ直接選挙による大統領選出はその後五年間はお預けであったが、一九八五年一月に軍人ではない人物が大統領に選出され、ブラジルは軍事政権から民主政権に替わった。ブラジルにおける民主化の始まりである。

ちなみに一九八五年の民主化は実はブラジルにとって二度目の民主化であった。ブラジルは一九三〇年から四五年のヴァルガス独裁体制以後、六四年までは戦後民主主義体制の時代であった。主に三つの政党を中心に全国規模の政党が生まれた。ただしまだまだ未熟な政党政治であり、実際この時代の政治を動かしていたのは大統領であった。いわゆるポピュリズムといわれる時代であり、ヴァルガス（四五年で一度国政から下野するもその後再度登場）や首都ブラジリアをつくったクビシェッキなどがこの時代を代表するリーダーである。強いカリスマ性のある大統領のもとで戦後のブラジルでは民主主義的な体制が一九年間続いた。一九八五年の民主化は軍事政権時代（一九六四～八五年）をはさんでブラジルが再び経験したものであり、しばしば「再民主化」とも呼ばれる所以である。

ここで二つの民主主義の時代（一九四五～六四年と一九八五年～現在）にはさまれた二一年間の軍事政権について説明しておきたい。同じ頃ラテンアメリカ諸国の多くの国では軍事政権が政治を動かしていた。そうした軍事政権を政治学の言葉で「権威主義体制」と呼んでいる。全体主義と民主主義のほかにラテンアメリカに登場した政治体制であり、限られた数の指導者が政策を決定し、社会はそれを静かに受け入れることを期待されている体制と説明されている〔ステパン〔堀坂訳〕一九八九〕。ラテンアメリカの軍政はその特徴からいくつかに分類することができるが、ブラジルやアルゼンチン、チリの例は特に「官僚主義的権威主義体制」と呼ばれる。これら三国の軍事政権は、①経済開発や経済社会構造の再構築など明確な政策〔＝国家安全保障と経済開発ドクトリン〕を指向していること、②個人ではなく官僚機構としての三軍〔陸海空〕が組織的な支配を行うこと、③技術官僚〔テクノクラート〕が特に経済政策において果たす役割が大きいこと、④労働者など一般大衆の広範かつ集中的な政治的動員が欠如していること、などの点で共通した部分が多いが、異なる点もある〔堀坂 一九八七〕。ブラジルの場合は以下に述べるように軍事政権時代も憲法が存続し、国会も機能していた〔時期によっては閉鎖された〕が、アルゼンチンやチリでは憲法は完全に停止し、政党活動も一切禁止されていた。

ブラジル軍政は二一年間で五人の大統領が登場した。もちろんいずれも軍人である。そうした軍人大統領を支える組織として国家安全保障審議会が置かれた。構成メンバーは正副大統領のほか、閣僚、軍政時代に作られた組織である国家情報局の長官、陸海空三軍の大臣ならびに統合参謀長と参謀長である。また大統領をとりまく側近〔軍事官房長、民事官房長、企画庁長官、国家情報局長官〕は毎週月〜木曜までの朝九時に国政全般に関する会議を開いていた。閣僚の中でも最も大統領に近い人々によって作られたこの会議体は「内閣の中の内閣」と呼ばれ、その構成メンバーは「カルテット」と呼ばれた。ちなみに軍事官房長をはじめとする四つのポストはすべて軍事政権期に作られたものである。企画庁長官以外は軍人であることが一般的であった。このカルテットから次の大統領候補が選ばれることもが多く、その意味において軍政において継続性が重視されたといえよう。

継続性の一方でブラジルにおいて権威主義体制は内部変化をしていたことも特徴である。つまり

表2　権威主義体制の変化

政　権	権威主義体制の諸段階
カステロ・ブランコ政権（1964－67年）	権威主義体制の整備期（1964－68年）
コスタ・イ・シルバ政権（1967－69年）	権威主義体制の確立期（1969－77年）
メジシ政権（1969－74年）	権威主義体制の絶頂期（1969－73年）
ガイゼル政権（1974－79年）	緊張緩和政策期（1974－77年）
フィゲレード政権（1979－85年）	段階的な政治開放期（1978－85年）
	後見的な政治自由化期（1978－83年）
	加速度的な民主化期（1984－85年）

出所）堀坂浩太郎『転換期のブラジル——民主化と経済再建』（サイマル出版会、1987年）、58ページを参照。

一九六四年に登場して以来八五年に民主化という形で終焉するまでにブラジル軍政はいくつかのステップを踏んだのである（表2参照）。しばしば世界の民主化を見ていると、クーデターや市民による抵抗運動などによって急激に政権が倒れる場合があるが、ブラジルの民主化は段階的な過程を辿っていることがわかる。一九七〇年代後半以降、メジシ政権時代は緊張緩和政策期と位置づけられ、政権側からそれまでの強硬な態度から政治開放（political opening, ポルトガル語ではアベルトゥーラ［abertura］）政策が出ている（一九七八年の軍政令の廃止、一九七九年の政治犯恩赦、多党制への改編など）。

その一方で社会からの反軍政の動きも一九七〇年代後半以降活発になった。各地でストやデモ、市民集会などが開かれ、一九八四年一月のジレッタス・ジャもそうしたなかで起きた動きであった。この市民集会にはその後大統領となるカルドーゾとルーラも参加している。三〇年が過ぎた二〇一四年一月二五日の新聞や雑誌には、当時を振り返りルーラ前大統領（自らも当時この運動に参加）が「右派以外のすべての人々が結集し、ブラジル史上最も大きな市民集会となった」と回想している。またルーラは「民主主義は世界のどこでも多くの戦いとともに達成できるものだ。ただでは得ることはできない。我々は民主主義の重要性を学ぶ必要がある」と述べている〔*ISTOÉ Dinheiro*, 24 de Janeiro de 2014〕。

ジレッタス・ジャ以後はブラジルでは民主化への動きが一挙に加速した。大統領の直接選挙を求めた軍政野党側の憲法改正案が否決されたため、一九八五年の大統領選はすでに述べたように軍政時代同様に間接選挙（＝上下両院議員＋各州議会の与党代表によって構成される選挙人団によるもの）であった。しかしながらこの選挙では軍政の野党候補（タンクレード・ネーヴェス）が軍政与党候補パウロ・マルーフに圧勝し、文民大統領が誕生したのである。

タンクレード・ネーヴェスは当時すでに七〇歳を超えた老練な政治家であり、国民からの信頼も高い人物であった。一九六〇年代に労働者寄りの大統領ゴラールが就任することを懸念した軍部や右派勢力を説得するために、ブラジルは一時期議院内閣制を導入したことがあった。すなわち行政府の「暴走」を抑える意味で、立法府の長である首相ポストを設けたのである。その初代（そして最後の）首相になったのがこのネーヴェスであった。その後ネーヴェスは軍事政権時代には野党政治家としてブラジルの民主化をリードした人物の一人である。そうした人物とともにブラジルの民主化がスタートするはずであったが、このネーヴェスが大統領就任一二時間前に病に倒れ、入院、手術を受けるというハプニングが起きたのである。

副大統領はジョゼ・サルネイであった。大統領就任式は一九八五年三月一五日であった。ブラジルがとった選択は以下の通りであった。まずサルネイを副大統領として就任させ、その上で大統領代行にすることを決定したのである。国民が期待していたネーヴェスは残念ながら病状回復することなく死去（四月二一日）、翌二二日にサルネイが正式に大統領就任を果たした。初代文民大統領候補が亡くなるというだけでなく、代わって大統領に就任したサルネイが実は軍政時代の与党社会民主党（ＰＤＳ）の党首であったこと、ＰＤＳはその後内部分裂をし、反主流派によって結成されたのが自由戦線党（ＰＦＬ）で、サルネイはここに所属していたのである。ＰＦＬはその後軍政野党ブラジル民主運動党（ＰＭＤＢ）に合流し、サルネイはタンクレード・ネーヴェスと組んで副大統領候補であった。元々軍事政権時代の与党に所属した経験を持つ人物が初代文民大統領に就任という、ブラジルの民主化の幕開けは波乱含みで始まったのである。

(二) 一九八八年憲法と八九年の大統領直接選挙

サルネイ政権は軍政時代の問題点を数多く背負ってのスタートであった。政治的には、民主主義の定着そして確立の道は始まったばかりであった。そのためには権威主義的な一九六九年憲法（後述）に代わる新しい憲法作りが喫緊の課題であった。また経済的にもサルネイ政権はハイパー・インフレと累積債務問題を何とかしなければならなかった。軍政から民政へとブラジルが移行した要因は多数あるが、その中で経済問題は極めて大きかった。経済政策の失敗は軍政が政権を手放した大きな要因の一つであったともいえる。そうした経済問題を解決するためにも憲法の整備が必要であった。一九八八年一〇月の公布までに一年八か月余りの時間をかけ（歴代憲法で最も長い）、その間起草案は三度練り直され、ようやくブラジルに新しい憲法が誕生したのである。

ここで少しブラジルにおける憲法の歴史も述べておこう。ポルトガルから一八二二年に独立したブラジルは一八八九年、陸軍元帥デオドロ・ダ・フォンセカを中心とする軍事クーデターにより、ポルトガル王室が本国に帰還、ここにブラジル連邦共和国が誕生した。一八九一年に初の共和国憲法が制定され、それ以来、一九三四年、一九三七年、一九四六年、一九六七年、一九六九年、一九八八年と計七本の憲法が発布された。ラテンアメリカ法制度の専門家によれば、ブラジルで憲法は体制の変更と連動して定められるものであるため、それぞれの時代の目指したものの証として憲法史を読むことができるという〔ブラジル日本商工会議所編 四〇ページ〕。一九三四年と三七年はヴァルガス独裁の時代であり、特に三七年憲法は全体主義的な性格であり、ヴァルガスによる新国家体制（Estado Novo）の基礎となるような内容であった。また四六年は戦後に作られた憲法であり、三七年憲法とはがらりと変わり民主的な内容である一方、ヴァルガス時代の中央集権的な国家のあり方をも反映するものであった。六七年と六九年はまさしくブラジルは軍事政権時代（一九六四〜八五年）であり、六七年憲法は一九六四年から始まった軍事政権の政治を既成事実として正当化する内容であり、中央集権化を強化するものであった。二年後に制定された六九年憲法は、権威主義体制の軍政が絶頂期を迎える中で、六七年憲法の内容をさらに強硬にしたもので、所定の憲法改正の手続きなく制定された。

この時代、ブラジル同様に軍政下にあったアルゼンチンやチリでは憲法は完全に停止し、国会も閉鎖されていた。ブラジルでは憲法は存在したものの、憲法の部分的効力の停止もしくは変更する内容を中心とする「軍政令」が、六四年から六七年の間に一七本発布された。軍政令は一九七八年に廃止されるまでの一四年間、憲法と併存する形で力を持った。大統領や国会議員の選出方法についても述べており、とりわけ大統領の間接選挙への改定は第一号すなわち軍政のきわめて早い段階で決められたものであった。

軍政令は市民社会の自由を奪う人権抑圧的なものも多かった。とりわけ一九六八年一二月一三日に発布された軍政令五号は、反政府運動家や軍人、公務員の公職追放（パージ）や学者、労働者の市民権はく奪、国会や地方議会の閉鎖、逮捕状なく任意に市民を逮捕可能とする人身保護律の廃止を内容としており、いちばん厳しい内容として「悪名高き第五号」と呼ばれた。ブラジルは一九六七年憲法で死刑や終身刑、国

表3　1988年憲法の目次

前文	
第1編	基本原則について（1条－4条）
第2編	基本的権利および保障について（5条－17条）
第3編	国家組織について（18条－43条）
第4編	権力組織について（44条－135条）
第5編	国家および民主主義制度の擁護について（136条－144条）
第6編	租税および予算について（145条－169条）
第7編	経済および金融の秩序について（170条－192条）
第8編	社会秩序について（193条－232条）
第9編	憲法一般規定について（233条－245条）
暫定規定	（1条－70条）

出所）矢谷通朗『ブラジル連邦共和国憲法1988』（アジア経済研究所）16～17ページより筆者作成。

外追放が禁止されていたが、軍政令一三号、一四号はそれを反故にし、国家反逆を企てた者に対して、軍政は死刑すなわち極刑で臨むことを明らかにしたのである。六〇年代後半から七〇年代前半は軍政時代の中でも抑圧的な政権（コスタイシルバ政権、メジシ政権）が続き、市民の反軍政活動も活発になっていった時代であった。

こうした歴史を経て作られた一九八八年憲法は、全部で九編（二四五条）と暫定規定七〇条から成り立っている（表3参照）。規模的にも歴代憲法の中で一番である（一九六九年憲法は全部で第五編までであった）。民主主義体制下の憲法であるがゆえに、それを証明すべく、第二編で基本的権利と保障（個人と集団的権利、社会権など）について述べられていること、また目次上は表れていないが、軍の規定が一九六九年憲法では第一編の行政権（つまり大統領や大臣などと並んで）にあったのに対して、一九八八年憲法では第五編「国家および民主主義制度の擁護」と比較的後半に置かれている。

ジレッタス・ジャで主張していた大統領の直接選挙制導入についても新憲法の中に明記され、一九八九年一一月に二九年ぶりの大統領直接選挙が実施されることになった。ちなみにこの選挙の主要候補者の一人がルーラ前大統領であった。ルーラはこのあと三回大統領選に挑み、通算四度目の挑戦で大統領の座を手に入れたのである。首長の任期は大統領、州知事、市長ともに四年で、大統領、州知事、上下両院議員ならびに州議会議員選挙は一九八九年から九三年、一九九七年、二〇〇二年、二〇〇六年、二〇一〇年、二〇一四年と定期的に実施されている。

新憲法でもう一つ注目されたのは、選挙権である。一八歳から六九歳までは投票を義務とするとともに、一六歳から一七歳、七〇歳以上、そして非識字者には任意で投票が認められることになった（この点が新しいところである）。二〇〇〇年からは完全に電子投票による選挙が実施されるようになり、二〇一四年一〇月に行われた大統領選では有権者数が一億四〇〇〇万人を超える規模であったにもかかわらず、選挙結果は即日中に判明した。

民主化から四半世紀以上過ぎたブラジル

民主化からほぼ三〇年、ブラジルの民主主義体制は揺らいでいない。軍事政権が復活するといったこともなかった。先に述べたように国政選挙は定期的に行われ、この間六人の大統領が政権を担当した。うち二人（一九九四年から二〇〇二年のカルドーゾ、二〇〇三年から二〇一〇年のルーラ）は二期八年の任期を全うした。さらに二〇一五年一月現在ジルマ・ルセフ大統領も二期目に入っている。ルセフ大統領はブラジル初の女性大統領であり、ルーラ大統領と同じ政党出身である。カルドーゾ、ルーラ、ルセフはともに民主化運動を戦ったメンバーであり、そうした人間が連続してブラジル政治をリードしたことはブラジルにおける民主主義に与える影響は大きい。軍政の痛みを知るからこそである。

では長期間民主主義政権を保ってきたブラジルに問題はないのだろうか。依然として政治家の汚職はなくならず、実際ルーラ政権では大統領の側近たちが贈収賄事件に関与し、逮捕される事件（メンサロン）

が起きた。またルセフ現政権はさらに深刻な政治腐敗問題に見舞われている。国営石油会社ペトロブラスをめぐる複数の現職の政治家が関与する汚職問題である。二〇一五年三月一五日はブラジル主要都市でルセフ政権に対する大規模集会やデモがあった。二期目が始まったばかりのルセフ政権の存続をも揺るがしかねない状況となっている。しかしながら、その一方でブラジル社会にはクリーンな政治を目指す動きがあることも確かである。二〇一四年の国政選挙では、逮捕歴のある人間の立候補が不可能になった（＝フィッシャ・リンパ）。また外交面ではルセフ政権は米国オバマ政権とともにオープンガバメント会議を発足させた。政治の透明性や汚職追放などを目的に政府の統治能力（ガバナンス）を高めるために各国が協力していこうとするものである。民主化以降ブラジルは制度や法律面で民主主義を定着させてきた。しかしながら二〇一三年六月に起こった政府に対する抗議デモや二〇一五年三月の政府に対する抗議デモは、この三〇年の民主主義国家の歩みの中で残された課題に対して、ブラジル国民が改めて声を上げたということではないか。この間でブラジルは経済的にも豊かになり、国民の生活水準も上がってきた（「新中間層（Cクラス）」を参照）。より中身を伴った民主主義国家を求める声は今後とも続くであろう。政府のガバナンス（統治能力）がますます重要な課題である。

〈引用文献〉

ステパン、アルフレッド・C（一九八九）『ポスト権威主義――ラテンアメリカ・スペインの民主化と軍部』（堀坂浩太郎訳）同文舘。

ブラジル日本商工会議所編（二〇〇五）『現代ブラジル事典』新評論。

堀坂浩太郎（一九八七）『転換期のブラジル――民主化と経済再建』サイマル出版会。

4 革命
——ポルトガルを変えた大きな出来事——

市之瀬 敦

キーワード 新国家、四月二五日革命、カーネーション、国軍運動（ＭＦＡ）、三つの「Ｄ」

革命はポルトガル語でrevoluçãoという。語末のçãoをtionに置き換えるとrevolutionとなり、英語の知識を活かせば辞書を使わずとも意味がわかる単語なのでとても覚えやすい。しかもçãoで終わる語の多くは女性名詞であると加えれば、かなり親切な文法の授業にさえなるだろう。もっとも、「ハート」を意味するcoraçãoは男性名詞だから注意が必要だが、今はポルトガル語文法の解説をしようとしているのではなかった。

話を戻し、revoluçãoである。その語源を探っていくと、元々の意味は、天体などの回転だが、そこから転じて大変動となり、さらに政治・社会体制を一気に変えてしまうことを意味するようになった。日本では明治時代になって、王朝が替わることを意味した漢語である革命がrevolution（revolução）の訳語に充てられるようになった。急激な一大変革がrevolutionであり、革命なのである。

ポルトガル史を振り返ると、大変革は何度も起こっていることがわかる。日本の高校生も世界史の授業で習う大航海時代は、一国の出来事では収まらない世界的な規模での革命的な出来事である。極東に位置する日本も、ポルトガル人の渡来によって西洋世界と初めて出会うという文明的衝撃を受けている。しかし、現在を生きる私たちにとって、ポルトガルの革命の中で最も身近に感じられそうなのは一九七四年の「四月二五日革命」であろう。日本ではその史的意義がほとんど知られていない革命だが、隣国スペインをはじめヨーロッパ南部の民主化、さらにはラテンアメリカの民主化をも促した重要な歴史的変化だと、米国の著名な歴史家サミュエル・ハンチントン（Samuel Huntington, 一九二七～二〇〇八年）も評価しているのである。

独裁制の下にあったポルトガル

ポルトガルは二〇世紀のおよそ半分にあたる四八年間、独裁制の下に置かれていた。アントニオ・デ・オリベイラ・サラザール（António de Oliveira Salazar, 一八八九～一九七〇年）というコインブラ大学財政学元教授が一九二六年からは財務大臣として、特に三二年からは首相（正確には閣僚評議会議長）として一国を支配し続けたのである。この約四〇年間をサラザール時代、その間の体制をサラザール体制、あるいは「新国家（Estado Novo）」と呼ぶ。厳密には、サラザールは一九六八年八月に病に倒れ、最後の六年間はリスボン大学法学部教授だったマルセロ・カエターノ（Marcello Caetano, 一九〇六～八〇年）が首相を務めていたが、死後もサラザール的な政策が大きく変わったわけではなく、二六年から七四年までをサラザール時代とひとくくりにすることができるだろう。

独裁者というと軍服を身にまとい群集の前でこぶしを振り上げながら演説を行う勇ましい人物の姿を思い浮かべるかもしれないが、サラザールは元大学教授、性格はシャイで、群衆を毛嫌いしていた。

ドイツやイタリアの独裁制とは異なるというオリジナリティを主張しようともしていた。しかし、PIDE（国防国際警察）という政治警察を創設、アフリカやアジアの植民地住民を含めポルトガル国民を暴力的な手段で抑圧し、自由を奪い続けた。一方で、大航海時代の栄光、アフリカやアジアに領有する植民地の存在を強調し、ポルトガルの偉大さを国民心理に刷り込み、政権維持に役立てた。また、サラザール政権の長寿の秘訣は、論功行賞による人事の巧みさにあったという指摘もなされる。

ポルトガルは第二次世界大戦では中立を維持することに成功し、戦禍を免れることができた。だが、世界の歴史の潮流変化から無縁というわけにはいかなかった。戦後、世界を二分することになったアメリカにしてもソ連にしてもアフリカやアジアの植民地を解放することに国益を見出したのである。ポルトガル領植民地にも独立の機運は及んだ。一九六〇年が「アフリカの年」と称されるように、同年数多くの旧英領および仏領アフリカ植民地が独立を果たすが、ポルトガル領では逆に独立を妨げるための戦争が翌年から始まった。ポルトガルは明らかに時代の流れに逆行していたのである。

一〇年間も正義のない戦いを続ければ、当然のように社会の様々な側面にひずみが生じる。国家予算の四割を軍事に注ぎ込めば、国民の生活に影響が出ないわけがない。貧しさから逃れるために、フランスやドイツなどに移民する者が増えた。八〇〇〇人もの兵士がアフリカで命を落とし、さらに数多くの負傷者、障害者も出した。若者の中には召集を免れるために国外に逃れる者もいた。当時、ヨーロッパの国々は人口を増加させていたが、例外的にポルトガルは人口を減少させていたくらいである。

国際社会もポルトガルの植民地政策を批判し始め、外交的孤立が始まった。「誇り高く孤立する」などとうそぶいても、独裁政権を支えていたカトリック教会も次第に距離を置くようになり、一九七〇年にはローマ法王が独立運動の指導者たちをバチカンに招き謁見している。そしてとうとう軍内部でも戦争終結に向けた動きが生まれ、七三年には政権打倒を目指した運動に発展した。「国軍運動（ＭＦＡ）」の誕生である。

二四時間で体制崩壊に成功

一九七四年。およそ半世紀に及んだ独裁制の終焉が近づいていた。二月には、体制側を支えた軍のナンバー・ツー、アントニオ・デ・スピノラ（António de Spínola, 一九一〇～九六年）将軍の著作『ポルトガルとその将来』（時事通信社から日本語訳あり）が出版された。アフリカ植民地の問題は軍事手段では解決できないことが軍上層部から指摘されたのである。体制の根幹をなす植民地政策を批判する発言が、やはり体制を支える軍から出される。いよいよ終わりが近づいていることが感じられた。三月には、国軍運動の一部が蜂起、リスボンを目指し行動を起こしたが政府に忠実な部隊によって鎮圧されてしまう。だが、そのとき、組織立った行動をとれなかった政府の弱点を見抜いた若手将校たちが四月二五日に改めてクーデターを起こし、二四時間もしないうちに政権を打倒してしまったのである。

革命は音楽とともに始まった。まだ二四日だった夜一一時少し前、首都リスボンを中心とするラジオ局から『そして、さよならの後で』という同年のヒット曲が流れ、反乱部隊にクーデター開始準備の合図が伝えられた。純粋なラブソング、まったく革命的ではなかった曲だが、旧体制に「さよなら」を告げるという意味ではふさわしい選曲だったかもしれない。日付けが二五日に変わってほどなく二曲目の音楽『グランドラ、ヴィラ・モレーナ』がラジオから全国放送された。国中の軍隊にクーデター開始が告げられ、各部隊はすぐに作戦行動にとりかかった。その頃まだ政府側はいつも通りのポルトガルを信じ切っていた。全土に監視の目を敷き、国民の自由を奪い続けた政治警察ＰＩＤＥが存在しながらも、体制側の危機意識は弛緩していたのである。
体制を守るべき部隊は次々と降伏、最後に共和国防衛隊がマルセロ・カエターノ首相を匿ったが、長い時間は持ちこたえられなかった。二五日夕刻には国軍運動の要求を容れ、首相らは権力の移譲を受け入れた。およそ半世紀間も続いたポルトガルの独裁制は、思いのほかあっけなく崩れ去ったのである。街角でカーネーションを売っていた女性たちから受け取った花で銃口を飾った兵士たちが通りにあふれるなか、クーデターは成功したのであった。歌に始まり、花で飾られたポルトガルの革命。ＰＩＤＥの最後の悪あがきによって市民の間に四人の犠牲者が出てしまったのは残念だったが、ポルトガルの新しい時代の始まりを告げるにはふさわしい光景であった。

「革命」を記念するプレート
（リスボン・カルモ広場）（筆者撮影）

ただし、四人の犠牲者しか出さなかったことからしばしば〈無血革命〉という言葉が使われるが、そこに至るまでのプロセスにおいてアフリカの植民地戦争で八〇〇〇人もの戦死者を出し、その上アフリカ側住民の間にはさらに多くの犠牲者を出していたことは忘れてはならない。クーデターの死者は四名、革命に至るまでの犠牲者は多数というべきなのかもしれない。

革命は成ったのか？

長い独裁制に終止符を打った軍事クーデターが起こったタイミングはあまり芳しいものではなかっ

た。世界経済は石油ショックで停滞気味。政治的には冷戦構造のもと、国際社会は大きく二分されていた。世界の潮流に逆らっていたポルトガルだが、もはや単独で国の行方を決めることはできなかった。強引ともいえた大企業の国有化によって経済は低迷し、一九八〇年代になると国際通貨基金（IMF）の介入を求めざるをえなかった（二一世紀になり、そんな時代が再来したのは衝撃的である）。

極左グループも極右グループも国民から支持を得ることはなくポルトガル人が穏健な変化を求めていることは確かだったものの、政権交代が何度も繰り返され、過激な思想を標榜するテロ集団さえ一時期とはいえ活動し犠牲者を出した。旧植民地の行方も世界情勢にゆだねざるをえず、ポルトガルと新しく独立したアフリカの国々との関係もずいぶんと冷え込んでしまったのである。

さて、一九七四年四月二五日に旧体制を打倒した国軍運動は三つの「D」の実現を目指した。それは「民主化」（Democratização）、「経済発展」（Desenvolvimento）、「脱植民地化」（Descolonização）のことであった。「革命」から四〇年以上が経ち振り返ってみると、アンゴラとモザンビークには内戦という負の遺産を残してしまったものの、七五年一一月までにはアフリカ植民地すべてに独立をもたらし、九九年にはマカオを中国に返還し、そして二〇〇二年には東ティモールも独立した。「脱植民地化」は完成している。

また、二〇〇八年、世界経済に衝撃を与えたリーマンショック以降、ポルトガルの経済財政危機はきわめて深刻で、失業率は上昇し、若者の海外移民という現象も見られるが、サラザールの時代に比べれば、一九八六年のEU加盟後は特にインフラ整備も進み、見違えるような経済発展を遂げたことは間違いない。一七五五年のリスボン大震災をきっかけに衰退が始まったかのような議論が「三・一一」後の日本で行われたことがあったが、ポルトガルは衰退の一途を辿っている国などではない。

そして、自由が奪われていた独裁制の時代と違い、現在のポルトガルは民主主義の時代を生きている。誰もが理想の国として思い描くような状況にはないが、四月二五日革命の三大目標は達成されたのである。ポルトガルが成し遂げた大変貌に触れれば、「革命」という言葉で何を理解すればよいのか実感できるはずである。

確かに過去数年間の経済財政上の悪化を見ると、七四年の「革命」の成果を疑いたくなる気持ちもわからないでもない。もう一度「革命」を起こすべきだという声が上がってもしかたないのかもしれない。しかし、政府に対する不満を国民が公然と口にすることができ、望むなら政権交代も可能な時代にポルトガルはある。公園のベンチに座った男が新聞紙に小さな穴を開け周囲をうかがっている時代ではないし、野党の存在が認められない単一政党制の時代でもない。大統領選挙で公然と不正が行われ、候補者が暗殺されるような国でもない。

四月二五日が「自由の日」と呼ばれる祝日であることを知らない国民が現れたとしても、国内総生産（GDP）を上昇させるために祝日でなくなったとしても、今後も「革命」の輝きが失われることはないだろう。

〈参考文献〉

市之瀬敦（二〇〇九）『ポルトガル　革命のコントラスト――カーネーションとサラザール』上智大学出版。

5 ファド
―ポルトガルの魂―

マウロ・ネーヴェス

キーワード　ファディスタ、サウダーデ、リスボン、アマリア・ロドリゲス、カマネ、アントニオ・ローシャ

ファドといえば、ポルトガル音楽の中で唯一世界的に認知されているジャンルといってよいだろう。また、民族音楽としてのルーツを持ちながらも、その枠にはおさまらず、大衆音楽的要素を持った都市部の音楽ジャンルとして位置づけることができる、独特な歌謡でもある。

ファドというものを明確に定義するためには、何十年にもわたって研究されてきたファドに関わる文献を拠り所にするのはもちろんのこと、ファディスタ（ファド歌手）たちにインタビューを行うなど、ファディスタとしての経験というものに頼る必要がある。なぜならば、ファディスタはファドというものを理解しているだけでなく、ファドに恋をし、ファドがつきつける己の運命に従いながら、ファドと親密な関係を有しているからである。

二〇一二年、ユネスコによって無形文化遺産に登録され、セバスティアニズモ（ポルトガル独自のメシア信仰）やサウダーデ（ポルトガル語母語話者の間で共有される感情あるいは概念で、主に「哀愁」と

訳される）とともに、ポルトガル人の国民性を象徴するようになったファドを文化的な側面から定義しようとすると、先に述べたように文献によって考察しながら、ファディスタたちの日々の行動というものを見る必要がある。ここでファディスタの日常というものを考察の対象に入れるのは、二つの理由からである。一つには、年々多くのファディスタ、ギタリスト、ポルトガルギター奏者が輩出され、ファドがいつにも増して活気に満ちているからである。もう一つは、筆者の研究分野であるポップカルチャーの研究においては、研究室を飛び出し、研究対象の文化の中に身を投じ、その音楽をたしなむ聴衆を観察しながら、そこで語られるオーラルヒストリーを知る必要があるからである。

ファドの起源

ファドについて考察するためには、何よりもまず、ファドに関わる研究の中で最も物議をかもしているものについて述べなければならないだろう。それは、ファドの起源についてである。ここでその起源に関して深く論じることはしないが、今のところ、ジョゼ・ラモス・ティニョラゥンが学術的に示した、ファドのブラジル起源説が広く受け入れられている。もちろん、その主張に異を唱える人も存在しており、偏った保守的な主張に終始しているエドゥアルド・スセーナの著書や、ポール・ヴァーノンの情熱的ともいえるファドの歴史書などはその例である。ちなみに、ティニョラゥンよりも以前にアマーロ・ダルメイダは、「その発展の過程で外部からの文化的な影響を受けている以上、ファドの起源は一つであるかのような論調は容認できない」と言っており、彼の意見もまた一理あるだろう。

ファドの初期のイメージ

ファドの起源以外にも様々なことが議論されているが、その中でも特に、ファドのイメージについても述べなければならないだろう。ファドは、第一共和政（一九一〇年一〇月五日～二六年五月二八日）の時代や、その後一九二八年より始まる独裁制の初期に、港町や売春といった負の社会的イメージと結びつけられていた。こういったファドのネガティブなイメージは新国家体制（エスタード・ノーボと呼ばれる独裁制）の誕生（一九三三年）まで残り続けることになる。

第一共和政の時代は、新しい文化が生まれることはなかったものの、民主主義への道は文化を通じて切り開かれるという政策のもとに、政府が文化の普及や教育に力を入れていた時代であった。そんななか、低層階級の音楽ジャンルとみなされていたファドには批判の眼差しが向けられ、特に労働者たちの運動や、始まったばかりの共産主義的な運動から非難を浴びることとなった。ただし、その一方で労働者の生活について歌ったファドや、社会主義を題材としたファドというものも、実は数多く作られていた。

ファドのイメージはファドを題材にした二つのポルトガル映画、『オ・ファド』（一九二三年）、『ア・セヴェーラ』（一九三一年）においても見ることができる。『オ・ファド』では、ファディスタのネガティブなイメージが強調されているだけでなく、ファド自体が批判されており、女性であれ男性であれファディスタには背徳的なイメージが植えつけられている。一方の『ア・セヴェーラ』では歴史的かつ神話的な面から描写がなされており、最終的にはファドがポルトガルという一国の象徴へと変わっていった様子が描かれている。

文献に目を移せば、一九三六年にルイス・モイタが、ファドに対する激しい批判本を発表した。彼はその中で、詳細かつ網羅的な形でファドの起源に関する文献について述べた後、ブラジルを起源とする論調に賛成している。一方で彼は偏見に満ちた形でファドの起源を「黒人のダンス」と定義し、ファドが国家の歌としてみなされることに異議を唱えている。またポルトガルギターという「高貴な楽器」がファドのような「低俗な音楽」ジャンルで使われたことに対しても不快感を表し、ポルトガルギターがファドによって広く普及したという仮説を激しく批判した。ファドはラジオやミュージカル・レビューの影響を受け、必要以上に浸透してしまった音楽であり、ファドを海外に売りこむような行為はポルトガル人のイメージを余計に損ねることにつながる、と痛烈な言葉も浴びせている。

モイタの批判の翌年には、ヴィトル・マシャドによる書籍が出版された。そこで彼はモイタの論調を批判すると同時に、三四人の新人ファディスタと五八人のベテラン・ファディスタのキャリアを紹介し、またファドを愛する当時のポルトガルの著名人たちへのインタビューを交えながら、ファドを称賛している。とりわけ、その中で彼が述べた最後の言葉には彼のファドへの愛情が如実に表れている。

> ファドという音楽は、ポルトガルが存在している限り、きわめて美しい愛国心を有する我々ポルトガル人に愛され続けるのだ。〔Machado 1937〕

このようにファドに対するイメージは二〇世紀の初頭から徐々に変わっていくのであるが、その変化の裏には政府の影響力が非常に大きいことを述べておかねばならない。たとえば一九二七年五月一六日の法令一三五六四号により、ファディスタは国家資格となり、公的な職業とみなされることとなった。また、「新国家体制」下では、検閲によってカザ・デ・ファド（直訳すると「ファドの家」で、ファドの演奏が行われるレストランのことを指す）の公的な規制が行われた。この規制の中で、表現の自由が十分に保証されていたとはいえないが、ある意味で公的なバックアップを受けるファドへの批判というものは次第になくなっていったのである。同時に、それまでネガティヴなイメージを受け、差別されていたファディスタはアーティストへ、あるいは国民歌謡とみなされるファドの代表者へと昇華していくこととなった。そして、そういったファドを国家の象徴とする動きは、最も有名なファディスタでもあり、ポルトガルを代表する歌手でもあるアマリア・ロドリゲス（Amália Rodrigues, 一九二〇～九九年）の活躍により、国際的なレベルにおいても、ますます増加の一途を辿ることとなるのである。

民主主義下のファド

一九七四年にはカーネーション革命（若手将校が起こした革命であり、これにより独裁制に終止符が打たれた）が起こり、様々な状況下でファドと本質的に関係のあった独裁制が終わることとなった。その結果、ファドは「旧体制の音楽」としてのレッテルを貼られることとなり、ファドへの興味はほとんど失われ、ついにはアマリアを迫害するかのような動きすら出てくることになった。

しかしながら、そういった状況下でもファドが完全に消えてしまうわけではなかった。それはまさしく、ファドが政治的な介入にも適応していったことや、カザ・デ・ファドの多くが地道に活動を続けていたからにほかならない（ただし七〇年代から九〇年代までの間に新しいカザ・デ・ファドは誕生しなかった）。また「ファドの偉大な夜」という一年に一度の最優秀ファディスタやギタリストを選ぶイベントが開催され、それが地元のファディスタたちの活動をかなりの面で後押ししていた。そして八〇年代や九〇年代には、新世代のファディスタたちが生まれ、一九九八年にはリスボンで万国博覧会が開かれたことで、ポルトガルを象徴する文化としてのファドへの興味が再燃していくこととなる。

ファドの音楽的な定義

ところで、ファドとは音楽的にどのように定義できるであろうか。音楽的な定義についても多くの文献によって考察がなされている。とりわけ、ファドについて考察した最も古い文献とされるピント・デ・カルヴァリョの『ファドの歴史』（一九〇三年）や独裁制の末期に出版されたフレデリコ・デ・フレイタスの『ファド、リスボンの歌』（一九七三年）、一九九四年に国立民族博物館によって編纂された『ファド〜声と影』などは特に重要である。これらの文献で述べられていることを参照し、整理すると大まかに次のように定義できる。

まず原則として、ファドを構成する楽器はアコースティックギターとポルトガルギターである。アコースティックギターは全体のベースとなるリズム、メロディを構成し、ポルトガルギターが即興でそこにハーモニーやポリフォニーを加えるという役割を担っている。曲調を専門的な形で定義すると、（長調の歌も存在するが）短調が好まれる音楽であり、四分の二拍子の八小節からなるフレーズを一まとまりとし、フレーズは二つの同じパートと二つの対照的なパートによって構成される。

ファドには様々なジャンルが存在し、それによってリズムやハーモニーのパターンが異なっている。ジャンルの分類に関してはいくつもの説が存在するが、大きく分けて、ファド・カスティソと、ファド・カンサゥンに分けられる。

ファド・カスティソは、ファドの元祖ともいわれるほど古くから存在する伝統的なもので、ファド・トラディシオナル、あるいはファド・クラシコともいわれる。さらにその下位区分としてファド・コヒード、ファド・モウラリア、ファド・メノルが存在する。主な特徴は、同じ曲であっても、異なる歌詞をのせて歌うことができるという点である。これは都市音楽としては世界で唯一ファドだけが有している特徴である。言い換えれば、演奏パターンやハーモニー、韻律法がシンプルかつ決まった形で存在し、そこに歌い手であるファディスタが即興で、メロディに変化を入れていく。

一方、ファド・カンサゥンは、メロディが決まっており、異なる歌詞をのせて歌うことは認められていないが、ベースとなるリズム、ハーモニーを守りさえすれば、ギタリストは即興で演奏することが認められる。そのため、カスティソよりも複雑なハーモニーが加えられる傾向にある。

歌詞は四行を一つのパートとし、それを四つ並べた形で構成されている。原則的にはそれを一人のファディスタが歌いあげるが、二人のファディスタが歌う場合もある。具体的には一人が一つのパートを即興で歌い、もう一人がそれに対抗・挑戦する形で次のパートを歌っていく。こういったスタイルは「アオ・デザフィオ（ao desafio＝挑戦的）」などと呼ばれる。

ちなみに、ファドという言葉はラテン語のファトゥム（Fatum＝宿命）に由来するのだが、それが原因なのか、ファドには哀愁や運命といったものをテーマにした悲しい歌が多い。しかしながら、明るい歌も少なからず存在しており、とりわけ、この「アオ・デザフィオ」で歌われる際には、そういった歌が用いられる。現代の最も著名なファド研究者の一人、マヌエル・ハルパンの言葉を借りれば、「アオ・デザフィオ」のファドにはユーモアや皮肉、社会の批判などが盛り込まれている。

ファディスタが語るファド

最後に、ファドを歌い、ファドに生きる者、すなわちファディスタたちはファドをどのように定義しているのであろうか。まずはすべてのファディスタを代表するアマリア・ロドリゲスの言葉に耳を傾けてみよう。

ブラジルを起源とする説があるみたいだけど、私にとっては、それよりもっと前から存在する音楽なの。私が思うのは、人が不平不満を言った時からファドが生まれたんだということ。その点に関してはジョゼ・レジオの意見に賛成よ。（……）一番もっともらしいじゃない、だから気に入っているの。ファドというのは、私たちが抱えている何かに対し抗えないということを知ることなの。それは私たちが変えることのできないもの。なぜかと問いながらも、その理由に辿り着けない。なぜかと問いながら、同時に答えがないことを悟る。それでも問うことをやめない。そういうものよ、ファドは。〔Santos 1987〕

次に、現在のファド界のトップと称されるカマネと、巨匠ともいえるアントニオ・ローシャの定義を見てみることにしよう。カマネはファドについて次のように定義している。

ファドは常にメッセージや感情を伝えるものです。重要なことは、人に届けたいメッセージである、ということです。もちろん声があるから歌うんですが、私がよく言うことは、私はファディスタであるが故に歌うんです。ファドの中での私の生き方はこのようなものです。歌っているときには、歌が求める感情に合わせて私は歌っています。（……）ファディスタにとって一番難しいのは、まさにファド・トラディシオナルを歌うことです。音楽はとてもシンプルで何も決まっていないのですから、言葉の伝え方というものを自ら創りあげなければならないのです。自分のスタイルを、自分の個性というものを創りあげるのには長い年月がかかるものです。

（……）ファドを歌うときにはファディスタになる必要があるのです。ファドは歌詞によって生きています。歌うファディスタでなければ、それはファドではないんです。ファドを歌う人はたくさんいますが、ただ泣き崩れているだけのように聞こえることも少なくありません。ファディスタというのは真剣な眼差しでファド・トラディシオナルの歌詞を伝えるのです。〔二〇〇一年一一月一六日の雑誌 *Bom Dia Lisboa*〕

（……）ファドはある種の才能であり、伝承であり、精神状態であり、そして実にポルトガル的な音楽ジャンルです。私は最後の最後までこの伝統を守り続けようと決めたのです。〔二〇〇〇年一一月一六日の雑誌 *Focus*〕

また、カマネは自分自身についてインターネットのページで次のように語っている。

私が歌っているときには私のすべてが見えるでしょう。もし私が悩みながら歌っていたり、あるいは上手に歌えたりしていても、それは偶然でもなんでもありません。ファドが私の血を流れ、心臓を通って、喉から出てきたということなのですから。〔http://www.camane.com/より〕

これらのカマネが述べた言葉は、アントニオ・ローシャが述べたことと一致している。

ファドというのは純粋な感情であり、生き方です。ファディスタになるということは、ファドを歌うということを超えて、ファドと生きる、自分の中にある感情を、それを聞く人に伝えることなのです。ファディスタであるということは、真剣に純粋に、一つ一つの歌詞が持つ意味、感情を言葉にのせて伝えることなのです。〔筆者とのインタビュー〕

同時にカマネの言葉はアマリアの表現とも通ずるものがある。

大事なのはファドを感じること。ファドは歌われるものではなく、起こるものなのよ。ファドは出来事なの。そして何が起こるかわからないからこそ恐れを抱くのよ。ファドは感じるもので、理解するものではないし、ましてや説明するものでもないの。〔Santos 2014〕

このように世代の異なる三人のファディスタたちによる定義を見てみると、ファドという音楽は、一般的に想起される悲しみや哀愁、絶望といった感情というよりも、むしろありとあらゆる感情を表現する音楽といえるだろう。もちろんそれがポルトガル語圏の特徴と相まって歌へと変貌していくわけであるが、あらゆる感情を表すという点で普遍的な音楽とも定義でき、ファドが表すものがポルトガル人の国民性に限定されるものではないことは指摘しておく必要がある。そしてだからこそ、ここ日本のような外国においても数多くのファディスタが誕生し、ファドが歌われているのである。

ファドというのはファディスタが歌うときに表れるものすべてであるが、ファディスタは声だけでなく、目線や姿勢といったすべてを駆使してファドを歌いあげる。また、ファドは歌う者の心から生じるものであり、ファドを愛する者、感情を吐露する者の静脈を流れ、声となって出ていくのである。

まとめ

ポルトガルの歴史の中で、ファドは大きな変貌を遂げてきたといえる。第一共和政の頃には負のイメージを植えつけられた一方で、独裁制期には公的な規制も受けながら、次第に国家の音楽へと昇華していった。革命によって独裁制が終焉を迎えると、「独裁制の音楽」として、負の遺産というレッテルが貼られ、一時的に興味が失われることになるが、近年ではまたファドに対する興味が復活している。

このように紆余曲折を経ながらも、ファド・カスティソあるいはファド・トラディシオナル、そしてファド・カンサゥンのような様々な異なるジャンルが生み出されていったことを踏まえると、他の音楽と同様に、ファドは時代とともに変わっていくことを理解しなければいけない。実際のところ、現在ではピアノやアコーディオン、バイオリンといった、それまでなじみのなかった楽器を取り入れた新しいタイプのファドも生まれてきており、ファドはしばしば思われるような旧態依然とした古いものではなく、常に新しい変化を遂げているのである。

したがって、サウダーデのようなきわめてポルトガル語話者的な感情・心情だけでなく、我々人間がごく自然に抱く、ありとあらゆる感情を伝えるものとしてのファドは、変わらぬものを守り続けるとともに変化を遂げ、国際化の道を歩んでいくに違いない。今後ますます世界中の人々に歌われ、愛される音楽となっていくのではないだろうか。

〈引用文献〉

Almeida, Amaro d'1944 "Reflexões sobre a origem do fado", Separata do Olisipo (Boletim do Grupo "Amigos de Lisboa"), 25, Lisboa.
Carvalho, Pinto de 1903 *História do Fado*, Lisboa, Dom Quixote.
Freitas, Frederico de 1973 *O Fado, canção de Lisboa: suas origens e sua evolução*, Lisboa, Sociedade de Língua Portuguesa.
Machado, Vitor（1937）*Ídolos do fado: biografias, comentários, antologia*, Lisboa, Tip. Gonçalves.

Moita, Luís（1936）*O fado canção dos vencidos: oito palestras na Emissora Nacional*, Lisboa, Emissora Nacional, Anuário Comercial.

Museu Nacional de Etnologia（1994）*Fado: Vozes e sombras*, Lisboa, Museu Nacional de Etnologia.

Santos, Vitor Pavão（1987）*Amália uma biografia*, Lisboa, Contexto.

Sucena, Eduardo（2002）*Lisboa, o Fado e os fadistas*, Lisboa, Veja.

Tinhorão, José Ramos（1994）*Fado: Dança do Brasil, cantar de Lisboa, o fim de um mito*, Lisboa, Editorial Caminho.

Vernon, Paul（1998）*A History of the Portuguese Fado*, Hants, Ashgate.

〈訳　山田将之〉

6 ブラジル映画
―現実と想像の間で―

マウロ・ネーヴェス

キーワード　ウンベルト・マウロ、シネマ・ノーヴォ、ネルソン・ペレイラ・ドス・サントス、シネマ・マルジナール、エンブラフィルム社

ブラジル映画史の沿革

一八九八年にブラジルに映画が登場してから、ブラジル映画という芸術は二つの傾向に分けることができた。一つは映画を営利目的の産業として扱い、大衆向けのエンターテイメントとして多くの映画を製作していたという傾向である。そしてもう一つは、映画を「芸術」の形式としてみなすが、国内、国民、文化の現状を映画の中で見せるという傾向である。

ブラジル映画史を俯瞰（ふかん）すると、これら二つの傾向が互いに衝突することもあったが、結局は一つになり、真の意味でエンターテイメントとしてのブラジル映画が誕生することになった。

ブラジルでの無声映画の時代において最も偉大な人物は、間違いなく、ウンベルト・マウロである。しかしながら、ここではカルメン・サントスとアデマル・ゴンザーガも挙げなければならない。

彼らの事業や経験、あるいはブラジル映画の他のパイオニアのおかげで、ブラジルで映画という産

業が実現したといっても過言ではない。

ジェトリオ・ヴァルガス大統領（在任一九三〇～四五年）時代における厳しい検閲制度という問題に直面したが、ブラジル映画は一九四〇年代後半になって、二つの大きな映画会社と共に台頭することになる。その会社とはリオデジャネイロにあるアトランティダ社、サンパウロにあるヴェラ・クルス社である。

この二つの会社が、それからのブラジル映画の環境についての議論の中心となる対立を完全に表明していたのである。対立する二つの立場は以下の通りである。一つ目の立場は、映画を産業的、芸術的なものにし、国際市場で競争することができるようにすること（これはヴェラ・クルス社の考え方である。同社は流星のようにすぐに消えてしまったが、この期間にブラジル映画の良作を何本か製作し、様々な国際的な賞を受賞したこともある）、そしてもう一つの立場は、映画を大衆向けのエンターテイメントにするが、ブラジル国民をありのままに表現すること（これはアトランティダ社の考え方である。この会社が製作したB級映画が最近になって肯定的に再評価されており、今日ではこのB級映画が、ブラジル国民の文化の特徴を正確に表現している作品であるとみなされるようになった）である。

シネマ・ノーヴォ

これら二つの考え方に大別されるなかで、ブラジルでの映画製作をまったく違った形で行った二人の異なる映画監督がいる。ネルソン・ペレイラ・ドス・サントスとヴァルテール・ウーゴ・クリである。ネルソン・ペレイラ・ドス・サントスの経験を幾分か参考にして、徐々にブラジル映画が刷新され変わっていく運動が見られるようになった。シネマ・ノーヴォ（「新しい映画」という意味）の誕生である。

ネルソン・ペレイラ・ドス・サントスは間違いなく、最初の代表者であり、また、シネマ・ノーヴォの最初の監督といっても過言ではない。一九五二年にはすでに、人々の生活を反映し、アメリカによってなされた産業的なパターンではなく、またスタジオの外で撮られた映画を製作している。

シネマ・ノーヴォの先駆者としての彼が貢献した部分は、特に、映画製作の方法と、物語の深みのなさを払拭した点である。それは彼の最初の作品である『リオ四〇度』（一九五五年）に表れている。

一九六三年には、シネマ・ノーヴォの特徴が定着し始めた。この時期には、イデオロギーに関するグループが急進主義を捨て、自己批判を促進させたことで、それが監督の自信につながった。それをわかりやすく説明するために、ブラジルの歴史的な状況や社会政治的な変化によって影響を受けた作品を三つに分類することにする。

一つ目は、ブラジルを、発展が遅れており、干ばつが多く、また社会政治的な特徴を持った闘争がある国として表現する映画、また世界のすべての問題を扱った映画である。このグループの中の映画としては、その運動の最大の思想家であるグラウベール・ローシャ監督の作品である『黒い神と白い悪魔』やルイ・ゲーハ監督の『ライフル』、ネルソン・ペレイラ・ドス・サントス監督の『干からびた生活』などが挙げられる。

二つ目は、一九六四年の軍事クーデターの後になるが、自己批判の特徴が見られる映画で、代表的な作品では、パウロ・セザル・サラセニ監督の『挑戦』、グラウベール・ローシャ監督の『狂乱の大地』、グスターボ・ダウ監督の『大胆な人間』などが挙げられる。

最後の一つは、歴史的、寓意的、民衆的なブラジルを表現した特徴が見られる映画である。代表的な作品では、グラウベール・ローシャ監督の『アントニオ・ダス・モルテス』やカカ・ディエゲス監督の『相続人』、ルイ・ゲーハ監督の『英雄と人間』が挙げられる。

最終段階におけるシネマ・ノーヴォと並行して、ブラジルで重要な映画に関する別の運動が起こった。それが、シネマ・マルジナール（ブラジル映画のアンダーグラウンド映画運動）である。

シネマ・マルジナール

シネマ・マルジナールは、一九六八年以降、大衆的で商業的な傾向を持つ映画の中でこの変化に不満を持っていて、シネマ・ノーヴォに異論を唱える集団によって形成されたものである。

この新しい運動の中心的なグループにいたのは、ジュリオ・ブレサニ、ネヴィリ・ダルメイダ、ロジェリオ・スガンゼルラ、カルロス・ライヘンバッハ、ルイス・ロゼンバーグ、アンドレア・トナッチなどである。彼らは、晩年になり、ブラジル映画において中心的な役割を果たす監督である。

シネマ・マルジナールは二つのグループに分けることができる。一つはリオデジャネイロに本拠地を持ち、よりシネマ・ノーヴォに近いグループであり、もう一つは市場に直結し、シネマ・ノーヴォの映画製作方法とは縁を切ったサンパウロに本拠地を持つグループである。このサンパウロのグループは、アンダーグラウンドの思想を守りながら大衆に受け入れられようと試みたグループである。

シネマ・マルジナールは、理解できない映画を製作したシネマ・ノーヴォの主知主義から脱却しようとし、アメリカのＢ級作品を利用することで大衆に積極的に映画を広めようとした。そして、起承転結のある映画の中にポップカルチャーの考え方を入れることで大衆に近づき、受け入れられるようにした。

それと同時に、この二つの運動は、ブラジルで映画を作るに際して、時には対立する形式を共有し、時には補完する関係にあった。そしてこの頃に、衰退期までブラジル映画界を支配することになる映画会社が設立された。その会社とはエンブラフィルム社である。

エンブラフィルム社による映画製作から一九九〇年代前半のブラジル映画の衰退期

エンブラフィルム社は、一九六九年九月一二日に法令八六二号によって設立された官民合同出資による株式会社であり、当時のブラジルを統治していた軍の評議会によって認可された。エンブラフィルム社が設立された理由は、祭典で映画を上映するだけでなく、海外に映画を配給し、宣伝をするためであり、また国立映画協会（ＩＮＣ）と協力してブラジル映画の文化的、芸術的、学術的な側面を普及させることを目的としたのである。しかし、法令八六二号に記された会社の設立目的の中には、エンブラフィルム社がブラジル映画を普及することに関連して、商業的な活動を行うことが書かれていた。その目的を解釈した上で、エンブラフィルム社が設立された次の年から、エンブラフィルム社は国産映画の製作の過程に関わり始めたのである。

エンブラフィルム社は最初の年で、国産映画のおよそ二五パーセントを製作するようになった。さらに、一九七二年以降、エンブラフィルム社は国際市場にブラジル映画を配給する活動に加えて、国内市場にもブラジル映画を配給する活動を始めるようになった。

一九七六年のＩＮＣの廃業に伴い、エンブラフィルム社は映画に関連した国営の主要な機関になり、それと同時に上映に関する活動も始めるようになった。一九七〇年代後半から一九九〇年のコロル政権による廃止まで、エンブラフィルム社は毎年多くのブラジル映画を製作し公開してきた。エンブラフィルム社の時代は、映画を芸術としてというよりは産業の一つとしてみなしていた。その結果、多くの映画が誕生し、叙事詩的なもの、幼児向けのもの、あるいは庶民的なポルノ作品など、多くの作品が製作された。こうして商業目的の映画製作がブラジルでは続いたが（これはブラジルの映画史上初めてのことである）、その一方で映画の質は落ちることになった。

一九九〇年のエンブラフィルム社の廃業に伴い、ブラジル映画は五年間（一九九一〜九五年）の危機に直面し、ほぼ完全なる衰退期に入った。この時期は、長編映画の製作がきわめて少ない時期であったが、新しいテーマ、新しい資金調達方法、大衆に広めるための新しい方法などに関していえば、多くのアイデアが提供された時期でもあった。この頃は、テレビドラマを見る人の急速な増加やブラジル映画の質の低下、ポルノ的な内容が大半を占めるようになったことなどから、エンブラフィルム社の最後の年には映画を見る大衆は少なくなった。また、特にブラジル市場に進出したアメリカ映画の大ヒットもその要因として挙げられる。

一九九四年には、文化政策を奨励する法律が制定され、商業レベルでの映画の製作が可能になり、翌年から始まることになるブラジル映画の再興の基礎が築かれたが、実現するのは一九九六年からである。

最終的に、一九九五年にカルラ・カムラチ監督の作品である『ブラジルの女王　カルロタ・ジョアキーナ』が公開され、成功を収めた。この作品が公開されたことで、新たにブラジルの大衆に映画を見る習慣が生まれ、映画に対して威信を与える契機となった。そして、社会文化的な現実がより良い方法でこの映画に反映され、国際的に広めることができるようになった。また、この作品のおかげで、ブラジルでは芸術的な作品のみならず、ポルノの側面に依拠することなく商業的な側面で十分勝負できる作品が製作できることが証明されたのである。

一九九六年以降は、七〇年代後半や八〇年代初頭のような魅力的で熱狂的な様相はそれほど大きくはないが、ブラジル映画は商業的な面から見ても芸術的な面から見ても申し分ない程成熟し、大衆を引き付けている点で安定期に入った。

まとめ

五年間の危機の最終的な段階を経て、ブラジル映画の扱うテーマが変わったことは特筆に値する。一九九六年以降の一五年間で、多くの観客を動員し好評を博す映画が製作されるようになり、国内映画に対する大衆の興味を引き付けた。それだけでなく、ブラジル映画は、この期間に様々な国際的映画祭において多くの賞を受賞している。

ブラジルの映画製作に関わる人々がブラジル人の偉大な想像力や社会的内容を持つ映画の伝統を利用することで、良質な国産映画を製作できるということが証明されたが、彼らは常にそうした映画がブラジル人のための映画であるという信念を捨てなかった。多くの場合、それらは商業的にも成功を収め、結果として、多くの投資家がブラジル映画を信頼し、AV法（この法律は国営・民間の会社が文化的政策に対して援助を行うと、当該会社の税金が免除される法律である）やその他の法律によって、様々な利益を得るようになっている。

最近になり、かなり多くの作品が製作されるようになったため、ここでこの時期に製作された映画すべてを挙げることは不可能であるが、ブラジル映画が新しい進化の段階をどのように歩んできたかを示すために特に以下の五つの映画を挙げることにする。一つ目は、ヴァルテール・サレス・ダニエラ・トマス監督の『外国』（一九九五年）、二つ目は、ベット・ブラン監督の『殺し屋』（一九九七年）、三つ目は、ヴァルテール・サレス監督の『セントラル・ステーション』（一九九八年）、四つ目は、ブレーノ・シルベイラ監督の『フランシスコの二人の息子』（二〇〇五年）、そして最後は、ジョゼ・パディーリャ監督の『エリート・スクワッド』（二〇〇七年）である。

〈訳　後藤　崇〉

7 ブラジルの思い出
―子ども時代に遊んだおもちゃたち―

ニウタ・ジアス

キーワード　ペテカ、カピーニョ・デ・ホリマンス、パル・オウ・インパル、アマレリーニャ、パッサ・アネウ

「思い出すことは生きること」ということわざがある。いい思い出は、いつも喜びと希望を運んでくれるのでそれは本当だと思う。誰でも多かれ少なかれ思い出はあり、時間とともに薄れていくものもあれば、生涯を通して我々と共に生きるものもある。多くの人にとって、いい思い出の大半は、二度と戻らない子ども時代の遊びと関係している。時間は戻らないが、子ども時代の遊びは忘れられず、子ども、孫、甥、姪、教え子、また大人になった友人と遊ぶことで子ども時代を思い出すことができる。年齢を問わず、皆を夢中にさせて喜びを感じさせてくれるおもちゃや遊びがある。

由来と重要性

子どもの遊びとゲームの歴史について調べてみると、その多くが様々な時代や場所で大人によって

行われていた日常的な活動に由来していることがわかる。伝統的な遊び方の多くはたいてい大きな準備を必要とせず、さらに社交性、運動力、想像力、ルールを尊重する気持ち、推論する力を高めるシンプルで楽しい遊びである。

良い点はたくさんあるものの、伝統的な遊びの多くは忘れられ、電子ゲームや塾、場合によっては、児童労働に代わりつつある（様々な理由によって多くの子どもが遊ぶ権利を失っている）。今日では、忙しい日常生活、都市部での物理的なスペースの不足、進学や就職活動（早い段階に受験勉強を開始させないといけないという焦燥感を感じる親がたくさんいる）、各家庭での子どもの人数の減少（子どもが一人で遊ぶ状況に置かれてしまう）といった原因で、レクリエーション活動が少なくなっている。遊びを少なくするのではなく、歴史や文化を表す遊びや伝統的なゲームを復活させ、これらの新たな活動に加えることができれば理想的である。

おもちゃ、ゲーム、遊び

（一）自分のおもちゃを作る

遊ぶこと自体非常に楽しいことだが、自分でおもちゃを作ればさらにおもしろい。多くの場合、遊びはおもちゃを作る作業から始まる。

まずは、インディオ（先住民）に由来するペテカ（peteca）というおもちゃを紹介したい。ペテカという名前は、インディオの言葉で「打つ」、このおもちゃの場合は、「手で打つ」という意味を表す。つまり、バリエーションは多くあるが、基本的な遊び方は手のひらを使って相手にペテカを投げ、受けた側はそれを落とさずに打ち返さなければならない。このおもちゃは、子どもが

ペテカ

カヒーニョ・デ・ホリマンス
（写真は2点とも筆者撮影）

自分で作れるものである。もともと、ペテカは、地域によってトウモロコシの皮またはバナナの果梗（かこう）の皮で作られていた。バランスを確保し、また、空気中でペテカを速く飛ばすためにはニワトリの羽を使用するのが一般的であった。ゲームはチームでも、二人でも、また輪を作って行うこともできる。ルールは予め決める場合と決めない場合がある。いい運動になるだけではなく、子どもや若者、そして大人もペテカで遊んで楽しむことができる。

多くのおもちゃは環境、習慣、文化に直接関連している。たとえば、かつて農村では、粘土、木、果物や野菜で作られた動物のおもちゃが一般的であった。特に少年たちの間で高い人気があったのは、カヴァロ・デ・パウ（cavalo de pau）というおもちゃであった。多くの少年たちは、ほうき棒、竹や棒の破片で作られた馬のおもちゃで遊んで楽しんだものであった。

時間が経つにつれて、多くの家族は農村を離れて大都市に移った。そこでは、自動車が一般的な交通手段になり、かつて大人を真似するかのように馬のおもちゃで遊んでいた子どもたちは、車を欲しがるようになった。子どもたちを喜ばすために様々な車のおもちゃが誕生し始めた。手作りのおもちゃの中で、運転する冒険ができることから子どもの間で人気があったのがカヒーニョ・デ・ホリマンス（[carrinho de rolimãs] またはカヒーニョ・デ・ロンバ［carrinho de lomba］）であった。時にはころんだり、傷を負ったりすることもあったが、遊んでいる時の楽しい気持ちを超えるものではなかった。以前ほど人気はないが、このおもちゃは今でも親、子どもや友人との間で大きな喜びを与えている。作成する上でいくつかの注意が必要なので大人が組み立てることが理想的であるが、子どもに手伝わせることも重要である。必要な材料は、車軸となる木材の切れ端と車輪のためのボールベアリングである。また、安全なブレーキシステムも必要である（古いバージョンにはブレーキがなく、完全にハンドルを横に回すか、地面に足をつける必要があった。年齢が上の子どもにとって、このようにブレーキをかけることが楽しいようである。しかし、怪我をしないように注意が必要である）。完成したら、安全な場所を見つけて遊べば、間違いなく楽しむことができる。

（二）始める人は？

アクティビティによって、ゲームをスタートさせる人、チームを作る人、リーダーなどを決めなければならない。ブラジルには、それを楽しく、また、公平に決める方法がたくさんある。たとえば、地域ごとに変わるヒマス（rimas＝同一または類似の韻を持った語を使って作る詩）というものがある。ヒマスで決めるには、一人の子どもが詩を言ったり、言葉を強調しながら短い歌を歌ったりして、友達に手を触れていく。ヒマスと歌の使い方はその意味によって変わることがある。

また、ブラジル人の子どもの間で選び方として人気があるのは、「パル・オウ・インパル」（par ou impar）である。これは非常にシンプルなゲームで、名前はpar（＝偶数）とimpar（＝奇数）と関連している。まず、各プレーヤーが「偶数」か「奇数」を選ぶ。それを決めれば、片手をおろして、「ウン、ドイス、ジャ」（um, dois, já　日本語でいうところの、〝いっせーのーせっ〟）と言いながら、指で〇（ゼロ）から五までの数を示さなければならない（偶数か奇数か問わず、プレーヤーはどの数を示してもよい）。お互いが示した指の数の合計、すなわち、合計が偶数であれば、最初に偶数を選んでいたプレーヤーが勝ち、合計が奇数であれば、奇数を選んでいたプレーヤーが勝つというルールである。

パル・オウ・インパルは、一般的に二人の間で行われ、それより参加者数が多い場合は、ドイス・オウ・ウン（dois ou um＝一か二）というゲームをする。プレーヤーたちは片手を後ろに隠して、同時に「ドイス・オウ・ウン」と掛け声を言いながら、指で一か二という数を示す（それ以外の数を示すことはできない）。このゲームで様々なことを決めることができる。たとえば、一人だけが他と違う数を示した人がいればその人が選ばれる。また、同じ指の数を示した人同士でペアやチームを形成することができる。

(三) 遊びの時間

次にブラジルでとても有名な二つの遊びについて話そう。

① アマレリーニャ（amarelinha）

この遊びは、多くの国に存在する。ポルトガルでは「マカカ」（macaca）、モザンビークでは「アヴィアウン」（avião）と呼ばれ、ブラジルの中でも地域によって名前が異なる。これは非常に古い遊びで、多くのバリエーションが存在し、地域や国によってルールや絵が様々であるが、目標やジェスチャーは非常に似ている。

プレイするには、まず、ゲームを始める人を決める（通常、パル・オウ・インパルやドイス・オウ・ウンで決める）。決まった人は、インフェルノ（inferno＝地獄）というところに立ち、「一」と書かれた四角に小石を投げ入れて、そこから四角が一つあるところは片足で踏んで、四角が二つ並べてあるところは両足で踏む。ただし、小石がある四角に足をついてはいけない。セウ（céu＝天国）に辿り着くまでジャンプしていき、そこでは両足をつく。同じようにジャンプしながらリターンして、最初に投げた小石がある四角の一つの手前の四角で片足に体重を乗せて、小石を拾って、インフェルノに戻る。そこからまた小石を投げてプレイを繰り返していく。ターゲットの四角から外れたり、プレーヤーがバランスを崩して地面に手がついてしまったりしたら、次のプレーヤーの番になり、自分の順番を待たなければならない。自分の番が来たら、間違ったところから再びプレイを続ける。最初にセウに到着できたプレーヤーの勝利となる。

　同じ絵を使ってプレイをする別の方法を見てみよう。ゲームの最初の部分は、説明した通りであるが、勝利してセウに着いた人は、背中を向けて小石を投げる。小石が入った四角は、自分専用の四角になり（そこに自分の名前を書く）、他の人はそこを踏めなくなる。プレーヤーがどの四角も当たることができなければ、次の人に番を譲り、再び順番が回ってくるのを待たなければならない。自分専用の四角が多いプレーヤーの勝利となる。

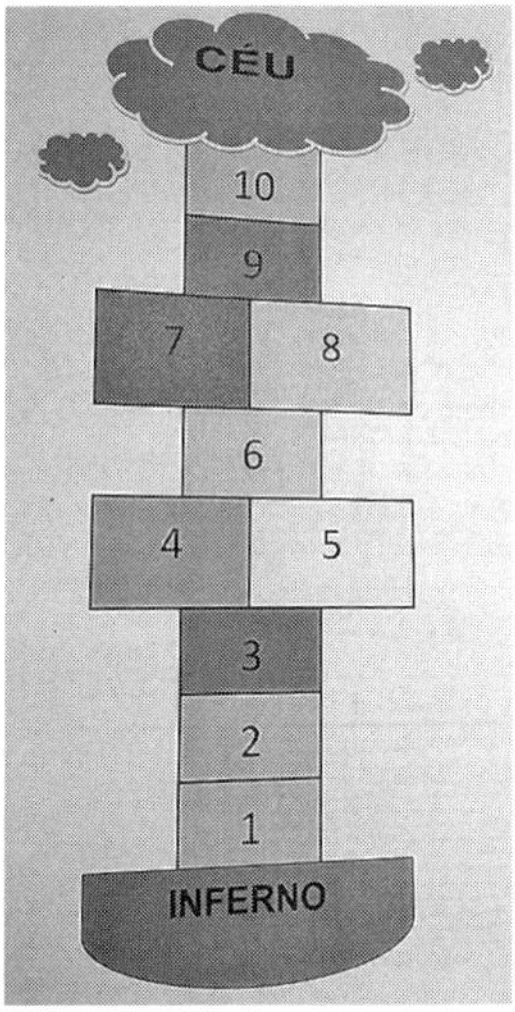

アマレリーニャ（筆者撮影）

②　パッサ・アネウ（passa anel＝リング渡し）

これはとても単純な遊びだが、非常に人気がある。遊ぶには、リング（リングがない場合は、別の小物でもよい）が必要である。

　まずは、リングを渡す人を決めなければならない。それは、パル・オウ・インパルやドイス・オウ・ウンで決める（その人をパサドール（passador＝渡す人）と呼ぶことにする）。パサドールを決めれば、子どもたちは、輪になって座る（または立ったまま並ぶ）。全員が両手を半開きで貝殻型に合わせる。パサドールも同じように手を合わせるが、その中にリングを入れて、それから次にリングを渡す人を考える。それを他の人に言ってはいけない。パサドールは、順番に貝殻型にして合わせたままの両手を他のプレーヤーたちの手の中に通していく。相手は、合わせた両手をほんの少しだけ開き（たいてい両手の親指、人差し指、中指を少し離したりする）、パサドールが終わるとまたその手を閉じる。最も重要なのは、リングが手の中に入れられたことを知られずにすること。パサドールは、リングを渡したい人の手の中にさりげなくリングを落とし（たいてい小指を離しながら）、気づかれないように続けて他の人にも同じ動作を行う。さらに他のプレーヤーたちを迷わせるために、再び全員に対して同じ動作を行い、最後に誰かに「リングを持っているのは誰？」と聞く（リングを渡した人にはもちろん聞かない）。当たったらその人が次のパサドールになり、間違っていたら罰ゲームを与えられ、リングを持っている人が新しいパサドールになる。

まとめ

ここでは、多くの子ども、ティーンエイジャー、また大人までの生活を楽しくする数少ないおもちゃと伝統的な遊びの例を紹介した。この文章が新しい発見や多くの楽しみのためのインセンティブになることを願っている。

〈訳　ギボ・ルシーラ〉

8 ブラジル人コミュニティ
―在日ブラジル人の生活―

拝野 寿美子

キーワード　入管法、デカセギ、日系人、リーマンショック、在日ブラジル人

ブラジル人の来日経緯と滞日傾向

日本がバブル経済で労働力が不足していた時期と重なる一九九〇年の改定「出入国管理及び難民認定法」（以下、入管法）施行を契機に、日系人をはじめとするブラジル人が急増した。この新しい入管法は、日系二世や三世とその配偶者および被扶養者である四世までの合法的な滞日と就労を定めたものである。海外で最大の日系人口を持つブラジルからも、多くの日系人とその家族が就労を目的に来日した。二〇一四年一二月末日現在、在日ブラジル人は一七万五四一〇人となっている。

ブラジルでは一九八〇年代から九〇年代前半にかけて経済が混乱していたこともあり（一九九三年のインフレ率は二四七七パーセント〔堀坂 二〇一二：五四〕）、ブラジル人が多数海外に流出した（「ブラジリアン・ディアスポラ」参照）。このような時期に日本の入管法改定が重なったことも、多くのブラジル人が来日した理由の一つである。その他、日系人にとっては自分の祖先の国である日本を見てみたい、

その文化に触れたい、自分のルーツを探りたいといった、経済的理由とは異なる来日動機もあった。一九九〇年代前半は単身で来日する人が多かったが、日本の生活に慣れて家族や親戚、友人をブラジルから呼び寄せたり、日本で家族を形成したりするようになっていった。親子だけでなく、祖父母や伯（叔）父伯（叔）母、従兄弟（姉妹）で同居している世帯も多い。

表　ブラジル人が多く居住する県
（2014年12月末日現在）

順位	県名	人口
1	愛知県	47,695
2	静岡県	26,476
3	三重県	12,559
4	群馬県	11,942
5	岐阜県	9,984
6	神奈川県	8,373
7	滋賀県	7,669
8	埼玉県	7,390
9	茨城県	5,882
10	長野県	5,269
11	栃木県	4,424
12	千葉県	3,393
	その他	24,354
	合　計	175,410

出所）法務省公式サイト

彼らの多くは静岡県、愛知県、群馬県など自動車や電機産業をはじめとする企業城下町で暮らし始めた（表参照）。

一定期間日本で就労し、近い将来ブラジルに帰国する予定であった彼らは、「デカセギ」と称されるようになった。「デカセギ」は日本で働くブラジル人という意味を持つ "decasségui, decasségui" としてブラジルでも外来語として認知され、二〇〇一年にブラジルで発行された*Houaiss*という辞書にも掲載されている。

在日ブラジル人の現在の年齢構成を見てみると、就労目的の滞在者が多いこともあり、二〇代〜四〇代の男性が多くなっている。それに加え、五歳から一四歳という義務教育就学年齢に相当する人口の割合も全体の一二パーセントを占めており、若い世帯が大半であることがわかる（図参照）。

二〇〇七年末には三一万人を超えていたブラジル人であるが、二〇〇八年秋のリーマンショックによる雇用状況の悪化に加え、二〇一一年三月の東日本大震災や原発事故もあり、ここ数年でおよそ

図　在日ブラジル人男女別年齢別人口（2014年12月末日現在）

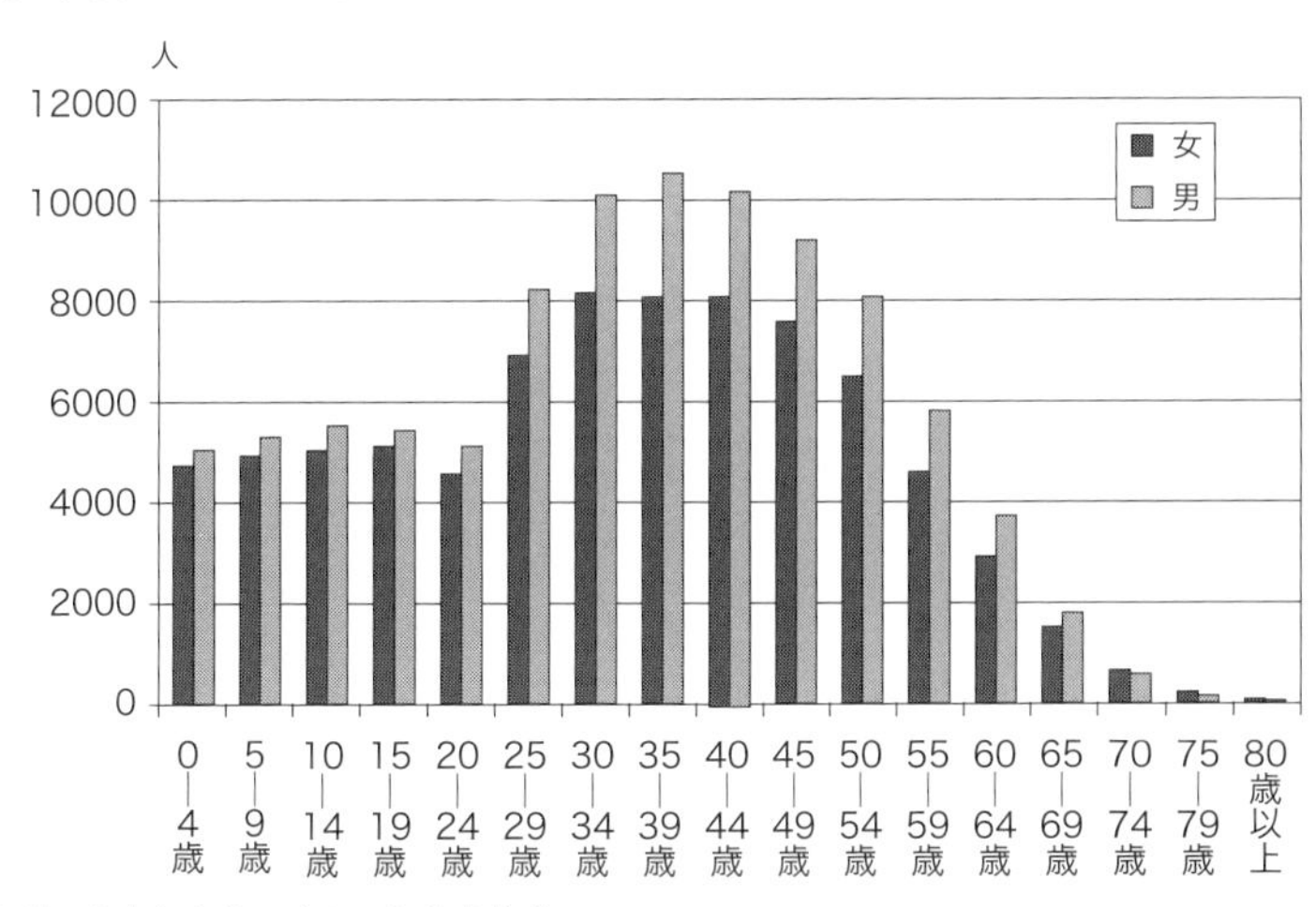

出所）法務省公式サイトより筆者作成。

一四万人減少した。新興経済国BRICS（ブラジル、ロシア、インド、中国、南アフリカ）の一角をなすブラジルでは、リーマンショックの影響が日本ほど長引かず雇用が増加していたことも、彼らの帰国を促す一因となった。

一方で、永住ビザを取得するブラジル人は年々増加しており、その数は全体の六割を超えている（一一万一〇七七人）。日本の学校に通い始めた子どもの教育への配慮や、親戚の多くがすでに日本に居住していることなどから日本定住を選択する人も多く、ブラジル人コミュニティの存在はいまだ大きい。

在日ブラジル人の日本における滞在と就労はほとんどの場合合法的で、「定住者」あるいは「日本人の配偶者等」というビザで入国している。合法的であるがゆえに出入国も比較的容易であることから、両国を行ったり来たりする人が多いこともよく指摘されるところである。先に紹介したように、最近では永住ビザを取得する人が増えており、永住傾向が高まっている一方で、生涯日本で生活するというよりは、日本で不動産取得を可能にしたり、出入国手続きを簡素化したりするために永住資格を取る人が多いという現実もある。

労働と生活

彼らは日本でどのような生活を送っているのだろう。就労目的での来日であったことから、彼らの多くは工場地帯が広がる地方都市に集住している。静岡県浜松市、愛知県豊田市、群馬県太田市・大泉町などはブラジル人集住地として広く知られている（「多文化共生」参照）。これらの都市は自動車や家電などの大企業およびその下請企業の工場が集中しており、彼らはそこで派遣社員などとして働いている。当初は日本人が好まない３Ｋ職場（きつい、汚い、危険）での労働を担っていた。彼らに仕事をあっせんするエンプレイテイラ（empreiteira）と呼ばれる人材派遣会社が、住居やポルトガル語による生活情報を提供するなど、ブラジル人の日本における生活を丸抱えでサポートしているケースが多く見受けられた。これはブラジル人にとって利便性の高いシステムである。職場の同僚もブラジル人が多く、集住地ではブラジル人向けのレストランやショップ、美容室、中古車販売店などのエスニック・ビジネスも充実している。もちろん、これらのエスニック・ビジネスはブラジル人の重要な雇用先にもなっている。このように、集住地においてはポルトガル語だけで生活することが可能である反面、地域住民との接触は限られることとなった。

職種については、改定入管法施行からおよそ三〇年が経ち、最近では教育や法律、医療、介護、芸能など、少しずつ広がりが出てきている。

言語状況

このような労働・生活環境にある在日ブラジル人はどのような言語生活を送っているのだろう。

①　コミュニティの言語

ブラジルの公用語はポルトガル語だが、在日ブラジル人の多くは日系人であることから、当初から他の外国籍住民と比べるとある程度日本語になじみのある人がいた。現在では、日本生まれで日本の教育を受けている第二世代の子どもの割合が高くなっていることから、ポルトガル語は理解できるが日本語が優位であるという若者も増加傾向にある。日本語教育のニーズが高いことに変わりはないが、ブラジル人コミュニティでは母語・継承語の教育が課題となる時代に入った。

一九九〇年以降多くのブラジル人が来日し就労するようになると、ポルトガル語で日本やブラジルのニュースなどを伝えるエスニック・メディアも誕生した。一九九〇年代に四紙を数えた紙媒体の週刊紙は、インターネットの普及やブラジル人の減少などを理由に、二〇一三年にはすべて廃刊となっている。しかしながら、そのうちの一つである *International Press* ポルトガル語版は、スペイン語版とともに、誰でもアクセスできるデジタル版で生き残っている。この新聞の発行元（IPC World）は衛星チャンネルも持っており、Sky PerfecTVで有料視聴することができる。今日、コミュニティの情報や求人広告などは紙媒体の主流であるフリーペーパーに掲載されており、これらはブラジル人向けのショップなどで入手することができる。

生活場面の言語を見てみると、職場で頻繁に使用される日本語がブラジル人同士の会話で借用されている。ブラジルの日系人が日本語で話す際にポルトガル語の単語を会話にはさむ「コロニア語」（例：「ドミンゴ（日曜日）位は休んでファミーリア（家族）と一緒に楽しんだ方がいいよ」（沼田一九九六：九三〕と同じしくみといえるだろう。「頑張る」という動詞gambatearや、「残業」zangyo、「大丈夫」daijyobuといった単語が頻繁に使用されているようである。このような借用語は、ブラジル人コミュニティで「デカセギ語」と称されている〔重松二〇一二：六四〕（「コロニア語」参照）。

ブラジル人の会話を注意深く考察すると、単語の借用のほか、日本人とは日本語で話し、ブラジル人とはポルトガル語で話すという、相手に合わせた言語の使い分けが行われていることがわかる。このような使い分けができる人は日本語をある程度習得しているが、エスニック・メディアが発達し、工場のラインで働く限り高い日本語力を求められなかった多くのブラジル人は、先の労働・生活環境ともあいまって、なかなか日本語を習得しないといわれてきた。しかし、二〇〇八年のリーマンショック後、最初に再就職先を得ていったのは日本語習得者であったこともあり、集住地でも失職をきっかけに本格的に日本語を学ぶブラジル人が増加していった。集住地を抱える自治体の多くは、ブラジル人をはじめとする外国籍住民に日本語学習の場を提供している。

② 教育

日本の小中高校で毎年調査が行われる、「日本語指導が必要な外国人児童・生徒数」を見てみると、ポルトガル語を母語とする人数がここ数年最も多くなっていることがわかる（二〇一六年度は八七七九人で、全体の二五・六パーセントを占めている）。ブラジルにルーツを持つ子どもたちの多くは日本の学校に就学している。日本の学校においては、学習についていけるだけの日本語力を習得することが最重要課題と考えられている。とはいえ、一方的に日本の学校に同化させるだけでなく、群馬県太田市の学校のようにブラジルからバイリンガル教員を受け入れて特別の配慮をするという事例もわずかながら見受けられる。大阪府立門真なみはや高校や神奈川県立鶴見総合高校のように、来日する外国籍児童生徒の母語教育（中国語、スペイン語、フィリピノ語、タイ語、韓国語、ポルトガル語など）を正規の外国語授業として単位認定している高校もあり、これらの授業は日本人生徒も履修することができる。

集住地域では、地方自治体やＮＰＯなどが主体となって母語教室が開かれている。その中でも興味深い例として、関西ブラジル人コミュニティセンターが主催するポルトガル語教室が挙げられる。この教室は、「海外移住と文化の交流センター」（一九二八年に設立された神戸の移民収容所）の一角で行われている。かつてブラジルに渡る前の日本移民にポルトガル語やブラジル文化の事前教育がなされた建物で、現在は神戸近郊に居住するブラジル人の子どもたちがポルトガル語を学んでいる。

ポルトガル語で学び、またポルトガル語を学ぶ教育機関として忘れてならないのは、集住地を中心に日本全国におよそ四〇校存在するブラジル人学校である。これらの学校ではブラジルの教育関連法規に準拠した教育が施されている。最盛期に比べて学校数は減少しているが、今でも在日ブラジル人の子どもたちの重要な教育選択肢の一つとなっている。

ブラジル日系社会への影響

一九九〇年代から二〇〇〇年代にかけて多くの日系人が来日したことにより、一五〇万人という世界最大の日系人口を誇るブラジルの日系社会にも大きな影響が出た。日系社会の屋台骨である文化協会や県人会などが行う諸行事の運営に支障が出たり、こうした組織の後継者不足が懸念されたりしている。一方で、二〇〇〇年代後半からは、日本から帰国する人が相次ぎ、大人の再就職や子どもの教育といった（再）適応が大きな課題となってきている。こうした課題に対処するため、日本での生活経験をブラジルでの仕事やその後の生き方に活かせるようサポートする体制も整いつつある。一九〇八年に始まったブラジルへの日本移民によって架けられ、世紀を越えて両国をつないできた橋は、日本で生活したことのある、また現在も生活している新たな世代の手によってさらに強固なものになりつつある。

〈引用文献・ウェブサイト〉

重松由美(二〇一二)「在日ブラジル人高校生・大学生の言語生活とアイデンティティ」『椙山女学園大学教育学部紀要』五五九―六八ページ。

沼田信一(一九九六)『カフェーと移民』Londrina, 自費出版。

法務省公式サイト〈http://www.moj.go.jp/housei/toukei/toukei_ichiran_touroku.html〉(二〇一四年一二月九日アクセス)

堀坂浩太郎(二〇一二)『ブラジル――跳躍の軌跡』岩波書店。

9 マカオの歴史と文化
―ポルトガルが残した記憶と遺産―

内藤理佳

キーワード　カジノ、世界遺産、南蛮貿易、パトゥア語、マカエンセ料理

世界遺産の宝庫とエンターテイメントシティ

中国大陸の南東、香港の西南西約六〇キロメートル、南シナ海に注ぐ珠江河口に位置する半島と二つの島からなるマカオ（澳門）は、世田谷区の半分ほどの小さな街である。現在香港同様、中国特別行政区の一つであるマカオは、一六世紀半ばから二〇世紀末まで、事実上ポルトガルの植民地支配を受け、中国の他地域とはまったく異なる歴史と独特の文化を育んできた。一九九九年一二月に中国に返還される以前のマカオは、伝統的に続けられてきたカジノ産業が唯一の観光資源であり、香港への旅行客が滞在中のオプションとして数時間だけギャンブルを楽しむ場所というイメージをもった街にすぎなかった。

しかし返還後のマカオはエンターテイメントシティとしてめざましい変化を遂げている。長年独占資本によって運営されてきたカジノ産業が二〇〇二年に市場開放して米国巨大資本が進出、最新式のカジノや最高級ホテルが次々と建設され、それに伴ってショーやイベントといったカジノ以外のレ

ジャー産業が充実し、最新の流行を揃えたショッピング街も造られた。

さらに二〇〇五年には、四半世紀にわたって中国文化とポルトガル文化が共存してきた世界唯一の場所として、二二の歴史的建造物と八ヶ所の広場が点在する生活エリアが「マカオ歴史市街地区」としてユネスコ世界遺産に登録された。こうしてカジノだけでなく、ホテル・商業施設・アミューズメント施設など複合観光施設が整備された統合リゾートとして生まれ変わったマカオには年間約三千万人(二〇一四年)もの観光客が訪れている。また、わずか三〜五時間のフライトで到着する好アクセスの直行便が成田・関空とマカオを週三〜五回往復し、治安の向上も原因となって、マカオは年間約三〇万人(二〇一四年)の日本人観光客が訪れる人気のデスティネーションの一つとなっている。

ポルトガルの面影が残る町並み(筆者撮影)

ポルトガル東方貿易の拠点として

マカオの歴史は一六世紀半ば、ポルトガル人が極東(特に日本と中国)との貿易拠点としてマカオに定住したことに始まる。大航海時代、一四九四年にスペインとポルトガルの間に結ばれたトリデシーリャス条約によって、ローマ教皇からアフリカ最南端の喜望峰を経由する東回りの航路と「新発見地」における領有権を許可されたポルトガルは、当時ヨーロッパで珍重されていた香料(スパイス)を求めてゴア、マラッカ、モルッカ諸島(現マルク諸島)を獲得すると、さらに東方を目指した。一五一三年、中国南部の広東(現広州市)に到達したことをきっかけに、ポルトガル政府は中国(当時は明朝)との正式な交易を希望したが、当時、明朝は外国船に対して朝貢形式以外には交渉を認めていなかったため、交渉は決裂した。その後、ポルトガル船の中国来航も禁止されたため、両国の交易は密貿易の形で行われることとなった。根拠地を求めて中国沿岸を転々としていたポルトガルはマカオに寄港するようになり、その後、現地役人に定期的に租借料を支払うことによって、一五五七年頃にマカオの居住権を獲得したと考えられている。

日本とマカオの深い関係

日本には一五四三年、種子島にポルトガル人が漂着し、以後、「南蛮貿易」の名で知られる日本・ポルトガル間の交易が開始された。当時日中間に正式な交易関係がなかったことに目をつけたポルトガル人は、マカオを中継地点として、当時日本の石見地方（現在の島根県）で産出のピークを迎えていた銀と、中国の生糸・陶磁器・絹織物を交換する中継貿易を行い、多大な利ざやを獲得して大いに繁栄した。

また、ポルトガルは海外の貿易拠点において同時にキリスト教布教活動を行っていた。一五四九年にフランシスコ・ザビエルが鹿児島に上陸したのをきっかけに、九州を中心に日本での布教活動が開始された。一五八二年には天正遣欧少年使節団がマカオ経由でローマに渡り、布教活動は軌道に乗ったかに見えたが、豊臣秀吉によるバテレン追放令を皮切りにキリスト教は弾圧されるようになり、ついに一六三九年、江戸幕府はポルトガル船来航を禁止して鎖国し、以後マカオと日本との交易関係は断絶してしまった。それはすなわち、対日貿易によって築き上げられたマカオの黄金時代の終焉を意味していたのである。

中国返還までの波瀾の道のり

実は一六世紀半ばにポルトガル人がマカオに定住して以来、三〇〇年以上にわたり、ポルトガルと中国の間に正式な国際条約は結ばれていなかった。こうしたあいまいな状況を打破するため、一八八七年、両国（中国は当時清朝）間で友好通商条約が締結され、ようやくマカオはポルトガルの植民地として国際的に認められることとなった。しかし一九七四年に起こったポルトガル民主革命後、反植民地主義のもとで発布された新憲法において「マカオはポルトガルの行政下にある中国領である」ことが確認され、さらに一九八七年、中国・ポルトガル共同声明により一二年後の中国返還が決定した。こうして、香港がイギリスから中国に返還された年から二年後の一九九九年一二月二〇日、予定通りマカオはポルトガルから中国のもとに返され、以後五〇年間はポルトガル統治時代の社会経済体制維持を約束する一国二制度（中国領土内における社会主義と資本主義の両立）がスタートした。

ポルトガル人の子孫　マカエンセ

ポルトガル人がマカオに来航後、事実上の植民地支配を展開していく中で、ポルトガル人と、主に現地の中国人との通婚・混血によってマカオに生まれた人々とその子孫をマカエンセ（Macaense）と呼ぶ。マカエンセはポルトガル人の子孫として、ポルトガル語を母語とし、ポルトガル式の教育を受け、カトリック教徒としての文化環境の中で育ちながら、同時に生活環境の中で中国語（広東方言）の会話を修得し、中国（広東）文化にも親しむという独特のアイデンティティを持ち続けてきた。

ポルトガル行政下のマカオ社会では、人口の大多数を占める中国人を、ごくわずかな数のポルトガル人が支配するというヒエラルキーが形成されていた。中国人に対するポルトガル語教育はほとんど行われず、ポルトガル人も現地の言葉を学ぼうとしなかったため、両者の間には大きな言語上の障壁がたちはだかっていたが、そこで活躍したのがマカエンセであった。ポルトガル人の子孫としての誇りを持ち、ポルトガル語と中国語の双方を操るマカエンセが両者の橋渡し役となり、中級公務員・警察官・弁護士などの職業を独占して社会の少数派ながらも返還前のマカオ社会において安定した地位を獲得したのである。

しかし、返還を機に急速に中国化していく社会の中で、新たに公用語の一つとなった中国語（北京語）を修得していることが高い社会的地位を獲得するための必須条件となり、北京語とは外国語のように異なる広東語の会話だけを得意としていたマカエンセはそれまでの「特権的な」社会的立場を失うこととなった。また、大多数のポルトガル人がマカオを離れ、ポルトガルとのつながりが人々の生活から消えていくとともに、ポルトガルとの強い絆を根幹としていたマカエンセのエスニック・アイデンティティもまた、消失の危機を迎えようとしている。

マカエンセ・ファミリー（1946年頃）

（写真提供：マカエンセ協会）

マカエンセのことば　パトゥア語

およそ四世紀半にわたってマカエンセのコミュニティが存続していくなかで、ポルトガルと中国（広東地方）、さらにインドやマレーシアなど近隣諸国の食文化・慣習・生活様式などが混ざり合った独特の折衷文化であるマカエンセ文化が育まれてきた。その代表格として挙げられるのが「パトゥア語」(patuá)と呼ばれることばである。その起源はポルトガル人がマカオに到来した一六世紀半ばに遡る。当時ポルトガル人は「新発見」した世界の諸地域において、ポルトガル語を現地の人々との意志伝達のための国際共通語(リングア・フランカ)とした。マカオにはポルトガル語をまったく知らず、母語が異なる中国・インド・マレーシアなどのアジア諸国やアフリカ出身の人々が混在していた。彼らがポルトガル人および異なる言語グループとの間の共通語としてより簡単に、かつ早く学習できるような形でポルトガル語が単純化され、広東語・マレー語・英語など様々な言語の語彙が付け加えられて成立したことばがパトゥア語である。その後、パトゥア語はマカエンセを中心としたコミュニティ間の話し言葉として受け継がれてきたが、一九世紀後半からポルトガル語教育が浸透することによって「誤ったポルトガル語」としてとらえられ、次第に話されなくなってしまい、現在では話者はほとんど存在しない。一九九〇年代前半、マカエンセの伝統文化を継承する一つのツールであったパトゥア語が消失の危機に瀕していることを憂慮した人々が立ち上がり、パトゥア語による定期的な演劇活動などを通してパトゥア語復興のための地道な運動が続けられてきた。そして、その努力が中国政府に認められ、二〇一二年六月、パトゥア語演劇はマカオの無形文化遺産に登録された。

究極の「フュージョン料理」 マカエンセ料理

パトゥア語と並ぶもう一つのマカエンセ文化の代表格として、マカエンセ料理が挙げられる。マカエンセ料理とは、ポルトガル料理をベースにして、大航海時代にポルトガル人が足跡を残したアフリカ・

インド・マレー（インドシナ）・広東の料理文化を折衷させた料理である。通常「マカオ料理」の名称で紹介されることが多いが、あくまでマカエンセ・コミュニティの中で伝えられてきた家庭料理が基本となっており、マカオ在住中国人の家庭料理とは異なるため、ここでは「マカエンセ料理」の名称で紹介する。マカエンセ料理は伝統的に祖母から母、母から娘へと伝えられたその家庭の秘伝のレシピであったが、二〇世紀にレストラン文化が発展するとともに次第に商業化され、現在ではマカオ観光の一つのセールスポイントにもなっている。

アフリカン・チキン

（写真提供：マカオ観光局）

マカエンセ料理の中で最も有名なのは、ポルトガル料理の基本であるニンニクのオリーブオイル炒めに、クミン・コリアンダー・コショウ・カレー・トウガラシ・ココナッツなどのアフリカ・アジア原産のスパイスと白ワインを加えてペースト状にしたものを生の鶏肉に直接塗りつけ、オーブンで焼いた「アフリカン・チキン」である。この名称はアフリカ式の鶏肉の調理法（炭火焼き）から来ているといわれている。さまざまなスパイスがしみ込んで焼き上げられた鶏肉はまさにポルトガル人の人航海を想起させる味わいがある。

伝統料理を通じてマカエンセ文化を継承しようというマカエンセたちの努力が実を結び、二〇一二年、マカエンセ料理はパトゥア語演劇と並んでマカオ無形文化遺産に登録された。

10 共和主義と半大統領制
―王国から共和国へ―

市之瀬　敦

キーワード　大統領制、半大統領制、共和政、民主主義、議会

我々が日頃「アメリカ」と呼んでいる国の正式名称は「アメリカ合衆国」である。同じように、ポルトガルやブラジルにも正式名称がある。そこで、ポルトガル語を公用語とする九か国の正式名称を挙げてみよう（（　）内はポルトガル語）。

ポルトガル共和国（República Portuguesa）
ブラジル連邦共和国（República Federativa do Brasil）
アンゴラ共和国（República de Angola）
モザンビーク共和国（República de Moçambique）
カボベルデ共和国（República de Cabo Verde）
ギニア・ビサウ共和国（República da Guiné-Bissau）
サントメ・プリンシペ民主共和国（República Democrática de São Tomé e Príncipe）

赤道ギニア共和国（República da Guiné Equatorial）
東ティモール民主共和国（República Democrática de Timor-Leste）

すでにお気づきであろう。どの国も「共和国」（República）なのである。日本人にとって歴史上ポルトガルとの接点といえば大航海時代あるいは南蛮時代だが、その時代はポルトガル王国であった。日本まで布教にやってきた宣教師フランシスコ・ザビエルもポルトガル王ジョアン三世の依頼を受けてインドに向かい、後に来日したのである。そのポルトガルが今は共和国になっているということは、歴史のどこかで大きな体制変化が行われたということである。

また、ブラジルも今では共和国であるが、かつては王国であった。一八二二年、王国としてポルトガルから独立したのである。興味深いことに、ブラジルの共和国への移行はポルトガルよりも早かった。

最初に単純にいってしまえば、王国から共和国へ移行したということは、国家元首（chefe de Estado）が血統でも神から権力を授けられるでもなく、国民（あるいは国民の代表者）の選挙によって選ばれるようになったのである。ポルトガル語で「共和国」を意味するrepúblicaの語源はラテン語のres publicaに由来するが、それは「公共のもの」を意味する。すなわち、国家が王や貴族など一部の特権階級によって支配されていない状態を指すのだ。それゆえ、君主政の反対概念として共和政がみなされることがある。また、共和政という言葉にはあいまいさがつきまとい、民主主義と混同されることも少なくないが、厳密にいえば両者は別概念である。共和国を名乗りながらも独裁者が君臨する国家も存在するのである。

以下では、ポルトガルとブラジルの共和政への移行を中心に述べていくことにしよう。さらにまた、ポルトガル語圏の共和政の特色である「半大統領制」についても検討してみたい。

ブラジルとポルトガルで起こった大転換

一二世紀に建国されたポルトガル王国が共和政へ移行したのは一九一〇年一〇月五日のこと。二〇一〇年一〇月五日には国を挙げて一〇〇周年記念を祝ったばかりである（経済財政難もあって、式典などの盛り上がりには欠けていたが）。保守的なイメージがつきまとうため意外に思えるかもしれないが、ポルトガルはフランスとスイスに次いでヨーロッパで共和政へ移行した三番目の国なのである。

一九世紀末、ポルトガルでは「ポルトガル衰退論」が知識人たちの間で流行した。大航海時代の栄光を失い、ポルトガル王国の政治も経済も行き詰まっていた時期である。一八九〇年、アフリカ植民地の支配権をめぐってイギリス政府から「最後通牒」（Ultimato）を突きつけられ、屈辱のうちに政策見直しを迫られると、国民の怒りはイギリスだけでなく、無力・無能な王室にも向けられたのである。そして、代わりに共和主義者に支持が集まるようになった。ポルトガルの諸悪の根源はイギリスと王政だとまで非難された時代である。二〇世紀に入り、一九〇八年には実際に王殺しさえ実行され、いよいよ王政の崩壊が近いと感じさせた。そしてとうとう、およそ二日間の戦闘を経て、一九一〇年一〇月五日朝、首都リスボンの市役所のベランダから共和国宣言がなされたのであった。

しかし、この革命は短期的にはポルトガル国民に幸福をもたらしたとはいい難い。急激な変化のあおりを受け、政治・経済・社会の混乱は続き、そこに第一次世界大戦やスペイン風邪の流行の影響も重なった。一九二六年の軍事クーデターまでを第一共和政と呼ぶが、暗黒時代とまでは呼ばないまでも、国民にとり決して暮らしやすい時代ではなかったのである。なお、一九二六年から七四年まで続いた独裁制の時代を第二共和政と呼ぶのか（つまり七四年以降現在までを第三共和政と呼ぶ）、民主主義がなかったその時代は共和政とみなさず七四年から現在までを第二共和政と呼ぶのか、議論が分かれるところである。ちなみに、ポルトガルには最後の王朝ブラガンサ王室の末裔が存命であり、共和政が行き詰まった際には王政復古も可能である（その前に憲法改正が必要だが）。

一方、ブラジルの共和政移行は一八八九年一一月一五日であり、ポルトガルよりも早かった。一九世紀末のブラジルといえば、一八八八年に奴隷制が廃止され、大打撃を受けた保守支配層が軍事クーデターを企て、そして共和政宣言がなされたのである。ポルトガルと同じく一九世紀末、王政は危機を迎えていた。ブラジルの政治経済情勢そして社会変化に対応しきれなくなっていたのだ。それまでとは異なる別の政治体制が求められるのも当然であった。カトリック教会は王の干渉を嫌がり、軍人たちも言論の自由を求め、新興の中産階級もより政治への関与を望み共和主義に傾いていった。反王政派が力を増す一方で、王の権限は縮減していったのである。そうして、一八八九年一一月一五日、デオドロ・ダ・フォンセカ元帥が共和政を宣言したのである。

このように、ポルトガルもブラジルも王政が一九世紀末に限界を露呈し、代わりに共和政へと移行したのである。なお、二〇世紀末から二一世紀初頭にかけて独立を果たしたアフリカ諸国や東ティモールは、王政を経ずに、選挙によって国民の代表を選ぶシステムを選択した。どの国も共和国という体制をとるゆえんである。国民の代表である国家元首は通常「共和国大統領」（Presidente da República）と呼ばれ、任期が存在するのが普通である。ちなみに、presidente の語源はラテン語の pre sicere、すなわち「前に座る」という意味であるが、そこから「指導する」、「リーダーとなる」などの意味が生まれるのである。

半大統領制とポルトガル語圏

国家元首である大統領を国民の間から直接選ぶ政治体制を大統領制（英語で presidentialism, ポルトガル語でpresidencialismo）と呼ぶが、実は国によってそのあり方に違いが見られる。同じ大統領という名称で呼ばれても、与えられる権限、果たすべき役割には差があることが知られるのである。大統領制が初めて実施されたアメリカでは、国家元首は同時に政府の長でもある。かつてブラジルはこのアメリカの影響を受けた。一方で、ドイツやインドなどでは大統領は儀式をつかさどるなどあまり深く政治に関わらない名誉職型の大統領制である。こうした国では、君主の権力が制限される立憲君主制と大差ないともいえそうである。

一方、ポルトガル語圏の大統領制に関しては興味深い議論がありうる。大統領制という言葉はよく耳にするが、「半大統領制」という言葉にはあまりなじみがないかもしれない。それは、二〇世紀の立憲主義の大発明の一つであり、フランスの政治学者であるモーリス・デュヴェルジェによって「発見」されたともされる。半大統領制はもちろん翻訳語であるが、英語でsemi-presidentialism, ポルトガル語ではsemipresdencialismoという。

では、半大統領制とはどういうことかといえば、最初にそれを定義したデュヴァルジェによれば、直接普通選挙で選ばれる大統領にかなりの権力が付与される体制であり、その大統領は、実質的な行政権を持ち議会に責任を負う首相と共存するのである。国民から選ばれた大統領と、議会の信任に依存する首相が互いに行政権限を共有し、ともに国家の運営に参与するのだ。半大統領制と議会制との違いは、国家元首（大統領）が単なる儀式的な存在や政治的な仲介役ではなく一定の権限を有し、また大統領制との違いは、首相が立法府に対し一定の責任を負う点である。それは、大統領制や議院内閣制よりも新しく生まれた体制である。

半大統領制下にある国において、大統領と首相の権力区分は国によってずいぶんと異なる。大統領と首相の組み合わせ方には様々な方法があり、そのせいでときに大統領の位置づけが不明瞭になることもあるのだ。たとえば、フランスは一九五八年の第五共和政以降、半大統領制をとるが、同国ではたとえば大統領が外交をつかさどるのに対し、首相は内政を担当する。ちなみに、日本人になじみのある国としては他にロシアが半大統領制をとっている。

フランスに着想を得て、一九七六年の憲法で半大統領制が採用されたポルトガルでは大統領の権限はもっと弱いとされる。確かに、外交をつかさどるのは大統領ではなく、外務省の責任下にある。だが、法案の通過に拒否権を行使することはできる。法案に対する拒否権を行使し裁判所にその合憲性を検証させる権限を大統領が持つのはポルトガルだけでなく、ギニア・ビサウを除けばポルトガル語圏諸国に共通する特徴である。ポルトガルをモデルとして半大統領制が広がったポルトガル語圏において大統領は、決して装飾的な存在ではないのである。

共和国議会を解散させ、よって政府を辞職させることも可能である。実際、二〇〇四年一二月には当時のジョルジュ・サンパイオ（Jorge Sampaio, 一九三九年～）大統領が議会を解散させ、政府を辞職に追い込んだことがあった。

半大統領制の国々では、しばしば「コアビタシオン」という現象が生じうる。フランス語で「同居」、「同棲」を意味する言葉だが、それは大統領と首相が敵対する政党から選出される状態である。長所としては、互いにけん制しあうことで権力のバランスが取れ、その暴走にブレーキをかけることができることだが、短所としては国家の運営に停滞期間が生じうることである。一九八六年から九六年まで、二期連続で社会党出身のマリオ・ソアレス（Mário Soares, 一九二四年～二〇一七年）がポルトガル大統領を務めた一〇年間は、ほぼカバコ・シルバ（Cavaco Silva, 一九三九年～）首相（当時。二〇〇六年からは大統領）率いる社会民主党政権との共存を余儀なくされていたが、ときに大統領府と政権の間に緊張感を生み出しながらも、巧みに政治のバランスを取っていたように思える。

独立後、アンゴラやモザンビークでは、政権を担う政党の党首が大統領でもあるが、その場合は大なり小なり大統領制に近づくことになる。また、ギニア・ビサウも大統領制に近い半大統領制の国であるが、独立から四〇年が経った今もこの国では民主主義の確立が困難なままである。主立った産業もなく、国民の多くが国家に依存して生きざるをえない国において、大統領に権限が集中した場合に何が起こるのかを象徴するのが、クーデターや要人暗殺や果ては内戦さえも起こってしまうギニア・ビサウという国である。

なお、ブラジルを含むラテンアメリカ諸国はアメリカ合衆国をモデルとしたため大統領制の国が多いが、ポルトガル語圏の中で唯一大統領制をとるブラジルでも半大統領制への移行の是非がしばしば議論されることがある点は覚えておいてよいだろう。半大統領制の有効性が南米の大国でも認められている証しである。

〈参考文献〉

Ferreira, José Medeiros（2006）*Cinco regimes na política internacional*, Lisboa: Fundamentos.

Lobo, Mariana C. & Neto, Octávio A.（organizadores）（2009）*O semipresidencialismo nos países de língua portuguesa*, Lisboa: Imprensa de Ciências Sociais.

Ramos, Rui（coord.）（2010）*História de Portugal*, Lisboa: A Esfera dos Livros.

金七紀男（二〇〇九）『ブラジル史』東洋書店。

第2章

交わる

Interagir

1 外交

―ポルトガル語圏の政治経済交流―

子安昭子

キーワード　ポルトガル語諸国共同体（CPLP）、経済協力、南南協力、三角協力

ポルトガル語圏―母語話者人口でポルトガル語は世界第六番目

ポルトガル語はマイナーな言語といわれがちだが、世界でポルトガル語を母語とする人々は約二億三〇〇〇万人にのぼる。ちなみに世界の言語別の母語話者人口のトップ一〇は以下の通りである。広東語（八億四八〇〇万人）、スペイン語（四億六〇〇〇万人）、英語（三億三五〇〇万人）、ヒンディー語（二億六〇〇〇万人）、アラビア語（二億二三〇〇万人）、ポルトガル語（二億三〇〇〇万人）、ベンガル語（一億九三〇〇万人）、ロシア語（一億六二〇〇万人）、日本語（一億二二〇〇万人）、ジャワ語（一億八四〇万人）〔British Council〕である。ユーラシア、アメリカ、アフリカの三大陸を中心に世界第六番目の話者人口がいる言語がポルトガル語である。近年では二〇〇二年に東ティモールが独立したり、一九九〇年代以降日本にブラジルから多くの日系ブラジル人が居住するようになり、今ではアジア大陸にもポル語話者は存在する。また現在では話者人口そのものはわずかであるが、かつてポルトガル人が交易のために立ち

寄ったマカオ（「マカオの歴史と文化」参照）も忘れてはならないポルトガル語の足跡が残る社会である。

言語を核とする唯一の国際協力機関―ポルトガル語諸国共同体（CPLP）

世界には英語圏、フランス語圏、スペイン語圏、アラビア語圏など公用語を同じくする国が地域を越え、大陸を越え存在する。大学の授業で特定の言語圏を対象とした授業が開講され、たとえば「スペイン語圏の文化と社会」ではスペインやラテンアメリカにあるスペイン語を話す国やそうした国同士の関係などについて学ぶことになる。しかしながら改めて考えてみると、「英語圏」や「フランス語圏」は政治経済や外交の枠組（制度）ではない。言語や文化的なつながりを指す言葉である。「英語圏自由貿易協定」などといったものも存在しないし、「スペイン語圏連合」（欧州連合［EU］みたいなもの）はない。ところが唯一言語的つながりをもとに国際的な機関が制度化されているのがポルトガル語圏である。ポルトガル語諸国共同体（Comunidade dos Países de Língua Portuguesa：CPLP）といい、一九九六年七月にポルトガル、ブラジル、アフリカ五か国（アンゴラ、モザンビーク、サントメ・プリンシペ、カボベルデ、ギニア・ビサウ）によって結成された多国間協議の場である。二〇〇二年には東ティモールも正式加盟国となり、二〇一三年末現在CPLP正規メンバーは三大陸にまたがる八か国である。なお二〇一四年七月二三日、東ティモールの首都ディリで開催されたCPLPサミットにおいて、日本のCPLPへのオブザーバー参加が承認されている。

CPLPは加盟国同士の友好を深め、様々な分野において相互に協力を行っていくことを目的とする。協力の分野は多岐にわたっており、教育、保健、科学技術、防衛、農業、公共行政、通信伝達、司法、治安、文化、スポーツ、社会コミュニケーションなど、数多くの協定が加盟国同士で交わされている。協定の中にはエイズ撲滅やマラリアなどの感染症撲滅のための協力や高等教育機関の協力、治療のためのビザ発給に関する取り決めなどがある。またスポーツや映画などの分野でも協力を進めるべく協定が結ばれている。ちなみに珍しいところでは、CPLP諸国やマカオ、インド、スリランカなどが参加する競技大会も二〇〇六年以降開催されている。

CPLPの主な組織はポルトガルのリスボンにある事務局、月一度開催される常任協議委員会、二年に一度開かれる国家元首の会議（サミット）、外相会議である。CPLP設立の重要な目的としてポルトガル語の普及があり、二〇〇五年には国際ポルトガル語院（IILP）がCPLPの付属機関として設立されたほか、二〇〇七年には各国の国会議員の代表によって構成されるCPLP議会（Assembleia Parlamentar）が設置されている〔CPLPホームページ〈www.cplp.org〉〕。

ブラジルとCPLPのアフリカ諸国との関係

CPLP発足に至ってはポルトガルとブラジルがリーダーシップを発揮した（ブラジル大統領のサルネイ、在ポルトガル大使を務めたオリベイラ、そしてポルトガル外相のジャイメ・ガマの三人）。八か国の中ではブラジルは人口、国土、経済力などの面でも大きな存在であり、五つのポルトガル語圏アフリカ諸国や東ティモールに対する経済協力を行う一方、ヴァーレ（鉄鋼）やペトロブラス（石油）、オデブレヒト（建設）などブラジルの大手企業がアンゴラやモザンビークなどを中心に近年進出をしている。ブラジルにとってCPLP諸国を含むアフリカは潜在力のあるマーケットであり、経済協力のみならず貿易、投資でも重要なパートナーである。二〇一二年にはモザンビークにブラジル政府（一二〇〇万ドル）とヴァーレ（四五〇万ドル）が出資したエイズ治療薬生産のための国立製薬工場が設立された。ブラジルは一九九六年から無料でエイズ患者に治療薬を配布している国であり、モザンビークもまた人口の一二パーセントがエイズ患者（二五〇万人）であるにもかかわらず治療薬を入手できるのは三〇万人にも満たないという。こうした患者に薬を提供するとともに、エイズ治療の専門家に対する訓練や指導をブラジル国内で行っている〔*Naharnet*, July 23th, 2012〕。

二〇〇三年から二〇一〇年まで八年間続いたルーラ政権ではアフリカやカリブ海諸国（ハイチやキューバ）、南米諸国を中心とする南南協力（南のより経済発展が進んだ国が開発途上の別の南の国を援助すること）に積極的であり、CPLPに属するアフリカ諸国に対する南南協力も数多く展開した。ルーラ政権で広がったCPLP諸国を含む対アフリカ外交は政権が変わった現在も継続しており、首脳や閣僚の相互訪問も活発である。ちなみにルーラ大統領は就任一年日から毎年いずれかのアフリカ諸国を歴訪した。なかでもモザンビークや南ア共和国にはしげく足を運んだ。それを支えているのは先に述べたように民間企業（ブラジル）の対アフリカ進出がある。

ブラジル外務省の資料によると、当時ブラジルの南南協力（二一九七万八九二五ドル）のうち対アフリカ諸国向けは一一四三万六四〇ドルであり、CPLPの五つのアフリカ諸国はそれぞれアンゴラ（二五一万六二六七ドル）、カボベルデ（二二三万ドル一一九九ドル）、ギニア・ビサウ（一〇六万四五八六ドル）、モザンビーク（一九五万九八三四ドル）、サントメ・プリンシペ（一〇八万一一七八ドル）であった。すなわちアフリカ諸国全体に対する援助のうちCPLP諸国向けは八五パーセント、ブラジルの南南協力全体の対CPLP諸国向けは四五パーセントであった。ブラジルの対アフリカ諸国南南協力の対象分野は主として農畜産業、教育、技術指導、保健であり、アフリカ全体でこの四つの項目が七七パーセントを占めている（特に後者二つの比重が高い）〔The Brazilian Ministry of External Relations 2007〕。

ＣＰＬＰのアフリカ五か国に対する南南協力もまた教育や保健、農業生産向上のための技術協力などが目立っている。アンゴラやカボベルデに対してブラジルは、すべての子どもに教育機会を提供するという目的に見合った指導方法を広め、教員の育成を行うという形で同地域の教育システムに対する支援活動を行っている。同じくカボベルデやモザンビークでは若者や成人の非識字率の改善を目的とした協力も実施している。モザンビークで行われている初等教育の就学率向上のための奨学金制度は、学齢期の児童を学校に通わせ、義務教育をおさめさせるために行われているが、これはブラジル自身がカルドーゾ政権（一九九五～二〇〇二年）以降始まった奨学金制度「ボルサ・エスコーラ」と目的を同じくしている。ブラジルの南南協力はしばしば自国の経験を生かしたものが多い（農業協力などもその例）のも特徴の一つである。

教育以外では保健や医療システムの改良のためのプロジェクトや活動も顕著である。すべての分野においてブラジル側からは外務省の下部組織であるブラジル援助庁（Agência Brasileira de Cooperação 日本でいえばＪＩＣＡに相当）が大きな役割を果たしているが、保健や医療面ではブラジルの保健省や国立の研究機関（たとえばオズワルドクルス財団）なども関係している。公的な保健医療制度の確立や感染症予防の専門家育成や訓練、指導などが協力の主な内容である。なお専門家の育成やその訓練・技術指導は農業や保健、教育などいずれの分野においても重点が置かれている。ポルトガル語をともに公用語とするＣＰＬＰ諸国間の南南協力ならではの強みであろう。

ところでブラジルの南南協力の中に三角協力（triangle cooperation）という形態がある。これはブラジルと被援助国である発展途上国（この場合ＣＰＬＰのアフリカ諸国）という二国間の関係を越え、もう一人のパートナーとして多くの場合先進国が関わる経済協力のあり方である。日本やドイツ、アメリカなどがブラジルとパートナーを組み、協力して対途上国支援を行う形で、CPLP諸国の中ではモザンビークに対する日本とブラジルの農業分野での協力がある。モザンビークがブラジルと気候的に類似している点を生かして、かつて日本がブラジル中西部に広がるセラードにおける農業開発を支援した方法をモザンビークで適用している〔瀬川 二〇一二〕。

東ティモールに対する南南協力も該当地域の中で大きな比重を占めている。中東・アジア・オセアニアの国々（レバノン、東ティモール、パプアニューギニア）に対する援助のうち、東ティモール向けの経済協力の占める割合は実に九五パーセント以上である。最も多いのはアフリカ同様に技術指導分野であり、全体の六割以上を占めている。次いで多いのが司法、社会開発、教育などであり、東ティモール向けの中でも選挙関連の法律や司法部門の整備などが対象となっている。また独立間もない東ティモールの教育やテレビ番組作成などにも南南協力が使われている。また東ティモールの重要な産業がコーヒーであることから、オーガニックコーヒーの生産支援も南南協力の対象となっている。

〈引用文献・ウェブサイト〉

British Council, *Languages for the Fortune: which Languages the UK Needs Most and Why*〈www.britishcouncil.org〉(Accessed on March 23, 2015).

The Brazilian Ministry of External Relation（2007）*South-South Cooperation Activities carried out by Brazil*, Brasília, Under-Secretary General for the Cooperation and Trade Promotion.

瀬川進（二〇一二）「モザンビークのブラジル――モザンビークにおける日本とブラジルの連携」（『ブラジル特報』一六一一号）日本ブラジル中央協会。

2 コーヒー
―アロマでめぐるブラジル、アンゴラ、東ティモール―

子安昭子

キーワード　アラビカ種、ロブスタ種、カフェジーニョ、アンゴラ・コーヒー

世界のコーヒー生産事情

世界のコーヒー年間生産量（二〇一二～一三年）は、一億五三二六万八〇〇〇袋（一袋＝六〇キロ）で、割合はアラビカ種が八九八九万三〇〇〇袋（五八パーセント）、ロブスタ種が六三三七万五〇〇〇袋（四一パーセント）である〔USDA, Foreign Agricultural Service 2013〕。

生産国の中では、ブラジル、ベトナム、インドネシアの上位三か国で世界のコーヒーのおよそ六割を生産している。ブラジルの生産量は同じく二〇一二～一三年で五六一〇万袋（アラビカ、ロブスタ両方）、ベトナムが二六五〇万袋（同）、インドネシアが一〇五〇万袋（同）である。消費量、輸出国、輸入国の上位五か国は表1の通りである。コーヒー・イコール・ブラジルといったイメージは確かにこの数字からも裏付けることができるが、コーヒー生産国は世界に広がっているともいえる。国際コーヒー機関（ＩＣＯ）や米国農務省（ＵＳＤＡ）資料をもとに地域別に生産国名をリストしたのが表２

である。コーヒーは欧州諸国やロシア以外で作られていることがわかる。

ポルトガル語圏三か国とコーヒー

ポルトガル語圏の中でコーヒー生産国はブラジル、アンゴラ、東ティモール三か国である。ブラジルは先述のように両方の品種を生産しているが、主流はアラビカ種である。アンゴラはロブスタ種、東ティモールはアラビカ種を生産している。アンゴラや東ティモールの生産量は少なく、ＩＣＯの統計によると、二〇一三年の生産量はアンゴラが五万袋、東ティモールが七万袋である〔International Coffee Organization（ICO）のホームページよ

表1　国内消費量、輸出量、輸入量の上位5か国
〔2012－13年、単位：千袋〕

国内消費量	
欧州連合	4380万
米国	2344万
ブラジル	2061万
日本	745万
フィリピン	427万
合計	1億4221万
輸出量	
ブラジル	2714万
ベトナム	2360万
コロンビア	810万
インドネシア	690万
ホンジュラス	440万
合計	1億189万
輸入量	
欧州連合	4489万
米国	2336万
日本	746万
スイス	234万
カナダ	233万
合計	9902万

出所）USDA, Foreign Agricultural Service（2013）*Coffee; World Markets and Trade*の資料より筆者作成。

表2：世界に広がるコーヒー生産国

米州地域		アジア地域	中東・アフリカ地域	
ボリビア	メキシコ	インド	アンゴラ	マダガスカル
ブラジル	ニカラグア	インドネシア	ブルンジ	マラウイ
コロンビア	パナマ	ラオス	カメルーン	ナイジェリア
コスタリカ	パラグアイ	マレーシア	中央アフリカ共和国	ルアンダ
キューバ	ペルー	パプアニューギニア	コンゴ	シエラ・レオネ
ドミニカ共和国	米国	フィリピン	コートジボアール	タンザニア
エクアドル	ベネズエラ	タイ	エチオピア	トーゴ
エルサルバドル		東ティモール	ガボン	ウガンダ
グアテマラ		ベトナム	ガーナ	イエメン
ハイチ			ギニア	ザンビア
ホンジュラス			ケニア	ジンバブエ
ジャマイカ			リベリア	

出所）米国農務省（USDA）や国際コーヒー機関（ICO）の資料をもとに筆者作成。

り二〇一四年一月現在の統計を参照〕。

ブラジル、アンゴラ、東ティモール三か国の統計を見ていて気がつくことがある。ブラジルは生産量、輸出量、国内消費量ともに多いのに対して、アンゴラの場合、生産量に対して輸出量はあまり大きくない。USDAの統計から推察すると、輸出されるアンゴラ・コーヒーはごくわずかで、二〇〇四年以降年間一万袋を超えたことはない。五〇〇〇袋、多くても八〇〇〇袋にとどまっている。筆者はアンゴラ・コーヒーを口にしたことはないが、味わったことのある人は、非常に美味であったと熱っぽく語ってくれた。アンゴラ・コーヒーの生産が今後増加することによって日本でも「幻の味」に触れることができるかもしれない。また東ティモールについては、二〇〇九年から二〇一〇年の数字で、国内消費量はゼロである。詳細な分析が必要であるが、後述するように東ティモールにとってコーヒーはあくまで輸出作物ということを示しているといえよう。

アンゴラ・コーヒーをめぐる国際協力

アンゴラは一九七五年の独立以前は世界第四位のコーヒー生産国で、年間四〇〇万袋を生産していた。今日の五万袋と比べると大きな違いである。残念なことにアンゴラは一九七五年から二〇〇二年まで続いた内戦によってコーヒー産業が完全に崩壊してしまったという。しかしながら現在ではコーヒー生産を活気づけようとする動きが見られる。一つはコーヒー生産世界第二位のベトナムのトップ企業とブラジルのコンサルティング企業によるアンゴラのコーヒー生産者とのジョイントベンチャー計画である。三年かけて、六〇〇〇ヘクタールの土地を使ったロブスタ種のコーヒーを生産するとのことである。生産されたコーヒーは主としてブラジルに輸出される計画であるという。在ベトナムアンゴラ大使は「綿花をはじめとする農産物生産と並んで、もう一度世界のコーヒー生産においてアンゴラの地位を復活させたい」と語っている〔*Reuters*, July 12th, 2012〕。また二〇一四年三月にロンドンで開催されたICO総会に出席した在英アンゴラ大使がブラジルに対してコーヒー産業における両国の協力の強化を要請した記事にも注目したい〔*Allafrica*, March 5th, 2014〕。

東ティモール――輸出換金作物であるコーヒー

日本で東ティモールのコーヒーというと「フェアトレード」という言葉がまず浮かぶ。東ティモールの経済を支えるのはコーヒーである。輸出の九〇パーセントは農産物で、そのほとんどがコーヒーである。しかしながら東ティモールの農業生産性は非常に低く、各家庭で基本的な作物（とうもろこし、キャッサバ、米）やそれ以外の家庭菜園的な作物を作り、そして家畜を育てている状況である。主な換金作物は輸出用に作られるコーヒーであり、労働者の四分の一以上がコーヒー生産に携わっている。農業部門全体は国内総生産（GDP）の二八パーセント、雇用の半分以上を吸収するが、基本的に農業は自らの生活を支える手段であり、経済発展や持続的な成長を促すものとは考えられていない。それが農業部門の生産性の低さの要因の一つと考えられよう〔Umapathi and Velamuri 2013〕。

最初に述べたように、東ティモールのコーヒー生産量は決して多くはない。二〇〇八年以降の数字を挙げると、四万八〇〇〇袋（二〇〇八年）、四万七〇〇〇袋（二〇〇九年）、六万袋（二〇一〇年）、四万九〇〇〇袋（二〇一一年）、五万五〇〇〇袋（二〇一二年）、七万袋（二〇一三年）となっている（ICOの統計）。インドネシアからの独立から一〇年余りが過ぎたが、経済発展への道は今なお半ばである。コーヒーに関していえば、生産地（たいていは奥地）と消費地（首都のディリなど）そして港湾地域を結ぶ道路が未整備であるなど、インフラ面の問題も東ティモールのコーヒー生産拡大の妨げとなっている〔*Worldbank News*, March 3rd, 2013〕。

やはりコーヒーといえばブラジルだが……

生産、輸出ともに世界第一位、国内消費では世界三位のブラジル。一九世紀半ば以降、欧州諸国へ輸出するために生産が本格化し、現在に至る世界一位の生産・輸出国となった。ブラジル・コーヒーの歴史は日本移民の歴史とも重なっている。コーヒー園で働く労働者として、日本人が初めてブラジルに移民したのは一九〇八年である。現在でも日系人が経営する商店や個人の家を訪問すると、「カフェーやりませんか」（コーヒーいかがですか、ポルトガル語でAceita café?）と声をかけられる。ブラジル式に入れたコーヒーがポット一杯作ってあり、熱くて甘いコーヒーを小さいプラスティックカップで出してくれる。街中で飲むカフェジーニョ（いわゆるエスプレッソ）はブラックで出され、自分で砂糖を入れる。近年は健康志向で大量に砂糖を入れる人は減ったといわれるが、やはりブラジル・コーヒーはある程度甘くして、一気にぐいっと飲むのが美味しい。

かつて街中でコーヒーを飲む場所はバール（Bar）であったが、日本でも人気のスターバックスがブラジルでもリオデジャネイロやサンパウロを中心に開店した。二〇一三年現在、ブラジル全土で五九店舗ある。筆者がサンパウロのスターバックスでコーヒーを頼んだとき、最後に名前を聞かれた。名前をカップに書き、コーヒーができたときに名前で呼ばれる仕組みであった。日本から留学中のある女の子は、そのとき自分の好きな名前（もちろんブラジル名）を言って、その名前で呼ばれることを楽しんでいると言っていた。

ブラジルで最も消費される食品はコーヒーであるという。二〇〇九年のブラジル地理統計院IBGE（Instituto Brasileiro de Geografia e Estatística）が行った調査によると、ブラジル人は米、フェイジョン豆以上に一日平均コーヒー豆を消費する（つまりコーヒーを飲んでいる）とのことである。伝統的なバールに加え、近年スターバックスなどコーヒーショップができたことで、こうしたコーヒー消費量は一層拡大しているといえよう〔全日本コーヒー協会二〇一二〕。

このようにブラジルといえばコーヒーというイメージは不動のものである。消費量の大きさ、そして二五万のコーヒー農家の存在など、やはりブラジルはコーヒーの国である。しかしながら実はブラジルの主要輸出品目の中でコーヒーのシェアは決して大きくない。輸出額の多い順に鉄鋼（一二・四パーセント）、大豆（九・四パーセント）、石油（五・三パーセント）、砂糖（三・八パーセント）、コーヒーは（一・九パーセント）である（二〇一三年の統計、カッコの中の数字は全輸出額に対する割合）〔*Almanaque Abril 2015*〕。

〈引用文献・ウェブサイト〉

Almanaque Abril 2015, São Paulo, Editora Abril S.A..
International Coffee Organization（ICO）〈www.ico.org〉(Accessed on March 22 2015).
Umapathi, Nithin and Malathi Velamuri（2013）*Labor Market Issues in Timor-Leste: Current State, Prospects and Challenges* (Working Paper 80229), Washington, DC, World Bank.
USDA, Foreign Agricultural Service（2013）*Coffee: World Markets and Trade*〈http://www.fas.usda.gov/data/coffee-world-markets-and-trade〉(Accessed on March 22, 2015).
全日本コーヒー協会（二〇一二）「コーヒー消費から見る、ブラジル人のライフスタイル」〈coffee.ajca.or.jp/webmagazine/abroad/toukei7/〉（二〇一二年二月二七日更新）（二〇一五年三月二二日入手日）。

3 ブラジルの企業
――世界を視野に入れた戦略――

子安 昭子

キーワード　三つの脚、二つの脚、輸入代替工業化、内なる国際化、マルティラティーナス

知っている？――ヴァーレ、エンブラエル、ペトロブラス

今の学生なら、新聞を少しでも読んでいれば、ヴァーレ、エンブラエル、ペトロブラスなどの名前を聞いたことがあるのではないだろうか。これらは順に鉄鋼、航空機、石油関連のブラジル企業であり、日本企業とのつながりも深い。ペトロブラスはブラジルの国営石油会社で、一時期日本の沖縄にある石油精製会社の南西石油を買収したことがある。エンブラエルは航空機製造会社で、中小型機ではカナダのボンバルディエル社とともに世界展開を行っているメーカーである。日本の航空会社もエンブラエル社製の機体をこれまでも受注しており、知らないうちにエンブラエル社製の機体に乗っている人もいると思う。近年多くのブラジル企業が積極的に世界展開を行っており、その結果、以前に比べ、ブラジル企業のプレゼンスが日本でも大きくなっているのである。

「三つの脚」から「二つの脚」へ

ブラジル地理統計院IBGE（Instituto Brasileiro de Geografia e Estatística）の資料によると、ブラジルの企業は二〇一〇年現在で五一二万八五六八社である。国営企業が一万九〇八五社、民間企業が四五九万九八八〇社、非営利団体が五〇万九六〇三社となっている。興味深いのは数的には国営企業は多くないが、そこで働く人々すなわち公務員が多いことである。公務員が九二六万二七八八人に対して、民間企業で働く人の数は三七二七万二五三六人であるが、ブラジルの企業全体の国営企業が占める割合はわずか〇・四パーセントであるにもかかわらず、公務員数は働く人全体の一八パーセントを占めている〔*Estatísticas do Cadastro Central de Empresas 2010*〕。様々な国で、財政的な問題から公務員の削減がしばしばいわれるが、ブラジルも同じ問題を抱えている（特に給与や年金支給と絡んで）。

ブラジルの企業は他のラテンアメリカ諸国同様、資本別に見た場合、大きく三つの部門に分類される。国営企業、民族系民間企業、外資系企業である。工業化が本格的に始動する一九五〇年代以降、各企業は経済発展の担い手としてブラジル経済をけん引してきた。あたかも三つの部門が経済活動を支えてきた（＝動かしてきた）として、この時代の経済構造を「三つの脚」（ポルトガル語でTri-pé）と呼ぶ。「三つの脚」において国営企業は重要な役割を担っていた。この時代にブラジルを含めラテンアメリカ諸国が採用した経済戦略を「輸入代替工業化」と呼ぶ。外国からの輸入に代わり、国内で代替的に製品を生産する政策である。国内産業の育成と少ない外貨を効率的に使う必要があったからである。同工業化戦略においてインフラストラクチャー（産業基盤：電力や水道、港湾など）や資源（石油や銅、鉄鋼など）、また重化学工業（石油化学や造船など）は国営企業が強いセクターであった。こうしたセクターは工業化に不可欠な部門であり、まだ十分に民間企業が育っていない当時のブラジルにおいて国家（＝政府）があたかも経営者として経済活動に大きく携わってきたのである。

しかしながら国営企業はその後非効率な経営が問題となり、一九八〇年代後半から九〇年代にかけて、民間や外資への民営化の波にさらされた。日本の鉄道会社（国鉄）も民営化してJRとなったようにブラジルでも前述の分野の国営企業が民間へ、あるいは外資へと売却された。その結果現在に至る間に、かつて「三つの脚」といわれたブラジルの企業地図は変貌を遂げつつある〔堀坂 二〇〇二〕。もちろん国営企業がまったくなくなったわけではないが、シェアを減らし、あたかも今の状況は「二つの脚」と形容するのが正しくなっている。ちなみに二〇一三年の売上上位一〇〇社の三つの脚（もしくは二つの脚）の状態は以下の通りである。国営企業のシェアが他の民間（ブラジル企業）や外資系に比べて少ないことがわかる。国営企業一一社、民族系民間企業（ブラジルの民間企業）三九社、外資系企業（多国籍企業）四三社、その他（＊ブラジルと外資など）七社である〔『エザーメ』Exame.com のサイト〕。

ブラジルに進出する世界の企業――内なる国際化

ブラジルは移民国家であり、歴史的に様々な国から移民を受け入れてきた。企業活動においても同じことがいえる。一九世紀後半以降、ブラジルは一次産品輸出経済体制のもとで、コーヒーを輸出する一方で英国などから工業製品を輸入した。当時は英国の資本がブラジルに投下され、主に鉄道や道路などインフラが整えられていった。その後一九三〇年代以降、特に五〇年代以降工業化が本格化すると、外資導入が一層積極的になり、特に米国の投資が増加した。戦後はまた日本企業の対ブラジル投資が始まり、六〇年代から七〇年代にかけて日本企業のブラジル進出ブームが起こっている。こうした流れはその後ブラジル経済の混迷（たとえば八〇年代の債務危機、近年では二〇〇八年の米国リーマンショックに端を発するブラジルなど新興国を含む世界的な経済低迷）の影響を受けることはあっても、基本的にブラジルは海外からの投資を受け入れてきた国であり、むしろ外資に対して開放的であるとしてブラジルはこれまで「内なる国際化」を積極的に進めてきたといえよう。

ラテンアメリカへの直接投資全体の中でブラジルは群を抜いて多い。ちなみに二〇一一年のラテンアメリカ諸国において最も多く海外から直接投資を受け入れた上位五か国は以下の通りである（カッコ内は投資額）。順にブラジル（六六六億六〇〇〇万ドル）、チリ（二二九億三一〇〇万ドル）、メキシコ（二一五億四〇〇〇万ドル）、コロンビア（一三四億三八〇〇万ドル）、アルゼンチン（九八億八〇〇〇万ドル）である。これら五か国でラテンアメリカに対する直接投資全体の八〇パーセント以上を占め、ブラジル一国で四〇パーセントを占める〔国連ラテンアメリカ・カリブ経済委員会［ＥＣＬＡＣ］のサイト〕。

ブラジルに投資を行う、いいかえればブラジルで事業を展開する多国籍企業の出身国は年によって変動はあるが、米国、オランダ、スペインなどの企業進出が顕著である。先述の二〇一三年のブラジルにおける売上上位一〇〇社の中の多国籍企業四三社は表１の通りである。

世界の中のブラジルの企業――外への国際化

これまで見たようにブラジルに対する外国投資は活発であるが、一方でブラジルから諸外国に向けた投資の流れも近年顕著である。日本貿易振興機構（ジェトロ）がＥＣＬＡＣの資料を基に分析したところによれば、二〇一一年のラテンアメリカ全体の海外への投資は二一九億一一〇〇万ドルで、二〇〇〇年から〇五年の年平均が一〇八億三〇〇〇万ドルであったことを考えると、かなりの増

表1　売上上位100位に入っている多国籍企業一覧（2013年）

上位100位中の順位	企業名	業種	資本国籍	売上（億ドル、2013年）
7	Bunge	消費財	フランス	115
8	Volkswagen	自動車	ドイツ	110
9	Cargill	消費財	米国	107
11	Fiat	自動車	イタリア	103
12	Telef_nica	テレコム	スペイン	101
14	GPA	小売	フランス	94
15	TIM	テレコム	イタリア	85
16	Samsung	電気電子	韓国	67
17	Walmart Brazil	小売	米国	63
19	Carrefour	小売	フランス	62
20	Ambev	消費財	ベルギー	61
22	General Motors	自動車	米国	60
23	Claro	テレコム	メキシコ	59
25	CRBS	消費財	ベルギー	54
27	Mercedes-Benz	自動車	ドイツ	53
28	Toyota	自動車	日本	52
29	Louis Preyfuz	農牧畜産物	フランス	51
30	Atacad_o	小売	フランス	51
31	ADM	農牧畜産物	米国	49
32	USIMINAS	製鉄・冶金	日本	49
34	Renault	自動車	フランス	47
40	Ford	自動車	米国	44
41	Embratel	テレコム	メキシコ	43
42	Amil	サービス	米国	42
48	MAN Latin America	自動車	ドイツ	36
49	Concosud Brasil	小売	チリ	35
53	BASF	化学・石油化学	ドイツ	33
55	Honda Automóveis	自動車	日本	31
57	CNH/Case New Holland	自動車	イタリア	31
59	Oi	テレコム	ポルトガル	30
60	Moto Honda	卸売	フランス	30
61	Moto Honda	自動車	日本	30
62	Bayer	化学・石油化学	ドイツ	29
64	Whirlpool	電気電子	米国	29
65	GE	電気電子	米国	29
66	Peugeot Citroen	自動車	フランス	28
71	Souza Cruz	消費財	英国	27
72	Net	テレコム	メキシコ	26
85	P&G Industrial	消費財	米国	23
88	Sygneta	化学・石油化学	スイス	22
93	Nextel	テレコム	米国	21
95	GVT	テレコム	フランス	21
98	Yara Brasil	化学・石油化学	ノルウェイ	20

出所）『エザーメ』のサイトExame.comの記事“Maiores empresas do Brasil em 2013”より筆者作成。

加であるとしている。同様なことはブラジルについてもいえる。二〇〇〇年から〇五年の年平均が二五億一三〇〇万ドルであるのに対して、二〇一〇年は一一五億八八〇〇万ドル（二〇一一年はマイナス九二億九七〇〇万ドル）となっている。ブラジル企業の多国籍企業化であり、「国際化」という言葉を使うならば、ブラジル企業の「外への国際化」と呼ぶことができよう〔日本貿易振興機構（ジェトロ）海外調査部中南米課 二〇一二〕。

こうして海外進出をする企業は今日「トランスラティーナス」あるいは「マルティラティーナス」と呼ばれ、ブラジル、メキシコ、チリの企業を中心にラテンアメリカ域内外で積極的に活動を行っている。雑誌 *América Economia* が行った調査によると、二〇一三年のマルティラティーナス八〇社のうちブラジル企業は二五社あり、JBS（食品）とLATAM（航空）はベスト一〇以内（それぞれ二位と六位）、オデブレヒト（建設）も一一位にランクされた。マルティラティーナスのランキングの付け方は表2にもあるように、海外への進出先の数、海外売上の割合、進出先の雇用者数の割合などがベースとなっている。進出先数が多い企業もかなりあるが、注目したいのは、総売り上げに対する海外売上の占める割合がほとんどの企業を通して高いことであろう。第一位のJBSや一二位のエンブラエル（Embraer）は八〇パーセント以上と海外売上の割合がきわめて高い。エンブラエルはもともと国営企業であったが、一九九四年に民営化した企業である。冒頭で同社製の飛行機に乗ったことがある人もいるのではと書いたが、実際二〇〇四年から一二年上半期までの間、世界四二か国六〇の航空会社に八五八機の商用機を輸出している〔日本貿易振興機構（ジェトロ）海外調査部中南米課 二〇一二〕。

進出国数が多く目を引くのはオデブレヒト、ヴァーレ（鉄鋼）、そしてWEG（電動機）の三社である。いずれも三五以上の企業を海外で展開させている。ジェトロによれば、この中でWEGの海外生産

表2　マルティラティーナス80社に含まれるブラジルの多国籍企業25社（2013年）

順位	企業名	マルティ80社の中のランキング	分野	進出国数	総売り上げに対する海外売上の占める割合	全従業員に対する進出先の従業員の占める割合
1	JBS	2	食品	15	84%	56%
2	Latam	6	航空	16	57%	25%
3	Odebrecht	11	建設	35	42%	31%
4	Gerdau	13	鉄鋼	14	63%	50%
5	Vale	15	鉄鋼	36	17%	22%
6	Marfig	20	食品	21	35%	42%
7	Petrobras	22	石油	25	37%	9%
8	Brasil Foods	32	食品	20	40%	16%
9	WEG	33	電動機	38	44%	20%
10	Fibria	35	セルロース	8	51%	4%
11	Votorantim	36	セメント	10	24%	24%
12	Embraer	40	航空機	6	83%	7%
13	Tigre	48	建設	9	24%	27%
14	Metalfrio	51	業務用冷凍・冷蔵設備	6	42%	62%
15	Camargo Corrêa	53	マルティセクター	4	18%	18%
16	Suzano	56	セルロース	10	51%	3%
17	CSN	59	鉄鋼	3	13%	9%
18	Andrade Gutierrez	59	マルティセクター	38	25%	15%
19	Marcopolo	64	バス	18	36%	22%
20	Minerva	65	食品	3	70%	17%
21	Natura	66	化学	8	9%	18%
22	Artecola	68	化学	6	28%	20%
23	Lupatech	70	エネルギー関連設備	5	45%	25%
24	Totvs	73	テクノロジー	12	47%	9%
25	DHB	77	自動車部品	22	19%	2%

出所）『エザーメ』〈http://exame.abril.com.br/, http://rankings.americaeconomia.com/2013/〉のサイトExame.comを参考に筆者作成（閲覧日：2014年3月18日）。

拠点は米州ではアルゼンチン、メキシコ、米国、欧州ではポルトガル、オーストリア、アジアでは中国、インドとなっている。またオデブレヒトなど建設関連の企業のように、アフリカ市場に進出している企業もある（日本貿易振興機構（ジェトロ）海外調査部中南米課 二〇一二）。

〈引用文献・ウェブサイト〉

『エザーメ』Exame.com〈http://exame.abril.com.br/negocios/melhores-e-maiores〉(Acesso em: 23 de março de 2015).
国連ラテンアメリカ・カリブ経済委員会［ECLAC］〈http://www.cepal.org/en〉(Acesso em: 24 de abril de 2015).
日本貿易振興機構（ジェトロ）海外調査部中南米課（二〇一二）『中南米の国際企業（トランスラティーナス）』。
堀坂浩太郎（二〇〇二）「ブラジル――コスモポリタンな企業社会への変貌」（堀坂浩太郎、細野昭雄、古田島秀輔『ラテンアメリカ多国籍企業論――変革と脱民族化の試練』日本評論社）二三一―二四九ページ。

4 NGO
―ブラジルの事例―

田村梨花

キーワード　NGO、民衆運動、パウロ・フレイレ（Paulo Freire）、解放の神学、世界社会フォーラム（WSF）

NGO―公正な社会を作る市民組織

日本では「国際協力を行う市民団体」として認識されているNGOであるが、本来は「非政府組織」（Non-Governmental Organization）、つまり政府系ではない組織を示す用語である。ブラジルには、NGOあるいは市民社会組織（Organização de Sociedade Civil）、第三セクター（Terceiro Setor）、非営利組織（Organização sem fins lucrativos）と称される団体が貧困や社会的不平等、差別といった様々な社会問題を解決するために各地域で幅広い活動を展開している。アムネスティ・インターナショナルやグリーンピースといった国際NGOの支部もあるが、その多くは自らの生活をより良きものとするため、人権、市民権など人間の基本的権利が守られる社会を作るために人々が自発的に活動を開始した「民衆運動」（Movimento Popular）を母体としている。ブラジル地理統計院（Instituto Brasileiro de Geografia e Estatística：IBGE）の調査によれば、約九万五〇〇〇の団体が権利保護、教育、開発、保健衛生、調査研究、社会福祉部門の活動を行っている（二〇一〇年）。非営利組織の経済活動はブラジルのＧＤＰの一・八パーセントを占める規模である。ＮＧＯはブラジルの民主化を市民の視点から監視・推進する組織として、さらに政府が「社会的公正の守られる国」を構築するために必要な知識や情報、人材を持ち合わせている重要な存在として位置づけられている。なお、市民組織の法人格としては一九九九年に「公的利益のための市民社会組織」（Organização da Sociedade Civil de Interesse Público：OSCIP）が制度化されている。

軍事政権と民衆運動

ブラジルにおけるＮＧＯの萌芽期は戦後の開発の時代に遡る。一九五〇年代、「五〇年の進歩を五年で」をスローガンとしたクビシェッキ政権とそれに続く社会主義的政権下で、自らの生活を改善する自助組織が各地で生まれていた。特に、北東部出身の教育学者パゥロ・フレイレ（Paulo Freire）が識字を通して抑圧下に置かれた人々を解放する「被抑圧者の教育」の思想を形作り、人々が自らの置かれた社会的政治的状況を批判的に捉え、それを克服するために行動する社会活動が地域で実践されるようになった（「ブラジルにおける教育」参照）。

こうした民衆組織が後のブラジルの民主化において重要な役割を果たすまでに発展した経緯は、長期にわたる軍事政権（一九六四〜八五年）と急速な経済開発に関連が深い。大規模農業開発政策は小農民の生活基盤を奪い、そうした人々が職を求めて産業の発展する南東部へと流入した都市化により、農村・都市両地域において貧困層が増大し、社会的格差が拡大した（「ファヴェーラ」参照）。軍事政権の経済政策は貧困層に恩恵をもたらすものではなく、体制に抗議する人々は逮捕され、拷問を受け、死に追いやられるという人権の抑圧される時代が続いた。

民衆運動は政治的圧力を受けながらも、草の根レベルの活動の実践を続けた。ラテンアメリカで生まれたカトリックの思想である「解放の神学」は、当時の民衆運動に力を与える存在であった。「解放の神学」は、貧しき者に寄り添い、彼らの置かれている生活状況を変えるための活動を支援し、社会を変革するために行動することを聖書の教えと説く思想で、各地域のキリスト教基礎共同体（Comunidades Eclesiais de Base：CEBs）を中心に地域社会をベースとした民衆運動は継続された。こうして「人権の抑圧される体制を変革し、すべての人々が安心して暮らすことのできる社会」を求める人々の希望の炎は消えることはなかった。

民政移管とNGO

一九七九年、政治犯の釈放と亡命者の帰国を許可する「恩赦法」が発令され、「政治開放」の訪れとともに、民衆運動の活動が路上に現れ始める。それまで地域的な活動を実践してきた民衆運動が、「社会的公正が約束される政治の構築」について公の場で発言できる時代が到来したのである。ブラジルの代表的なNGOとして有名な「土地なし農民運動」（Movimento dos Trabalhadores Rurais Sem Terra：MST）や「ブラジル社会経済研究所」（Instituto Brasileiro de Análises Sociais e Econômicas：IBASE）が正式に組織化するのもこの時期である。労働組合運動も発展し、民衆主体の様々な活動・運動の主張はやがて民主化を求める各派が集合する大きな社会運動のうねりを作り出し、「大統領直接選挙を求める運動」（ジレッタス・ジャ：Diretas já!）としてリオやサンパウロ、ブラジリアなど主要都市での大規模デモに発展した。直接選挙は実現しなかったが、一九八五年に軍事政権は終焉し、ブラジルは民主化の時代を迎える。

民政移管後まず着手された民主的憲法の作案において、新政府は住民組織のリーダーやNGOの専門家など、民衆運動に深く関わってきた人々を検討委員に加え、市民の意見が反映される憲法を制定する（一九八八年）。体制変革を目指した民衆運動の中には活動を縮小するものも見られたが、政治的達成を現実のものとするため、ブラジルの抱える様々な社会問題を解決する地域的試みを実践する組織として活動を継続した。一九九一年にはサンパウロにブラジルNGO協会（Associação Brasileira de Organizações Não Governamentais：ABONG）が設立され、多くの民衆運動がNGOとして発展する時代に入る。

民主的憲法のもと策定された各法令の立案にもNGOは重要な役割を果たした。ストリートチルドレンや貧困層の子どもたちの権利保護に取り組んできたNGOは、一九九〇年の「児童青少年法」(Estatuto da Criança e do Adolescente：ECA）の編纂に影響を与え、一九九二年のコロル大統領の弾劾裁判を求める「政治倫理運動」（Movimento pela Ética na Política）、一九九三年の「飢餓撲滅のための市民権行動」(Ação da Cidadania contra a Fome, a Miséria e pela Vida) はNGOがメディアや政治家、企業を巻き込むダイナミックな市民運動を展開した。

こうした一連の社会運動は、様々な社会問題に特化した抗議行動や調査分析を行い、真の民主化に必要な政策提言を市民の立場から発することで、ブラジル社会全体に民主主義を定着させるための礎を築いた。つまり、市民に利益をもたらす政策の確実な施行を政府に求める監視役として、市民社会の役割を果たす存在となったのである。地方分権化によりコミュニティベースの開発における地方自治体と地域の民衆組織との連携も強化された。一九九五年に始まるカルドーゾ政権は、民主化におけるＮＧＯ、市民組織の役割を重要視し、貧困と不平等を克服する社会開発の担い手として「市民社会」を位置づける政策を展開した。ルーラ政権では、社会政策に関連する公聴会、フォーラムを増加させ、政府と市民社会の対話の場の構築に積極的に取り組んだ（「開発」参照）。こうして、民政移管後の政府政策立案と実施において、市民社会の存在は不可欠であるという認識が深められていった。

経済のグローバリゼーションとＮＧＯの世界的連帯

一九九〇年代以降のモノ、ヒト、カネが急速に世界を移動するグローバリゼーションは、ブラジルのＮＧＯに新たな課題をもたらした。新自由主義の影響により、世界経済は米国に拠点を持つ多国籍企業に支配され、途上国であれ先進国であれ、人々の経済的社会的格差は拡大することとなった。政治制度の民主化にかかわらず、貧困層やマイノリティの生活を改善するための日々の努力と政府政策への市民の介入だけでは、社会的不公正の根本的解決は困難であることが認識され始め、新自由主義に対抗する新たな運動を作り出す必要性が高まった。

一九九二年にリオデジャネイロで開催された「地球サミット（国連環境開発会議）」は、国連会議におけるＮＧＯの立場を正式に認める初の会議であり、ブラジルのＮＧＯと世界各国のＮＧＯとの交流をもたらした。さらに、インターネット等の情報技術が急速に発展し、世界のＮＧＯ間の緊密なネットワークが生まれた。九〇年代後半、グローバリゼーションに対抗し、経済がすべてに優先する世界ではなく、自然と人類の多様性を重要視する社会の構築を目的に、世界の社会運動・ＮＧＯの国際的連携が進んだ。二〇〇一年には、フランスとブラジルのＮＧＯが中心となり、ダボスの「世界経済フォーラム」に対抗する形でブラジル南部の都市ポルトアレグレで「世界社会フォーラム」（World

Social Forum：WSF）が開催された。以降、WSFはラテンアメリカ、アフリカ、アジア地域を会場として定期的に開催され、地域と文化、生きるものすべての権利が尊重される「もう一つの世界」を求める人々が出会い、地域的実践と経験を相互に学び合い、国境を越えて連帯するための空間を形成している。

社会を市民のものにするための行動―ブラジルの市民社会から学ぶ

二〇一三年六月、「W杯反対デモ」として報道されたブラジルの政府抗議デモがコンフェデレーションズ杯と同時期に勃発した。交通機関運賃の値上げに反対する市民団体「運賃無料化運動」(Movimento Passe Livre）の呼びかけに端を発する抗議デモは、ソーシャルメディアを媒介して瞬時にブラジル全土に拡大し、四〇〇都市に二〇〇万人を超える参加者を動員したとされる。「スタジアムよりも学校を！」「質の高い教育と医療を！」として社会問題の解決を求め、「ブラジルを変えよう！」「私たちにはその力がある！」として社会を変えるための市民の可能性を主張するプラカードからは、社会の当事者として声を上げ、政治を諦めないことの市民一人ひとりの意思表示が伝わってくる。ブラジルのNGOの活動は、政治に積極的に関与する市民の意識に支えられ、ブラジル全土で社会問題を解決する多様な活動を実践する傍ら、社会を市民のものにする目標を共有する世界の人々と連携し、民主主義社会における市民社会の役割を体現している。

5 家族・ジェンダー
―女性の権利獲得の運動と新たな家族像―

田村梨花

キーワード　家族、ジェンダー、家父長制、割当（クオータ）制度、LGBT（lesbian, gay, bisexual and transgender）

家族観の変容とジェンダー・ギャップの改善

ブラジルにおける家族像はこの半世紀で急激に変化を遂げた。法制度改正、産業化・都市化による女性の経済・社会進出、公衆衛生・医療技術の進展、教育の普及といった様々な要因が、ブラジルにおけるジェンダー指標の改善をもたらした。それは同時に、「若者の国」から少子高齢化社会へという人口構成の変容にも影響を与えている。

二〇一四年、世界経済フォーラムによる「ジェンダーギャップ・インデックス」によれば、ブラジルは一四二か国中七一位で、近年その水準を改善している（日本は一〇四位）。教育・保健衛生面での改善が著しい反面、経済活動と政治参加におけるパフォーマンスはいまだ低いと分析されている。また、平均値は高くても、社会階層間の格差や地域格差が存在することもブラジル社会の特徴であろう（これはジェンダー間格差に留まらない。「開発」参照）。しかし、婚姻に関わる法律の改正、いまだ深刻な状況にある家庭内暴力などの問題に対する罰則強化など、徐々にではあるが確実な変化も起こっている。

植民地時代に構築された伝統的家族観

ブラジルにおける伝統的な家族形態は、世襲移譲されるセズマリア法に基づく大土地所有制によるサトウキビ・プランテーションが展開されたポルトガル植民地としての歴史に深く関係している。ジルベルト・フレイレ（Gilberto Freyre）の『大邸宅と奴隷小屋』（*Casa Grande e Senzala*）で描かれているように、植民地時代のブラジルにおいては大農園が社会単位であり、奴隷制と家父長制はその規範を形作った。農園主である家長は妻子、使用人、奴隷、小作人に対し絶対的存在であり、白人男性を頂点とする家族内の支配―従属関係がブラジルの家族構造の基盤として築かれた〔二田　一九九二：九九―一〇二〕。家長と奴隷の黒人女性との婚外交渉による非嫡子も家族の一員とされ、農園内には礼拝堂など生活に必要な機能がすべて備えられ、一つの社会と呼べるような大規模な家族が形成された。

カトリック教による代父母制は、家族の拡大と社会経済的従属関係に影響を与えた。農園主は代父母となり、代子の家族の生活保護と引き換えに忠誠を義務づけ、パトロン・クライアント関係を構築した。一族の財産の保護と社会的地位の獲得のため、親族内の婚姻を奨励し、代父母制により擬制家族を拡大し、親族内の社会経済的関係を強化する形で進展した家族形成は、ブラジルにおける社会構造の基盤となり、それは長期間にわたり女性の地位向上への足枷となった。

女性運動と権利の獲得

一八八八年の奴隷解放により、伝統的家族を中心とする社会制度は変化を迎えるが、白人男性が優位に立つ社会構造が変容するまでには時間を要した。奴隷はそのまま農園主の庇護を受ける場合も多く、大家族内の主従関係は維持された。しかしながら、一九世紀末から二〇世紀初頭の共和制体制における工業化と自由労働市場の拡大は、それまで家の中で幽閉状態にあった女性の社会参加の道を開いてゆく〔三田 一九八五：六九―七二〕。ブラジルにおける女性の解放運動の萌芽期は丁度この頃にあたる。ジャーナリスト、弁護士といった社会的地位を得た中産階級の女性を中心に、一九世紀末から幾度となく女性の参政権を要求する動きが出現する。一九二二年に「ブラジル婦人進歩同盟」を設立した生物学者ルッツ（Bertha Lutz）を中心とする政治運動が功を奏し、数々の州で女性の参政権が認められるようになり、ヴァルガス体制下の一九三四年憲法により連邦レベルで二一歳以上の女性の投票権が定められる〔同上：七三―七六〕。一方、女性の地位向上だけを目的とする運動ではなく、近代化に伴う社会変化への対応として、労働問題を中心とする左翼的、社会主義的な政治運動に参加する女性も増加した。

女性の政治経済的権利を求める運動が展開される一方、家父長制の影響を受ける社会構造において、女性の自由の象徴的権利である離婚権の成立は容易には進まなかった。もともとカトリック教による宗教婚を起源とすることから、別居という事実上の離別は条件付きで導入されたものの、離婚の制度化は困難とされた。軍事政権下の七〇年代より、サンパウロなど都市における生活改善と人権抑圧に対抗する女性の社会運動が隆盛し、欧米のフェミニズムの影響を受けて家族計画や家庭内暴力という問題が注目され、一九七七年に離婚法が成立した〔三田 二〇〇〇：八七―九二〕。別居後三年以降、一度のみ許可という条件が付されたが、離婚法の成立は女性から離婚を申告できる制度上の大きな進歩を意味した。

民政移管後の一九八八年憲法において夫婦における男女同権が明文化されたが、その規範が法律に反映されるのは二〇〇二年一月（二〇〇三年一月施行）の一九一六年民法改正時のことである。夫を家族の長と規定した部分は、「家族の管理は男女が協力して行使する」と変更された（一五六七条）〔Miranda 2011: 18-19〕。離婚に関する細則もその条件を緩和するものから離婚後の養育費負担など法的権利を保障するものまで多岐にわたり改正を経たが、なかでも二〇一〇年の連邦令補足法六六条による離婚に必要な別居期間の撤廃は、条件さえ揃えば直接離婚をも可能にし、離婚成立までの負担を大きく軽減することとなった。

現代の家族像と女性の社会参加

女性の権利を求める運動とその成果ともいえる幾多の法制度改正により、二一世紀のブラジルの家族像と女性のライフスタイルは伝統的モデルから劇的に変容する。一九九二年から二〇一三年にかけて、単身世帯は七・三パーセントから一三・五パーセント、子のいない世帯は一二・九パーセントから一九・四パーセントに増加している。平均世帯人員数も一九九一年から二〇一〇年までで四・二人から三・三人に減少し、一九九一年に二・八五であった合計特殊出生率は二〇一二年には一・七七であり、小家族化が進んでいる。結婚に関しては、一九九一年から二〇一三年までの間、平均初婚年齢は男性は二七・〇歳から三〇歳、女性は二三・七歳から二七歳、離婚率（別居を含む）は二〇〇二年の一・二五パーセントから二〇一三年には二・三三パーセント、離婚者の再婚率は〇・八パーセントから二一・一パーセントへ上昇している。もちろん、これらの平均値には現れない地域間・階層間格差も注視する必要がある（数値はＩＢＧＥウェブサイトより一部算出）。

このような変化には、女性の社会参加の増加が関係している。教育指標については、一九九〇年代よりすでに女性の純就学率は初等教育、中等教育、高等教育ともに男性の数値を上回っている。二〇一三年、初等教育は男女ともに高い数値（九二・五パーセント）を示しているが（「ブラジルにおける教育」参照）、中等教育は男性五〇・四パーセント／女性六〇・一パーセント、高等教育は一四・〇パーセント／一八・八パーセントといずれも女性が高く、二五〜三四歳における高等教育修了者の割合は、男性一二・七パーセント／女性一七・六パーセントである〔IBGE 2014: 115, 122〕。

しかしながら、教育達成と雇用獲得との関連性はまだ明確な結果を示していない。一六歳以上の女性における正規雇用割合は一九九二年の四〇・七パーセントから二〇一三年には五七・三パーセントと増加し、男性の数値（四九・五パーセントから五八・五パーセント）にも近づいたが、月平均収入は男性二一四六レアルに対し一六一四レアルという差が生じている〔Ibid: 136, 140〕。二五歳以上の管理職割合も男性六・四パーセントに対し女性五・一パーセントと僅差であるが、収入を見ると男性五一一三レアルに対し女性三四六三レアルとその差は大きい〔Ibid: 150〕。多くの女性が大学で教育や社会福祉のサービス部門を選ぶことにより、より低い収入の雇用に限定されてしまうという指摘もある〔Ipea 2014: 52〕。

政治参加の面では、初の女性大統領となったルセフ政権（第一期）で九人という史上最多数の女性大臣の登用が話題となったが、全国レベルでは女性政治家はそれ程の割合に至っていない。二〇〇九年、候補者の三割を女性とする割当て制度が各政党に義務づけられ（法律一二〇三四条）、地方を含む全議員中三一・九パーセントが女性候補者であるが、当選後の割合は一割強程度である〔SPMウェブサイトより〕。

政府は二〇〇三年に女性政策局（Secretaria de Políticas para as Mulheres）を設置し、ジェンダー格差の解消と女性の権利とエンパワーメントへの政策を実施している。特に、殺人被害率が一九八〇年から二〇一〇年まで約二・三倍に増加し、その七割が家庭内暴力による女性への暴力ということは重要な課題である。二〇〇五年に相談ホットライン（Ligue 180）を開設、二〇〇六年に家庭内における女性への暴力に対する罰則を強化する法律（Lei Maria da Penha：法律一一三四〇条）が定められ少しずつ効果を見せているが、「夫婦間の問題は他人が関与すべきではない」という意識は八九パーセントと高い〔Ipea/SIPS 2014: 3〕。

セクシュアル・マイノリティ――多様性の尊重のための挑戦

ブラジルは、セクシュアル・マイノリティとされるLGBT（lesbian, gay, bisexual and transgender）の権利を求める運動の歴史を持つ国でもある。一九九五年に設立された三一団体からなるブラジルLGBT協会が主催するサンパウロのプライド・パレードは、参加者が一〇万人（二〇一四年第一八回）を超える世界最大規模のイベントとして有名である。顕在化するLGBTへの暴力に対し、政府は市民社会と協力し二〇〇四年から「同性愛嫌悪撲滅プログラム」（Programa Brasil Sem Homofobia）を開始し、二〇一一年にはLGBTに対する暴力撲滅審議会を設置した。同性婚は合法化されてはいないが、二〇一一年に同性婚カップルに男女間の結婚と同等の法的権利を認めた連邦最高裁判所の判決以来、許可する州は増加し、二〇一三年三月には国家司法審議会（CNJ）がすべての登記所に同姓婚を承認するよう義務付けた。同年、IBGE（ブラジル地理統計院）は同性婚に関する統計を調査項目としたが、それによれば全国で同性婚は全体の〇・三五パーセントにあたる三七〇一件（うち五二・〇パーセントは女性間）であり、全州に存在している〔IBGE 2013: 42〕。

進歩的に映る政府政策や法制度改正は、ブラジルにおいてLGBTに対する差別や暴力が深刻な問題であったことの表れであり、一九八〇年代以降エイズ感染が深刻化するなか、生きる権利を求めるＨＩＶウィルス感染者による当事者運動をはじめとするブラジルの数多くのＬＧＢＴ運動の結実ともいえる〔Mello et al 2012: 158〕。世論調査では男性の五八パーセント、女性の四九パーセントが同性婚への反対意見を示し〔ＩＢＯＰＥウェブサイト〕、保守派による反対運動も見られ、社会全体がＬＧＢＴの権利に寛容であるとはいえない。しかしながら、文化の多様性を尊重する理念を政治的行動によって体現し制度改革を実現するブラジルの社会運動のプロセスの考察は、現代社会がいまだ克服できずにいるあらゆる形態の差別を撤廃するための市民社会の挑戦の一つの例として重要な視点を与える。

〈引用文献〉

IBGE（2013）*Estatísticas do registro civil 2013.*

――（2014）*Síntese de indicadores sociais 2014.*

Ipea（2014）*Objetivos de Desenvolvimento do Milênio: relatório nacional de acompanhamento*, Coordenação: Instituto de Pesquisa Econômica Aplicada e Secretaria de Planejamento e Investimentos Estratégicos; supervisão: Grupo Técnico para o acompanhamento dos ODM, Brasília, Ipea, MP, SPI.

Ipea/SIPS（2014）*Tolerância social à violência contra as mulheres*,〈http://ipea.gov.br/portal/images/stories/PDFs/SIPS/140327_sips_violencia_mulheres.pdf〉（Acesso em: 15 de março de 2015).

Mello, Luiz et al（2012）"Questões LGBT em debate: sobre desafios e conquistas," *Sociedade e Cultura*, vol.15, nº1, pp.151-161.

Miranda, Maria Bernadete（2011）"Homens e mulheres - a isonomia conquistada," *Revista Eletrônica Direito, Justiça e Cidadania*, Vol.2, nº1, 〈http://www.facsaoroque.br/novo/publicacoes/pdfs/bernadete_drt_20111.pdf 〉 (Acesso em: 15 de março de 2015).

フレイレ、ジルベルト（二〇〇五）『大邸宅と奴隷小屋――ブラジルにおける家父長制家族の形成（上・下）』（鈴木茂訳）日本経済評論社。

三田千代子（一九八五）「ブラジル社会の伝統と女性」（国本伊代・乗浩子編『ラテンアメリカ　社会と女性』新評論）五九―八六ページ。

――（一九九二）「ブラジルの家父長制家族の形成と展開」（三田千代子・奥山恭子編『ラテンアメリカ　家族と社会』新評論）九七―一一六ページ。

――（二〇〇〇）「ブラジルの新しい社会と女性――『新生ブラジル』の誕生と伝統的価値観の狭間で」（国本伊代編『ラテンアメリカ　新しい社会と女性』新評論）八四―一〇四ページ。

〈参考ウェブサイト〉

IBOPE 〈www.ibope.com.br/〉 (Acesso em: 15 de março de 2015).

Secretaria de Políticas para as Mulheres(SPM) 〈http://www.spm.gov.br/〉 (Acesso em: 15 de março de 2015).

6 ポルトガル映画
―国内とヨーロッパとの関係―

マウロ・ネーヴェス

キーワード　インビクタフィルム社、レイタォン・デ・バーロス、マノエル・デ・オリヴェイラ、ポルトガルのトビス社、ノーヴォ・シネマ

ポルトガル映画の誕生――一九二〇年代

ポルトガル映画は、パリで、リュミエール兄弟によって最初に映画が上映された後、一年もたたずして生まれた。ポルトガルで最初に映画製作が行われたのは一八九六年九月のことである。そして、一九〇四年には、まだ短編映画ではあったがポルトガル映画が完成、そして上映された。

一九一〇年には、最初となる長編ポルトガル映画の製作が始まった。その長編映画のタイトルは、『ディオゴ・アルベスの犯罪』というタイトルであり、この映画は、ポルトガルの無声フィクション映画の先駆けとなった。加えて、この作品はポルトガル映画史の根幹におけるある対立を示している。それは、エンターテイメントとしての映画なのか、それとも映画を芸術的なものとして扱い、ヨーロッパのアバンギャルド的性格を持つ映画なのかの対立である。

一九一八年から三〇年までの期間で特筆すべきことは、無声映画を製作する会社が活動を行ったこ

とである。その会社は、インビクタフィルム社といい、ポルト市で設立された会社であるが、当初（一九一〇年）は「アルフレッド・ヌネス・デ・マトス」という別の名前だった。同社は、パリで映画製作に必要な機材を獲得してから成長し始めた。こうした事情は、ポルトガル映画に新たな特徴を生み出すことになってしまう。つまり、フランス映画と切っても切れない関係になってしまったのである。加えて、専門的な技術分野に関しては、パテ社と協定を結び、パテ社はヨーロッパ市場で製作されている映画の放映権と引き換えに、ポルトガルの企業に未使用のフィルムを送る契約を結んだ。インビクタ社によって製作された映画は、ポルトガル映画固有の二面性をよく反映している。その二面性とは、監督は外国人（フランスのジョルジュ・パリュやイタリアのリノ・ルポなど）であるが、映画が扱っているテーマはポルトガルということである。

インビクタ社によって製造されたこのような映画は一九二三年にその性質を大きく変えることになった。一九二三年はパテ社との契約を解除した年であり、インビクタ社はその方向性の転換の岐路に立たされ、結局、ポルトガルをテーマにした映画製作はやめ、より国際的なテーマを扱った映画製作に着手するようになった。つまり、それまでのポルトガルをテーマにした映画は衰退期に入ってしまったのである。

インビクタ社の活動のほかにも、一九二〇年代においては、ポルトガル映画の黄金期でも最も偉大な人物であるレイタォン・デ・バーロスという映画監督がいたことを忘れることはできない。

一九二六年は、三つの理由で、ポルトガル映画の歴史上重要な年である。その理由のうちの二つは、直接的に映画を取り巻く環境と関連している。つまりこの年は、インビクタ社による映画製作が終わり、その影響でポルト市での映画撮影がほとんど行われなくなってしまい、代わりに有声映画の製作が始まり、その撮影のほとんどがリスボンで行われていたのである。そして三つ目は、間接的な影響によるものである。それは、五月二八日の軍事クーデターに伴う共和政の崩壊により、新しい体制が築かれ、ファシズム対共産主義との対立概念に影響を受けた映画関係者の時代になったのである。そしてこの時期は一九二〇年代末から三〇年代初頭まで続くことになる。

一九六〇年の倒産まで、生産面と技術面からポルトガル映画を支えることとなったリスボンフィルム社の設立（一九二八年二月二四日設立）の後でも、この時代の影響はポルトガル映画に残ることになった。

有声映画の開始――一九三〇年代～四〇年代

一九三〇年、ポルトガルにおける無声映画最後の大作『海のマリア』（レイタォン・デ・バーロス監督）が公開された。一九三一年になって、ポルトガルでも有声映画が作られたが、インビクタ社の時と同様にフランスの技術を援用した技術革新が大きな役割を果たしている。その結果作られたのが、同監督の『セベーラ』である。そして、特に一九七四年以降に国際的に有名になるマノエル・デ・オリヴェイラ監督が撮った最初の優れた作品が誕生したのもこの年である。

『セベーラ』の成功を受けて、映画関係者たちは一九三二年にポルトガルのトビス社を設立した。この会社はリスボンフィルム社と同様に、ポルトガル映画の黄金期を支えた重要な会社である。外国による支配や「新国家」によって課せられた厳しい検閲にもかかわらず（サラザール自身が映画が好きではなかったということに加え、映画を反乱の道具とみなしており、その結果、国の現実を見せることができなくなってしまったという事実がある）、一九三〇年代初頭からポルトガル映画は大衆に行き渡るようになった。そして国内産業が進展しているという錯覚が生まれ、映画産業にも幸福感が漂い始めた。

この風潮は、四〇年代後半まで続くことになる。しかしながら、ポルトガル映画はこれら二世代にわたって、美的・芸術的・文学的変化を伴わず、またポルトガルで起こった政治的出来事を盛り込んでいないということには注意しなければならない。

ポルトガル映画は、最初から商業目的を有していたという面から見れば、他の国とは違った背景を持っているということができるだろう。つまり、国の現実をテーマにした映画を上映するよりも、偉大な歴史を描くか、あるいはコメディー要素を持った、大衆の嗜好にあった映画を上映したのである。これら二つのタイプの映画は、いくつかの例外を除き、一九三三年から六一年の間のポルトガル映画の制作の主流になるものであった。

「新しい映画」の時代へ──一九五〇年代～七〇年代

ポルトガル映画の黄金期においてはもう二つの側面について言及する必要がある。一つはすべての時代の映画に共通していえることだが、一曲あるいはそれ以上の歌、特にファドが映画の中に含まれているということである。もう一つは、政治的な要素を無視しているということである。このため、国内映画が、サラザールによる独裁体制が作りたかったポルトガル国民のイメージを作ることになってしまった。ポルトガル映画は、この二〇年間に人気が出るようになったが、映画によって、大衆は政治に興味がなくなってしまった。これは当時のポルトガル政府にとって唯一関心がある点であった。

一九五〇年以降は、映画が多く製作され続けたにもかかわらず、大衆は無関心だった。というのも、ポルトガルで公開される国際映画の発展と比較すると、国内映画は、スタイルの面でも目的の面でも遅れをとっていた。一般の人々はまったく興味を示さなかった。ポルトガル映画は政府を批判しておらず、またポルトガル人の生活を映画の中で反映していなかったからである。

一九六二年から六六年の間に、新世代の映画人たちが文化的にもより優れ、政治的にもコミットする映画を作ろうと試みた。そして彼らは検閲、政治体制による映画の支配、アメリカ映画による市場の独占に抵抗しながら、ベテランのマノエル・デ・オリヴェイラ監督によって考案されていた、自らの置かれている立場を再考する契機となる媒体として映画を製作するという考えを持つようになった。これがノーヴォ・シネマ（「新しい映画」という意味）の誕生である。一九六三年にパウロ・ローシャ監督の『青い年』が公開され、ノーヴォ・シネマは確固たるものになった。同作品から一九七四年の四月二五日革命まで、ポルトガルでは二つのタイプの映画のみが作られた。一つはこのノーヴォ・シネマであり、ポルトガルの現実を映そうとしたが映せなかった作品群である。映画監督が映画としての体裁と脚本にこだわりを持ちすぎており、また政府の援助もなかった。もう一つは大衆映画で、メロドラマのようなありふれた内容で政治的要素がなく、登場人物は貧しく描かれており、ポルトガルの伝統を重視するあまり、現実から離れ、時代遅れとなった作品群である。

ノーヴォ・シネマは結局失敗に終わってしまい、大衆映画も国民的な人気を博すには至らなかった。大衆映画は、ポルトガル国民に変化の機運を持たせないために、同国の魅力的な面を中心に描いている一方で、ノーヴォ・シネマは、製作しているのがインテリ層の人々であったため、彼らの主観が作品の中に多分に混入しており、描かれている内容も大衆映画とは対照的に同国の負の側面を描いていたため、大衆にとってみれば無味乾燥な作品となってしまったのだ。その結果、大衆はポルトガル映画を見なくなってしまったのである。

一九六八年、サラザールが病気になり、権力が委譲され、マルセロ・カエタノ首相の体制に変わり、アフリカでの植民地戦争の激化があったが、映画に関しては漸進的な自由化が図られるようになった。一九六九年には、前年にポルトガル映画局との間で結ばれた協定に従って、グルベンキアン財団がオリヴェイラやローシャ、フェルナンド・ロペス、アントニオ・デ・マセードなどすでに功績のある監督に対する援助を行ったり、また新しい監督をデビューさせようとした。そのために、まずはドキュメンタリーや短編映画の製作から始まり、その後に長編映画の製作をしたのである。この製作はカーネーション革命（四月二五日革命）の頃まで続くことになる。

この頃のポルトガル映画の主要な作品は、アントニオ・ダ・クーニャ・テレス監督の『クーデター』という作品である。その他の作品で際立っているのは、フェルナンド・ロペス監督の『雨の中の蜜蜂』（一九七一年）である。

まとめ─カーネーション革命以降

一九七四年四月二五日にカーネーション革命が起こり、ポルトガル映画は新しい道を歩むようになった。事前検閲はなくなったが、少なくとも一九八六年までは財政面で困難な点があった。だが同年、EUに加盟し、それによって新しい資金調達の方法を確保することができるようになったのである。

マノエル・デ・オリヴェイラのキャリアは、まだ当時は確固たるものになっておらず、本当に彼が輝き始めるのは、革命の後である。オリヴェイラ監督が撮った偉大な長編映画の中でも、ここで挙げておくのにふさわしいものは『アニキ・ボボ』（一九四二年）である。同作品は初めての長編フィクション映画で、サラザール独裁政権下で撮影することができた数少ない作品である。他には、『ノン、あるいは支配のむなしい栄光』(一九九〇年)、『階段通りの人々』(一九九四年)、『メフィストの誘い』(一九九五年)、『世界の始まりへの旅』(一九九七年)『永遠の語らい』(二〇〇三年)、『第五帝国――セバスチアン国王の決断』(二〇〇四年)が挙げられる。

しかし、当然のことであるが、現代のポルトガル映画はマノエル・デ・オリヴェイラ監督だけで語りつくされるものではない。ポルトガルらしさや大きな世界共通の問題を映画の中で表現している若い映画監督はたくさんいる。たとえば、ペドロ・コスタ、ジョアン・セザル・モンテイロ、ジョアン・ボテーリョ、ルイス・ガルヴァン・テレス、ジョアン・ペドロ・ロドリゲスなどが挙げられる。

ポルトガル映画は、二一世紀に入って以降続く深刻な経済危機の影響で、公的な資金援助が不足するという問題に直面しているが、一方でポルトガルの民間放送局ＳＩＣなどからの支援を受けられるようになった。その結果、大衆向けのポルトガル映画が復活し、大ヒットを記録するようになった。同時に、ヨーロッパで人気がある、芸術としてのポルトガル映画もまだ生き続けているのである。

〈訳　後藤　崇〉

7 フェスタ・ジュニーナ（六月の祭り）
――伝統と交流――

ニウタ・ジアス

キーワード　フェスタ・ジュニーナ、六月の聖人、クワドリーリャ、「マイオール・サン・ジョアン・ド・ムンド」、ブラジル人学校

フェスタ・ジュニーナは、ブラジルの祝祭暦の中でも最も活気あふれる伝統的な行事の一つである。地域によって特徴が異なるこのフェスタは、六月に開催される記念行事である。

起　源

古来、六月の記念行事は農村地域の夏至の記念祭としてヨーロッパの多くの国で開催されてきた。中世になると、これらの祭りはキリスト教の影響を受けるようになった。そもそも異教の祭礼と考えられてきたこれらの記念行事をカトリック教会がキリスト教化し、カトリックの守護聖人であるサント・アントニオ、サン・ジョアン、サン・ペドロを称えるようになった。

歴史家によると、フェスタ・ジュニーナはポルトガル人によってブラジルにもたらされた。植民地時代、サン・ジョアンの焚き火は先住民インディオの注目と称賛を呼び、カトリックに帰依させるた

めに宣教師によって使用されたものだった。もともとは夏至の記念祭であったが、ブラジルでは冬至を祝うものとなった。とはいえ、農業との関わりを失うことはなかった。多くの地域ではその年の収穫と翌年の植え付け準備の時期と重なっている。つまり、豊穣に感謝し、次なる恵みを祈る時期ということだ。

ブラジルにおいて六月の祭りは農民の間で普及してきた。フェスタ・ジュニーナはブラジルのそれぞれの地域の慣習に影響を受けている。特に踊りや音楽、料理などの影響は大きい。また、カトリックの伝統とアフリカ系の宗教、先住民の信仰や習慣を取り入れた習合によって特徴づけられている。しかし、いずれの地にあっても、六月の聖人への称賛は共通している。結婚の聖人とされるサント・アントニオ（六月一三日）は、良縁と結びつけて考えられてきた。サン・ジョアン（六月二四日）は祝祭の聖人で、多くの信徒が焚き火をして聖人の旗を掲げる。雨の聖人として知られるサン・ペドロの日（六月二九日）を祝って、六月の祭りが終わりを告げる。

かつて、宗教的な意味とは別に、これらの記念祭は新しい友人をつくったり、旧交をあたためたりする機会となってきた。地方では、これまで多くの結婚式が六月の祭りの最中に行われてきた。すべての地方に対応するだけの十分な聖職者がいなかったこともあり、多くの人々がカトリック教会の聖職者が不在の中で結婚した。新郎新婦、両親、代父母、家族、友人や来客が焚き火を囲み、セレモニーが行われた。六月の聖人への信仰により信徒は祝福されるのだから、この地に聖職者が来て正式に結婚を祝福してもらうのと同じことだと信じていた。

産業化が進みブラジルの地方から多くの人口が流出した。都市部へ移住した農民は農村での多くの伝統的な習慣を持ち込んだが、六月の記念祭も例外ではなかった。他の習慣や文化の発展と影響により、多くの地域でフェスタ・ジュニーナは徐々にその宗教的な意義を失っていき、民俗的・文化的伝統に自然と変化していった。

ブラジルにおける六月の祭り

現在の六月の祭りは、ポルトガル人によってブラジルにもたらされた当初のものとは大きく異なっている。今でも六月の聖人の名前やイメージに直接関係しているものの、祭りの多くに、昔と同じような宗教的意味合いはない。多くの地域でフェスタ・ジュニーナは文化的、民俗的、そして経済的イベントとなっており、これらの活動がグローバル化や一般的な社会的価値の変化に即したものに様変わりしていることがわかるだろう。伝統の保持と現代性の追求、創造と再創造といったことが行われている都市部の大イベントと化している。

前述の通り、フェスタ・ジュニーナは地域ごとにそれぞれの特徴を持っており、祭りに独自性を与えている。しかしながら、共通しているいくつかの伝統もある。

クアドリーリャ（筆者撮影）

クアドリーリャ：六月の祭り特有の全国共通の踊りである。クアドリーリャはポルトガル人によってブラジルにもたらされたヨーロッパに起源を持つ踊りである。貴族のパーティーで踊られていたが、ブラジルの踊りや伝統から多くの影響を受けながら、時を経て大衆化していった。フェスタ・ジュニーナではこの踊りは結婚パーティーの踊りを代表するもので、地方の生活の様々な場面を映し出している。基本的なステップはあるものの、メインの振り付けには地域ごとの特徴が表れている。

伝統的な食べ物：それぞれの地域によって並ぶ食べ物は異なるが、いくつかの食べ物はブラジルに共通する六月のメニューとなっている。その好例として、ポップコーン、ケーキ、ビスケット、とうもろこし粉でできたお菓子などが挙げられる。それらは昔の食べ物である。この他、ピーナッツやココナッツを使ったぺ・デ・モレッキやコカーダといったお菓子も用意される。

遊び：遊びも地域によって異なり、独自の特徴や名称がある。どれが最も伝統的なものであるかを決めるのは難しいが、最も人気があるいくつかの遊びを紹介しよう。ペスカリア（砂に埋まった紙の魚を釣って賞品をもらう遊び）、輪投げ、的当て、パウ・ジ・セボ（油を塗った木に登って賞金を獲得するゲーム）、郵便屋さん（想いを寄せる相手にメッセージカードを渡してもらう。これは、相手に気づいてもらうチャンスになるので、若者の間で人気が高い）などである。

地方ごとの特徴

(一) 南　部

リオグランデドスルの六月の記念祭は他の地域でなされるものと異なっている。他の州では広く普及している「田舎者の祭り」というアイディアがここでは必ずしも人々に内面化されていないからである。多くのガウーショ（リオグランデドスル州出身者）は、女性は長くて丸みを帯びたドレス、男性はニッカ・ポッカとフェルト帽といった、自分たちの典型的な服を身につけて祭りを祝う。寒冷地であることにより、六月の聖人を祀るための焚き火は地域によっては人気がある。音楽もガウーショ独特のものが流れ、ダンサ・ダス・フィッタス（リボンを使った伝統的なダンス）が欠かせない。

サンタカタリーナ州とパラナ州では、さらに多様な祭りを見ることができる。南部の州で注目すべき料理の材料はピニャン（松の実）で、煮たり焼いたり他の料理の食材として使われている。

（二）南東部と中西部

これらの地方では、フェスタ・ジュニーナといえば「田舎者の祭り」というイメージが定着している。記念祭は農村地域で昔から行われているものが一般的で、田舎者のイメージは長年にわたってメディアや学校で広められ、伝統となったものである。とはいえ、多くの人々にとってこれは田舎者を象徴するステレオタイプであるため、今後変化する可能性はある。

いくつかの町、特にサンパウロやミナスジェライス、ゴイアスの奥地では慈善バザーが多く実施される。守護聖人に捧げるために開催されるこれらのバザーは、教会の資金源となっている。今でも多くのカトリック教会や他の施設は伝統料理やゲーム、遊びなどを目的とした出店を出す習慣がある。

伝統料理の出店ではトウモロコシを原料とした伝統的な食べ物のほか、ホットドッグや串刺し肉を提供している。飲み物には、ホットワインのほか、カシャッサ（サトウキビを原料とする火酒）と生姜、丁子（ちょうじ）、シナモン、砂糖を入れたケンタオと呼ばれる温かい飲み物がある。

子どもだけでなく大人も楽しめる娯楽として、ゲームの出店がある。ここでは上手な人が賞品をもらえるだけでなく、あまり戦績がふるわない人も残念賞をもらうことができる。

一般的な娯楽としては、クアドリーリャの踊りと、今では多くの場所で開催されるようになったセルタネージョ歌手のショーがある。

(三) 北部・北東部

北部でも、六月の祭りはとても多様である。クアドリーリャのほか、シランダ、ルンドゥ・マラジョアナ、ボイ・ブンバといった伝統的な踊りがイベントを活気づける。これらの踊りの一つ一つに異なるリズムと振り付けがあるので、いくつかの地域の六月の記念祭では、田舎者の格好をしたり他の地方では典型的なクアドリーリャが踊られたりすることはない。たとえばアマゾナス州では、六月の記念祭は六月の最後の週末に行われるパリンチンス・フェスティバルで幕を閉じる。

料理の種類も豊富で各地の特徴がよく表れている。トウモロコシをベースにした料理のほか、様々なタイプのお菓子やタピオカ（タピオカ粉で作るクレープのようなもの）、タカカ（スープの一種）といったご馳走にも出会うことができる。

北東部の多くの場所ではさらに多様性が広がる。ある地域で古い習慣を守っている伝統的な面があると思えば、別の場所では国際性豊かなイベントが開催される。

古い伝統の中には、芸能グループが地区や街を歌いながら練り歩く習慣も残っている。グループは家々をまわり、住人は感謝をしながら典型的な食べ物や飲み物を捧げる。この古い習慣は昔もそうであったように、地域の人々の融合を促進する手段にもなっている。バイアォンやシャシャド、ココ、アハスタ・ぺといったダンスも残っている。人々は自ら踊ったり、フォーマルな演技を見たりして楽しんでいる。

数年前から北東部のフェスタ・ジュニーナはブラジルだけでなく海外でも人気を博すようになった。カンピーナ・グランデ、パライーバの記念祭など、いくつかのイベントはマイオール・サン・ジョアン・ド・ムンド（世界サンジョアン大賞）を受賞した。六月の一か月間を通してクアドリーリャの多くのグループの演技やミュージック・ショー、その他魅力的なイベントが行われる。これはメガ・イベントと呼ばれるもので、実に多くの客を集めている。このほか、ペルナンブーコ州カルアルのフェスタ・ジュニーナも挙げることができる。この祭りの注目すべき特徴は、ヴィラ・ド・フォホ（フェスタ・ジュニーナの舞台となる場所）で、バカマルテイロス（ダンスの一種）、バンダス・ジ・ピファノ（横笛のバンドの演奏）、コルデル文学（ブラジルの民衆本）などが披露される。

北東部においてクアドリーリャは大変重要視され、南東部のそれと似た形で維持されている。しかし、大きなイベントでは、より複雑な振り付けがなされており、田舎者の服も大変豪華になっている。いくつかの場所では、クアドリーリャの上演は参加者数や衣裳、舞台装置、振り付けの美しさなどから、カーニバルのそれらと比較されることもある。

日本におけるフェスタ・ジュニーナ

現在、ブラジル人が多く住む場所では、六月の記念祭はカトリック教会やブラジル人学校などの年間行事として組み込まれている。日本においてこの祭りは交流の場であり、次の世代にブラジルの文化を少しでも伝えるための手段となっている。

ブラジルの行事ではあるものの、記念祭、特にクアドリーリャには多くの日本人や外国人が参加するようになり、特にいくつかの地域において日本語やポルトガル語の混淆がなされるようになった。群馬県では、たとえば、ブラジル人学校のクアドリーリャに日本の大学生が参加するといった光景が年を追うにつれて当然のようになってきている。長野県上田市で開催されるアハイアウ・デ・ウエダというイベントへの日本人の参加者数には目を見張るものがある。彼らは開催組織やダンス、フォホの演奏や歌にも参加していて、皆にエネルギーを与えている。

フェスタ・ジュニーナにおいて、日本の影響も見てとることができる。田舎者の衣裳には、特に新しい傾向を見てとることができる。ブラジルでは通常フェスタ・ジュニーナの衣裳はカラフルで陽気な模様のキャラコが使われるが、日本では浴衣や夏祭りで使用されるような布地で代用されている。

料理についても、多くの材料が代用され、新しいレシピが生まれている。温かい飲み物は、冷たい飲み物に取って代わった。ブラジルではフェスタ・ジュニーナは寒い六月に行われるので歓迎されないが、日本で定番となっているのはかき氷である。その他にも多くの日本の料理や他の国の料理がフェスタ・ジュニーナで提供されている。

まとめ

ブラジルが多文化の国であることは、現在の六月の記念祭に色濃く反映されている。グローバル化によって、これらのフェスタは国境を越え、新たな影響を受けている。伝統を尊重する人にも、新しい文化を楽しむ人にも喜びを与えている。

ブラジルにおいても日本においてもフェスタ・ジュニーナに参加すると、文化の交流と伝統の保持を肌で感じることができるだろう。

〈訳　拝野寿美子〉

8 ブラジルの宗教
―その多様な世界―

ニウタ・ジアス

キーワード　カトリシズム、プロテスタンティズム、スピリティズム、カルデシズム（心霊主義）、アフロ・ブラジル宗教、シンクレティズム、カンドンブレ、ウンバンダ、オリシャ

はじめに

ブラジルは歴史的にカトリックの国として知られているが、多様性に富んだ国の精神を反映するかのように、宗教においてもその多様さを育んできた。

ブラジルでキリスト教は最も多くの信仰者をもっている。なかでもカトリックが大半を占めてきたが、今日その状況は変わりつつある。およそ三〇年前、ブラジル国民の約九〇パーセントが自らをカトリック教徒と述べていたが、二〇一三年では七〇パーセントを大幅に下回るようになっている。反対にプロテスタントの数が急速に増加しており、プロテスタントがブラジルのキリスト教信者のマジョリティになるまでにそれほど時間はかからないかもしれない。

キリスト教以外の信仰者数も拡大している。たとえばカンドンブレやウンバンダなどのアフロ・ブラジル宗教や、スピリティズム、仏教、インディオたちの宗教などである。それぞれの宗教の信仰者

数を正確に述べることは難しい。統計の中では、アフロ・ブラジル宗教を信仰する人の割合は人口の一パーセントにも満たないとするものがあるが、この数字は事実に基づいていないように思う。一つ考えられることは、多くの人が、いまだカンドンブレやウンバンダのテレイロ（terreiro＝宗教上の擬似親族的紐帯を基盤にした組織）〔『現代ブラジル事典』新評論、二七八ページ〕に通っていることを人前で堂々と述べることができないということがあるだろう。長年にわたって、こうした信仰が迫害を受けてきたことやアフロ・ブラジル宗教の信仰者がカトリックへの改宗を強要されてきたためである（一九世紀末までカトリックがブラジルの公式な宗教であった）。長い間こうした強制が続いたために、今では多くのブラジル人の宗教性の中に自然な形としてシンクレティズム（異なる宗教や教義、信仰の混合）が生まれたのである。ある人が自分はカトリック教徒であると述べる一方で、実際にはカンドンブレやウンバンダの礼拝所にも通っていることはごくごく当たり前なのである。

カトリシズム

カトリシズムは植民地時代にポルトガル人によってブラジルにもたらされ、イエズス会神父たちがインディオ（先住民）そして、その後はアフリカ奴隷にも改宗を行った。実際、四世紀にわたって、ブラジルの国教はカトリシズムであり続けたが、一九世紀末に、帝政から共和政への移行の段階で政教分離が実現し、ブラジルは信仰の自由を保障する宗教的に中立的な国家となった。それ以来カトリック教会はブラジル社会における自らの役割を考え直すとともに、再構築しようと努力してきたのである。

政教分離の社会であるにもかかわらず、長い間、カトリシズムはブラジルで力を持ち続け、まさしく今カトリシズムはその伝統ゆえに混乱している。カトリック教徒になることが正しいという暗黙の了解が、ブラジル国民に長い間、世俗国家として守られるべき権利を認めさせなかったのである。文化的にも社会的にも強要されたことで、多くの人は自分がカトリック教徒という一方で、本当は他の信仰を持っているか、もしくは無神論者であった。

現在、カトリック教会が信者を失いつつあることは明らかである。しかしながら、だからといってカトリック教会の活力が失われたということはできない。そのことを証明するのは、カトリック信仰の新しい形の出現である。たとえば、「カリスマ的改革運動」(Movimento de Renovação Carismática)、カトリック信者のためのテレビ番組、歌う神父たち、マリア信仰、そして聖人崇拝である。最近の動きとして、ローマ法皇のカトリック教会に対する姿勢を考えるとき、カトリック教会は新しい時代の歩みに合わせるべく自らの改革を探っていると感じることができる。

ブラジルのカトリシズムについて述べるとき、他の国のカトリック教徒とはきわめて異なるということを考えないわけにはいかない。一般的なカトリック教徒とは異なる姿をブラジルのカトリシズムに見出すことができる。すなわち歴史的にも文化的にも異なる要素を混ぜる傾向が存在するのである。ブラジルの宗教的混交主義（シンクレティズム）である。国民の大部分がごく自然に、カトリックの教義とインディオやアフリカの宗教あるいはスピリティズム信仰が入り混じったものを持っているのである。

プロテスタンティズム

プロテスタンティズムは移民とともにブラジルにやってきた。ブラジル南部に位置するサンタ・カタリーナ州やリオグランデドスル州は多くのドイツ移民を受け入れ、彼らによってルター派教会の教義（マーティン・ルターによって広められたキリスト教の一派）がもたらされた。ルターの教義とは単に宗教にとどまらず、ドイツ語を含め、文化的伝統を維持するものであった。時間とともに、ドイツ人植民地は様々な地域に広がり、ブラジルにおける「ドイツ人福音教会」（Igreja Evangélica Alemã）が造られ、その後も多くの教会が造られた。ルター主義者以外にも、英国や米国を代表する英国国教やメソジスト派の人々が自分たちの宗教的なコミュニティを作り、同様に言語や伝統の保全を行った。

移住者によってもたらされた最初のプロテスタントの教会は、独自の文化を維持することに気を遣い、新しい信者を集めることにはさほど関心を示さなかった。多くの場合、カトリック教徒でないことによってそうした人々は排除された。

カトリック教会は可能な限りブラジルのカトリック教徒の改宗を避けるべくあらゆる手段をとっていたが、一九世紀半ば頃、経済や外交上の理由から、帝政はカトリック以外のキリスト教会が入ってくることを認めざるをえなくなった。ブラジルにおけるプロテスタント（福音主義の）布教の始まりである。多くの教会がブラジル人の改宗を目的に布教者や説教者をブラジルに送り込んだ。それによって、熱心に改宗を進める様々なプロテスタント教徒の集団が誕生し、一九世紀末には、ルター派、英国国教もしくは監督教会派、会衆派、バプティスト派、長老派、メソジスト派など重要なプロテスタントの教会がすでにブラジルにその土台を作っていたのである。

二〇世紀初頭、ペンテコステ派（pentecostalismo）がブラジルに入ってきた。一九一〇年にサンパウロ州およびパラナ州でブラジルに初のペンテコステ派教会である「ブラジル会衆派教会」が造られた。その一年後、パラ州に「神の集会（一九一四年に米国で創設されたペンテコステ派の集会）教会」

が設立された。これら二つの教会は大衆に受け入れられ、特により貧しい人々を中心にブラジル全土に急速に広がった。今なおブラジルのペンテコステ派を代表する教会である。

一九五〇年代以降、ペンテコステ派教会は多様化するとともに大きく力を伸ばすことになった。ペンテコステ派福音主義教会の信徒がブラジルのプロテスタントの中で大きな存在となるのである。近年のブラジルにおけるペンテコステ派は、ペンテコステとネオ・ペンテコステという二つの流れに代表される。

現在、ペンテコステ派教会はブラジルで成長著しい教会であり、なかでもネオ・ペンテコステ教会はその大きさや評判において際立っている。特に有名なのは、「ユニバーサル神の国教会」(Igreja Universal do Reino de Deus)、「神の恵み国際教会」(Igreja Internacional da Graça de Deus)と「キリスト復活教会」(Igreja de Renascer em Cristo)である。

これらに加えてモルモン教、エホバの証人、キリスト教科学など一般大衆の中ではプロテスタントと考えられている宗教組織も存在する。しかしながら、研究者の中には、これらは宗教改革にその起源を持つものではないとしてキリスト教に準ずるものに分類される。

他の宗教

ブラジル人は法的に認められた宗教の自由を尊重し、享受することを学びつつある。今日のブラジルは異なる宗教、教義、信仰が共存する国となっている。こうした多元主義という環境の中で、文化的に重要な、キリスト教以外の多数の宗教を確認することができる。キリスト教と比較した場合、こうした宗教の多くはきわめて少数派であるが、仏教、神道、ユダヤ教、イスラム教、生長の家、創価学会、メシア的教会などが例として挙げられる。

少数派の宗教、教義、宗派の中のいくつかは最近のものであるが、それ以外はブラジル国民にとって歴史の一部である。その中から、ブラジル宗教の多様性を表す重要な事例であるスピリティズム（交霊術）とアフロ・ブラジル宗教について述べることにしよう。

（1）カルデック的スピリティズム（Espiritismo kardecista）

カルデシズム（心霊主義）は、アラン・カルデックというペンネームをもつHippolyte Léon Denizard Rivailによってフランスで生み出され、そこからカルデシズムもしくはカルデック的心霊主義と呼ばれるようになった。ブラジルには一九世紀半ばから広がり始め、その哲学的で科学的な特徴から主に中産階級の家庭で関心が広がり、その後一般大衆に広がった。超自然的現象に対して科学的な説明を行うことを目指す心霊主義は、その影響を強く受けているウンバンダとは異なるものとして、「白いテーブルの心霊主義」または「上位の心霊主義」として知られている。ウンバンダは霊的現象を単に神の神秘に対する信仰によって起こることを信じるものととらえており、それゆえにウンバンダは原始的な宗教と考えられ「下位の心霊主義」として扱われるようになったのである。

一般的にカルデック的心霊主義は、唯一の神的存在と死者の霊（肉体から離れた霊）である先導者（guia）のみを信じる哲学的宗教的な教義として分類されてきた。死者の霊とは人間が愛徳を通して精神的に成長することを助けてくれるものである。カルデシズムの原則の一つは、再生（リインカネーション）を信じることである。すなわち霊は何度も再生し、もし善い行いをすれば再生する間に成長するが、自分自身もしくは他人に対して悪いことをすれば後退する。ヒンズー教の影響である業（カルマ）の掟を通して、再生（霊の具体的な形）は過去における行いが善かったか悪かったかに基づいて、報われるか罰せられると信じられている。こうした行為が我々を進化した霊（光の霊）もしくはあまり進化しない霊（暗黒の霊）に変えていくのであろう。カルデシズムの教えにおいては、この世界は単なる修行の場、すなわち我々が愛と他者への援助によってより霊になっていく場、という考え方に支えられているのである。

再生を信じることのほかに、カルデック的心霊主義は生者と死者の間の交流の可能性も信じている。こうした交流は通常、心霊儀式の最中に見られ、霊媒（médiuns＝より高い霊媒能力を持ち、霊媒のトランス状態において霊との交流ができる人物）によって行われる。カルデック的心霊主義のもう一つの特徴はパッセ（passe）すなわち霊的治療を通して、様々な病の治療を行うことである。このパッセとは、交霊術者の間では一般的であり、悪い（マイナスの）エネルギーを遠ざけるために、よいエネルギーを送り、それを通して肉体と霊にある悪い部分を治すことにつながるというものである。

心霊主義的な信仰は他の信仰と同様に、ここ数年ブラジルにおいて認知され尊重されるようになってきた。再生やカルマ、肉体から離れた（死者の）霊との交流などを信じるカルデック的スピリティズムと同じ基盤を持つ「新しい心霊主義」も聞かれるようになっており、特に若者や著名人の間で人気が高い。こうした新しい形のスピリティズムは霊媒儀式の実践よりも解読や内を見つめることに重きを置いている。心霊関連の書籍はブラジルで非常に人気があり、ベストセラーになることも多い。なかでもシコ・シャビエルやジビア・ガスパレットなどは有名である。またスピリティズムは書籍だけでなく、ドラマや映画でもしばしば扱われている。

(二) アフロ・ブラジル宗教

アフリカ系ブラジル人の宗教はオリシャの宗教としても知られ、ブラジル文化全体の形成に大きな貢献をした。

ブラジルにおける黒人

一六世紀の最初の数十年の間に、アフリカから最初の奴隷がブラジルに連れてこられた。奴隷は労働力として一九世紀末にブラジルが共和制に変わるまで利用された。

歴史家はいまだにブラジルに連れてこられたアフリカ奴隷のエスニックグループの出自をすべては明らかにできていない。それは一部には、黒人たちがアフリカ大陸の異なる土地でとらえられ、民族ごとに彼らをグループ分けする管理が特に行われなかったことにもよる。通常彼らは乗船した港によって分類されていたのである。しかしながら研究者の中には、ブラジルに到着したアフリカ黒人の大多数はスーダン系とバントゥー系であるとしている。

スーダン系は西アフリカ（現在のナイジェリア、ベニン、コンゴ）の黒人グループの一つであり、ブラジルでは主に現在のバイア州やペルナンブコ州の砂糖生産地域に集中的に送り込まれた。バントゥー系の人々は今日モザンビークやアンゴラそしてコンゴに相当する地域に住む黒人で、ブラジルでは海岸地帯や内陸部に多く居住した。主に現在のミナスジェライス州やゴイアス州に相当する。長い間、主要グループの一つであったゆえに、スーダン系の人々はブラジル文化において大きな影響力を持ち、とりわけ、舞踊、音楽、料理、言語において貴重な足跡を残した。

ブラジルに連れてこられた黒人たちは自分たちの宗教から乱暴に切り離されたが、それでもアフリカ宗教の多くの伝統を残したのである。

服従、苦悩そして多くの差別や偏見の中で、アフロ・ブラジル系の宗教は三つの宗教の接触によって発展をした。すなわちカトリシズム、インディオたちの信仰、そして出自民族によって異なる信仰を持っていたアフリカ人奴隷たちの宗教である。

シンクレティズム

共和制宣言まで、カトリックが国教であり、信仰は義務であった。それゆえに、他の宗教を信仰することは異端とみなされ、多くの人が魔術、呪術、祈祷治療などを行ったという理由で死罪となっていた。カトリック教会はあらゆるものを管理し、最終的にカトリック教徒へと改宗させたのである。このなかでインディオやアフリカ黒人奴隷も改宗し、カトリック教会を受け入れざるをえなかったのである。しかしながら彼らは自分たちの宗教や信仰を完全に手放したわけではなかった。むしろその反対で、多くの場合、彼らに押し付けられたカトリックに彼ら自身の宗教を足し合わせる方法を見つけたのである。

植民地時代の初め、すでにブラジルの土地に住んでいたインディオたちはカトリックの教えに改宗したが、実際は、自分たちの教えとカトリックの教えを混ぜ合わせたものが存在した。たとえカトリック教徒になっても、インディオは完全に自分たちの信仰や伝統を捨てたわけではなかった。すなわちインディオの信仰とカトリックのシンクレティズムという一つの形を発展させたのである。アフリカ奴隷がブラジルに到着し、彼らもまたカトリックの教えに帰依することを余儀なくされ、ここにすでに存在していたインディオの信仰とカトリック教のシンクレティズムに黒人たちの宗教の様々な特色が合わさったのである。

カトリック教会はインディオや黒人たちが彼らのいくつかの伝統を儀式に含めることを認めていた。なぜならばそれらに宗教性はなく、文化的な表現と考えていたからである。一方彼らの側はカトリック信仰のふりをする方法を知ったのである。黒人の場合、日曜日や聖なる祝祭日に集まるたびに、自分たちの本来の宗教的伝統を守ることに利用した。バトゥーケといわれる黒人の宗教的な激しい踊りと母語での歌や祈りは、カトリック教の神を賛美する一つの形であるという理由を述べていた。多くの場合、統治者や貴族たちがバトゥーケの実施を許可したのは、それが黒人たちの民俗芸能的な伝統を維持する一つの形であると信じており、それによって黒人たちは互いに競い合い、その結果、自分たち白人に対する反乱を回避できると考えたからである。バトゥーケは受け入れられてはいたが、アフリカ系宗教において魔術を使うことは厳しく罰せられ、抑圧され、そして撲滅させられたのである。

黒人宗教

都市の成長に伴い、とりわけ一九世紀後半の数十年において、次第に黒人は都市生活の一部を成すようになった。奴隷制が終わり、また都市での困難な暮らしの中で、黒人たちはお互いにより接触をするようになり、たとえ異なる民族出身であっても、より良い仕事上の条件や働き方を求めて、また自分たちの伝統を取り戻し、維持するために、互いにグループや組合を作ったのである。強制的にカトリック教徒となった黒人は自分たちの真の宗教すなわちアフリカの宗教の存続のために組織化し戦い始めた。それとともに、アフリカ系宗教の儀式を行うための組織も出現し始めた。しかしながら白人の目からすると、彼らの儀式は祝いや自らの文化を披露しているにすぎなかった。アフリカ宗教に固有の儀礼や呪術は正しく評価されないどころか、社会に受け入れられることもなかったのである。

多くの差別と抑圧があったにもかかわらず、黒人たちは戦い、アフリカ系宗教の伝統を維持する目的を持った様々な集団を形成することに成功した。しかしながら、こうして作られた伝統はもはや純粋ではなく、多くの場合、植民地ブラジルにおけるカトリシズムや新しい生活スタイル、あるいは様々な民族的出自のアフリカ系の人々が持つ宗教の影響を受けていた。こうした過程を経てアフロ・ブラジル宗教が生まれたのである。それらは様々な社会的歴史的文脈の中で形成されていたために、結果として、儀式や神話において多様な形や内容を見せたのである。

長い間、アフロ・ブラジル宗教は黒人たちの宗教として考えられてきた。しかしながら今では、人種的に黒人以外の人々の間での信仰がますます広がっており、なかでも日系人はカンドンブレやウンバンダの熱心な信奉者になっている。

カンドンブレ

カンドンブレは多神教の宗教である。すなわち数多くの力や機能を持った様々な神々の存在を信じる宗教である。永遠の命を手に入れるために罪から救われるという考えは持たない。カンドンブレの信者は自分たちの願いがかなえられるために超自然的な神々、たとえばオリシャ（霊的神格）の力が関係すると信じている。そうした神聖な力を呼び、祈願するとともに、いけにえを捧げることが必要となる。

カンドンブレでは、正しいや間違いという考えはない。別の言い方をすれば、そういった考え方は一人ひとりの信者とオリシャの関係（人間はそれぞれ自分のオリシャが決まっていると信じられている）によるものであり、罪は存在しないのである。それぞれのオリシャは尊重されるべき多様な禁忌（タブー）に関係している。たくさんのオリシャが存在し、いかなるオリシャも完全に良い悪いというのではなく、各々が異なる禁忌を持っている。したがって、あるオリシャにとって良いことが別のオリシャにとっては悪いこともありうる。カンドンブレではすべての信者に共通する決まり事はないのである。

それぞれのオリシャはある特定の自然の力のみならず、人間や社会生活の様々な局面をも動かすことができる。特定の力を持つことに加え、異なるシンボル（たとえば衣服や数珠の色や形、音楽や太鼓のリズム、また供物やいけにえとなる動物など）をも保有する。またそれぞれのオリシャに対して、それぞれ固有の挨拶の言葉がある。たとえばオシュン（Oxum）に対しては、Ora yeyêô!、シャンゴ（Xangô）に対してはKaô kabiessi!、エシュ（Exu）に対してはLarôyê！などである。その人のオリシャを知ることは、新しい信者のイニシエーション過程において、また単に未来の予言を受けようとする依頼者への対応においても重要である。パイ・デ・サント（pai de santo＝父親）あるいはマイン・デ・サント（mãe de santo＝母親）と呼ばれる宗教的指導者によって行われる儀式（jogo de búzios）はこうした発見のために使われる。信者にとって最も大切な中心となるオリシャに加え、ジュント（juntó）と呼ばれるもう一人のオリシャもいる。ジュントは中心的なオリシャを補佐する重要な役割を持っている。通常、指導者のオリシャが男性の場合、ジュントと呼ばれる二番目のオリシャは女性である。またその反対もありうる。

カンドンブレはバトゥーケの形で奴隷制開始以来ブラジルで実践されてきたが、時間の経過とともに、ブラジルが農村社会から都市社会へと変化する中で、また出自の異なるアフリカ黒人たちの影響によって、発展していった。今日では、出自民族によってカンドンブレは細かく分類され、たとえばそれは、儀式で使われる言葉や崇拝される対象、そしてアタバケ（atabaque＝アフリカ起源の踊りで使われる太鼓）固有の音などをもとに差別化される。よく実践される儀式の中ではスーダン系宗教の貢献を重視するジェジェ族とナゴ族を含むジェジェ・ナゴ（jeje-nagô）が有名である。ほかにも有名なのはアンゴラの儀式で、主としてコンゴの儀礼を含むとともに、バントゥー宗教の遺産も強調している。

ウンバンダ

多くの場合ウンバンダは典型的なブラジルの宗教の一例として挙げられる。おそらくその理由はブラジルで誕生したものであること、アフリカ系宗教の遺産にそれほど関連しないこと、そして様々な人種やエスニックグループの信者やリーダーがいることなどからであろう。ウンバンダは一九二〇年代以降、リオを中心によく知られるようになり、また広まっていった。ブラジル宗教のシンクレティズムの起源の最も良い例である。というのは、ウンバンダはアフリカ系宗教の様々な伝統や信仰に一般的なカトリシズムやカルデック的心霊主義の影響が加わった事例だからである。

ウンバンダはオリシャ信仰をカンドンブレから引き継いだ。しかしながらウンバンダにおけるオリシャはエネルギーと振動（ヴァイブレーション）の複合体としてである。階層的にオリシャや光の霊（カルデック的心霊主義の決定的な影響）よりも下に位置するガイド（guia）と呼ばれる心霊に対する信仰もある。ガイドは儀式の間、心霊的なオリエンテーションを与え、助けが必要な人々を治すために、霊媒と一体になる。こうした光の霊が現れるとき、主の祈りやアヴェマリアなどキリスト教のお祈りを行うのが一般である。

光の霊のほかにも、さらに階層的に下に位置する霊も存在する。あまり進化していない例であり、多くの場合、悪や暗闇の霊と分類される。それはエシュ（マクンバの悪霊）と呼ばれ、女性の場合、ポンパリーガと呼ばれる。これらの霊は通常、キンバンダ（多くの場合、黒人の呪術に直接結びついたウンバンダの流れの一つ）の中で崇拝される。

一般的にウンバンダはその起源ゆえにアフロ・ブラジル宗教として扱われるが、現実には、次第にアフリカの宗教固有の特徴からは遠ざかりつつある。かなり異質な特徴を持つことはウンバンダを次第にハイブリッドで混合した宗教にさせている。ウンバンダはこうして自立した、そして人気のある宗教であり、またブラジル人の宗教的多様性を反映するものとなっている。

まとめ

ブラジル憲法はブラジル人に信仰や崇拝、宗教的結社の自由を含む宗教の自由を保証している。格差や不平等を伴うブラジルの社会的経済的発展の過程は、人々と宗教の関係にかなりの影響を与えている。現実に、宗教は社会や家によって押し付けられるものではなく、個々人が選択するものに変わりつつある。宗教や信仰の多様性が広がる中で、各々はますます期待や必要性に合わせて、自分がどの宗教を信仰するかを決める傾向にある。選択の自由があるために、ブラジル人は一つ以上の宗教や信仰を持つこともできるし、宗教を持たないことも可能である。法の保護のもと、特にブラジル社会に見られる意識の変化によって、元々は少数者の宗教や信仰がその活動範囲を広げ、徐々に社会的にも文化的にも受け入れられるようになっているのである。

〈訳　子安昭子〉

〈参考文献〉

Isaia, Artur Cesar; Manoel, Ivan Aparecido（Orgs.）（2011）*Espiritismo & religiões afro-brasileiras: história e ciências sociais.* São Paulo, Ed. Unesp.

Silva, Vagner Gonçalves da（2005）*Candomblé e Umbanda: caminhos da devoção brasileira.* 2ª ed. São Paulo, Selo Negro.

Souza, Beatriz Muniz de; Martino, Luís Mauro Sá（Orgs.）（2004）*Sociologia da religião e mudança social: católicos, protestantes e novos movimentos religiosos no Brasil.* São Paulo, Paulus.

『現代ブラジル事典』新評論（特に第五章八の「宗教」および第六章八の「アフロ・ブラジル文化」）。

9 ブラジリアン・ディアスポラ
―海外に住むブラジル人―

拝野 寿美子

キーワード　ディアスポラ、Brasileiros no Mundo

「ディアスポラ」という言葉をご存知だろうか。ディアスポラは「撒き散らされたもの」という意味のギリシャ語に由来する言葉で、元々、国を追われたユダヤ人が拡散し世界各地に集住した状態を指す。現在では、祖国を離れ様々な国に移住する集団やそうした現象を指す言葉として広く使用されている。ここでは、ブラジル人のディアスポラについて取り上げる。

経済新興国ＢＲＩＣＳの一員であるブラジルは、今でこそ、二〇一四年ワールドカップ、二〇一六年オリンピックの開催国として世界で肯定的なイメージを持たれているが、一九八〇年代から九〇年代前半にかけて経済が混乱しており、外国からの借款返済を一時中断するなどした時期があった。国内では中間層の手持ちの資産が瞬く間に目減りし、この時期多くのブラジル人が海外に流出した。ブラジル外務省の発表によると、二〇一二年時点で最も多くブラジル人が居住しているのは米国で、一〇〇万人以上にのぼるとされる。次いで日本とブラジル隣国のパラグアイが二位と三位を争っている（日本については二〇一四年一二月末日時点でおよそ一七万人）。国別にすると分散してしまうが、ヨーロッパには表にある八か国だけを合計してもわかるように七五万人以上が居住しており、海外在住ブラジル人の総数は二五〇万人強に及ぶと推定されている。在外ブラジル人には不法滞在者も多いことから、各国のブラジル領事館で正確な数を把握するのは難しい。不法滞在者は強制退去の恐れがあるので、在留国の国勢調査に参加したり領事館などに出向いたりしないためである。なお、日本の数値は法務省のデータであり、おおむね正確なものとされている。

在外ブラジル人の多くは、渡航先での永住を最初から決意して移住しているわけではない。経済的な目的で移住した人々は、蓄財して数年でブラジルに帰国しようと考えていた。在日ブラジル人も例外ではない。帰国してそのままとどまる人もいるし、帰国後再度同じ国に渡航する人もいる。また、なかには、就労を目的にブラジルから日本に来て、その後ヨーロッパやオーストラリアに移住するという人もいる。両国間の往還だけでなく、第三、第四の国に移住するといった、トランスナショナルな移動も行われている（ヤマグチ 二〇一二）。ブラジルは一五〇〇年に「発見」されて以来、アフリカからの奴隷をはじめヨーロッパやアジアから多くの移民を受け入れてきた。現在行われているブラジル人のヨーロッパや日本への移住は、こうした移民の歴史が大きく影響している（日本に

表　在外ブラジル人推定人口上位10国（2012年）

国名	地域	人口（人）
アメリカ合衆国	北米	1,066,559
日本	アジア	210,032
パラグアイ	南米	201,527
ポルトガル	欧州	140,426
スペイン	欧州	128,238
イギリス	欧州	118,000
ドイツ	欧州	95,160
イタリア	欧州	67,000
フランス	欧州	44,622
スイス	欧州	44,089
ベルギー	欧州	43,000
アルゼンチン	南米	41,330

注）日本のデータは日本の法務省が発表している2011年末現在のもの。
出所）ブラジル外務省公式サイト

ついては「ブラジル人コミュニティ」を参照)。日系ブラジル人は日本を目指すし、イタリア系、スペイン系、あるいはポルトガル人を祖先に持つブラジル人は、EUを目指す。彼らは祖父母の出身国でまずはEU各国の市民権を取得し、そこを足がかりにしてイギリスなどより賃金水準の高いEU国での合法的な就労を目的としている。

Brasileiros no Mundo

ブラジル外務省は、あまり積極的に在外ブラジル人のための政策を行ってこなかった。経済的な理由による国民の海外流出は政府の無策を象徴するものであるとの考えから、在外ブラジル人の存在を公認することははばかられたようだ。国内の諸問題を解決することが先決で、在外ブラジル人にまで手が回らなかったという事情もある。このようななか、国民の海外移住が急増した一九八〇年代から二〇年以上を経た二〇〇八年、"Brasileiros no Mundo"(世界に住むブラジル人)と名付けられた会議がブラジル外務省で開催された。ここにきてブラジル政府は在外ブラジル人の存在を公的に認め本格的な政策を策定するに至る。

現在では、大陸別に在外ブラジル人の代表者が選出され、政府主導で会議が開かれるようになった。情報交換のほか各地のブラジル人コミュニティが抱える課題を提示したり、政府への要望などを直接伝えたりするパイプができている。

ブラジルと在留国(移住先の国)の政府間で解決しなければならない事柄も多い。ブラジルと日本の二国間に限って見てみると、社会保障協定(年金の二重払いを防ぐための調整)、教育関連の連携(ブラジル教育省が認可する日本のブラジル人学校高校卒業(予定)者は、日本の大学を無条件で受験できるなど)が実現している。犯罪人の引き渡しに関しては、二〇一七年現在実現していない。

日本以外の在外ブラジル人コミュニティの事例として、ボストンに住むブラジル人のケースを取り上げてみよう。

在米ブラジル人──ボストンのケース

米国東部のマサチューセッツ州ボストンにも、多くのブラジル人が居住している。他地域と同様、不法滞在者が多いが、相互扶助組織も複数あり活発に活動している。ボストンで興味深いのは、ポルトガル人やカボベルデ人、そしてブラジル人がポルトガル語を共通語として共生している点である。

ボストンには一九世紀後半から捕鯨や漁に携わるポルトガル人が移民として居住し始めた。当時はまだポルトガルの植民地であったカボベルデの住民を乗組員として伴うことも多かった。カボベルデは現在も移民送出国で、米国も主要な移民先となっている。ボストンに隣接するケンブリッジ(Cambridge)にはポルトガル系のカトリック教会もあり、エスニック・ショップが軒を連ねている。レストランやパン屋はもちろんのこと、金物屋まである。この店の屋根には、ポルトガルの国旗のほか、アソーレス諸島の旗も翻るなど、かつての移民たちの出身地域まで窺い知ることができる。

この地域にはマサチューセッツ・ポルトガル語話者協会(Massachusetts Association of Portuguese Speakers:MAPS)という民間の組織がある。MAPSでは、ポルトガル人、カボベルデ人、ブラジル人、インドのゴア出身者などがスタッフとして働いている。法律相談や英語教室などのほか、ポルトガル人高齢者のケア・サービスの場ともなっている。

ボストン中心地から電車で二〇分ほどのオールストン／ブライトン(Allston/Brighton)地区にはブ

ラジル人が集住している。この地区にはブラジル人を対象とした生活支援のための相互扶助組織やエスニック・ショップがある。レストランやパン屋、引っ越し業者、不動産業者などがポルトガル語で看板を出している。ブラジル人女性を対象としたＮＰＯ（非営利団体）もあり、スタッフが法律相談にのったり、英語教室を開いたりしている。女性向けの家内清掃に関する講習会も定期的に開催される。これは、ブラジル人女性の主要な仕事が家政婦であることによるものである。

ボストンおよび近郊に住むブラジル人にはミナスジェライス州にあるゴヴェルナドール・ヴァラダレス市（Governador Valadares：以下、ＧＶ市）の出身者が多い。一九六〇年以降この町からボストンへの移住が始まったが、一九八〇年代、九〇年代にこの流れは加速し、今ではＧＶ市すべての世帯の家族、親類、あるいは友人に米国移住者、移住経験者、移住希望者がいるといわれている。このようにある移住者をきっかけに次々と周囲の人々が移住することをチェーン・マイグレーションと呼ぶ。ボストンへの移住者が多いのはしかし、そのためだけではない。先に紹介した通り、ポルトガル人やカボベルデ人の移住者が多いことでポルトガル語生活圏がすでに確立していたことも、移住先としてボストンが選ばれる理由の一つになっている。

ボストンのブラジル人移住者の子どもたちは、現地の学校に通っている。アメリカの公立学校では第二言語としての英語教育（English as Second Language：ESL）クラスが数多く設置されており、子どもたちは一定期間英語習得に励んだのち、原学級に戻ってすべての教科を英語で受けるようになる。日本では外国籍児童・生徒への就学義務はないが、アメリカでは不法滞在者の子どもにもみな教育を受けさせる義務がある。就学の手続きなどは、先に紹介したＮＰＯなどが手助けしてくれる。子どもたちの母語であるポルトガル語教育を受けることができる学校もある。ボストン通勤圏であるフレイミングハム（Framingham）やサマービル（Somerville）という近郊地域にもブラジル人が集住しているが、特にフレイミングハムではポルトガル語の母語教室が設置されている公立学校が複数ある。昨今のブラジルの経済発展に伴い、ブラジルへの帰国を視野に入れた子どもたちへの母語教育に対して、以前よりも大きな関心が向けられるようになった。継承語としてのポルトガル語教育を支援するNPOもいくつか設立されている。ボストンだけでなく、やはりブラジル人が多く住むニューヨークでもそのための教材開発や、教育啓発用ドキュメンタリーなどが制作されている。日本やヨーロッパ各国を含めた、継承語教育者ネットワーク形成の試みも始まっている。

ブラジルに帰国する人々がいる一方で、それぞれの居住国にとどまるブラジル人もいる。日本が、日本移民の子孫を「日系人」、つまりは「日本につながる人々」としてその広がりを歓迎するのと同様、ブラジルも、世代を超えて各国に根付く「ブラジル系人」の広がりを誇り、ブラジルにつながる人々の拡散（ディアスポラ）の歴史を肯定的に振り返る日が来よう。彼らはポルトガル語やブラジル文化を普及する役割を少なからず担い、ブラジルと居住国との橋渡しをする人々となるであろうから。

〈引用文献・ウェブサイト〉

ブラジル外務省公式サイト〈http://www.brasileirosnomundo.itamaraty.gov.br/〉（二〇一三年一〇月二一日アクセス）
ヤマグチ、アナ・エリーザ（二〇一二）『在英ブラジル人についての基礎的調査研究』上智大学イベロアメリカ研究所。

10 教育
—日本の学校で学ぶブラジル人の子どもたち—

ニウタ・ジアス

キーワード　デカセギ（現象）、ブラジル人児童生徒、教育システム（ブラジル）、アイデンティティ、ポルトガル語、日本語

一九八〇年代の終わりから、デカセギ現象、つまりより良い雇用機会を求めて来日してくる日系人の数が次第に増えていった。３Ｋ（きつい、汚い、危険）と呼ばれる職種において日本人の労働力が不足したため、日本政府は入国管理に関わる法律を改定して海外在住日系人を対象に、長期滞在を可能とするビザを取得できるようにした。この門戸開放については、日系人であれば日本文化になじみやすいとの判断によるとする研究者もいる。当初は日本語ができる一世や二世が来日したため、この期待に応えるものだった。その上、これらの労働者は、滞日期間と貯蓄の目標額をあらかじめ計画して来日しており、その目標を達成してほぼ計画通りに帰国を果たした。一九九〇年代に入ってブラジル人のデカセギ者の属性は変化し、三世とその配偶者（非日系人も含めて）や子ども（四世）も来日し始めるようになると、ブラジルへの帰国時期はそれまでより不確定になっていった。デカセギの増加により、文化的、社会的、教育的な適応に関する問題が顕著になった。

仕事か子どもの教育か

およそ一〇〇年前、より良い生活を求めて多くの日本人家族が日本を離れてブラジルに到着した。経済基盤を整えて祖国に帰るという夢は、今日日本で働く彼らの子孫の夢と重なる。配偶者と子どもを同伴したデカセギについても、一定期間働いてブラジルに帰国するという考えをもって来日したことは、単身で来日した第一陣のデカセギと同じである。しかしながら、実際に住み始めると、現実は予定していたものとは大きく異なり、皆が皆、あらかじめ計画した通りに帰国できたわけではなく、日本の生活に適応せざるをえなくなった。教育に関して、当時は子どもを日本の保育園や学校に入れるしか選択肢がなかった

ブラジルから来た家族は、多くの場合両親が働いているので、放課後子どもは親が帰宅するまで家で一人であるいは兄や姉、年上のいとこと過ごすしかなかった。子どもの教育に献身する親が多くいる一方、仕事を優先するあまり、子どもの教育は学校任せになる親もいた。その上、日本政府は外国籍の子どもたちの就学を義務化していないことにより（これは現在も続いている）、日本の学校に適応できない子どもたちは不就学になった。これを憂えるブラジル人コミュニティの要望に応える形で、ブラジル人向けの小さな託児所や学校が設立され始めた。近い将来帰国を考えていた親の多くは、より良い選択であると信じてこれらの学校に子どもたちを就学させた。しかし現実はそう簡単ではなかった。ブラジル人学校就学者の中にはブラジルに帰国して教育の連続性を保つことができた子どもたちがいる一方で、就学前教育や初等教育からブラジル人学校で学んできた子どもたちの中には（親は三、四年での帰国を目標にしていた）、中等教育（日本の高校に相当）を終え、日本で働き始めた者もいる。親の帰国願望とは裏腹に、すでに青年期にある、また場合によってはすでに結婚して親となっ

ている子どもたち自身は、滞日を心に決めている。日本の学校で学んだ子どもたちの多くは途中で勉学をあきらめたり、ブラジルと日本の教育システムの違いにとまどいながらも、帰国して学業を修めたりしている。日本で大学進学を果たし、すでに日本社会の一員として働く者もいる。

昨今、経済危機により多くのブラジル人学校が閉鎖を余儀なくされた。さらに、日本で生まれ育ったためにおそらくブラジル帰国を望まないであろう子どもたちの教育を考慮して、子どもたちを日本の学校に就学させる親が増加している。

日本の教育システムと日本の学校への適応

日本の教育機関に就学すると、子どもも親も教育システムや学校生活について、日本とブラジルに多くの違いがあることに気づく。

親がまず初めに気づくのは、公立学校に関する考え方の大きな違いである。ブラジルでは公立学校における教育は、大学に至るまで無償である。しかし、日本のそれは異なる。もう一点は、義務教育が意味するものの違いである。ブラジルでは教育は国家と家族の義務であり、市民の権利である。学齢期の子どもは全員どこかの教育機関に就学する権利を持つ。ブラジルの教育システムにおいても、学年相当年齢という考え方は存在し、初等教育に入学する年齢は六歳となっている。しかし、次の学年への進級は現在の学年での学業到達度によって決められる。日本では、義務教育期間においてどの学年で学ぶかを決める主要な基準は年齢である。子どもは通常落第することはなく、習熟度に関わりなく次の学年に進級する。この制度によって、親も気を抜いてしまう。子どもたちはというと、それでなくても多くの困難があるのに加えて、勉強してもしなくても進級することができるので、勉学への意欲を失いがちになる。親に直接関係するもう一つの違いは、学校活動への親の参加である。ブラジルにおいても子どもの学校生活への親の関与や参加は求められるが、日本ほどではない。ブラジルの学校では行われていない親の活動参加例として、通学路や交通量が多い道路での「旗振り」や通学路のパトロール、教師による家庭訪問などが挙げられる。これらの活動の多くは、弾力的に仕事を休みづらい外国籍の親には大きな問題である。数年前まで（あるいは今日でもそういうケースがあるかもしれない）、学校の要請に応えるために仕事に遅れたり休んだりすると、多くの親は会社から給与を引かれるといったペナルティーを受けたり、ひどい場合は解雇されたりした。日本人の親の場合、学校行事への参加による欠勤や遅刻は会社も承知している場合が多く、有給休暇がない外国人労働者と同様の扱いは受けない。多くの親は日本の教育システムに全面的に適応してはいないが、現在では少しずつこのような差異や困難は克服されつつある。

子どもについて見てみると、少し前まで最も大きな課題は言語と文化的差異だった。当初、日本の学校で学ぶブラジル人児童生徒は散在していた。外国人生徒はわずかで、困難はあったものの、また例外はあるものの、教師は献身的でそのもとにいる児童生徒も孤立から抜け出すことができていた。しかしながら、時が経つにつれてブラジル人や他の外国籍児童が増加し、大きな問題となっていった。教師はこんなにも多くの外国籍児童生徒を受け入れる用意ができていなかった。ブラジルのように日本と習慣が大きく異なる国からの子どもたちはなおさらである。多くの子どもたちがあたたかく迎えられ、教師や仲間から関心を向けられ励ましを受ける一方で、学習意欲の不足、授業への集中力の不足、規則を守らないといった理由から差別を受け孤立する子どもも少なからずいた。しかし、多くの教師は、以下の例に示す通り、子どもたちがこのような態度をとる理由を理解したり、立ち止まって考えようとしたりはしなかった。

ある女性教師は、学習に問題のある児童の母親に状況を説明するために、通訳の同伴を求めた。この児童は来日直後小学四年生に編入したが、日本語を話すことはできなかった。教師はこんなにゆっくり説明しているのに何故理解できないのだろうと心配したのだった（この時点で、この児童は日本語の基礎がまったくできていなかったので、いくら日本語でゆっくり説明したところで、理解することはできないことに気づいていなかった）。教師は次のように説明した。

あなたのお子さんは授業に集中せず、いつも私はゆっくりと説明するのですが理解できません。算数の授業では黒板の数字であれば書き写すことができます。彼は九九を覚えましたが、私が言っても、簡単な数字さえ書きとることができません。

教師は、息子が抱える問題を母親が理解できるようにその場でテストをした。多くの計算問題がある用紙を児童に渡すと、彼は正解を書いていった。次に、白紙を渡して児童に数字を書きとらせるために教師が口述した。「ニ　カケル　サンは……」。児童はしょげかえって母親にささやいた。「先生が何を言っているのかわからないんだよ！」

日本語で九九を覚えていることを証明するために、教師はカセットテープを用意して、児童にテープを聞いたら繰り返すように言った。児童はテープの内容（音声）を覚えたのだから意味も理解しているはずだと思い込み、教師は音と数字の組み合わせ（「イチは一、ニは二」）を教えなかった。つまり、児童は日本語の九九を暗唱はできるが、自分が何を言っているのかを理解していなかったことになる。

教師は児童が何故こんなに上手に暗唱できるのに、教師が口頭で言う数字が紙に書けないのか理解に苦しんだ。教師いわく「数字の形は世界中どこでも同じなのに」。通訳は話に割って入って言った。「先生、どうぞ繰り返してください。シンコ・シンコ、ヴィンチ・イ・シンコと」。教師に三回繰り返してもらうと、通訳は、今繰り返した数字を紙に書いてくださいと言った。教師は書くことができず、このとき初めて、教師は児童に何が起こっていたのかを理解したのである。


多くの困難はあったものの、外国人の子どもたちを支援する様々なプロジェクトができていった。なかでも、親と学校間のコミュニケーションを容易にしたり、子どもたちの学校への適応や学習を手助けしたりするための通訳の派遣は画期的であった。

現在、日本語でのコミュニケーションはそれほど多くの問題にはなっていない。子どもたちの多くは日本の保育園などに通った経験があるため、話し言葉に不自由しないからだ。しかし、アイデンティティ（特に日本で生まれ育った子どもたちの場合、自分をブラジル人と感じることができないのに、周囲からは日本人として受け入れられない）、学習面（学習言語力の不足）、進学への動機づけの不足などが課題となっている。多くの子どもたちは日本の保育園や学校で長い時間を過ごしポルトガル語を忘れてしまったり、簡単なことしかわからなくなってしまったりしている。彼らの多くはバイリンガルになる機会を失いつつある。多くの場合まったく、あるいは簡単な日本語しか話せない両親や家族とコミュニケーションが取りづらくなり、愛情あふれる絆やブラジルとの文化的な関係を少しずつ失っていく。そのような中でも、困難を乗り越えながら有名大学に入学したり、ブラジルや日本の大企業で重責を担ったりしている若者の数が年々増加していることを付け加えておきたい。

まとめ

ブラジルに移民した日本人は言葉の壁や文化的社会的な差異に直面した。今日、多くの日系ブラジル人が日本の地で同じ困難を抱えて生きている。背景は異なるものの、歴史は繰り返すのだ。ブラジルにおいて、かつて日本移民は自分の子どもたちをどのように教育すべきか悩み抜いた。ブラジルの学校に就学させるべきか、日本人学校にとどめ置くべきか。日本語を無理にでも覚えさせるか、あるいはポルトガル語を習得すれば良しとするか。ブラジルから来日した多くの親が現在も同じジレンマに陥っている。

歴史を振り返ると、ブラジルに渡った日本人移民は各家庭ができること、あるいは子どもにとってより良いと感じることを行ってきた。ここでなされた決断が一〇〇年後の今日の子孫の生活に影響を与え続けていることがわかる。そのように考えると、現在なされている在日ブラジル人家庭の決断が、将来の世代の生活に同じように影響を与えていくと考える必要もあろう。

〈訳　拝野寿美子〉

11 海
―ポルトガル語の海は塩辛いのか―

市之瀬　敦

キーワード　サウダーデ、カモンイス、『ルジアダス』、フェルナンド・ペソア、ジョゼ・サラマーゴ

「海」は特別な語

二〇世紀ポルトガルにアントニオ・クアドロス（António Quadros, 一九二三～九三年）という哲学者がいた。同時に作家でもあり翻訳家でもあり、大学教授でもあった。彼の父親アントニオ・フェーロ（António Ferro, 一八九五～一九五六年）は二〇世紀ポルトガルのおよそ半分を支配した独裁者アントニオ・デ・オリベイラ・サラザールの右腕として、特に政治的プロパガンダ面で活躍した人物。今日、我々がポルトガルの「伝統」とみなすものの少なくない部分が実は彼による「発明」なのである。フェーロの経歴や業績を語るだけでも十分に興味深いのだが、ここはその場ではない。フェーロの息子アントニオ・クアドロスが数多くの著作群の中で強調した内容に焦点を合わせることから始めよう。

ポルトガル語を学んだ経験がある者なら、「サウダーデ」（saudade）という言葉がポルトガル語に独特の語であり、日本語では「郷愁」、「哀愁」あるいは「ノスタルジー」などと訳されたりもするも

のの、ポルトガル語以外の他の言語には翻訳しきれないニュアンスを帯びた語なのだと教わったことがあるに違いない。アントニオ・クアドロスも「サウダーデ」という語の翻訳不可能性について論じている。しかし、彼はさらに、他の言語に翻訳することは可能だが、ポルトガル語ならではの意味合いを帯びた語として「マール」(mar)を挙げている。

日本語なら「海」、英語ならseaと訳せばよいのだが、ポルトガルとポルトガル語の歴史の中で、この「マール」という言葉は独特の響きや意味を帯びてきたというのである。旧約聖書の創世記によれば海を創ったのは神であり、人間にとって海は偉大であり、神秘であり、生命の起源であり、死に場所であり、文学のインスピレーションの拠り所であり、よって人類全体にとって重要な存在となる。

だが、海を日常風景の一部とするポルトガル人にとって、海はとりわけ特別な存在なのである。一九八六年から九六年まで大統領を務めたマリオ・ソアレス(Mário Soares)も、独裁的なサラザール体制から逃れるためにフランスの首都パリに亡命中だった頃、海を身近に感じるために二〇〇キロ以上も旅する必要に迫られたという。フランス北部とポルトガルの海は色も匂いも異なっていたに違いないのだけれど。元大統領はフランス語の la mer とポルトガル語の o mar の違いを、名詞の文法性以外にも感じたことだろう。

海から生まれた文学

欧州の国々の中でポルトガルが先陣を切った大航海時代は一五世紀に始まるが、それ以前の一二世紀から一四世紀にかけてポルトガルで栄えた吟遊詩では海が重要なテーマの一つであった。確かに、ブルゴーニュ王朝(一〇九六~一三八三年)の時代、領土画定が重要課題であったがために人々の視線は「陸」に向かっていた。しかしその時代すでに、はじめに言葉＝ポルトガル語ありき（当時はまだガリシア・ポルトガル語の時代であったが）。そして、次に海があった。つまり、詩人たちの方が航海士たちより先に海を発見していたのである。

こうもいってよいだろう。ポルトガルという国民意識の目覚めと同時に海が意識されていたのだ、と。イベリア半島の西南の隅とはいえレコンキスタで陸地を（再）征服すると（陸が果てたのだ）、ルジタニアの民（＝ポルトガル人）にとり次は海が見えてきたのであった（海が始まる）。隣のスペインは広がる大地への扉というよりはむしろ、背を向けるべき高い壁のようなものであった。もちろんその時の海は海岸線から見渡せる限りのものであり、偉大で広大で無限なものではなかったが。ポルトガル人の目に映る海＝大西洋が、外に広く開かれ、そして莫大な面積を有していることを確認するのは、ずっと後のことである。

大航海時代はアヴィス王朝（一三八五～一五八一（二）年）の統治期間。ポルトガル人は喜望峰を周回し、インドに到達した後、日本まで辿り着いた。特にインド航路を発見したヴァスコ・ダ・ガマの航海はその白眉である。ポルトガル史のクライマックスとして、一六世紀の大詩人ルイス・デ・カモンイス（Luís de Camões, 一五二四～八〇年）が叙事詩『ルジアダス』（Os Lusíadas）でその航海を描いたのは当然のこと。海の旅の途中、ポルトガル人航海士たちを待ち受けたのは、赤道直下の熱波もあれば、南下した際には雪も降り、空腹や喉の渇きに襲われ、壊血病に苦しまされ、海賊の襲撃にも遭い、もちろん難船の恐怖も常にすぐ傍らにあった。船乗りたちは危機を前にどれほど神に祈ったことだろうか。祈りを学びたければ海に出ろ、といわれたことさえあったという。一九世紀、帝国主義の時代でも長距離の船旅は命懸けだったが、一五、一六世紀となればそれがどれほどの恐怖と危険を伴うものであっただろうか。想像の域を超えている。

不安や退屈をまぎらすために、船上で宗教儀式を執り行ったり、芝居を演じたり、闘牛を模したりもしたが、困難な航海の連続であったことは間違いない。数多の困難を乗り越えた舞台である海に対し、ポルトガル人が特別な思いを抱くようになるのも当然であろう。しかし、長く苦しい旅の果てに海を制覇したおかげで、ポルトガル人は人類史に名前を残す国民となったのである。また、海を伝って世界に足跡を残したポルトガル人に関して、一七世紀ポルトガルの宗教家・作家アントニオ・ヴィエイラ神父（Padre António Vieira, 一六〇八～九七年）は「ポルトガル人が生まれるゆりかごは小さいが、死に場所は世界全体だ」とまで述べている。この「世界」には海も含まれているはずだ。いや、地球の表面の七割以上は海である。海を支配したポルトガル人にとって確かに世界が死に場所であったといってよいだろう。ポルトガルにすれば、海は偉業の舞台であり、栄光の墓場でもある。ポルトガル語の海という言葉＝marには両義性が宿るのだ。

海を語る文学

これまでポルトガル語圏諸国全体でノーベル文学賞をただ一人受賞した作家といえばポルトガル人ジョゼ・サラマーゴ（José Saramago, 一九二二～二〇一〇年）である。二〇一〇年に亡くなったサラマーゴは小説家であったが、ポルトガルの文学といえば散文より韻文、つまり小説より詩の方が多くの名作が生み出されてきたといってもよいかもしれない。ポルトガル文学史の巨人といえば、『ルジアダス』を残した大詩人ルイス・デ・カモンイス、さらに二〇世紀の詩人フェルナンド・ペソア（Fernando Pessoa, 一八八八～一九三五年）の二人を挙げることになるのではないだろうか。二人とも海を歌っており、ポルトガルの詩はインクではなく海の水で書かれているのではないかとさえいいたくなるのである。
　建国から大航海時代までのポルトガル人の偉業を描いた『ルジアダス』（「ポルトガル国民」という意味に取ってもよいだろう）も重要な舞台は「海」だが、フェルナンド・ペソアには文字通り「ポルトガルの海」という名作がある。まったく詩的ではなく、散文的な翻訳になってしまうが、内容だけでも紹介しておこう。

　海の塩のどれ程がポルトガルの涙か！　海を渡るとき、何人の母親が泣いたことか、何人の息子たちが無益に祈ったことか。海を我らのものにするためにどれだけの乙女が嫁げなかっただろうか。甲斐はあったのか？　魂が卑小でなければすべてに意味がある。ボジャドール岬を越えようとする者は痛みも経なければならない。神は海に危険と深淵を与えたが、空が映し出されるのは海である。

　大航海時代（ヨーロッパでは「発見の時代」と呼ばれることが多い）はポルトガルの航海士たちが単に英雄だった時代ではないことが伝わる詩である。海の塩がポルトガルの涙だとペソアはいうが、もし海が水でできておらず道路であったなら、ポルトガル人の骨で舗装されていただろうと述べた歴史家もいる。キリスト教信仰やポルトガル語などポルトガル文明を世界に広め、また多大な富をもたらした偉大なる航海の数々であったが、犠牲者も数多く出た。息子を失った母親。父親を失った子どもたち。婚約者を失った娘たち。大航海時代は英雄譚だけで綴られるわけではなく、悲劇の連続でもあった。だが、冒険には痛みが伴い、また偉大なる精神があれば無駄なことなどないともいっている。民族の歴史を語る叙事詩には悲劇がつきものである。ポルトガル人の冒険は無意味ではありえないと伝えているのだ。

フェルナンド・ペソアの「ポルトガルの海」には何度も繰り返したくなる「魂が卑小でないのなら、すべては意味がある」(Tudo vale a pena, quando a alma não é pequena) という魅力的なフレーズがあるが、カモンイスの『ルジアダス』の中の一節、欧州大陸最西端のロカ岬について述べたAqui, onde a terra se acaba e o mar começa. も忘れることはできない。「ここに地果て、海始まる」という意味だが、もちろん、大航海時代(海の時代)の開始を歌っているのである。ポルトガルの歴史が海によって始められたとはいいがたいが、常に海とともにあったことは確かである。

『ルジアダス』は一六世紀の作品。その後長くポルトガルは海の時代を生きていたといってよいだろうが、一九七四年の「四月二五日革命」以降、植民地を失うとポルトガルは大西洋国家としてのアイデンティティを一度は喪失しかねなかった。自由と民主主義のモデルはヨーロッパにあるという理解に基づき、「陸の時代」が始まったのである。それを象徴するのが、一九八五年に出版されたジョゼ・サラマーゴの『リカルド・レイスの死の年』に見られる「ここに海果て、地が待つ」という一節である。ポルトガルのEU加盟は一九八六年一月一日のこと。ヨーロッパの「冒険」を開始するのは不可欠そして不可避なことであったが、同時にもはやポルトガルには「発見」は残されていないという意味も込められていた。海が果てるのはポルトガルにとって望ましいことではないと気づくのはもう少し時間が経ってからのことであった。

ジョゼ・サラマーゴは「ここに海果て」と記したが、その数年後、現代ポルトガル文学を代表する作家の一人であったヴェルジリオ・フェレイラ(Vergílio Ferreira, 一九一六～九六年)が一九九〇年代初頭に発した次のフレーズは、ある程度の教育レベルを持ったポルトガル人ならどこかで耳にしたことがあるはずだ。「私の言葉からは海が見える」(Da minha língua vê-se o mar.)。筆者自身、二〇〇四年に出版した『海の見える言葉　ポルトガル語の世界』（現代書館）のタイトルはこのフレーズに着想を得ている。森のざわめきが聞こえる言語もあれば、砂漠の静寂が聞こえる言語もある。ポルトガル語は海の波の音が聞こえる言語である。フェレイラは言葉は我々の思考や感情によって制限されるとも語っているが、それはいいすぎというもの。とはいえ、影響を受けることはありうるだろうし、となるとポルトガル語を話す人々は自然に海に目が行くのだろうか。ポルトガルという国家自体が「船」なのである。ポルトガル文学と文化には、いやもっと広くポルトガル語圏文学と文化には海の香りがする。海を無視してポルトガル語圏というものを考えられない所以である。

ポルトガル（語）の海の色は？

一九九八年、ポルトガルの歴史上最大規模といってもよい行事がリスボンを舞台に開催された。「発見の時代」から五〇〇年を記念した「リスボン国際博覧会」のことであるが、そのときのテーマももちろん「海洋」であった。ポルトガル人は海を思うとき、コンプレックスを忘れ、プライドを取り戻し、敗北主義から逃れ、未来を見ることができるのである。

カモンイスの『ルジアダス』には「暗黒の海」（mar tenebroso）という言葉が出てくる。ボジャドール岬の南、西アフリカ沿岸部の大西洋に中世時代に与えられた名称である。そこには怪獣が棲み、きわめて危険で、一度足を踏み入れると二度と戻ってこられない場所だと思われていた。一三世紀末にはジェノバの船乗りが波に飲みこまれて行方不明になったともいわれる。大航海時代のポルトガル航海士たちはそう恐れられた海を征服し、英雄的な「ポルトガルの海」に変え、世界にポルトガル（語）文明を広めたのだが、二一世紀ポルトガル（語圏）の海は光り輝くものであり続けるのだろうか。

〈参考文献・ウェブサイト〉

Gonçalves, Maria João Lopes（2010）“O mar na literatura infanto-juvenil: topos míticos-simbólico.”〈https://repositorio.utad.pt/bitstream/10348/670/1/msc_mjlgon%C3%A7alves.pdf〉(Acesso em: 25 de agosto de 2013).

Martins, J. Cândido. “O mar, as descobertas e a literatura portuguesa.”〈http://alfarrabio.di.uminho.pt/vercial/letras/candid02.htm〉(Acesso em: 20 de dezembro de 2012).

ペソア、フェルナンド（一九九七）『ポルトガルの海』彩流社。

カモンイス、ルイス・デ（二〇〇〇）『ウズ・ルジアダス――ルーススの民のうた』（池上岑夫訳）白水社。

12 クレオール
—ことば、民族、そして文化—

市之瀬　敦

キーワード　クレオール、ピジン、母語、ネグリチュード、ラテンアフリカ

語源からたどってみよう

クレオール。初めて目にする単語かもしれない。それとも人によってはすでになじみのある言葉だろうか。いずれにしても、このカタカナ語が日本語の語彙に定着するようになったのは、今からおよそ二〇年前のことだと思われる。

すなわち、世界を東西に二分する象徴的存在だったベルリンの壁が一九八九年一一月に崩れ、いよいよ世界が一つにまとまるのではないかと考えられたとき、統一の原理になりうる概念がクレオールなのだと期待されたのである。言語にせよ、人種にせよ、文化にせよ、異なる様々な要素が出会い、融合し、そして新しい何かが形成される。クレオールというキーワードにそんな夢が託されたのであった。一種のクレオール・ブームが世界的に起こってからすでに二〇年以上の時が過ぎ、クレオールという概念が人々の期待に応えたかどうかを検証するのは筆者の能力を超えるが、そもそもクレオール

とは何なのか、それはポルトガル語圏世界とどんな関連があるのかをここでは確認しておきたい。

日本語のクレオールの語源は英語のcreoleであろう。しかし、クレオール・ブームがフランス語圏発だったことから想像できるように、英語のcreoleの語源はフランス語のcréoleである。créoleというフランス語も実は外来語で、元はスペイン語（イスパニア語）あるいはポルトガル語に遡るのである。注意すべきは、créoleの語源がこの両言語のどちらにあるのか今のところ決められないこと、さらにその語源と目されるcriollo（スペイン語）にしてもcrioulo（ポルトガル語）にしてもイベリア半島で形成されたとはいえないことである。イベリア半島の言語内で生まれながら、イベリア半島内で形成されなかったという点が興味深い。

criolloとcriouloは形もよく似ているが、どちらか一方が語源となっているのか、別々の起源を持つのかよくわからないままで、今も議論が続いている。その問題はさておき、この二語はイベリア半島ではなく、ポルトガルとスペインが領有していた南米の植民地で生まれたのである。どちらの語も「育てる」、「創る」を意味する動詞criarの過去分詞形criadoを基に形成されたと思われる。細かいことをいうと、aがなぜou（o）に変化したのか気になるのだが、そこにはアフリカのカボベルデ諸島のクレオール語の影響があったように思える。すなわち、クレオールとはラテンアメリカならぬ、ラテンアフリカ的な言葉だといってもよいのかもしれない。

話を急ぎすぎるのはやめよう。辞書を見ればわかるように、criouloにしてもcriolloにしても多義的であるが、もともとの用法は「新世界で生まれた黒人奴隷」あるいは「新世界生まれのヨーロッパ人」という人種・民族的な意味であり、そこから意味の拡張が起こり、言語学的な意味でも使用されるようになったのである。もっとも、後で触れるように、ピジン語が母語化したものがクレオール

（語）という定義が広がるのは二〇世紀後半以降のことではあるが。南米大陸で生まれたcriouloそしてcrioloという語はその後イベリア半島にも海を越えて伝わり、さらにフランス語、英語などの欧州諸語の中に少しずつ形を変えながら伝播していったのである。

ポルトガル語圏のクレオール

ポルトガル語圏世界に戻り、今日、このクレオールを意味するcriouloはどのような使われ方をしているのだろうか。語源の話から、現在の用法の話へと転じてみたい。

言語学では、クレオール（語）とは、複数の言語が接触したときに緊急避難的な媒介言語として形成されうるピジン語（pidgin）がある共同体の母語になった場合を指すと定義されている。この言語学的なクレオール＝criouloの用法はポルトガル語圏でも広く認められている。よって、ギニア・ビサウのクレオール語はcrioulo da Guiné-Bissau、カボベルデのクレオール語はcrioulo de Cabo Verde、マカオのクレオール語はcrioulo de Macauと呼ばれる。クレオール（語）はcriouloなのである。また、英語のcreoleが形容詞的にcreole languageといえるように、ポルトガル語のcriouloもlíngua criouraに見られるように形容詞としての用法がある。

一つ注意しておきたいのは、criouloという語はあくまでもポルトガル語の単語であり、たとえば、カボベルデのクレオール語の中ではクレオールのことをkriolu といい（あるいは、書き）、ギニア・ビサウではkriolあるいはkiriolと呼ぶことである。さらにまた、カボベルデ人は自らのクレオール語をkabuverdianu（カボベルデ語）と呼ぶこともあり、マカオのクレオール語はpatua（パトゥア）と呼ばれることもあるという点である。それぞれのクレオール語には独自の名称がついていることが多いのである。なお、土着の民族諸語が多いギニア・ビサウではguineense「ギニア語」はクレオール語に対してあまり使われないのだが、それはまた言語名称そのものが政治的な意味合いを帯びてしまうということの証でもある。

ポルトガル語系クレオール語が三つも話されるサントメ・プリンシペの場合はさらに複雑で、それぞれのクレオール語はポルトガル語でsantomense（サントメ語）、principense（プリンシペ語）、angolar（アンゴラール語）と呼ばれるが、これら三つのクレオール語での名称もあり、forro（フォロ語）、lunguediu（島のことば）、angolarという。互いに異なる言語をクレオール語と総称するのは、形成された社会歴史背景に共通する部分が多いからである（言語構造の特色に基づいて定義できるか否かは今も議論の途上である）。

名称だけ紹介しても話は面白くないだろう。詳しくは触れられないが、筆者の専門であるギニア・ビサウのクレオール語からいくつか例文を紹介する。ポルトガル語と対比することでクレオール語の特徴が見て取れるはずである。

（クレオール語　El i pursor.
（ポルトガル語　Ele é professor.　彼は先生である。
（クレオール語　Jon na bai Japon.
（ポルトガル語　João vai ao Japão.　ジョアンは日本に行く。

語彙はポルトガル語にそっくり。文法もポルトガル語に似ているようで、だがよく見ると実際は異なることがわかるだろうか。最初のペアの文でコピュラ（繫辞、英語のｂｅ動詞が一例）はｉとéでよく似ており、前者は後者に由来すると考えられがちだが、実際はまったく異なる語源に由来する二語である。つまり、構造的に成り立ちが異なる文なのである。

ここでは具体例を紹介できないが、クレオール語に関しては、形成に関与した言語の類型にかかわらず構造上の類似点が多く見られることもわかっている。なぜこのような種類の言語が形成されるのかは言語学的に興味が尽きない。ポルトガル語（あるいは英語、フランス語）の影響が強いからなのか？逆に（西）アフリカ諸語の影響を反映しているからなのか？　それとも、人間の言語が持つ普遍的な性質が具現化しているからなのか？　ポルトガル語を学び、クレオール語を研究することによって言語学的な貢献も可能なのである。

クレオール語研究に関しては、社会言語学的な視点も必要である。クレオール語は長い植民地支配の時代において、旧宗主国ポルトガルの人々からは蔑まれ、言語（língua）ではなく、方言（dialeto）として扱われ、ひどい時は「腐敗したポルトガル語」などと呼ばれたりもしたのだが、ギニア・ビサウでは独立戦争（一九六三〜七四年）を戦う中で国民アイデンティティのシンボルとして扱われるようにもなった。

また、カボベルデのクレオール語は独立後から地位向上を目指す運動が活発化しており、ポルトガル語と並ぶ公用語に承認される可能性が高まっている。しかし、私的空間を脱して公的になればなるほどクレオール語はポルトガル語の影響を強く受け、変化（＝脱クレオール化）する傾向が強まるところには矛盾を感じないわけにはいかない。もちろん、私的空間用の変種と公的な変種を使い分ければよいわけで、それが可能になるところに、クレオール語の柔軟性を見て取ることもできるのだが。

ポルトガル語圏のクレオール論

言語としてのクレオール論はこれくらいにして、クレオール文化についても触れておこう。言語、人種、民族だけでなく、文化論としてクレオールについて語ることもできるのである。

かつてネグリチュード（Négritude）と呼ばれる文芸運動があった。一九三〇年代、フランス語圏に暮らすアフリカ系知識人が中心となって盛り上げた運動で、まさに「黒人性」（Négritude）を称えることを主目的としていた。独立を求める政治運動ではない点で早くからその限界は指摘されていたのだが、一九八〇年代のクレオール性（créolité）を称える知識人たちからもネグリチュードは改めて批判されることになった。そのクレオール性を礼賛した人々は、クレオールが含意する、「柔軟さ」、「しなやかさ」、「流動性」などを評価し、それが新しい時代のキーワードになると考えたのであった。確かに、第二次世界大戦後に築かれた冷戦構造が終わり、世界が一つになろうとしていた二〇世紀末にはクレオール性は魅力あふれる概念であった。

ところで、クレオールという語を生み出したポルトガル語の世界ではクレオールはどのように論じられてきたのだろうか。クレオールという言葉が最もよく似合うであろうカボベルデを取り上げてみる。およそ四五万人の住民が九つの島に暮らすカボベルデ共和国は言語も民族も文化もクレオール的である。全島民が方言差はあるとはいえ同じクレオール語を母語として話し、八割の住民はポルトガル人を中心とするヨーロッパ人とアフリカ人との混血であり、また、宗教でも料理でも音楽でもやはりアフリカとヨーロッパ的要素が融合し、クレオール的である。

彼らは自らのクレオール性をcrioulidadeという言葉で表現することもあるが、アフリカでもありヨーロッパでもある自らのアイデンティティをカボベルデ性（caboverdianidade）という言葉で表すことも多い。大西洋に浮かぶ小さな島嶼国家でアフリカとヨーロッパの間で引き裂かれるアイデンティティを否定的にみなすこともあるが、多くの場合カボベルデ性は肯定的に使われる語である。自分たちはアフリカでありヨーロッパであり、そして何よりもカボベルデであるというのである。クレオール性の素晴らしい側面である。

もちろん、クレオール性は良い面ばかりではない。ヨーロッパか、アフリカかという問題意識が個人を、そして国民全体を分裂に導くこともありうるのである。カボベルデ人なら誰でも話すクレオール語に関しても、ヨーロッパの言語なのか（すなわちポルトガル語の一変種なのか）、アフリカの一言語なのか（語彙はポルトガル語由来でも構造面ではアフリカ諸語的であるのか）、という問いは十分に可能なのである。そうはいっても、最後の結論は、どちらでもありどちらでもない、だがなによりもカボベルデ（クレオール）である、ということで落ち着くのではないか。融通無碍というか、その変幻自在なあり方にこそ、クレオールの重要な意義があるといえるのだろう。

〈参考文献〉

市之瀬敦（一九九九）「クレオールの語り方――ポルトガル語圏の場合」（『神奈川大学評論』三三号）一三四―一三五ページ。

――（二〇〇〇）『ポルトガルの世界――海洋帝国の夢のゆくえ』社会評論社。

――（二〇一〇）『出会いが生む言葉　クレオールに恋して』現代書館。

13 コロニア語
―日本語とポルトガル語の混成語―

ギボ・ルシーラ

キーワード　コロニア語、コロニア日本語、コロニアポルトガル語、デカセゲイス、日ポ混成語

コロニア語の意味

「コロニア語」という言葉を知っているだろうか。コロニア語とは、日本から遠く離れたブラジルで発生した日本語とポルトガル語の混成語である。日本語を第一言語とする日本人移民とその子ども、つまりブラジル生まれの第二世代の間で発生し、一般的にポルトガル語混じりの日本語のバリエーションを指す言葉として用いられている。しかし実際にはコロニア語の意味はそれより複雑なものである。

まず、コロニア語という名称から考えよう。ポルトガル語の「コロニア」という単語は「他国に居を構える同国人の団体」という意味を表す名詞である。移民初期の頃、ブラジルの日本人移民コミュニティは「colônia japonesa」（コロニアジャポネーザ）と呼ばれ、そこで話されていたポルトガル語混じりの日本語は「コロニア語」と呼ばれていた。

しかし、今日ではコロニアジャポネーザは第一世代の日本人移民だけでなく、二世以降の世代を含

む日系人コミュニティ全体を指す言葉として用いられている。若い日系ブラジル人の間では、同日系人と関わりが多く非日系のブラジル人と関わりの少ない人は「japonês de colônia」（ジャポネイスデコロニア）と呼ばれる。ジャポネイスデコロニアは、親、祖父母から受け継がれたポルトガル語混じりの日本語を話し、同時に日本語混じりのポルトガル語をも話している。後者も同じくコロニアの中で話されている言語であるため、コロニア語と呼ぶことができる。したがって、コロニア語といえば、日本語のバリエーションとして存在するコロニア語とポルトガル語のバリエーションとして存在するコロニア語という二つの側面があることを念頭に置かなければならない。ポルトガル語混じりの日本語を「コロニア日本語」、日本語混じりのポルトガル語を「コロニアポルトガル語」と呼び、コロニア語の意味を次のように図示する。

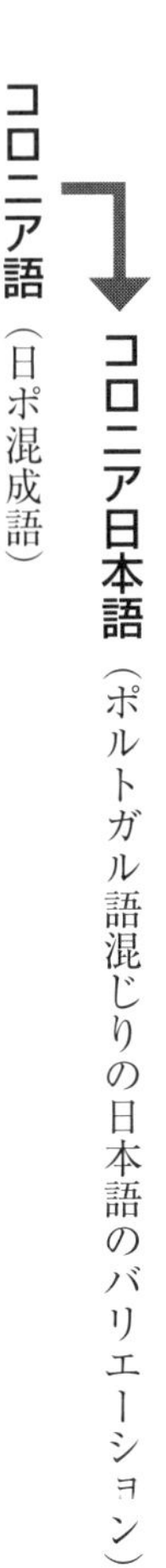

日本語を意識して会話をする場面ではコロニア日本語が用いられ、逆にポルトガル語を意識して会話をする場面ではコロニアポルトガル語が用いられる。コロニアジャポネーザの人は、両方を総称して日本語とポルトガル語の混成語（以下、日ポ混成語）を「コロニア語」または「batianês」（バチャネイス）と呼んでいる。「バチャネイス」は、日本語の名詞「ばあちゃん」に「〜語」を表すポルトガル語の接尾辞の「-ês」が付加したもので、「ばあちゃん語」、つまり「ばあちゃんが（と）使う語」という意味で

ポルトガル語母語話者の間で俗語的に用いられている。「コロニア語」と「バチャネイス」という単語こそ、二つのバリエーションの存在を表象している。前者はコロニア日本語、後者はコロニアポルトガル語の例である。次にコロニア語の二つのバリエーションの違いをより詳しく見ていこう。

コロニア日本語とコロニアポルトガル語

コロニア日本語とコロニアポルトガル語は、日本語を第一言語とする祖父母、親とポルトガル語を第一言語とする子孫が互いにコミュニケーションを図るための手段である。また、日系ブラジル人のアイデンティティを示すといわれ、両者の社会的役割は同じだといえる。しかし、言語学の観点からいうと、コロニア日本語とコロニアポルトガル語は体系的に異なっており、別物である。

コロニア日本語とコロニアポルトガル語の大きな違いは、その軸となる元の言語である。前者は、日本語が軸となり、語順は基本的に日本語と同じくＳＯＶ型である。主な発話者は、日本語を第一言語とする移民の第一世代（以下、一世とする）である。一方、後者は、ポルトガル語が軸となって発生するため、語順は基本的にポルトガル語と同じくＳＶＯ型である。主な発話者はポルトガル語を第一言語とする二世以降の世代（以下、二世とする）である。例を比較してみよう。なお、以下二つの用例は、筆者が現地で行った調査に基づいて作成したものである。

（ア）おかずを作るから、大根descascaして。（おかずを作るから大根の皮をむいて。）
　　おかずを作るから／大根／動詞descascar（皮をむく）現在・三人称・単数形＋して
（イ）Descasca o daikon que eu vou fazer okazu.（おかずを作るから大根の皮をむいて。）

皮をむいて／定冠詞／大根／なぜならば／私／作る・一人称・単数・未来形／おかず

（ア）はコロニア日本語の例であり、ポルトガル語の語彙が借用されている。一方、（イ）はコロニアポルトガル語の例であり、日本語の語彙が借用されている。コロニア日本語とコロニアポルトガル語のいずれの場合も語彙の借用のレベルを超えて、音韻、文法のレベルでも言語変容が起こる。その言語変容のしかたは、世代によって異なるが、次に世代別に特徴を述べ、用例を挙げる。

一世の話すコロニア日本語では、ポルトガル語の語彙の借用が特徴をもたらしている。一世にとって日本語は第一言語であるため、ポルトガル語の音韻、文法に影響されることはない。以下の例（ウ）では、ポルトガル語の名詞「bota」と人称代名詞の「você」が借用されている（紙幅の都合上、詳細は略すが、東北、関西、四国、沖縄などの日本諸方言の接触が起こることもコロニア日本語の特徴である）。なお、以下（ウ）～（カ）の用例は現地調査において得られたものである。それぞれの用例で括弧内に話者の世代、年代、性別を示している。

（ウ）Bota履いてるから、入れんからvocêこれ持っていきなさいいうて。（一世、七〇代、男性話者）

長靴／履いているから／入れないから／君／これを／持っていきなさい／と言って

（長靴を履いていて中に入れないから、君はこれを持っていきなさいと言って）

一方、二世が話す日本語にはポルトガル語の語彙が借用されるほか、ポルトガル語が音韻的・語彙的・文法的に影響を及ぼすことがある。二世にとって日本語は第二言語であり、その習得過程においてポルトガル語の影響によって誤用が生じる場合がある。例（エ）では、まず「bebida」というポルトガル語の名詞が借用されている。そして、モノとヒトを区別せず、「持ってくる」と「連れてくる」

を同じ動詞（trazer）で表すポルトガル語の影響によって誤用が生じている。

（エ）Bebida連れてこなくてもいい。（二世、二〇代、女性話者）

　飲み物／持って来なくてもいい（飲み物を持って来なくてもいい）

一世の話すコロニアポルトガル語は、日本語の語彙が借用されるほか、日本語の音韻的・語彙的・文法的な影響によって誤用が生じる場合がある。例（オ）では、人称を区別しない日本語の影響によって、動詞の一人称の形を使用すべきところで話者は三人称の形を使用している。また、日本語の「中に入る」という表現の影響で話者はポルトガル語の「dentro」（中）という名詞を使用しているが、標準ポルトガル語では「entrar」（入る）という動詞と「dentro」という名詞を同時に使用すると誤用である。

（オ）Parece chuva né, vai dentro entrar.（雨みたいね。中に入る）（一世、七〇代、女性話者）

　みたい／雨／ね／助動詞ＩＲ・三人称・単数／中／動詞entrar（入る）・原形

　標準ポルトガル語：Parece chuva né, vou entrar.

二世の話すコロニアポルトガル語で特徴をもたらしているのは、日本語の語彙の借用である。二世にとってポルトガル語は第一言語であるため、日本語の音韻、文法に影響されることはない。借用された日本語の単語をポルトガル語のように扱い、複数形にしたり、ポルトガル語のように発音したりすることもある。例（カ）では、日本語の「おにぎり」という名詞が借用されているが、複数の意味を表す「-s」が膠着し、「oniguiris」（オニギリス）という単語が発生している。

（カ）Eu vou levar uns oniguiris pro churrasco de amanhã.（明日のＢＢＱパーティーにおにぎりを持っ

ていく）（三世、二〇代、女性話者）

私／持っていく・一人称・単数・未来／不定冠詞／おにぎり・複数／前置詞（方向）＋定冠詞／ＢＢＱパーティー／前置詞（時間の限定）／明日

もともと日本人移民とその子孫の間で日本語のバリエーションとして発生したコロニア語は、時代が経つにつれてポルトガル語の要素を多く取り込むことになり、現在コミュニティ内でよく話されるのは、コロニア日本語ではなく、コロニアポルトガル語の方である。

もう一つの日ポ混成語

最後にコロニアポルトガル語と非常に似たもう一つの日ポ混成語について述べる。その名は「デカセゲイス」である。日本には数多くの在日ブラジル人労働者が暮らしているが、彼らは、出稼ぎを目的として来日しているため「デカセギ」と呼ばれている。デカセギは、群馬県や愛知県などでブラジル人コミュニティを形成し、普段ポルトガル語だけを話して生活している。しかし、そのポルトガル語には日本語の語彙が混ざり、まさにブラジルへの日本人移民当初の真逆の言語変容のプロセスが起きている。「dekassegui」という単語に接尾辞の「-ês」を付加させ、デカセギコミュニティの人は、自らの話す日本語混じりのポルトガル語を「dekasseguês」（デカセゲイス）と呼んでいる。

デカセゲイスの発生地、発生方法、社会的役割はコロニア語と異なる。デカセゲイスは日本の在日ブラジル人労働者のコミュニティにおいて同じポルトガル語を第一言語とするデカセギの間で生まれた言語である。音韻的、文法的にコロニアポルトガル語と似ているが、借用される日本語の語彙の種類が異なる。デカセゲイスの特徴は、「定時」、「残業」、「担当者」、「通訳」、「コンビニ」などのブラジルのコロニアにはないデカセギならではの生活様子を描写する単語が借用されることである。あるデカセギがYoutubeに投稿した動画に以下の表現が紹介されていた。その動画の名前は「コロニア語からちゃんとした日本語への同時通訳」となっており、デカセゲイスはコロニア語と同じものだと認識されていることがわかる。（動画名：「Vejam! Tradução simultânea de Colônia-go para Japonês：コロニア語からちゃんとした日本語への同時通訳」、動画公開日：二〇一四年二月三日、アクセス：二〇一四年一二月二〇日）

（キ）Toriaezu me passa seu yuubinbangou.（とりあえず、郵便番号を教えて）

（ク）Essa semana eu tô direto fazendo yakin.（今週、ずっと夜勤している）

（ケ）Hoje eu saio de teiji, então vamos jantar?（今日は定時で仕事を終わらせるから一緒に夕飯を食べよう）

まとめ

以上「コロニア語」、「コロニア日本語」、「コロニアポルトガル語」、「バチャネイス」、「デカセゲイス」という五つの言葉を紹介した。「コロニア語」は長年研究者の間でも用いられている用語である。一方、筆者の提示した「コロニア日本語」と「コロニアポルトガル語」という区別は一般的に意識されていないと思われる。「バチャネイス」はあくまでも俗語であり、コロニア語の同意語として示した次第である。また「デカセゲイス」という言葉もコミュニティ内で俗語的に用いられており、現在研究者の間でも普及しつつある名称である。日本とブラジルの間で発生したこれらの言語を言語学の観点から分析・研究する上で、この区別は重要であり、コロニア語とデカセゲイスの比較研究をはじめ、日ポ混成語の研究は日本語とポルトガル語の特徴を発見するために良い手段だと思われる。

第3章

闘う
Lutar

1　植民地の幻影―モザンビークが背負う国民形成の宿命―
2　挑戦し続ける小さな島国―カボベルデとそのディアスポラ―
3　ブラジリアン・リーダー―ヴァルガスからルセフまで―
4　ブラジル日本人移民小史―「勝ち組」「負け組」とは何か―
5　新中間層（Cクラス）―安定した経済アクターになるか？―
6　アマゾンと環境―開発の軌跡と環境保護のための挑戦―
7　インディオ―先住民の暮らしと文化―
8　言語差別―標準ポルトガル語が「わからない」人に対する差別―
9　カポエイラ―既製の枠におさまりきらないアフロ・ブラジル文化―

1 植民地の幻影
―モザンビークが背負う国民形成の宿命―

矢澤達宏

キーワード　植民地、モザンビーク、紛争、ナショナル・ヒストリー、国民形成

「マサンガイーサ広場」が投げかける問い

二〇〇七年七月、モザンビーク第二の都市ベイラ（Beira）郊外の何の変哲もない環状交差点が一躍、脚光を浴びた。ベイラ市議会で多数派であったレナモ（ＲＥＮＡＭＯ）の議員たちにより、この交差点中央のスペースを「マサンガイーサ広場」と命名する議案が提出され、可決された。問題となったのはその名の由来である。マサンガイーサ（André Matsangaíssa）は、レナモがかつて反政府武装組織（当時の正式名は「モザンビーク民族抵抗」（Resistência Nacional Moçambicana））だった頃、初代指揮官となった人物である。政権側としてレナモと戦火を交え、紛争後も国政の場では与党として君臨し続けるフレリモ（ＦＲＥＬＩＭＯ）は、手続き上の不備を行政裁判所に訴えるなど決定を覆そうと画策したもののかなわず、広場は翌〇八年にモニュメントとともに竣工したのだった。

元々はポルトガルの植民地支配に対する解放組織として結成されたフレリモ（当時の正式名は「モ

ザンビーク解放戦線」（Frente de Libertação de Moçambique）は、めぼしい競合組織が存在しなかったこともあり、一九七五年の独立とともに単独で権力の移譲を受けた。七七年には唯一政党としてマルクス・レーニン主義に基づく国家建設を進めていくことを宣言する。だが、これと前後してレナモが誕生し、反社会主義体制を旗印に反政府ゲリラ活動を開始したのである。レナモの結成は、じつは隣接するローデシア（現在のジンバブウェ。当時はイギリス領自治植民地）の白人政権の手によるものであった。実権を握る白人入植者たちはモザンビークが黒人支配の、しかも社会主義国として生まれ変わったことに脅威を感じていたため、フレリモ政権の不安定化を狙ったのである。フレリモはレナモを外部勢力の手先と断じ、激しく非難した。

しかしレナモは一九八〇年代に入ると徐々に勢力を拡大する。黒人主体で独立したローデシアに代わる南アフリカ白人政権の支援もさることながら、フレリモによる強引な政策、とりわけ集村化や伝統的権威者・宗教的権威者の排除などに反発する人々の支持がその背景にはあったといわれる。東西冷戦が終わりを告げると、フレリモ政権は社会主義を放棄し、和平交渉が進んだ。結果、九二年に和平合意が成立し、レナモは一政党として九四年の大統領・議会選挙に臨み、敗北はしたものの一定の票を得て野党としての地位を確立した格好となった。

独立に際し選挙を経てはいないフレリモの正統性の源泉は、なんといっても解放闘争を担った事実に尽きる。政権の座についたフレリモは、一九六九年に志半ばで不慮の死を遂げた初代書記長モンドラーネ（Eduardo Mondlane）の命日二月三日を「英雄の日」と定め、さらに七九年の同日には首都マプート（Maputo）に「英雄広場」を落成させ、巨大なモニュメントの内部にはモンドラーネをはじめとする六人の落命した解放闘士の遺骸を納めた。当時はフレリモが国家そのものであっただけに、それらはフレリモのではなく、国（モザンビーク）の英雄と位置づけられ、今日もそれに変わりはない。ベイラの「マサンガイーサ広場」は規模こそ違うものの、明らかにこの「英雄広場」を意識したものであろう。モニュメントの台座には「この地における相互理解と調和のための、（中略）民主主義のための闘いの運動の指導者」と刻まれている。これはまさしくレナモが自らの正統性として位置づけたい点にほかならない。フレリモにとって受け入れがたいのも当然である。ただし、これは単に政党間のメンツをめぐる張り合いとして片付けうるような問題ではない。

遠くの「同郷」より近くの「異郷」？――海沿いに延びる植民地のいびつさ

「地域主義者」、「南部人の組織」――フレリモとレナモが互いに対し非難を込めてしばしば用いるレッテルである。両者による紛争後、五年ごとに実施されている国政選挙の結果（194頁参照）を見ると、南部地方の票はフレリモに集中し、レナモの得票は中部地方と一部の北部地方に偏っている傾向をたしかに見出せる。このような見方はどこまで妥当で、妥当ならばなぜそうなったのだろうか。

モザンビークは南部アフリカのインド洋岸に、「y」の字のようにへばりついた国土を持つ。そのいびつな形状はアフリカ諸国の例にもれず、ヨーロッパ諸列強の力学が赤裸々にぶつかり合った植民地分割の帰結にほかならない。ポルトガルは強国間の対抗関係を利用しながら、かつて大航海時代の先駆として築いた沿岸部諸拠点の確保には辛うじて成功したものの、内陸部をめぐる争いにおいては相対的な立場の弱さを露呈した。大西洋岸の植民地アンゴラまでつながる一大領域を「バラ色の地図」と銘打って提示し、両植民地の間にある内陸部（現在のジンバブウェ、ザンビア、マラウィ）の領有権を主張したものの、同じ地域に野心を抱いていたイギリスの砲艦外交の前に屈せざるをえなかったのである。イギリスの最後通牒に従い内陸部から手を引くことにより、一九世紀末、海岸線が長いわりに奥行きは浅いポルトガル領モザンビークが誕生したのであった。

　このことは、植民地を起源とするアフリカ諸国にはつきものの宿命を、とりわけ際立たせた形でモザンビークに負わせることとなった。海岸線に沿って南北の方向にはいくつもの異なる民族集団が連なる一方で、それらの民族集団の多くは内陸側の境界線を越えてはみ出し、隣接する別の植民地にまたがって分布する形となった。また、植民地におけるモノの流れは宗主国との間の往来が中心だったため、南部はロウレンソ・マルケス（Lourenço Marques, 現マプート）、中部はベイラ、北部はモザンビーク島（Ilha de Moçambique）、のち

図　モザンビークの国土と主要民族のおおよその分布状況

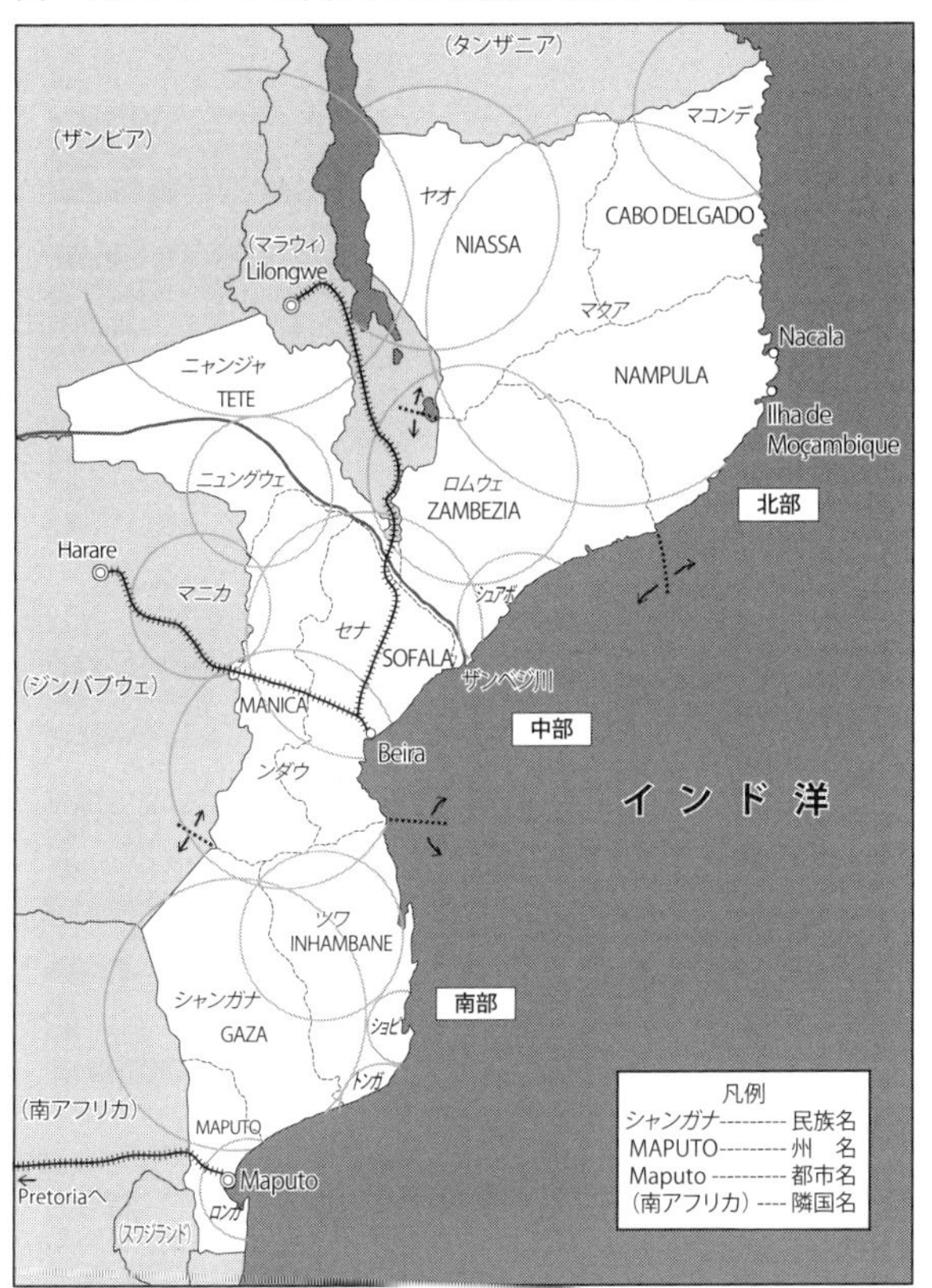

出典）2007年国勢調査およびEthnologue（https://www.ethnologue.com）を参考に筆者作成。

図　モザンビーク国会議員選挙州別得票率の推移

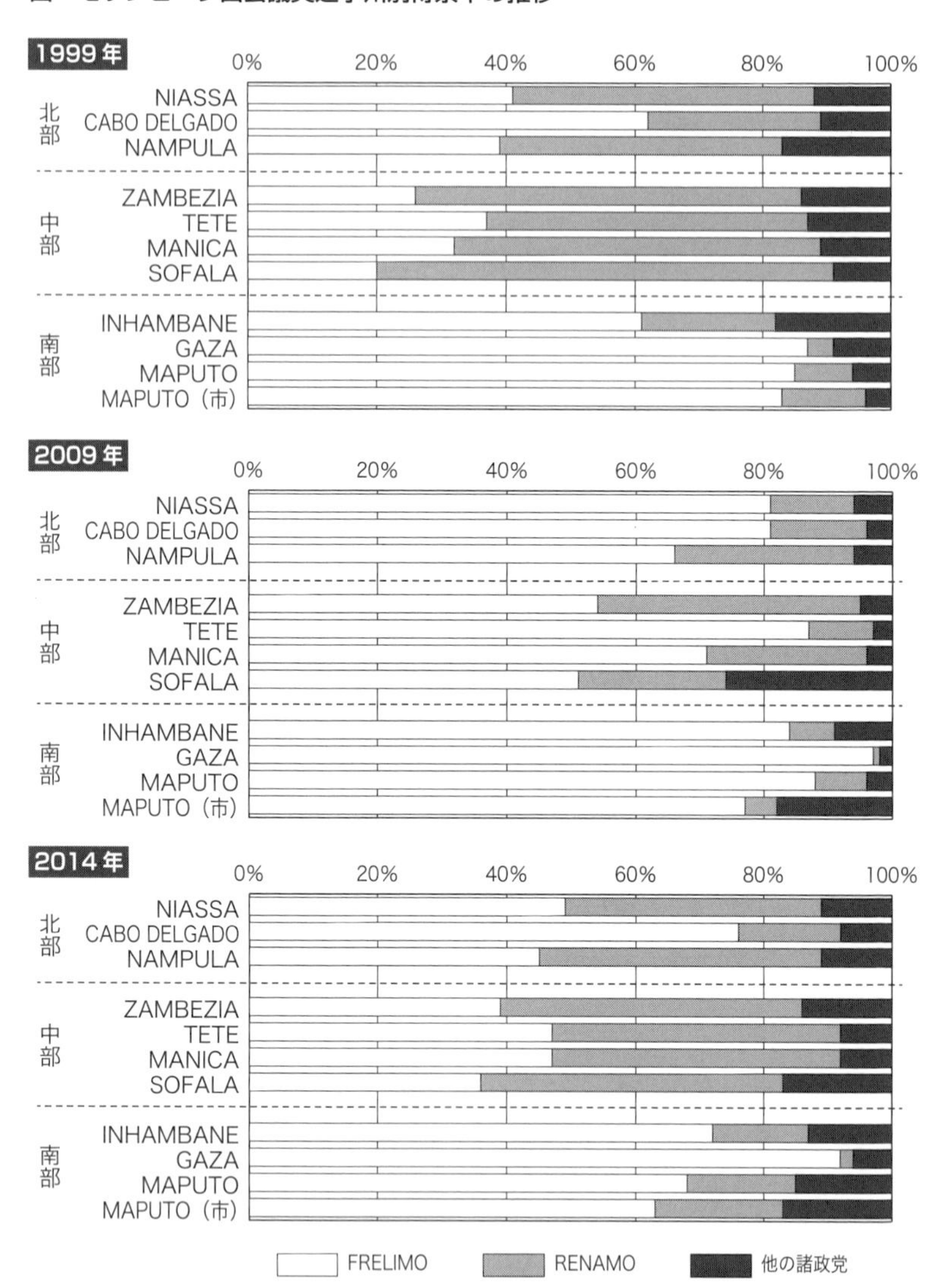

注）紛争終結後、現在までに実施された全5回の国政選挙のうち、フレリモとレナモの得票が最も拮抗した1999年、逆にフレリモの得票が最も多くなった2009年、そして最新の2014年という3回の選挙を取り上げた。同時に実施された大統領選挙の方は割愛する。

にナカラ（Nacala）と、それぞれの港を経由してポルトガル本国と直結され、地方同士を結ぶ交通網の方はなおざりにされた。そうした傾向は、隣接する英領地域が鉱物の採掘や白人入植者による農園開発などで比較的繁栄をみせたことにより、一層拍車がかかった。モザンビークの経済はそれら地域と自領の港の間の貨物輸送、さらにはそれら地域への労働力斡旋に関連する収益に依存していくようになる。こうして南部地方は南アフリカ連邦（現在の南アフリカ共和国）と、中部地方はローデシアとの結びつきを強固にしていったのであった。隣接する出稼ぎ先の植民地に自身と同じ民族の人々が居住していたことも移住労働を促進したとされ、この条件に合致する北部地方でも、植民地当局の仲介はなかったにもかかわらずタンガニーカ（現タンザニア）やニヤサランド（現マラウィ）に働きに行く人々が少なくなかったという。

このように領内各地方間の結びつきが希薄な一方で、それぞれの地方と隣接する他植民地との間の関係はむしろ密であるといういびつな構造的特性が生み出された。これは独立後も基本的には変わっていない。国土を南北に縦貫する幹線道路が、二〇〇九年の橋梁完成まで中部のザンベジ川で寸断されたままだったのは象徴的である。また一九世紀末、南アフリカとの経済的関係の深化を背景に総督府が北部モザンビーク島から最南端のロウレンソ・マルケスへと移されて以降、南高北低の不均衡発展が進んだ。

こうした相互間の格差や、どの植民地（のちに国）と隣接しているかという要因は、その後の各地方の命運を左右した。独立戦争の担い手であったフレリモは、指導層には教育機会の面で相対的に恵まれていた南部の出身者が多かったものの、戦闘自体は北部辺境から始められた。中部や南部はアフリカ人解放勢力に敵対的な白人支配体制のローデシアや南アフリカに隣接していたため、後方支援の得られるタンザニアと接する北部を選んだのであった。なかでもマコンデ（Makonde）人は早くからフレリモを解放者として受け入れ、闘争進展の足がかりを提供した。紛争後の選挙でフレリモとレナモの得票が拮抗する傾向にある北部にあって、マコンデの多く住むカボデルガド州だけはフレリモの支持に揺るぎがないのはそうした事情によるものである。

他方、独立後まもなくして始まったレナモによる反政府ゲリラ活動は、その浮上の経緯も手伝いローデシアと隣り合う中部地方から広まっていった。ただし、こちらは反政府武装組織として登場しているだけに、事はそう単純でない。中部の人々のレナモに対する票はいかに解釈すべきであろうか。フレリモの政策に対する反感によるものと仮定すると、逆にフレリモ支持の圧倒的な南部ではほとんど反発がないということにもなりかねず、今度はそちらの説明に窮することになる。では民族的アイデンティティの要因についてはどうか。前述のマサンガイーサにしても、彼の戦死後に後を引き継いだドゥラカマ（Afonso Dhlakama, 現レナモ党首）にしても、中部のンダウ人（Ndau）である。中部におけるレナモ支持も、南部におけるフレリモ支持も、民族的共通性に基づいたものなのであろうか。

積み重ねられてきた分断、対立、そして排除

フレリモは「部族」的アイデンティティを排し、「モザンビーク人」の創出を訴えてきた。しかしながら、そうした理念にみずから泥を塗るような側面もあったことは否めない。その一つがググニャーナ（Gungunhana）の英雄としての奉祀である。ググニャーナは現在のモザンビーク南部から中部にかけてかつて存在したガザ王国（O Estado de Gaza）最後の王で、ポルトガルによる植民地化に武力で抵抗した象徴的人物である。一八九五年にガザ王国は征服され、捕らえられた彼はリスボ

ンに送致されると、上陸地点から収監先まで市中を引き回された。最終的にはアソーレス諸島へと移され、そこで生涯を閉じたのであった。モザンビーク初代大統領のマシェル（Samora Machel）は一九八五年、ポルトガルとの交渉によりグングニャーナの遺骨の返還を実現し、式典を挙行して首都にある史蹟ノッサ・セニョーラ・ダ・コンセイサン要塞（Fortaleza de Nossa Senhora da Conceição）に安置した。

だが、ガザ王国は今日のモザンビークの北半分とは基本的に無縁の存在であったことに留意しなければならない。しかもこの王国は、現在の南アフリカ方面より移動してきたングニ（Nguni）と呼ばれる人々が、先住のショピ（Chopi）、ツワ（Tshwa）、トンガ（Tonga）、ンダウなどの民族集団を支配下に収める形で成立した経緯がある。ングニは彼らに同化した人々を含め今日シャンガナ（Changana）と呼ばれているが、近隣の諸民族にとってはグングニャーナはむしろ残忍な支配者として記憶に刻まれているという。英雄広場に眠る解放闘士たちは、南部出身であれモザンビーク全土のために闘ったであろうが、グングニャーナは必ずしもそうではなかった。モンドラーネ、マシェルともにシャンガナだっただけに、フレリモはシャンガナを特別扱いしていると勘ぐられても仕方のない一幕である。

グングニャーナ
（Wikimedia Commons より）

民族的アイデンティティを政治的に利用しようとするこころみは、たしかにどの時代にも存在してきた。植民地権力にしても、ガザ王国の攻略に際しては被支配民族であったトンガやショピを利用し、一九一〇年代に中部のバルエ（Bárue）で反乱が起こると今度はングニの戦士たちを鎮圧のため送り込んだ。独立戦争期にはフレリモがマコンデのあいだに浸透し始めると、長年の対抗関係につけ込んでマクア（Makhuwa）の人々を植民地統治側に囲い込もうとした。紛争後の今日も、レナモは選挙運動の際、中部や北部の地盤で民族的感情に訴えかけることもある。

しかし、舩田〔二〇〇七〕やカーエン〔Michel Cahen 2000〕が示すように、民族集団の帰属と互いに競合する各政治的主体への加入や支持とは必ずしも単純に一致するものではない。たとえば、フレリモの構成員や支持者にはシャンガナやマコンデ以外にもンダウやマクアの人々もいれば、レナモにも同様にンダウばかりでなくシャンガナの人々もいるのである。そもそもマサンガイーサもドゥラカマも、もとはフレリモの構成員であったことは看過すべきではない。

ただ一方で、彼らのような離脱者の中に中部や北部の出身者が目立つことは単なる偶然ともいいきれないだろう。フレリモは複数存在していた解放勢力を統合する形で誕生したが、その分、内部に多様性と相違を抱え込むこととなった。カリスマ的存在であったモンドラーネが送付物に仕込まれた爆弾により非業の死を遂げた後、権力闘争の末、フレリモの主導権は、民族的紐帯を意識していたか否かはともかくマシェルら南部出身者を中心とするグループの手に移り、副書記長を務めていた中部出身（ンダウ人）の長老派教会牧師シマンゴ（Uria Simango）は組織を追われた。こうした事態の推移をきっかけに、中部の人々はフレリモに対する不信感を募らせていったといわれる。独立直後、シマンゴは他のフレリモ離脱者らと国民連合党（Partido Coligação Nacional：PCN）を創設するが、彼らはすぐさま反体制分子として捕らえられ、数年後には秘密裏に処刑されてしまうのである。

レナモが紛争中、その残忍なやり口から「武装盗賊」とあだ名され、恐怖や誘拐による強制的な徴兵を行っていたこと、そして紛争後は野党として期待される役割を十分には果たせてきたとはいいがたいことを踏まえるなら、民族的アイデンティティからのみで得票ほどの実質的な支持を得られてきたとは考えにくい。中部や北部の人々のレナモ票は、フレリモ政権に対する不満や疎外感の裏返しという側面も多分にあるものと推測される。独立後から現在に至るまで州知事は大統領による任命であるが、中部や北部の州に南部出身者が知事としてしばしば送り込まれてくることは、これらの地域の人々の感情をさらに逆撫でしたという。

国民形成の行方

二〇一三年四月、レナモの武装グループによる警察との衝突、民間車両襲撃が相次いだ。前年一〇月、最大野党の党首でありながら、ドゥラカマは取り巻きを引き連れ紛争時に本拠を置いていた中部ゴロンゴーザ（Gorongosa）山麓に籠もり、フレリモが彼の要求を飲まなければ戦闘の再開も辞さない構えを見せていたなかでのことだった。ドゥラカマがかねてから求めていたのは、軍・警察への元レナモ戦闘員の統合や選挙法の改正などであった。この後、一〇月には軍がこの本部を急襲するなど事態は緊迫したものの、フレリモが歩み寄るなどした結果、翌一四年九月には和平が合意された。

そうしたなか迎えた二〇一四年の国政選挙で、レナモは前回急激に減らしていた得票を挽回した。武力で脅しをかけ要求を実現しようとするレナモのやり方を支持する人は決して多くないであろうし、ましてや紛争への逆戻りを望む者などほとんどいないであろう。しかし、レナモの具体的な要求はともかく、不信感の向けられている矛先については共感する向きも少なくないのではないか。それはいうまでもなく、政権党に権力が集中する体制であり、フレリモの覇権的立場である。

とりわけ二〇〇九年選挙における圧勝以降、フレリモ政権は強権化の傾向が著しい。二〇一五年三月、レナモは国会に、自党の得票の多かった諸州において一定程度の自治が可能となるような制度を導入する法案を提出したが、議席の過半数を占めるフレリモ議員の反対によりにべもなく否決された。こうしたフレリモの対応は、植民地に由来する国家の国民を分断する反感や疎外感を助長し、国民形成を遠のかせるばかりであろう。レナモの法案の是非は別にして、国家権力のみならず各州の行政、さらには英雄の選定を含むナショナル・ヒストリーまでも独占しようとするフレリモの姿勢は、それがモザンビークというネーションに対し持つ意味を厳しく問われねばなるまい。

〈参考文献〉

Cahen, Michel（2000）"Nationalism and Ethnicities: Lessons from Mozambique" in Einar Braathen, Norten Bøås and Gjermund Sæther (eds.), *Ethnicity Kills? The Politics of War, Peace and Ethnicity in SubSaharan Africa*, Basingstoke and London: Macmillan.

Chichava, Sérgio（2008）"Por uma leitura sócio-histórica da etnicidade em Moçambique" (Discussion Paper no 01/2008), Maputo: Instituto de Estudos Sociais e Económicos.

Igreja, Victor（2013）"Politics of Memory, Decentralization and Recentralization in Mozambique", *Journal of Southern African Studies*, 39: 2, pp. 313-335.

Macaringue, José（2000）"Percepções na cidade da Beira", Carlos Serra (dir.), *Racismo, etnicidade e poder: um estudo em cinco cidades de Moçambique*, Maputo: Livraria Universitária, UEM.

舩田クラーセンさやか（二〇〇七）『モザンビーク解放闘争史――「統一」と「分裂」の起源を求めて』御茶の水書房。

2 挑戦し続ける小さな島国
―カボベルデとそのディアスポラ―

市之瀬　敦

キーワード　飢餓、干ばつ、独立、移民、クレオール

こういう言い方は失礼になることを承知の上であえていってしまうが、何故こんなところに人が住まなければならないのだろうか?、あるいはどうしてこんな場所に国を作る必要があったのだろうか?、そんな疑問を抱かせる土地がこの世界にはある。大西洋に浮かぶ島嶼国、カボベルデ共和国はそんな国の一つであろう。

一九七五年七月ポルトガルから独立したカボベルデは、西アフリカのセネガル共和国から北西へ約六〇〇キロ行ったところに位置する島嶼国である。人口は二〇一八年の時点でおよそ五四万人。独立時の人口が三一万人ほどであったから、四〇年間ほどでずいぶんと増加したことになる。数多くの島が点在するが、住民が暮らすのは九つの島。その中の北部五島をバルラベント（風上）諸島と呼び、南部四島はソタベント（風下）諸島と呼ばれる。首都プライアがあるサンティアーゴ島は後者の中の比較的大きな島である。独裁者サラザールに支配されていた時代のポルトガル、最も有名な政治犯収

容所はサンティアーゴ島の北端タラファルにあった。

カボベルデは一五世紀後半にポルトガル人が入植するまでは無人島であった。ポルトガル人によって「発見」される以前にもこの島々を目撃し、あるいは上陸した人はいただろうが、誰も定住しようとは考えなかったのだ。当初、ポルトガル人は白人だけの入植地を形成するつもりだったようだが、ほどなくしてアフリカ大陸側から奴隷を連れてきて、混血＝クレオールの人々が生まれることとなった。さらに、言語面でもポルトガル語とアフリカ諸語の接触からクレオール語が形成され、カボベルデは人種も言語もそして文化もクレオール的なのである。ポルトガルにとってカボベルデの重要性は、奴隷貿易の中継地点として利用できるという点であった。

カボベルデとは「緑の岬」の意味であるが、この国の厳しい自然環境を知ると、かなり皮肉な命名だったのではないかと思わされる。近年は政府が推進する緑化の成果もあり、国名と現実の間の乖離も埋まりつつあるのだが、そうはいってもやはり緑が乏しいのである。カボベルデの国名を海外で有名にする音楽「モルナ」は、しっとりとしたメロディーで人々の心を虜にするが、飛行機の窓から見るいくつかの島はまるで月面を眺めているかのような乾いた錯覚さえ呼び起こすのである。

干ばつとの闘い

ポルトガルの植民地だったカボベルデの人々は独立のために闘った。とはいえ、小さな島国であり、森林もなく、それゆえゲリラ戦争を遂行することもできず、彼らは戦いの舞台を大陸側のギニア・ビサウに求めることになった。カボベルデ人の両親を持ちギニア・ビサウで生まれたアミルカル・カブラル（Amilcar Cabral, 一九二四〜七三年）という政治指導者が創設したギニア・カボベルデ独立アフリカ党（PAIGC）のメンバーとしてカボベルデ人は植民地支配と戦い、大きな成果（両国の独立）を収めた。しかし、カボベルデ人は主に後方で作戦を指揮、戦闘の最前線に立って命を犠牲にしたのは主にギニア・ビサウ人という構図ゆえに、両国民の感情は対立を生み、独立戦争中も衝突が続き、果ては指導者カブラルの暗殺にもつながり、独立後も両国政府の関係に緊張を生むことになった。カブラルは自らが創設した政党の名称にギニア（・ビサウ）とカボベルデの両方を含めたが、それはいずれは一つの国として統合されて欲しいという夢を抱いていたからなのだが、その夢の実現を今でも真剣に模索する者はもはや存在しないといっても過言ではないだろう。

干ばつとの厳しい戦いを想像させる風景

独立戦争は長い歴史の中で約一〇年間の出来事であるが、カボベルデにはその歴史とともに存在する闘いがある。「干ばつ」、さらにそれが引き起こす「飢餓」との闘いである。カボベルデは大西洋に浮かぶ島国であり、飲むことを考えなければ、水はいつでも身近にある。だが、河川がない国だといっても過言ではないくらい、カボベルデは実は「水」に苦労してきた国なのである。名作も数多く生み出されてきたカボベルデ文学において主要テーマの一つが「干ばつ」なのも当然だといえるだろう。

農業に適さない土地に、周期的に襲ってくる干ばつ。ポルトガル人が本国から持ち込んだ不平等な土地所有制度も加わり、カボベルデ人は苦難の歴史を生きざるをえなかった。一度、干ばつに襲われると、カボベルデの人口は減少することになった。死亡率が上昇するだけでなく、海外へ移民する者が増加するからである。干ばつが原因となる飢餓によって、カボベルデの人口は一気に一割、ひどい場合は四割も減少を見ることさえあったのだ。

干ばつと飢餓の記録は古く、最初のものは一五八〇年に遡るという。直接の関係はないだろうが、ポルトガルがスペインに統合された年でもある。一八世紀には七回の干ばつの記録が残され、二万人以上の犠牲者を出した時期もあった。一九世紀になっても干ばつは周期的にカボベルデ諸島を襲い、一八五四年から五六年のときは全人口の四分の一が死亡してしまったくらいである。二〇世紀になってても干ばつと飢餓のサイクルは止まらず、一九四一年から四二年にかけての大干ばつによって多数の人口流出が生じた。アミルカル・カブラルは大干ばつを目の当たりにし、留学先のポルトガルで農業学を専攻することを決意したのだとされる。二〇世紀アフリカが生んだ偉大なリーダーの一人であるカブラルの人生の一大決心の背景には、幼少時を過ごしたカボベルデの大問題、干ばつと飢餓があるのであった。

干ばつと飢餓から逃れるためにカボベルデ人は移民を繰り返したわけだが、それは彼らを安価な労働者へと変えてしまうことになった。それゆえ、植民地当局（ポルトガル政府）や欧州の労働市場は、カボベルデが抱える大問題の解決に真剣に取り組もうとしなかったのである。

だが、一九七五年七月に独立すると、カボベルデ政府は干ばつや飢餓の問題に対する取り組みを始めた。再緑化を進め、深く井戸を掘り、土壌腐食の統制、海水の淡水化、ダムの建設などを推進してきたのである。独立後のおよそ五年間は人口が漸減したものの、その後は着実に増加している事実に、政府の対策の有効性が証明されているのだろう。

移民たちの挑戦

干ばつや飢餓ゆえに数多くのカボベルデ人が海外へと移民したことはすでに述べた。本国にいる人口よりも、国外に移民したカボベルデ人の総数の方が数が多いとさえいわれることもある。「干ばつ」、「飢餓」そして「移民」はカボベルデを語るときに欠かせない三語である。

旧宗主国ポルトガルにはおよそ三〇万人のカボベルデ移民が在住するといわれるのである。アメリカ合衆国にはには約一〇万人のカボベルデ移民が暮らすが、意外にも（といいたくなるが）アメリカ移住の歴史も古く、一九世紀前半、アメリカの捕鯨船の乗組員になったカボベルデ人青年がアメリカ東海岸の都市に定住し始めたのがきっかけだとされる。象徴的な事実であるが、メルビルの名作『白鯨』に登場する銛打ちダグーはカボベルデ人なのである。カボベルデ移民たちはアメリカ社会で〝不可視〟の存在とされるのだが、それは単純に数の問題ではなく、ホワイトでもブラックでもない混血の彼らにとり、白なのか黒なのかをはっきりさせようとするアメリカの二元論的社会ではなかなかふさわしい場所を確立できなかったからなのであろう。

カボベルデ人のアイデンティティの問題は興味深い点が多く、たとえばアメリカに移民した者の中には、自らをポルトガル人と同一視し、実際は混血（あるいは黒人）であるにもかかわらず「白人」であると告げてみたり、逆にアフリカ系アメリカ人であると名乗ってみたり、いやあくまでもシンプルにカボベルデ系アメリカ人だと定義する者もいる。アフリカとヨーロッパが出会って生まれたカボベルデ出身の人々がアメリカにやってきて自らを定義する。その時に複雑なプロセスが生じるのは当然でもあるのだろう。

一五〇〇年を超えるアメリカ移民の歴史の中で、当初は居場所を定められなかったカボベルデ人ではあるが、アメリカ社会の中で次第に確たる地位を築き上げてきた。カボベルデ人は勤勉で、我慢強く、協調性にも富み、信頼に値するのだ。長年にわたる努力が実り、今日ではカボベルデ人を教育、法曹、医療、スポーツ、金融などの分野で目にすることは珍しいことではない。そんな中でも一九七〇年代から八〇年代にかけて野球のメジャーリーグで活躍したデビッド・ロペスはワールド・シリーズやオールスターゲームに出場し、ゴールデングラブ賞も受賞し、カボベルデ系アスリートとして特筆すべき存在である。また、ボクシングやバスケットボールで成功を収めたカボベルデ人も現れている。

まとめ

元々無人島だったカボベルデ。そこに暮らす人々は干ばつ、飢餓、貧困に苦しみながらも、自らの努力で困難を乗り越え、二〇一四年にはアメリカのオバマ大統領からアフリカ民主主義の模範として称えられるまでに至った。数多くの問題を抱え続ける国が多いアフリカ大陸の中で、カボベルデは珍しい成功を遂げてきた国なのである。また、そんな国を後にした移民たちも、定住した国で確固たる社会的地位を築いてきた。苦難に満ちたカボベルデ（人）の歴史には、数え切れないくらいの成功物語も書き記されてきたのである。

〈参考文献・ウェブサイト〉

Coli, Waltraud Berger. & Lobban, Richard（1990）*The Cape Verdians in Rhode Island. A Brief History*, Providence, The Rhode Island Heritage Commission.
Lobban, Richard. & Lopes, Marlene（1995）*Historical Dictionary of the Republic of Cape Verde*, Metuchen, N. J., The Scarecraw

Press, Inc.

市之瀬敦（一九九七）「混血の島カボ・ベルデ――その形成とディアスポラ」（石塚正英編集『クレオル文化』社会評論社）三五―五三ページ。

――（一九九九）「クレオールな旅立ち　第一回　クレオールというプライド――カボ・ベルデ」（石塚正英編集『子どもの世界へ――メルヘンと遊びの文化誌』社会評論社）一八八―二〇五ページ。

――（二〇〇〇）「クレオールな旅立ち　第二回　海を越えたクレオール――アメリカ東海岸」（石塚正英編集『二〇世紀の悪党列伝』社会評論社）一七六―一八七ページ。

カボベルデの人口（世界銀行の統計）〈https://data.worldbank.org/country/cabo-verde?view=chart〉（二〇一九年八月一四日入手日）。

3 ブラジリアン・リーダー
―ヴァルガスからルセフまで―

子安昭子

キーワード　ヴァルガス、ルーラ、カルドーゾ、ルセフ、カフェコンレイチ

プレジデンチとプレジデンタ

ブラジルは大統領制の国である。つまりブラジルの政治リーダーは大統領である。二〇一一年にはブラジルに女性大統領が誕生した（ジルマ・ヴァーナ・ルセフ［Dilma Vana Rousseff］）。ルセフ大統領はその後二〇一四年一〇月に再選され、二〇一五年一月現在、二期目に入っている。一二〇年以上続くブラジルの大統領制において初の女性リーダーである。ポルトガル語で大統領は「プレジデンチ」（presidente）といい、男性名詞である（ポルトガル語は男性名詞と女性名詞の区別がある。この点についてはぜひポルトガル語文法のテキストなどを参照してほしい）。女性であるルセフが大統領になった際に、大統領自身もマスコミも女性大統領を表す「プレジデンタ」（presidenta, つまり男性名詞 presidente の女性名詞）という言葉を意識的に使うようになった。ルセフ大統領は選挙戦中はあまり自分が女性であることを強調しなかったが、大統領就任以降は、自分が女性であることを演説などでも触れるよう

になった。ちなみにブラジルのポルトガル語では語尾のteを「チ」と読むことが多い（この点についてはもう少し説明が必要であるが、やはりここではこれ以上は踏み込まないことにする）。

ブラジルは大統領のいる国――いつから？

最初の大統領は一八八九年に誕生したデオドーロ・ダ・フォンセカである。元帥という位で軍人である。ブラジルは一八二二年にポルトガルから独立後も七〇年近くはポルトガル王室が残り、ほかのラテンアメリカ諸国が独立後共和制国家の樹立へと歩んだのとは違い、独立後、帝政というステップを踏んだ。その後帝政は一八八九年にブラジル陸軍のクーデターによって崩壊し、ポルトガル王室は本国に引き揚げ、その後ブラジルは共和制の国家になった（国名もブラジル連邦共和国となり、一八九一年には初代の共和国憲法が発布されている）。ちなみに共和制とは国家のリーダー（＝国家元首）を国民が選ぶ政治制度の国を指す。国家元首の選び方は有権者が一人ひとり投票を行う場合（直接選挙）と、国民の代表として選出された議員によって選ばれる場合（間接選挙）がある。ブラジルも時代によって間接の場合もあったが、一九八九年の大統領選挙からは直接選挙で大統領を選出している。

一八八九年当時のブラジルと二一世紀のブラジルを直接比べることはできない。その間国境線も変わり、新しい州の誕生もあった。ちなみに首都はこれまでに三度変わっている（最初の首都は北東部バイア州のサルバドール、一七六三年にリオデジャネイロに遷都、そして一九六〇年にブラジリアに遷都）。しかしながらブラジルの政治制度が大統領制であること、加えて政治体制が共和制であり、連邦制であることは二一世紀の今でも変わらない。一八八九年から二〇一五年現在でブラジルの大統領は合計三九人（暫定評議会（junta miltar）を除く）である。この間一人で一五年近く大統領職にあった人物（ヴァルガス大統領、統治期間一九三〇〜四五年）もいれば、わずか九か月足らずで大統領職を辞した人物（ジャニオ・クワドロス大統領、一九六三年）もいる。また就任前に病死した大統領もいる（タンクレード・ネーヴェス大統領、一九八五年四月）。一九九七年の憲法改正により、大統領の任期は四年、一度だけ再選が可能になった。ルセフが初の女性大統領になった二〇一〇年選挙では主要な候補の中に女性が三人いた。ルセフはその中の一人であり、もう一人注目された候補が、アマゾンのゴム採取人の家に生まれた黒人の環境活動家で政治家のマリナ・シルバであった。二〇一四年の大統領選でもこの二人は主要候補であった。結果は現大統領のジルマ・ルセフが再選された。

歴代大統領とともに歩んだ政治（一八八九年〜現在）

一八八九年から現在に至るブラジル政治史は時代ごとの特徴から五つに区分される。一八八九〜一九三〇年が「旧共和政」、一九三〇〜四五年がヴァルガス時代、一九四五〜六四年は戦後民主主義時代（ポピュリズム時代）、一九六四〜八五年は軍事政権時代、そして一九八五年〜現在が再民主化時代である。各時代の特徴をそれぞれ短くまとめると、**旧共和政時代**は、コーヒー産業が盛んになってくる時代、コーヒー生産州（＝サンパウロ州）および牧畜産業が盛んであった州（＝ミナスジェライス州）が政治的にも力があり、大統領もそうした州出身者が多かった。ポルトガル語でコーヒーは「カフェ」、牧畜を代表してミルクを「レイチ」、この時代、多くの大統領が交代でこれら二つの州から選出されたことを象徴して「カフェコンレイチの政治」（英語ならミルクコーヒー、さしずめフランス語ならカフェオレ）と呼んでいる。続く**ヴァルガス時代**は一人の政治家ヴァルガスがブラジルを統治したいわば「独裁時代」である。ブラジルを一つにまとめていこうとする動き、中央集権的な政治が展開、経済面では工業化が本格化する時代である。脱コーヒー経済の時代といえよう。

その後ブラジルでも第二次世界大戦後はヴァルガスが去り、**戦後民主主義時代**がやってくる。工業化が一層進む一方で、貧富の格差が拡大、国全体の経済規模が大きくなるものの、インフレや失業問題が深刻化することで社会は不安定な時代であった。学生や知識人たちによるデモも横行した。そうした不穏な社会状況を抑えるために、軍人たちが政治をコントロールする**軍事政権時代**が一九六四〜八五年まで二一年間続く。ブラジルにおいて民主主義はこの時代、一度ピリオドが打たれることになった。当然のことながらこの時代の大統領五人はすべて軍人であった。憲法がありながら憲法を超える力を持つ制令（軍政令）が力を持つことで、国会が一時期閉鎖されたり、反政府運動家たちの逮捕などが横行した。軍事政権が終わる一つのきっかけは累積債務問題やインフレ蔓延など軍事政権の経済運営の失敗がある。一九七〇年代後半以降国内で民主化を求める反軍政運動が次第に力を持ち始め、一九八四年の大統領選挙において文民候補が当選、軍部は〝兵舎に戻る〟ことになった。**再民主化時代**の到来である。その後一九八八年には民主憲法（現行憲法）が発布された。

歴代大統領は軍人大統領を除いて、ほとんどが法学部出身や弁護士経験者である一方で、医学部出身が一人（クビシェッキ大統領）、理工系出身が一人（イタマル・フランコ大統領）、経済学部系が二人（コロル大統領とルセフ大統領）となっている。異色なのは二〇〇三年から八年間大統領を務めたルーラ大統領である。貧困ゆえに初等教育を終えることができず、一〇代半ばから労働組合の活動に参加、その後組合委員長となり、労働運動や民主化運動をリードした人物である。ルーラ大統領は四度目の挑戦で大統領になった「不屈の精神」の持ち主でもある。ちなみにルーラ大統領の前任者カルドーゾ

（一九九五〜二〇〇二年）は国際的な社会学者であり、名門サンパウロ大学教授というエリート知識人であった。バックグラウンド的にはまったく正反対の二人であるが、実は両者ともに軍事政権時代には民主化運動の中心的メンバーであり、さらにルセフ大統領もまた反政府活動を行ったとして投獄された経験を持つ民主化運動のメンバーである。この三人の間で大統領の襷がリレーされたことはブラジルの民主主義を考える上で非常に重要なことである（詳しくは「ブラジルの民主化」を参照）。

なお、政党という点からいうと、ルセフ大統領の所属する政党は労働者党ＰＴ（Partido dos Trabalhadores）である。ブラジルの政党は二〇一三年現在、およそ二一政党を数える。その中でＰＴは軍事政権時代の一九八〇年、労組活動を基盤に新しく作られた政党である。ルーラ大統領は現在ＰＴ名誉党首である。ルセフ大統領が二〇一五年以降も大統領職に就くことになったので、ＰＴはルーラ大統領の二期八年間とあわせて四期一六年間、連続して二人の大統領（ルーラとルセフ）を輩出することになる。

ルーラ大統領は在任期間を通して支持率が高いリーダーであった。八年間の任期終了間際に世論調査会社の一つダッタ・フォーリャ（DATA FOLHA）が行ったアンケートによると、政権終了末期中のルーラ大統領に対する評価は八三パーセントが「良い」または「最高」であった。ただこのことは所属政党であるＰＴに対する評価に必ずしも一致しない。ブラジルはしばしば政治家個人の魅力が大きく、選挙の場合、有権者は政党というよりもむしろ政治家個人を選ぶ場合が多い。逆にいえば、政党に対する信頼や魅力が弱いことにもつながり、またこれが汚職や贈賄の原因になることも否めない。戦後民主主義時代、ブラジルでは現在につながる全国政党による政党政治の時代が始まり、中小を含め複数の政党が誕生した。軍事政権時代には政府によって二大政党に組み換えされ、それ以外の政党の存在は法的に認められなかった。その後再度政党活動が自由になり、現在に至っているが、議員が選挙の前後で政党を乗り換えることも多々起こっており、また多くの場合、イデオロギーの点で政党間で明確な差異化ができているともいえない。政党政治がいまだに成熟していないことを表しており、ブラジル政治の今後の課題である。

〈参考文献〉

Almanaque Abril 2015, São Paulo, Editora Abril S.A..
Roett, Riordan (1992) *Brazil: Politics in a Patrimonial Society*, 4th edition, Westport, Praeger Publishers.
堀坂浩太郎（一九八七）『転換期のブラジル――民主化と経済再建』サイマル出版会。
堀坂浩太郎（二〇〇五）「ブラジル」（加茂雄三編『国際情報ベーシックシリーズ　ラテンアメリカ』二版）、三二一―三六二ページ。
山田睦男編（一九八六）『概説ブラジル史』有斐閣。

4 ブラジル日本人移民小史
―「勝ち組」「負け組」とは何か―

トイダ・エレナ

キーワード　日本移民、日本の降伏、勝ち負け抗争、臣道連盟、敵性国民

ブラジルへの日本人移住の歴史

（一）日本の背景

日本は二〇世紀初頭まで基本的に農業国だった。しかし、一八六八年、改革により、西洋にならった近代化を推し進めようとした明治政府は農村地帯の税率を引き上げた。農村に住む人々は高い地租を納められず、土地を手放して都市部へと移動していった。しかしその大きな流入を受け入れるほど都市の暮らしは豊かではなかった。これが移民を生むことになった根底にある。

新しい近代国家を築くべく、明治政府は工業国への変容を目指していた。さらに一八七三年に現金で納税するようになってからは、小、中規模の農業従事者の多くは土地を失っていった。その結果、一九世紀末には都市部に失業者が溢れ、食糧不足、貧困、そして人口増加が政府を悩ませることになる。

一つの解決策として政府は移民を推進し、一八六八年には早くもハワイへの移住（元年者）が開始される。また一八八四年、移民をさらに奨励するようになり、ハワイのほか、アメリカ、カナダ、ペルーへの移住が盛んになる。ところが、これらの国々で一九〇七年頃日本人排斥運動が起こり、日本は移住先の制限を余儀なくされる。また一九〇五年から一三年頃の大不況に悩んでいた日本は、移民の新しい渡航先としてブラジルに注目するようになる。

（二）ブラジルの背景

ブラジルでは、一八七八年頃サンパウロ州のコーヒー耕地で労働力不足が問題になっていた。それまで主な労働力は黒人奴隷だったが、一八八八年の奴隷制廃止に伴い、さらに問題が深刻化した。そこで政府は移民労働力を求めてヨーロッパ諸国を視察し、人口過剰に悩むイタリアに注目する。そして一八八四年新移民条例を公布し、コーヒー耕地への契約労働移民導入を打ち出す。こうしてイタリアおよびヨーロッパ諸国から移民が増加、一九〇一年のコーヒー経済隆盛期にはコーヒー耕地契約移民が労働力全体の八四パーセントを占めるまでになる。

順調に見えた移民導入政策だが、一八九七年頃のコーヒー価格の暴落およびブラジル通貨の急落により、移民の生活は賃金未払いなどで困窮に陥る。これを重くみたイタリア政府はブラジルへの移住を禁止することになる。その結果コーヒー耕地ではふたたび労働力が不足した。そこですでにアメリカへの移住実績を持っていた日本に注目し、一八九五年一一月、日本・ブラジル修好通商条約の締結を機に、日本人移民導入政策が始まった。

日本人移住の略年譜

一九〇八年六月一八日、第一回契約移民七八一名を乗せた笠戸丸がサントスに入港した。移民を送り出すもとは「皇国殖民会社」であり、「家族単位での移民」（最低三人構成）が条件だった。希望者を募る際に、ブラジルでの高待遇や高賃金を宣伝したため、当初移民のほとんどは「数年の出稼ぎ」と考えていたようだ。しかし法律上は一応自由市民であったにもかかわらず、実生活は奴隷と変わらない悲惨なものだった。居住環境は劣悪、賃金は低く、帰国のための貯金などできるわけもなく、借金は増える一方だった。こうしてコーヒー農園主は小作人を確保した。多くの移民はそこから逃亡、自らの農地を購入、自作農となり、それぞれ入植地（colônia）を設立、後に一つの市にまで発展するところもあった。一九一五年、サンパウロ日本帝国総領事館が開設され、一九年には邦人初の農業共同組合も設立される。日本人移民はコーヒーだけでなく、綿、胡椒、野菜などの栽培で成功し、徐々に定住を選択するようになる。

一九二五年から三五年にかけて、移民数の増加が著しくなるが、それは二三年の関東大震災、二九年の世界恐慌、そして三四年のアメリカの日本移民導入拒否による。一九八六年までブラジルに移住した総数二五万五五八〇人のうち、実に五四・四パーセントがこの時期に移住していることになる。

一九二九年九月、アマゾン地域のパラー州アカラ（現トメアスー）に最初の日本人移民が入植、胡椒の栽培が盛んになる。

一九三七年、ヴァルガス独裁政権樹立、移民同化政策が始まる。外国語教育禁止令が公布され、日本語学校が閉鎖、後に邦字新聞発刊も禁止される。そして、太平洋戦争が始まり、日本人移民は次第に窮地に立たされていく。特に一九四二年ブラジルが連合国側に参戦することになり、日本、ドイツ、イタリアは敵国とみなされるようになる。公共の場での日本語使用禁止（三人集まって話すと逮捕されるなど）などを盛り込んだ敵性国民に対する取締令が、サンパウロ保安局から公布され、国交は断絶し、在外公館は閉鎖される。同年二月、日系人の資産凍結令公布（一九五〇年に解除）、七月には日本政府代表が引き揚げ、移民たちは徐々に心の拠りどころを失っていく。アメリカのように、強制収容所に入れられることはなかったが、それでも厳しい監視にさらされるようになる。

一九四五年六月、ブラジルは日本に宣戦布告をするが、八月には日本の無条件降伏により、終戦を迎える。日本の降伏を信じられない一部の移民が暴走、日本人移民の間で勝ち負け抗争が始まり、一〇年にも及ぶ大事件となる。

一九五〇年代には戦後初の移民が受け入れられ、日本企業の進出も始まる。サンパウロ日本文化協会設立など、時代はめまぐるしく変容していく。また戦後、移民たちは、日本に帰る場所はもうないという諦観もあり、ブラジルに定住する率が高くなっていく。また子弟の教育にも力を入れ、後にブラジル社会に二世、三世が台頭することにもつながっていく。

一九七三年三月には最後の移民船「にっぽん丸」がサントスに入港、六五年間に二五万人の移住者を記録した。

一九七八年四月にはサンパウロ市議会が六月一八日（最初の移民船が到着した日）を正式に「日本移民の日」と定める。

一九八八年には逆にブラジル在住の日本人や子孫の日本への出稼ぎ現象が起こる。ブラジルの経済事情により、九〇年にはその数が増加、日本でも労働力不足の解消につながるため、同年入国管理法を改正、日本人を祖先に持つブラジル人の入国条件を緩和した。

二〇〇八年にはブラジルへの日本移民一〇〇周年を記念して、様々なイベントが開催された。また両国の政府の取り決めにより、この年を「日本ブラジル交流年」と定めた。

勝ち組・負け組抗争

一九四五年八月一五日、日本は敗戦した。日本の勝利を信じていた移民たちは、このニュースに動揺する。ブラジルの新聞や戦争の状況を把握していた少数派は、苦しいながらも日本の敗戦を認めた。しかし逆に、それまでの戦果報告を、唯一の情報源であった日本からの短波放送のラジオで聞いていた多くの移民は、「祖国が、日本が無条件降伏するなどありえない」と否定した。その結果、日系社会は大きく二極化した。

日本の勝利を信じて疑わなかった人々を「勝ち組」、敗戦を受け入れた者を「負け組」と呼ぶようになる。勝ち組は日本の勝利を確信し、信念も持っていたことから「信念派」、負け組は敗戦を認識していたことから「認識派」とも呼ばれていた。

臣道連盟

日本人移民の移住地には、多くの勝ち組が誕生し、それらをまとめたのが、一九四五年に発足した臣道連盟である。「大日本帝国臣民である」という標語のもとに結成した機関で、名前の由来でもある。

当時勝ち組は移民の九割を占めていたといわれる。それは、やはり強固な信念があったからにほかならない。日本は勝利を収めている、いや勝っていてほしい、負けるはずがないという信念は、自分たちの帰る場所がなくなる、劣悪な状況から救い出してくれる祖国がなくなることは耐えられない、決して受け入れられないという心情に起因するのだろう。

日本の勝利に関するニュースや、軍事あるいは慰問使節団を乗せた「天皇の船」が来るというデマが流され、多くの日本人が港に押し寄せる奇妙な出来事が続く。その他の噂話などは臣道連盟が発信元といわれている。

このような事態を危惧した認識派は、大問題に発展する前に収拾すべく、終戦事情の真実を伝えるメッセージを移民集住地区に配布するが、十分な効果は上げられなかった。この行動が勝ち組の反感をあおり、「国賊」呼ばわりされることになる。そして一九四六年三月、勝ち組による最初の暗殺事件が発生し、翌年一月までにこのテロ行為の犠牲者は一三名にのぼる。七月にはサンパウロ州執務官が勝ち組と事態収拾を図るが不調に終わり、ブラジル人一般市民の排日機運を高めることにもなる。

ブラジルの官憲はこの事件を反国家的政治行動と認識し、弾圧の対象とした。よってサンパウロ政治警察局は臣道連盟の幹部を一斉検挙し、アンシエッタ島の監獄に収容した。突然父を、夫を検挙された家族の驚嘆は計り知れない。実際に皆が幹部として動いていたわけでもないのではないかと思われる。しかし当時の気運は彼らの気持ちを整理する時間など与えてくれるはずもなく、ただただ流れに巻き込まれていった感も否めない。

一連のテロ事件は一九四七年一月に終焉を迎える。前年から外国語新聞の発行が許可され、日本との連絡が自由にできるようになったことなどから、勝ち組も日本の敗戦を認めるようになり、臣道連盟などの秘密結社は崩壊していった。そしてこの混乱期を境に、日本人移民の間にはブラジルへの永住を念頭に置いた、新しい日系社会の形成を目指すようになる。

勝ち組・負け組抗争は、日本の敗戦を認めなかった勝ち組の狂信的行為が生んだ一連の事件ともいえる。しかし、その根底にあるのは、祖国日本に対する純粋なまでに実直な想いなのではないか。彼らの行為を正当化する気は毛頭ないが、当時の追い詰められた移民たちの心情を推し量ると、そう考えずにはいられない。

〈参考文献〉


Morais, Fernando（2000）*Corações Sujos*, São Paulo, Companhia das Letras.

足立伸子（編）（二〇〇八）『ジャパニーズ・ディアスポラ』新泉社。

猪股嘉雄（一九八五）『空白のブラジル移民史』たまいらぼ。

太田恒夫（一九九五）『日本は降伏していない』文藝春秋。

斎藤広志（一九八三）『新しいブラジル』サイマル出版会（＊初版は一九七四年）。

サンパウロ人文科学研究所（一九九七）『ブラジル日本移民史年表』無明舎。

高橋幸春（一九九三）『日系ブラジル移民史』三一書房。

半田知雄（一九七〇）『移民の生活の歴史――ブラジル日系人の歩んだ道』サンパウロ人文科学研究所。

ファウスト、ボリス（二〇〇八）『ブラジル史』（鈴木茂訳）明石書店。


〈参考ＤＶＤ〉


『ハルとナツ～届かなかった手紙』（ＮＨＫドラマ）橋田壽賀子・脚本、二〇〇六年。

『汚れた心』Vicente Amorin（監督）、二〇一一年（Morais, Fernando, *Corações Sujos* の映画化）。

5 新中間層（Cクラス）
――安定した経済アクターになるか？――

子安昭子

キーワード　格差社会、中間層、新中間層

拡大した「中間層」

ブラジルは歴史的に格差の大きな国である。ブラジル経済をケーキ（ピザでもいいのだが）に例え、人口の一割にすぎない裕福な人々がケーキの九割を食べてしまい、残った一割のケーキを人口の大部分（九割）を占める貧しい人々が分け合っている、といったやや極端な例えがしばしば聞かれる。しかしながら、こうした格差社会ブラジルの姿は二一世紀に入った今日、完全ではないが解消されつつある。ブラジルは所得によって世帯を五つ（AからE）に分ける。上位二つ（A／B）が富裕層、中間（C）が中間層、下位二つ（D／E）が貧困層である。二〇〇二年でA／Bの富裕層の割合は一四パーセント、Cの中間層は三六パーセント、D／Eの貧困層が五〇パーセントであったのに対して、二〇一二年ではそれぞれ二二パーセント、五四パーセント、二四パーセントとその比率は大きく変わった。ブラジル社会はこれまでピラミッドで描かれてきたが（＝底辺である貧困層が大きい）、

図　所得から見たブラジル世帯の分布―「ピラミッド」から「菱形」へ

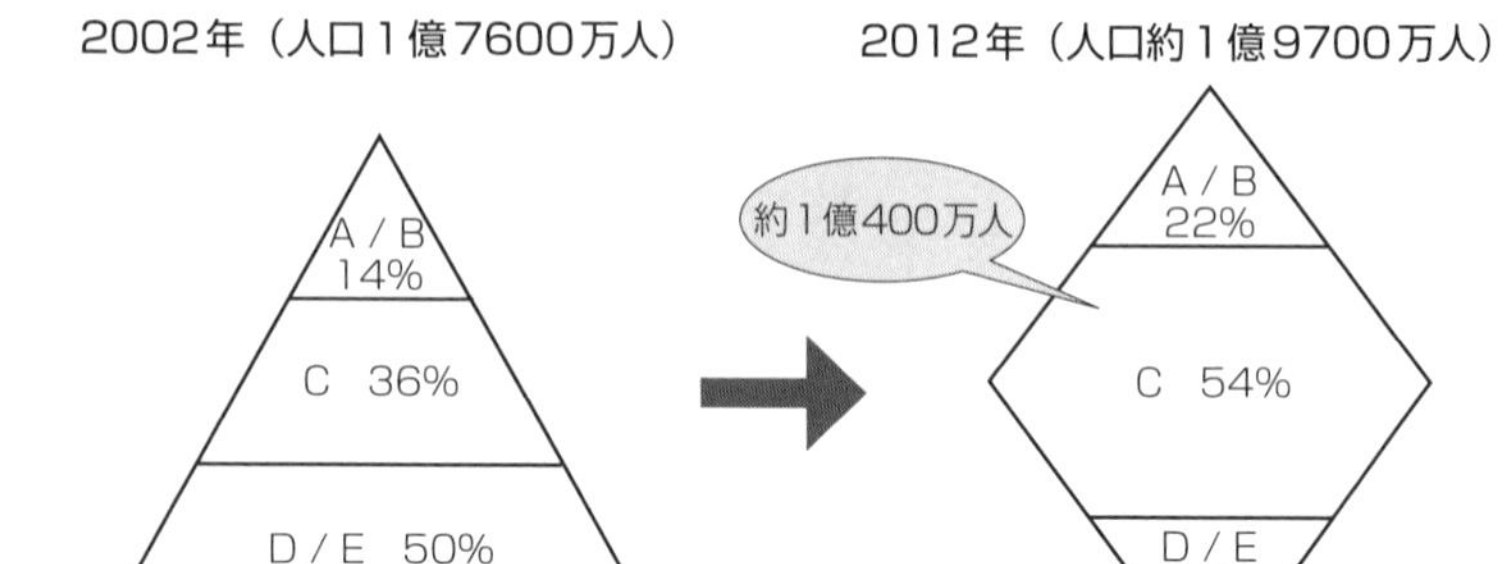

こうした変化によってブラジル社会は、図に示すように「ピラミッド」から「菱形」に変わろうとしている〔Meirelles, 14 de maio de 2013〕。

中間層はどこからきたのか

総人口に占める貧困ライン以下で暮らす人々の割合は二〇〇三年に三四・九パーセントであったが、二〇〇七年には二五・四パーセント、二〇〇九年には二一・三パーセント、二〇一一年には一七・九パーセント、二〇一二年には一五・六パーセントに減少した〔IPEA data〕。一九八〇年代には四〇パーセント後半の数値を示した年もあったが、二一世紀を迎え、二〇〇三年頃を境に低下傾向を示し始めた。すなわち貧困ライン以下で暮らす人々がそこを抜け出て、上の階層に移動することによって、中間層と呼ばれるグループが拡大したのである。一億四〇〇万人のブラジルの中間層を一つの国に例えるならば、世界で一二番目に人口が多い国ということになる。また同じく中間層を一つの国として、経済力で見た場合、世界で一八番目、アルゼンチンやトルコに匹敵する規模である。後述するように、中間層を一つの市場（マーケット）ととらえ、大きなビジネスチャンスと考える企業が内外にひしめいているゆえんはこうした規模の大きさにあるといえよう。

こうして二一世紀初頭にブラジルで中間層が広がった要因の一つは、一九九〇年代後半から始まるブラジル政治経済社会の変化がある。とりわけカルドーゾ政権（一九九五〜二〇〇二年）の経済安定化政策「レアルプラン」による高インフレからの脱却、そして民営化や経済自由化などブラジル経済の構造的な改革によって、不安定なブラジル経済が安定化路線に乗ったことが挙げられる。続くルーラ政権（二〇〇三〜一〇年）においても安定から成長へと前政権の経済政策路線を継続したこと、加えて、最低賃金の上昇や手厚い社会扶助政策（飢餓ゼロやボルサファミリア）によってブラジルの貧困状況を改善に導いたことがある。こうした社会政策重視の姿勢は二〇一一年からブラジルの舵取りを任された初代女性大統領ルセフにも引き継がれ、貧困層の減少につながっている。

中間層のプロフィール――どんな人？ どこに住んでいる？ 何をしている？

人種、地域、教育水準、雇用の四つの面から中間層といわれる人々の特徴を探ってみよう。以下、戦略事項担当庁（Secretária de Assuntos Estratégicos）が発行している『中間層の声』（*Vozes da classe média*）の二〇一二年版をもとに説明することにする。まず人種だが、二〇一二年において、一億人を超えた中間層は白人および黄色人と黒人がほぼ半々である。一〇年さかのぼって二〇〇二年でその比率は白人および黄色人が六割、黒人がおよそ四割であった。所得に関係なくブラジル人口の人種構成も今日では白人と黒人がほぼ半々である。すなわち中間層の人種構成もそうしたブラジル人口の人種構成とほぼ同じになっていることがわかる。

中間層の人々はどの地域に多く居住しているのだろうか。世界第五番目の大きな国土面積をもつブラジルは行政区分上五つの地域に分けられる。アマゾンを擁する北部、ブラジルの最初の首都サルバドールがある北東部、大都市サンパウロや二〇一六年にオリンピックが開かれたリオデジャネイロのある南東部、ブラジルの中でも欧州移民の影響が強い南部、そして首都ブラジリアのある中西部である。二〇一二年の数字で中間層全体の六パーセントが北部、二三パーセントが北東部、四六パーセントが南東部、一六パーセントが南部、そして九パーセントが中西部となっている。これはおおよそブラジル人口の分布と同じになっており、人口の四二パーセントが集中する南東部に同じく中間層も多く住んでおり、ブラジル経済の中心地でもある南東部にブラジルの中間層がより多く集まっていることがわかる。ブラジルの中間層の六二パーセントが南東部と南部に住んでいる。

五つの地域それぞれの中では、もう少し興味深い変化を見せている。同じく二〇〇二年と二〇一二年のデータを比較すると、北東部人口全体に占める中間層の割合は、二一パーセント（二〇〇二年）から四二パーセント（二〇一二年）となっている。また北部は同じく三一パーセントから四八パーセントとなっている。ブラジルの中で北部や北東部は南東部や南部に比べ貧しい地域というイメージが強いが、この一〇年の間で中間層の割合が大きく増加したことは非常に注目できる。実際、北東部や北部は今では新しい開発拠点として、外国企業の投資も増えている。ただその反面、北東部は依然として中間層の割合が同地域の人口の四二パーセントにすぎないということもできる。南東部、南部、中西部人口に占める中間層の割合は元々比較的高く（それぞれ二〇〇二年は四六パーセント、四九パーセント、四〇パーセント）、二〇一二年にいずれも五〇パーセントを超えている（五七パーセント、五八パーセント、五七パーセント）。

都市部と農村部という点において中間層が占める割合はどうだろうか。都市部については、五四パーセント、農村部は四二パーセント（二〇一二年）となっている。二〇〇二年において農村人口に占める中間層の割合は二一パーセントであった。一〇年間で倍増したということになる。やはりブラジルに伝統的な考え方である農村＝貧困という構図も解消傾向にあることを示しているといえよう。

中間層の人々の就学水準については、二〇〇二年に中間層全体の五九パーセントが基礎教育を未修了もしくは無就学であったのに対して、二〇一二年では五一パーセントと減少している。反対に中等教育を中途もしくは修了した人々の割合は二〇〇二年で二三パーセントだったのに対して、二〇一二年には三〇パーセントとなっており、中間層の就学水準が上がっていることがわかる。

最後に中間層の人々の雇用状況であるが、二〇〇二年に中間層の五二パーセントが正規雇用者で、四八パーセントが非正規雇用者であったのに対して、二〇一二年には五八パーセント、四二パーセントと変化している。確かに中間層の中で正規雇用者がこの一〇年間で増え、非正規雇用者が減少しているが、その一方で非正規雇用者の減少率も必ずしも多くないことがわかる。つまり中間層と呼ばれる人々＝正規雇用者という構図ではないことがわかる。

もう一つのデータを見ると、この事実を一層確認することができる。二〇〇二年に正規雇用者の五一パーセントが中間層であったのが二〇一二年には五七パーセントに増加した。その一方で二〇〇二年に非正規雇用者の三八パーセントが中間層であったのに対して、二〇一二年には五二パーセントに増加している。正規雇用とは労働手帳を持ち、企業が労働者に対して保険料を納めていること、事故の際に失業保険を受けられること、をイメージできるが、ブラジルではこうした労働条件を必ずしも充足できない非正規雇用も経済を支える大きな力になっていることから、非正規雇用であるものの、相対的に高い賃金を得て、中間層としての生活が可能になっているということである。

二〇一三年六月にブラジル全土で発生した抗議デモは中間層が主役の一人であった。ソーシャルネットワーク（SNS）を活用したデモであり、その点では若者が中心であった。そうした若者が属する階層は主として中間層であり、この一〇年の間に比較的豊かになった人々の子どもたちである。抗議デモにみる要求は多様であるが、その中の一つにあったのは、中間層の人々がより良い生活、より安定した生活を求めていたことである。教育、医療や社会保障、雇用など、豊かさを享受し始めたとはいえ、まだまだブラジルで問題が多いとされる点について中間層の人々が声を上げたのである。

中間層ではなく「新」中間層

ブラジルでは単に中間層というよりも「新中間層」（nova classe média：ポルトガル語で「新しい」はノーヴァ nova、「中間」はメディア média）と呼ぶことが多い。単に所得レベルが上昇し、社会階層の中で中間に位置するようになったという意味ではなく、別のクライテリア（たとえば彼らが持つ世界観や人生観など）でこの階層を定義づけているということである。「新しい中間層は現在のところ、かつての状況と関連する要因に制限されているようである。より多くの所得を持つようになっているが、心理状況は以前と変わっていない。しかしながら、これまでやっていたこと以上のことをする力がある。個々人がそれぞれ計り知れない努力をしてきた人々であり、自分たちにとって実現可能な現実を大切にしている人々である」〔Secretária de Assuntos Estratégicos, 5 de maio de 2012〕。

依然として残る貧困と格差

二〇〇二年、ブラジルの富裕層の割合は一四パーセント、中間層は三六パーセント、貧困層は五〇パーセントであった。二〇一二年にその割合はそれぞれ二二パーセント、五四パーセント、二四パーセントになった。貧困層は減り、中間層が増えた。しかしながら富裕層の割合はやはり増えているのである。貧困層から中間層へと多くの人々が移動をする中で、依然として移動できない人々がいることは軽視できない。二億人近いブラジル人口の約三割が貧困層である。貧困問題の解決に向けた政府の継続的な政策が不可欠である。

〈参考ウェブサイト〉

IPEA data〈http://www.ipeadata.gov.br〉(Acesso em: 23 de março de 2015).

Meirelles, Renato, *Um país chamado classe média: presente e futuro do motor do crescimento brasileiro* (14 de maio de 2013)〈http://www.abioptica.com.br/ws2011/webapps/imagefile/arquivos/datapular_2013_divulg.pdf〉(Acesso em: 22 de março de 2015).

Secretária de Assuntos Estratégicos, *Classe média em números: as 45 curiosidades da classe média* (5 de maio de 2012)〈www.sae.gov.br/〉(Acesso em: 23 de março de 2015).

Secretária de Assuntos Estratégicos, *Vozes da classe média caderno 2 : desigualdade, heterogeneidade e diversidade* (novembro de 2012)〈www.sae.br/vozesdaclassemedia/〉(Acesso em: 23 de março de 2015).

6 アマゾンと環境
──開発の軌跡と環境保護のための挑戦──

田村梨花

キーワード　アマゾン、法定アマゾン、セラード、アグロフォレストリー、アグロエコロジー

地球の宝箱としてのアマゾン

世界最大の流域面積をもつ大河を有し、地球の生物多様性の宝庫であるアマゾンは、南米八か国一地域にわたる広大な熱帯森林地域であり、その面積はブラジル国土の約六〇パーセントを占める。世界のおよそ一四〇〇万の生物種の九〇パーセントは熱帯地域に存在し、ブラジルにはその約二〇パーセントが確認されている。未知なる遺伝子資源や薬用植物が生息する文字通り地球の宝箱といえる存在である。

ますます深刻化する地球温暖化と気候変動の原因は、アマゾンをはじめとする熱帯地域における生態系を無視した大規模開発にあるとされている。ブラジルの場合、この自然破壊は戦後たった半世紀の間に急激に進んだ。アマゾン開発の恩恵を受けているのは開発による利益を享受する一握りの人々だけではなく、その貴重な生態系を犠牲にする形で採掘された鉱物、農畜産物や木材を輸入し消費し

ている工業先進国の人間、つまり我々でもあることを認識する必要がある。「持続可能な開発」概念による環境保護政策や市民レベルのオルタナティブな共生への実践から、地球環境を次世代に継承するための知識を学ぶことは、現代社会に生きる私たちにとって喫緊の課題である。

アマゾンの発見

植民地そして独立国家としての五〇〇年にわたる歴史は、ブラジルの生態系の破壊の歴史でもある。一六世紀、現在のブラジル国土の一五パーセントを占めていたマタ・アトランチカ（Mata Atlântica）と呼ばれる大西洋岸森林は、サトウキビのプランテーションとコーヒー栽培によりその七六パーセント近くが消滅したとされる〔*Almanaque Abril 2013*: 199〕。それに対し、内陸部は長い間「未開の土地」とされた。アマゾンの土壌はその九〇パーセントがテラフィルメ（terra firme）という農業に不向きの土質であり経済的利用が限られていたこと、アクセスの困難さがその原因である。アマゾン地域が開発の影響を受け始めたのは、ゴム・ブームが到来する一九世紀末である。ゴム・ブームはアマゾナス州マナウスやパラ州ベレンなど主要都市の発展に影響を与えた。

一九四〇年代以降、アマゾン地域を含む内陸部が国家開発の次なる目標とされる。五三年設立のアマゾン経済開発庁（Superintendência do Plano de Valorização Econômica da Amazônia：SPVEA）により「法定アマゾン」（Amazonia Legal）という地域区分が制定された。法定アマゾンはアクレ州、アマパ州、アマゾナス州、マトグロッソ州、パラ州、ロンドニア州、ロライマ州、トカンチンス州、マラニャン州（西経四四度以西）にわたり、内陸部はほぼ未踏の地であった。

「開発の時代」の舞台となったアマゾン

『アマゾン——民族・征服・環境の歴史』の著者J・ヘミングは、二〇世紀半ば以降のアマゾンの破壊は「飛行機、チェーン・ソー、ブルドーザー」によってもたらされたとしている〔ヘミング二〇一〇：四二二―四七〇〕。人間による技術革新は未踏の森林を瞬く間に切り開き「国家の資源」へと変身させた。六〇年代以降、アマゾンにおける森林伐採と農牧地の開拓、その流通経路としての道路建設を中心としたこれまでになく大規模な開発計画が急速に進展することとなる。先進国による資金援助はその後ろ盾となった〔小池二〇〇五：四〇〕。企業向けの税制優遇策が、森林地帯で木材を伐採し火を入れて牛を放ち広大な土地と利益を享受する企業による、しばしば実体のない牧畜業を増大させたことも環境悪化の原因となった〔同上書：五〇〕。六七年のマナウス・フリーゾーン（経済特区）設置も北部への企業誘致と経済開発に弾みをつけた。六五年の森林法、六七年の動物保護法制定も、軍事政権下における「開発の時代」の勢いを止める力にはならなかった。

一九七〇年の「国家統合計画」（Plano de Integração Nacional）以降、アマゾン地域の開発は堰を切ったように進展した。クイアバを通過しアクレ州に達する国道（BR－364）、北東部の貧困層のアマゾンへの移住政策「土地なき人を人なき土地へ」を目的としたアマゾン横断道路（Rodovia Transamazônica：BR－230）、七四年の「アマゾン農牧業・農鉱業拠点プログラム」（ポラマゾニア：POLAMAZÔNIA）による世界最大規模の鉄鋼山開発「大カラジャス計画」の輸出経路、北西アマゾン地域における「北西部統合開発計画」（ポロノロエステ：POLONOROESTE）のためのBR－163等の主要幹線道路がアマゾン内陸部を切り入るように敷設され、それらの道路から垂直に「フィッシュボーン」形状に森林が伐採された。大カラジャス計画に見られる複合型開発計画は、開発拠点の周辺に位置する森林地域のみならず河川の汚染を深刻化し、インディオ共同体の生活圏を次々に破壊した。

一九七〇年代半ば、法定アマゾンの南に位置する生態圏セラード（Cerrado）において大豆生産のための農業開発が推進された。長年「不毛の土地」と呼ばれてきたブラジルの国土の約二二パーセントを占める広大な半乾燥潅木林地域であるセラードを世界の食糧庫に変身させるべく、日本の技術・資金協力のもと大規模機械化による大豆生産を進めてきた。大豆栽培のフロンティアは北上し、「弓形の森林伐採地」（Arco de Desflorestamento）と呼ばれる弧を描きながら、法定アマゾンの南東部、南部を徐々に侵食している。セラードを世界第二位の大豆生産地に変え、食糧の安全保障とアグリビジネスを成功に導いてきた大豆プランテーションがブラジルを農業大国に築き上げた〔本郷・細野 二〇一二〕一方で、環境破壊に与えた甚大な影響は看過できないとして、多くの市民組織、環境保護団体によるセラード開発の検証も進められている〔シュレシンガー 二〇一四〕。

深刻化する環境破壊への対応

七〇年代までの開発による膨大な自然破壊を受け、八〇年代からブラジルの環境政策は転換期を迎える〔小池 二〇〇五：八三〕。一九八一年の環境基本法にはじまり一九八八年憲法を受けて八九年にはブラジル環境再生可能自然資源院（ＩＢＡＭＡ）、九二年には環境庁（Ministério de Meio Ambiente）を設立した。九二年にリオデジャネイロで開催された南半球初の国連会議「国連環境開発会議（地球サミット）」により「持続可能な開発」概念が国際社会の命題となり、ブラジルも九四年に生物多様性条約、気候変動枠組み条約を批准した。九〇年代以降の開発政策には森林保全と持続的な開発を目的とした要素が組み込まれている。九六年には森林法改正、九八年には環境犯罪法制定も実現している。

森林破壊を直接的にコントロールする手段として、二〇〇二年より衛星画像による航空監視網「アマゾン監視システム」（Sistema de Vigilância da Amazônia：SIVAM）が導入された。SIVAMの主目的は国防であったが、アマゾンの環境調査と違法森林伐採の抑制に絶大な効果を発揮した。二〇〇四年には「アマゾン森林減少阻止・管理計画」（PPCDAm）が一三省庁の連携により開始され、日本の技術協力を得て精度の高いモニタリングシステムが確立している〔吉田 二〇一三：三五〕。森林破壊面積は増加しているものの、その速度は二〇〇四年以降減少している。

傍若無人に進められる開発と森林破壊のために生活を奪われた民衆による抵抗運動の存在も忘れてはならない。アマゾンそのものが生活圏であるインディオは、自文化への誇りと他部族との協力によって政治的運動を始めた（「インディオ」参照）。アクレ州のゴム採取人（セリンゲイロ）の生活の源であるゴム原生林を破壊する開発業者や大牧場主に対抗するため七〇年代に労働運動を組織し、度重なる脅迫の末八八年に殺害されたシコ・メンデス（Chico Mendes）や、大規模農場経営により土地を奪われた農民が遊休農地の占拠運動を開始し、一九八四年南部パラナ州で決起した「土地なし農民運動」（Movimento dos Trabalhadores Rurais Sem Terra）による人間の基本的権利としての土地を求める活動など、軍事政権期に自らの生を守るために生まれた社会運動は少なくない。民政移管後の市民組織による不法森林伐採や人権侵害の告発、環境保護、インディオ共同体、土地なし農民による社会運動は国内外の組織とネットワークを構築し活動を続けている（「NGO」参照）。

グローバル化における新たな脅威

政府が「持続可能な開発」のため環境を配慮する様々な計画の実施を進めてきた民主化以降、アマゾンの開発の牽引役は政府から多国籍企業へと引き継がれていた。九〇年代以降導入された新自由主義的経済政策は、農業の大規模機械化、穀物メジャーの参入を加速化させた。近年破壊が進んでいる地域の大部分が私有地〔IMAZON月別報告書より〕であることは、企業のグローバル・パワーの制御の困難さを物語っている。

多国籍企業による大規模農業政策はアマゾンにおける農薬の大量使用と遺伝子組み換え作物（Genetically Modified Organism：GMO）の導入を引き起こした。消費者運動や市民団体の反対により禁止されてきたGMOは、二〇〇五年の合法化以降急速に広まった。二〇一三年、全体作付面積における大豆の九一パーセント、トウモロコシの八二パーセントはGMOである〔清水二〇一四：七〇―七二〕。その影響もあり、世界第二位の農薬消費国という巨大な農薬市場を形成している。

保護区「シングー・インディオ国立公園」の周辺。境界線に隣接して大規模の農場・牧場が広がっている。
（©（特活）熱帯森林保護団体／下郷さとみ）

水源利用の開発計画も、周囲の水域生態系に及ぼす変化がその地を生活圏とする川岸住民やインディオ共同体の存続に深刻な影響を与える。ロンドニア州とパラ州境シングー（Xingu）川のベロモンテ（Belo Monte）水力発電プラント計画は、周辺地域に与える環境損害が問題視されているにもかかわらず「エネルギー安全保障」という大義名分のもと推進されようとしている。市民組織と学術的研究の連携による開発計画の精緻な分析は、真の意味での持続可能な開発の進展に寄与するだろう。

経済のグローバル化がアマゾンの自然環境や小さき民に与える暴挙は、まるで軍政下であるかのように人権を蹂躙する形で現在も続いている。利益優先の土地所有者との開発をめぐる衝突、農民運動の活動家への暴力事件は後を絶たない。植物採取で生計を立て、九〇年代から夫婦で違法伐採の告発と環境保護運動に携わり二〇一一年に何者かに殺害されたジョゼ・クラウジオ・リベイロ・ダ・シルバとマリア・ド・エスピリト・サント・ダ・シルバは、故人であるにもかかわらず、同年国連森林フォーラム（UNFF）により森林保護への世界的功労者「フォレストヒーローズ」として特別表彰者に選ばれている。

環境と開発の未来―グリーン経済とアグロエコロジー

アマゾンを「機会」としてとらえ、ブラジルを世界最大規模の農業供給国へと成長させるための政府の開発指針は、形は少しずつ改良されているとしても、その基本線は変化していない。森林消失のスピードは落ちているが、累積すれば森林破壊が確認されている面積は二〇一三年までで七五万八六三八平方キロメートル、森林地帯の約一九・〇三パーセントにのぼる。

「地球サミット」から二〇年後の二〇一二年六月、同地において「国連持続可能な開発会議（リオ＋20）」が開催された。会議で提唱された、環境保全、社会開発、経済成長、雇用拡大への効果が期待される「グリーン経済」の実践において、ブラジルは先進的存在である。再生エネルギーとして注目されるバイオエタノール（二〇一四年自動車生産の八一・三パーセントがフレックス車）とバイオディーゼル、紙パルプに利用される森林資源への代替作物として南東部を中心に導入されたユーカリ林の栽培などがそれにあたる。いずれも次世代における経済成長の注目株といえるが、燃料の原料になるサトウキビやダイズ生産や単一森林造成の経済的安定性、社会包摂的効果、生態系に与える影響という多側面からの慎重な検討が必要とされる。

革新的な取り組みはほかにもある。パラ州トメアスーの日本人入植地では、アマゾンの天然林遷移に近い形で混植作物を栽培するアグロフォレストリー農法を七〇年代から実践してきた〔山田 二〇〇五：一二三―一三〇〕。森と農民の共存を可能としたこの農法の普及に貢献したことが評価され、トメアスー総合農業共同組合（CAMTA）は二〇一〇年国家統合省より「地域発展貢献賞」を受賞した。農薬使用やGMOに批判的な立場をとり、人々の食料主権と有機農法を基盤とした小規模農家による家族農業（Family Faming）の概念をもとにした持続可能な農業発展を目指すアグロエコロジーの理念構築と実践は、ブラジルの農民と社会運動、研究者の協力のもと二〇〇二年より「アグロエコロジー全国運動」（Articulação Nacional de Agroecologia）として発展している〔オルター・トレード・ジャパンウェブサイト〕。こうしたオルタナティブをメインストリームに代えるパラダイム転換は国連機関やヨーロッパ諸国において現実のものとなってきている。

持続可能性に賭けた「開発」ありきの道を進むのか、それとも地球環境保護優先の選択肢を選ぶのか。アマゾン開発の歴史と経験に真摯に向き合うことは、私たち一人ひとりがその答えを見つけ出す機会となるはずである。

〈引用文献・ウェブサイト〉

Almanaque Abril 2013, São Paulo, Editora Abril.

IMAZON（Instituto do Homem e Meio Ambiente da Amazônia）〈http://imazon.org.br〉（Acesso em: 27 de fevereiro de 2015).

オルター・トレード・ジャパン「アグリビジネスと闘うブラジルのアグロエコロジーと世界の食料システムの危機」(文章：印鑰智哉)〈http://altertrade.jp/archives/8981〉(二〇一五年二月一三日、二〇一五年二月二七日参照)。

小池洋一(二〇〇五)「アマゾン自然環境の脅威——進む森林伐採」(西澤利栄ほか『アマゾン——保全と開発』朝倉書店)三九—五七ページ。

清水純一(二〇一四)「二〇一三年ブラジル農牧業の動向と農業政策」(農林水産政策研究所『プロジェクト研究[主要国農業戦略]研究資料』第二号平成二五年度カントリーレポート)〈http://www.maff.go.jp/primaff/koho/seika/project/cr_25_02.html〉(二〇一五年二月二七日参照)六七—八四ページ。

シュレシンガー、セルジオ(二〇一四)「ブラジルのセラード開発と環境・主権問題——大規模農業開発と小農民・農業労働者の暮らし」船田クラーセンさやか訳(*Encontros lusófonos* No.16)一—一五ページ。

ヘミング、ジョン(二〇一〇)『アマゾン——民族・征服・環境の歴史』(国本伊代、国本和孝訳)東洋書林。

本郷豊・細野昭雄(二〇一二)『ブラジルの不毛の大地「セラード」開発の奇跡』ダイヤモンド社。

山田祐彰(二〇〇五)「アマゾンの自然を守る努力——日系人のアマゾン農業開発とアグロフォレストリー」(西澤利栄ほか『アマゾン——保全と開発』朝倉書店)一一八—一三〇ページ。

吉田圭一郎(二〇一三)「多様な自然環境と環境問題——顕在化する環境問題」(丸山浩明編『世界地誌シリーズ6 ブラジル』朝倉書店)一三二—一三六ページ。

7 インディオ
―先住民の暮らしと文化―

田村梨花

キーワード　先住民、インディオ、インディオ居留地、先住民宣教協議会（CIMI）、ブラジル先住民ネットワーク（APIB）

ブラジルの先住民はインディオ（Índio）と呼ばれる。伝統的な狩猟採取に基づく暮らしを営む民族が存在する一方で、流暢なポルトガル語を使い都市部で生活する人々もいる。植民地、「途上国」、そして新興国として発展を遂げてきたブラジルにおけるインディオの歴史を理解することは、開発により社会文化的変容を迫られる人々の生存戦略の様相を明らかにすることにつながる。地球環境と一体となる文化を継承してきた彼らの思想は、現在私たちが直面しているグローバル・イシューに様々な側面から示唆を与えるものでもある。

ブラジル地理統計院（Instituto Brasileiro de Geografia e Estatística：IBGE）の調査によれば、一九九一年には人口全体の〇・二パーセント（二九万四一三一人）であったインディオは、二〇〇〇年には〇・四パーセント（七三万四一二七人）と大幅に増加した。その理由として、民主化以降の政府政策の影響や社会の変化により、自分自身のアイデンティティを「インディオ」と認識する人々が増えたことも一因であると分析されている〔IBGE 2012: 4〕。二〇一〇年の統計では、その割合はほぼ同じ（〇・四パーセント、八九万六九一七人）であり、そのうち五九・五パーセントはインディオ居留地（Terras Indígenas）で生活しているが、逆にいえば四〇・五パーセントは居留地以外の場所で、三六・二パーセントは都市部で生活している。現代ブラジルにおけるインディオは「アマゾン密林の奥地で外界と接触せず固有の世界観のもと生活を営む人々」というステレオタイプにはあてはまらない多様性を有している。

インディオの多様性――民族と言語

二〇一〇年、ＩＢＧＥは居住地、所属民族、言語といった項目を組み入れた人口調査を実施した。それによりブラジルのインディオの多様性はこれまでになく明らかになった。インディオ居留地の数は五〇五で、その面積はブラジルの国土の一二・五パーセントに相当し、ムニシピオの八割にはインディオが存在し、その人口は全国に広がっている。地理的分布を見ると、三八・二パーセントは二七四居留地が位置している北部に集中しているが、居留地以外の場所で暮らしている人口の割合が最も多いのは北東部（全体の三三・四パーセント）であり、地域によってインディオの生活環境は大きく異なるといえる。

民族は三〇五存在し、人口数の多い民族はチクナ族（Ticuna：五・一パーセント）、グアラニ・カイオワ族（Guarani Kaiowá：四・八パーセント）、カインガング族（Kaingang：四・二 パーセント）である。最も人口数の多い居留地をアマゾニア州とロライマ州に有しているヤノマミ族（Yanomami：二・五パーセント）は、居留地以外の人口数が少なく、ほとんどが居留地内で暮らす民族であることがわかる。一方、居留地以外で最も多い人口数を示す民族はテレナ族（Terena：二・五パーセント）である。民族が異なれば、装束をはじめあらゆる文化的慣習に差異が存在する。「インディオ」と総称して呼ばれる人々の間に、こうした文化的多様性が存在することを意識する必要がある〔数値の出所はすべてIBGEウェブサイトを基に算出〕。

五歳以上のインディオの三七・四パーセントによって使用される先住民言語は、語幹と言語族で分類すると二七四種類である。トゥピー（Tupi）語幹、マクロ・ジェ（Macro-Jê）語幹をはじめ、それ以外の言語族に属するもの、どの語幹にも言語族にも属さないものが多数確認されている。最も話者が多いのはチクナ語である。しかし、年齢層による差はあるが平均して全体の七六・九パーセントがポルトガル語を話し、居留地内でもその割合が高い（六一・一パーセント）ことは、インディオ文化にすでにポルトガル語が浸透していることを示している。

民族と言語の種類の多さは、インディオ共同体の多様性を表すものであるが、人類学・言語学の調査研究によればブラジルが発見された一五〇〇年当時、一五〇〇の民族が一〇〇〇の言語を話していたとされている〔Luciano 2006：43〕。その後五〇〇年間にわたるブラジルの歴史において多くの先住民族と彼らの文化が消滅してきた事実も忘れてはならない。

シングー河上流域に暮らすカマユラ族の死者を悼む祭り「クァルピ」
（©（特活）熱帯森林保護団体／下郷さとみ）

開発の歴史におけるインディオ——保護の対象から権利の主体へ

ポルトガルの植民地化が進展した一六世紀、先住民インディオはカトリック教宣教の対象であり、さらに植民地経済における労働力としての利用対象として認識された。宣教師にとってインディオのカトリックへの改宗とそのための保護は彼らの使命そのものであった。インディオは、その文化的価値観の差異から強制労働に従事させることが難しく、宣教師の存在や黒人奴隷の輸入の影響もあり奴隷化されたのは初期にとどまった。ヨーロッパ人入植者が持ち込んだ感染症が蔓延し、多くのインディオが命を落としたといわれている。宣教師が後見人となるなど、インディオは常に保護の対象とされた。彼らが権利の主体として社会的に認識されるのは、ブラジルの民主化以降である。

二〇世紀初頭、インディオは「発見」時以降の保護の対象としての存在から脱却することなくブラジルの社会制度に組み込まれることとなる。一九一〇年、インディオを対象とする初の保護機関としてインディオ保護局（Serviço de Proteção ao Índio：SPI）が設立される。当時の民法典ではインディオは「インディオまたは未開人」（Silvícola）と表記され、「無能力」（incapaz）ゆえに政府による積極的な保護が必要な存在であるとして規定された。こうしたインディオ保護の思想は、ヴァルガス政権の一九三四年新憲法において正式に条文化された。

軍事政権下では、ＳＰＩに代わる一九六七年の国立インディオ保護財団（Fundação Nacional do Índio：FUNAI）、一九七三年のインディオ法（Estatuto do Índio）など、インディオ居留地の領域画定や保健衛生、教育普及によるインディオの保護と社会への統合を目的とした政策が実施された。ＦＵＮＡＩの仲介なしの土地取引の無効化など、こうした保護政策は一定の役割を果たしたが、一九七〇年の国家統合計画（Plano de Integração Nacional：PIN）による道路建設などのアマゾン開発が本格化すると、法的に保護されるはずのインディオの土地を国家の安全保障の名のもとに商業利用する動きが活発になった（「アマゾンと環境」の項参照）。インディオの生活基盤を守る重要な政策である領域画定は、手続きの複雑さ、現状確認のための資金不足に加え、居留地の地下資源に目をつけた開発推進派による介入が画定の遅滞を引き起こし、認定領域がインディオに不利益なかたちをとることもあった〔今泉 一九九四：三七一―三七二〕。

初の民主的憲法である一九八八年憲法は、「未開人」の表記を削除し、統合概念の廃止とインディオ文化の尊重の明文化、権利内容の具体化、権利保障の実効性向上のための制度改革的特徴を持つものとなった〔同上：三七三―三七五〕。民主的憲法は、インディオを保護・統合の対象ではなく権利の主体へと認識する理念を規定し、それは様々な法制度に反映されることとなった。たとえば、民主的憲法を基に制定された一九九六年の改定教育基本法では、先住民に対し、共同体の文化と言語の教育カリキュラム化により、自らの文化を学ぶ権利を保障した。出生登録の弾力化など、市民権の獲得を円滑に行えるような制度改革を進め、「インディオ」として特別扱いするのではなく、市民一般として認識する方向性、つまりこれまでの統合的概念ではなく、多様な市民性を社会的に包摂するという政策転換が見られた。

脅威にさらされる生活圏と権利を守る運動

しかしながら、インディオの市民権の保障と彼らの生活圏の保護は、必ずしも同時に行われてはいない。教育、保健衛生、社会保障といった生活に関わる権利は法的に確保されつつあるが、「国家の資源」としての土地開発は推進され、居住地からの強制排除だけではなく、インディオ共同体の存続に必要な生態システムが破壊される状況は依然として変化していない。特に近年のグローバル化によって土地開発に多国籍企業が深く関わる場合など、インディオと土地所有者・利用者との対立の図式は複雑化している。カルドーゾ政権下で一四七、ルーラ政権においては僅か八八〔Vallence 2011: 438〕という成果にとどまっている領域画定の遅滞も、その現状を激化させている。インディオ側の指導者の殺害といった暴力的な事件だけではなく、文化の剥奪がアイデンティティ崩壊につながり、アルコール依存や集団自殺といったジェノサイドを引き起こしている。

しかし、インディオの生活文化を保持、継続するためには市民権の獲得は重要な鍵である。先住民宣教協議会（Conselho Indigenista Missionário：CIMI）の協力により軍事政権下の一九七六年に結成された先住民連合（União das Nações Indígenas：UNI）のように、民族の境界を越えてインディオの生存の権利を求めるために結集した民衆組織は、共同体が受けている人権侵害や強制排除を告発するためネットワークや情報を利用し、民主化後も活動を継続している。国内外のインディオ共同体や民衆組織、環境・人権保護ＮＧＯとの連携関係を構築することは、不当な土地占拠や人権侵害、暴力の告発などの社会運動に力を与えている。二〇一四年、ＦＵＮＡＩの権限を連邦議会に移譲する憲法補足法案（ＰＥＣ）二一五号の取り下げは、二〇〇五年に結成されたブラジル先住民ネットワーク（Articulação dos Povos Indígenas do Brasil：APIB）に代表される数々のインディオ当事者運動の成果ともいえる。

グローバル化時代に必要な叡智をインディオに学ぶ

ブラジルの歴史において、インディオは開発の犠牲者として表象されてきた。常に支配者側、国家政府の視点から語られ続けてきた歴史分析と袂を分かち、ポストコロニアル的視点からインディオ—南米ブラジルの地に太古から暮らし続けている人々を捉え直すことは、経済のグローバル化が加速化し世界が「資本主義」という近代的価値観で覆い尽くされようとしている今、私たちに必要な数々の叡智をもたらすのではないだろうか。一九八九年より、アマゾンの森林とインディオの生活文化を保護する支援協力活動を行っているNPO法人「熱帯森林保護団体」代表の南研子は「政治、経済、教育、医療、環境問題などあらゆる分野を論じる前に、まず人間がこの星でどう生きるべきか？　何が本当に大事で必要なのか」〔南 二〇〇六：七二〕を思考する重要性を強調する。森と共に生を営むインディオの世界観は、地球を守るための選択肢を私たちに伝えてくれるに違いない。

〈引用文献〉

IBGE（2012）*Os indígenas no Censo Demográfico 2010: primeiras conciderações com base no quesito cor ou raça*, Rio de Janeiro, IBGE.

Luciano, Gersem dos Santos（2006）*O Índio Brasileiro: o que você precisa saber sobre os povos indígenas no Brasil de hoje*, Brasília, Ministério da Educação, Secretaria de Educação Continuada, Alfabetização e Diversidade.

Vallence, Monique M. (2011) "National Indian Fundation (FUNAI)," in Crociti, John J. (ed.) *Brazil Today: An Encyclopedia of Life in the Republic*, vol.2, Santa Barbara, ABC-CLIO, pp.435-438.

今泉慎也（一九九四）「ブラジル・インディオの法的保護」（矢谷通朗編『ブラジル開発法の諸相』アジア経済研究所）三五七－三七九ページ。

南研子（二〇〇六）『アマゾン、森の精霊からの声』ほんの木。

8 言語差別
―標準ポルトガル語が「わからない」人に対する差別―

ギボ・ルシーラ

キーワード　階級差別、言語差別、誤用、地域方言、標準語

言語差別と標準語の概念

デジタル大辞泉によれば、「差別」という言葉の意味は、「①あるものと別のものとの間に認められる違い。また、それに従って区別すること。②取り扱いに差をつけること。特に、他よりも不当に低く扱うこと」である（傍線は筆者による）。自らとは違う特徴を持つ者を区別して低く扱う行動は、人種差別、性差別、階級差別、言語差別など、様々な形態で起こる社会問題である。人種差別や性差別の問題は、世界中で取り上げられ、大概の人が議論できるテーマである。しかし、それに対して、言語差別について考える人は少ないと思われる。

ここでは、ブラジルにおける言語差別について述べるが、まず日本と比較しながらブラジルにおける標準語の概念と言語差別の関係について考えたい。

出身地を意識する人が多い日本では、標準語と地域方言を対立させることが多く見られる。関東地

方以外の地域の日本語母語話者は、地元では方言で話すが、東京などでは意図的に標準語にコードスイッチングする。日本語諸方言の間にはアクセント、語彙、文法に差があるため、話が通じるようにそうせざるをえない状況があるだろうが、地域方言話者が標準語に劣等感を持ってしまうこともあるのではないかと思われる。

筆者が七年間暮らした沖縄県では、標準語の「バスで行く」という意味で「バスから行く」と言ったりする。また、動詞の命令形には「しれ」（しろ）、「見れ」（見ろ）などの形がある。しかし、たとえば東京でこのような日本語を話したら文法的に「おかしい」、「間違っている」と指摘される可能性がある。そのため、地方から上京した話者は自らの方言の使用を控えて標準語で話すことが多い。日本では関東地方で話される日本語の文法、アクセントが標準であるという意識が強いため、その他の方言は言語差別の対象になるわけである。

一方、ブラジルでは、ある特定の地域で話されている言葉が標準語になるというよりも、文法的正確さによってある言語が標準語かどうか判断することが一般的である。ブラジルポルトガル語（以下、ポルトガル語とする）の方言の間では、音韻、アクセント、語彙的な違いが目立ち、日本語諸方言のように文法の違いはほとんどない。そのため、特定の地域で話されているポルトガル語の文法が標準であるという考え方はない。規範文法に従っていればどの地域のポルトガル語でも「português padrão（ポルトゲイスパドラゥン）」（＝標準ポルトガル語）として認められる。逆に言えば、首都のブラジリアや大都市のサンパウロやリオデジャネイロのアクセントで話されても文法的に誤ったポルトガル語は差別の対象になりうる。

次の図は、日本とブラジルの標準語の概念およびそれぞれの言語差別の対象を比較したものである。

図　標準語の概念と言語差別の対象

	標準語		言語差別の対象
日　本	【関東地方で話される日本語】	《対》	【地域方言】
	≠		≠
ブラジル	【文法的に正しいポルトガル語】	《対》	【文法的に誤ったポルトガル語】

繰り返しになるが、日本では、関東地方で話される日本語の音韻、アクセント、語彙、文法が判断の基準であり、それとは異なった地域方言は差別の対象になる。一方、ブラジルでは、地域を問わず文法的に正しいポルトガル語が標準語であり、文法的に誤ったポルトガル語は差別の対象になる。日本とブラジルでは標準語の概念が異なるため、それぞれの国で言語を差別する基準と差別対象が異なるのである。

日本では、言語が正解か不正解の問題ではなく、言語差別は話者の意識による問題である。標準語が優れていると思う人がいれば、標準語と地域方言を区別しない人、また、地域方言を好んで話す人もいる。一方、ブラジルでは、文法的に正解か不正解という根拠に基づいて言語が判断されるため、日本よりも言語差別が起こりやすいと思われる。次にポルトガル語において文法的な誤用が起こる原因について考えよう。

文法的に誤ったポルトガル語──誤用が起こる原因

さて、ポルトガル語においてなぜ文法的な誤用が起こるのだろうか。まず、筆者が重要な原因として考えるのは、ブラジルでの就学率の問題である。ブラジルには、学校教育を受けていない、または十分に受けていない人の数が多い。ブラジル地理統計院（Instituto Brasileiro de Geografia e Estatística：IBGE）が二〇一四年九月一八日に発表したデータによると、二〇一三年の一五歳以上の非識字者数は一三〇〇万人（人口のおよそ八・三パーセント）に及んでいる。また、基本的な読み書きはできても文法的正確さや文体において言語を満足に使いこなせない機能的非識字者数は人口の一七・八パーセントを占めている。この割合は、学歴の低い人数を表すと同時に言語の知識が欠如しているポルトガル語母語話者の数を表しているといえる。この状況は誤用が起こりやすい原因の一つだと考えられる。

また、ポルトガル語の文法体系そのものが、誤用が起こりやすい状況を作っていると思われる。ポルトガル語には、時制、法、人称、数によって変化する動詞の多様な活用形、また多様な前置詞、多様な代名詞、複雑な体系を成す諸要素が存在し、文法規則が細かい言語である。ポルトガル語母語話者でも学校教育を通して初めて意識する言語のルールがある。たとえば、次の（ア）と（イ）は、規範文法からすれば誤用であるが、実際の日常会話でよく耳にするポルトガル語の例である。（ア）では、動詞の活用形、（イ）では代名詞の誤用が起きている。なお、本稿で扱っている用例は、筆者がブラジル人と交流するなかで観察したポルトガル語の使用に基づいて作成したものである（アスタリスク記号は、文の非文法的な部分を示している）。

（ア）Nós *veio hoje.

私たち／動詞 vir（来る）・三人称・単数・完全過去形／今日

標準ポルトガル語：Nós viemos ontem.（動詞 vir（来る）・一人称・複数・完全過去形）

（イ）Empresta o livro pra *mim ver.

動詞 emprestar（貸す）・二人称・命令形／定冠詞／本／前置詞・与格／前置詞格人称代名詞・一人称・単数／動詞 ver（見る）・不定詞

標準ポルトガル語：Empresta o livro pra eu ver.（人称代名詞・一人称・単数）

日常会話でよく耳にするとはいえども、やはり文法的に誤ったポルトガル語は、言語差別の対象になり、（ア）と（イ）のようなポルトガル語を話す人は、「ポルトガル語がわからない」、「教育のレベルが低い」などとマイナス評価され、差別を受けることがある。

また、ポルトガル語の話し言葉と書き言葉の違いが誤用の起こりやすい状況を作っていると思われる。話し言葉と書き言葉において言語の使い方が異なるため、学校教育を受けていない、または読み書きの習慣がない話者が意識していない（時には知らない）文法規則がある。規範文法に厳格な書き言葉に比べ、話し言葉の文法は単純である。たとえば、（ウ）と（エ）で挙げているように、話し言葉において動詞の複雑な活用形の区別がなくなり、異なる意味を表すのに一つの同じ形式が用いられる。本来、（ウ）では「直説法過去未来形」、（エ）では「接続法不完全過去形」が用いられるべきであるが、いずれも「直説法不完全過去形」に代用されている。

（ウ）Se eu fosse rico comprava aquela casa.
もし／私／コピュラ動詞・一人称・単数・接続法不完全過去形／お金持ち／動詞 comprar（買う）・一人称・単数・直説法不完全過去形／あの／家。（もし私がお金持ちだったならば、あの家を買うだろう）
標準ポルトガル語：compraria（動詞 comprar（買う）・一人称・単数・直説法過去未来形）

（エ）Eu pensei que você não vinha mais.
私／動詞 pensar（思う）・一人称・単数・直説法完全過去形／接続詞／あなた／否定／動詞 vir

（来る）・三人称・単数・直説法不完全過去形／もう。（君はもう来ないと私は思った）
標準ポルトガル語：viesse（動詞vir（来る）・三人称・単数・接続法不完全過去形）

以上二つの用例は、規範文法に反しているが、多くの話者が使用するようになり、話し言葉で許されるものとなっている。しかし、規範文法の意識が高い人はこのようなポルトガル語を批判し、文法的に誤ったポルトガル語を使用した話者は、規範文法がわからない、教育レベルが低い者として評価される。最近流行りのＳＮＳでも利用者が相手の誤ったポルトガル語の使い方を批判し、"Não mate o português"（ポルトガル語を殺すな）、"Aprenda o português primeiro"（まずポルトガル語を覚えろ）などの暴言を書き込む人が増えて、インターネット上でも言語差別が起きている。

言語差別から見えてくるもの

ブラジルでは、容姿や肩書きで人を判断するように、言語で人を判断し、相手の社会階級がわかるという。文法的な間違いが多く、標準ポルトガル語がわからない人は、教育のレベルが低いと判断され、社会階級が低い者として認識される。貧しい人は標準ポルトガル語がわからない、標準ポルトガル語がわからない人は階級が低いという先入観が持たれている。

ブラジルでは地域間に経済格差があり、貧しい地域の人に対する差別意識はそれぞれの地域のポルトガル語に対する差別意識を持たせている。前述したように、地域間には、文法の違いはほとんどなく、方言と方言を区別させているのは、アクセントや語彙である。そのアクセントや使用している語彙によって相手の出身地がわかり、最低賃金以下で暮らす貧困の人々の割合が高い北東部や田舎の

「訛り」で話す人は、差別を受ける対象になる。これは、日本における地域方言に対する差別意識と似ているが、ブラジルでは言語差別の問題の背景に階級差別の問題が絡んでいるのである。

北東部の人が話す「dialeto nordestino（ジアレートノルデスチーノ）」（＝北東部方言）や田舎の人が話す「dialeto caipira（ジアレートカイピーラ）」（＝田舎の方言）は、経済的階級と学歴が低い人が話す言語のイメージを持たれている。テレビのドラマでも家政婦などの社会的地位の低い役は、この二つの方言のいずれかを話している場面が多い。一方、社会的地位が高い人々は、ブラジルの国内総生産の半分以上を占めるサンパウロ州やリオデジャネイロ州など南東部の州のアクセントで話すイメージがある。アクセントの判断、文法の正確さによる判断、いずれにしてもブラジルでの言語差別という行動は、社会的格差を反映しており、階級差別と深く関連しているといえる。

まとめ

以上、ブラジルにおける言語差別について述べたが、これは筆者が来日して日本での言語差別の事情を知って初めて気づかされたブラジルの言語差別の特徴を記述したにすぎない。この社会問題をめぐって様々な疑問が呈されるだろうが、本稿が言語差別というテーマに対して読者の関心を呼び起こすものとなれば幸いである。

9 カポエイラ
―既製の枠におさまりきらないアフロ・ブラジル文化―

矢澤達宏

キーワード　カポエイラ、アフロ・ブラジル文化、世界無形遺産、奴隷、ブラジリダーデ

カポエイラとは何か

瓢箪を弓にくくりつけたような楽器が発する独特の音色。そこにかぶさっていくタンバリンや太鼓のリズム、手拍子、そして歌声。叩き手、歌い手が作る輪の中では、前傾で前後にステップを踏み、腕を交互に振りながら左右に体を揺らして対峙する二人。一方が後ろ回し蹴りを繰り出すと、他方はしゃがみこんでこれをかわす。かわした方が這いつくばるように足払いの蹴りを出して反撃に転ずると、相手は側転して逃れる――。

格闘技なのか、格闘をモチーフにしたダンスなのか、はたまた一種の民俗芸能なのか――。カポエイラ（capoeira）は描写するのも難しいが、定義もまた一筋縄ではいかない。それらのいずれでもあり、しかしいずれでもないともいいうるのがカポエイラなのである。一見、一対一の足技主体の格闘技の

カポエイラの輪

（©UNESCO and TT Catalão）

ように見えるが、蹴りを実際に当てることにより相手を打ち負かすことを目的とはしない。攻撃や防御の卓越さを示すことにむしろ主眼を置いている。同じカポエイラでも動作のスピードはスタイルにより相当に異なるが、ゆったりとした動作で行われる場合、とりわけそうした本質を見てとりやすい。そして、周りを取り囲む人々が生み出すリズムと歌は決して添えものなどではなく、肉体の技にもひけをとらぬカポエイラの不可欠な一部とみなされる。「手合わせ」を終えた二人は、今度は歌声とリズムの輪に加わって別の二人の攻防を後押しするのである。

つまるところいったい何であるのかは判然としなくとも、カポエイラのインパクトと認知度は抜群のものがある。高速のスタイルが誇示するアクロバティックな動きは見る者を魅了し、地を這うがごとき体勢や倒立、回転、ときに宙返りを取り入れた攻防、そしてビリンバウ（berimbau, 本稿冒頭で描写した楽弓）の泥臭い響きは、いずれもエキゾティシズムを感じさせるに十分である。カッコよく、個性的なこの営為は、それゆえに多くの実践者を生み出してきた。それはブラジル国内にとどまらず、世界の一六〇を超える国々にもおよび、あくまでも参考程度に考えるべきかもしれないがブラジル国内八〇〇万人、国外二〇〇〇万人という数字もある。さらに二〇一四年にはユネスコの世界無形文化遺産に「カポエイラの輪（roda）」として登録され、国際的にも決定的な評価を得るに至った。これを受けてブラジル文化省広報局の出した声明では、カポエイラを「ブラジルのアイデンティティのシンボルのうち最も重要なものの一つ」と位置づけ、「それ一つで闘技、ダンス、スポーツ、芸術のいずれでもあるアフロ・ブラジル文化」と形容している。では今日浴している地位にカポエイラはどのように辿りつき、そのあわせもつ様々な顔をいかにして獲得してきたのであろうか。

ルーツ——奴隷の武術？　アフリカの舞踊？

元々は奴隷たちが主人に対する抵抗・護身のために編み出した武術で、手枷をはめられていたことから足技が基本となり、主人の目をくらますため音楽を伴うダンスに偽装した——こんな逸話を耳にしたことはないだろうか。ひと昔前まではまことしやかにささやかれてきた説だが、今日では神話にすぎないというのが大方の見方である。

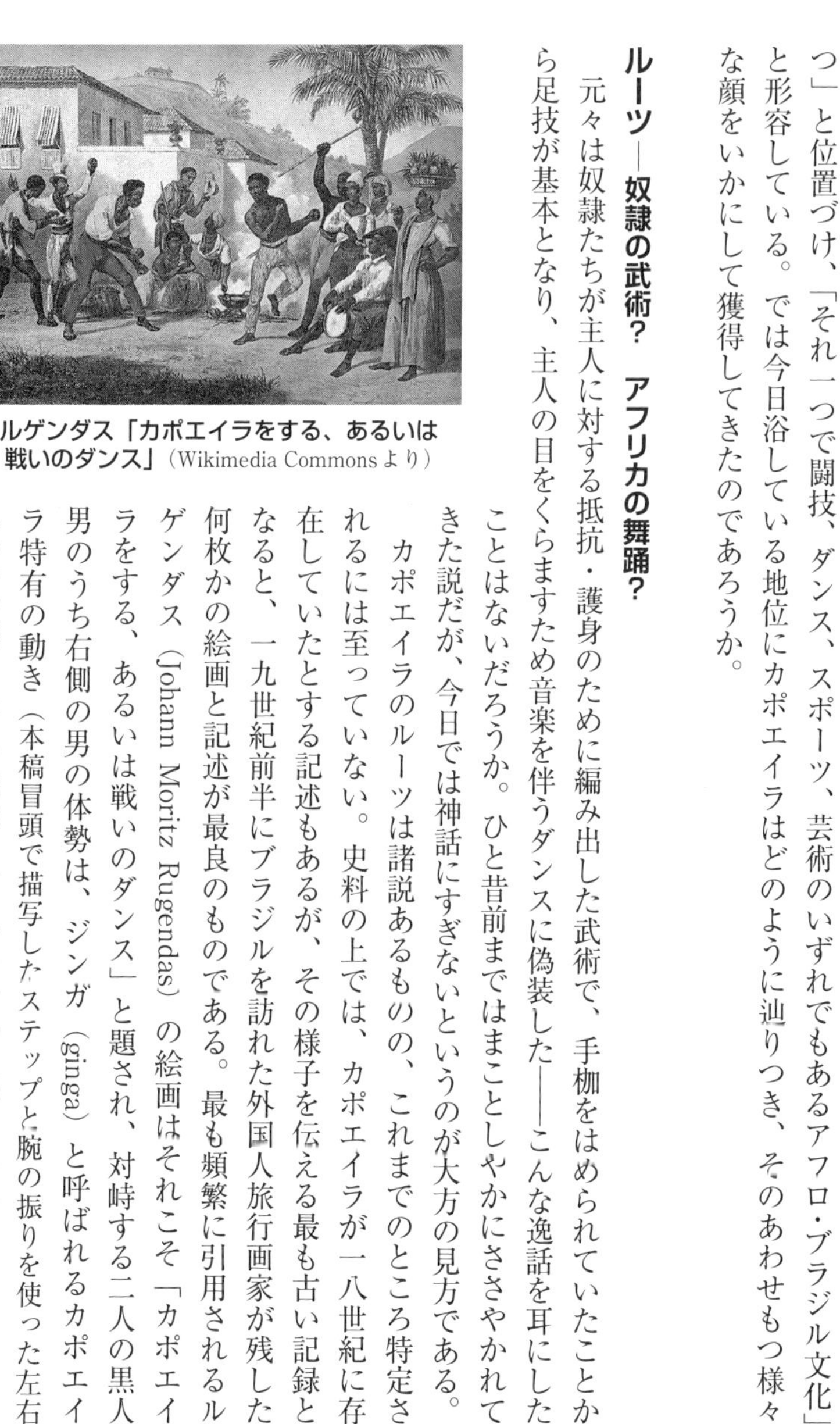

ルゲンダス「カポエイラをする、あるいは戦いのダンス」（Wikimedia Commonsより）

カポエイラのルーツは諸説あるものの、これまでのところ特定されるには至っていない。史料の上では、カポエイラが一八世紀に存在していたとする記述もあるが、その様子を伝える最も古い記録となると、一九世紀前半にブラジルを訪れた外国人旅行画家が残した何枚かの絵画と記述が最良のものである。最も頻繁に引用されるルゲンダス（Johann Moritz Rugendas）の絵画はそれこそ「カポエイラをする、あるいは戦いのダンス」と題され、対峙する二人の黒人男のうち右側の男の体勢は、ジンガ（ginga）と呼ばれるカポエイラ特有の動き（本稿冒頭で描写したステップと腕の振りを使った左右への身の揺らし）を彷彿させる。周囲で見守る黒人たちの中には、熱狂しているかのような仕草の男たちもあれば、いさいかまわず何かしらを煮炊きし、それを売っているかのような女の姿もある。さらに一人の男は太鼓を叩きつつ、「戦い」の成り行きを見つめている。すぐ後ろには白人の二階建ての邸宅も見える。ルゲンダスはカポエイラを「戦いのゲーム」とも形容しているが、こうした情景を、奴隷たちが余興にみせかけつつ実は主人に反撃するための鍛錬を重ねている場面だと解釈するには、相応の根拠が必要だろう。ダンスを装っていたとしても、白昼、白人の屋敷の目の前で攻撃の牙を磨くというのはあまりに大胆にすぎまいか。

アール「黒人の戦い、ブラジル」

（オーストラリア国立図書館蔵）

もう一枚のよく知られた絵画はアール（Augustus Earle）の手になるもので、タイトルこそ「黒人の戦い、ブラジル」となっているが、傍らで見ている黒人たちの様子からはやはり決闘に居合わせているかのような切迫感は感じられない。「格闘」する黒人男の一方はジンガをする、もう一方は蹴りを繰り出すさまが描かれ、ルゲンダスの作品よりも一層カポエイラらしい雰囲気を伝えている。この絵のもう一つ注目すべきは、いまにも介入しようと塀を越えようとしている官憲の姿が描かれている点である。このことは、カポエイラが弾圧の対象でもあったことを物語っているが、だとすれば、武術訓練のカモフラージュとしての姿という解釈の説得力は失われてしまうことにもなる。

奴隷制下の米州各地に黒人による様々な形態の武闘ダンスが存在していたことは、よく知られている。カポエイラもそうしたものの一例として位置づけるのが自然であろう。ルーツであるアフリカから奴隷たちがそっくりそのまま持ち込んだとするのはさすがに単純にすぎようが、その源流としてアフリカを否定することは難しい。現にアフリカ各地でも各種武闘ダンスの存在が確認されており、カポエイラに関していうなら、一九六〇年代にブラジルを訪れたアンゴラ出身の画家が、アンゴラ南部のンゴロ（Ngolo、あるいはエンゴロ Engolo）と呼ばれる武闘ダンス（シマウマ同士の戦いをモチーフにしたとされる）との共通性を指摘した。だが、ンゴロにせよアフリカの他の特定のダンスにせよ、カポエイラの祖先と認定されるまでには至っていない。

一定のアフリカ由来の要素は想定されるものの、カポエイラの確実に遡ることのできる原形は、ルゲンダスやアールの描いた奴隷制下のブラジルにおける黒人たちの武闘ダンスということになる。ここで、ダンスとはいっても単なる娯楽といった矮小化した捉え方をするのは適切でない。様々な拘束を受け、人間性を否定され、ヨーロッパ文明を押しつけられていた黒人奴隷にとって、自分たちのダンスを踊ることはつかの間とはいえ、人間としての自己の回復・表現であり、自身の境遇に対する抵抗という意味合いを有していたことは忘れてはならない。戦って反逆したのでなく、踊って反逆したのがカポエイラなのである。

無頼の術としての広まり――帝都リオデジャネイロの裏社会

だが、カポエイラが暴力としての顔をのぞかせることもあった。ブラジルが独立して間もない頃から、リオデジャネイロではカポエイラによる暴力沙汰が記録されている。ただし、主人を標的にしたものというよりは、少なくとも当初は黒人同士のものが主であった。たとえばルゲンダスやアールがブラジルに滞在したのとほぼ同時期の一八三一年には、リオのある地区で総勢二〇〇人を超える黒人とムラート（混血）が二つのグループに分かれて乱闘しているのが目撃されている。

カポエイラを使って互いに抗争を繰り広げる一団はマルタ（malta）と呼ばれるようになり、やがてリオの各地区を根城にするなどして数多くのマルタが出現する。一九世紀の半ば頃から、ブラジル帝国の都としての発展を背景に、リオにおけるマルタの存在感は急速に増していった。当初は奴隷であれ自由民であれ、もっぱら黒人によって構成されていたマルタに、白人やポルトガルなどからの移民で貧しい者たちも加わるようになった。また、カポエイラにはカミソリやナイフ、棍棒などが取り入れられるようになり、凶暴化も進んだ。しかし、それら以上に大きな変化はマルタが政治への関わりを深めていったことである。そのきっかけはパラグアイ戦争（一八六四〜七〇年）だったという。

この足かけ七年に及んだ戦闘を戦い抜くのに十分な兵力を、当時のブラジルは有していなかった。窮した帝国政府はなりふり構わぬ兵士のかき集めに出たが、その格好のターゲットにされたごろつきや罪人の中にはカポエイラの使い手が多数含まれていたとされる。パラグアイの前線に送り込まれた彼らは、弾薬が切れ白兵戦となるや刀剣やカポエイラの技で敵を攻撃し、大活躍したと伝えられる。つまはじき者たちは一転、救国の英雄となったのである。

凱旋した彼らに目をつけたのはリオの政治家たちだった。荒くれ者たちを配下に入れ、手先にしようと目論んだのである。当時の議会選挙はといえば、イデオロギーや政策よりも、議員の地位から得られる権限や利益をめぐって競い合うというのが実態で、その分け前にあずかろうとする支持者同士の争いも熾烈であった。政争に不正や暴力が付きものであった時代、パラグアイ戦争でもその威力を示したカポエイラを政治家たちが放っておくはずがない。一八七二年の選挙では、ある政治家の差し向けたマルタの連中が投票所で不正投票をはたらき、対立陣営の人々を威嚇し、カミソリで負傷させるなどして大事件となっている。

パラグアイ戦争後、リオの裏社会の勢力図は二極化の様相を鮮明にしていった。市内各所のマルタは、「グアイアム」（Guaiamu）、「ナゴア」（Nagoa）という二つの勢力のいずれかに属し、反目した。しかも、それぞれ自由党、保守党という当時の二大政党と結びつき、政界にも影響を及ぼし始めたのである。権力者とのつながりは、カポエイラのさらなる凶暴化と拡大をもたらした。政治家の知己をよいことに、マルタのカポエイラ使いたちのふるまいはますます傍若無人となり、リオの住民たちを震え上がらせたのみならず、警官を挑発することさえあった。一方で、社会のあぶれ者たちの中からは、黒人であろうが白人であろうが、すがるようにマルタに加わる者が続々とあらわれた。

だがこうした政治との接近の先には手痛いツケが待っていた。新興の政治勢力として共和党が台頭し、旧来の君主制支持者たちに対抗し始めると、マルタはそれまでの関係の延長で後者に肩入れした。だが、前者へと傾きつつあった歴史の潮流を押し戻すことはできなかった。一八八九年、帝政に終止符が打たれ共和政が樹立されると、その影響力の大きさを懸念した新政府はすぐさまカポエイラの掃討に乗り出し、使い手を片っ端から捕縛してフェルナンド・デ・ノローニャ島への流刑に処した。そして一八九〇年公布の刑法では、カポエイラは名指しで犯罪行為に指定されたのである。それまでも鞭打ちや強制労働、投獄などの処罰が定められることはあったが、国家レベルの刑法において言及されるのは初めてであった。

「犯罪」から「国技」への大転換—スポーツ化がもたらした社会への受容と普及

「ビンバは強し」——一九三〇年代半ば、サルヴァドールのオデオン・パークのステージで行われた格闘技戦で並みいる猛者たちを倒すカポエイラの使い手に対し、すっかり魅せられた観衆はそう連呼したという。この男こそカポエイラ界の革新児、ビンバ師範（Mestre Bimba）ことマノエル・マシャド（Manoel dos Reis Machado）である。一九世紀末の一斉検挙以来、なりをひそめていた感のあったカポエイラに復活、そしてさらなる発展のきっかけを与えたのは彼だったといっても過言でない。

二〇世紀初頭、カポエイラが警察による取り締まりの対象である一方で、人夫などにとってはちょっと荒っぽい一種の遊びであったというのは、リオでもサルヴァドールでも変わらない。当時、国外から入ってきた様々な格闘技が人気を博しつつあったのにひきかえ、カポエイラのありように物足りなさを感じていたビンバは、レスリングやサバット、柔術などから複数の技を取り入れた新しいスタイルを考案した。これを「バイア地方流闘技」（Luta regional baiana）と名付け、ビンバは一九三〇年代初めに自ら設立した道場（academia）で指導を始めた。彼の編み出した流儀が、従来のカポエイラや他の格闘技にひけをとらぬことを世間に示してみせるため、彼は新聞紙上で挑戦者を募った。カポエイラの名誉挽回をかけ、ビンバはオデオン・パークのステージに上がったのである。

伏線はすでにあった。たとえば一九〇九年、ブラジルの海軍兵学校で柔道の指南役をしていた日本人、三浦鑿（さく）とカポエイラの名手シリアコ（Francisco da Silva Cyríaco）との間で公開試合が行われた。会場となったリオ市中心部の芝居小屋は超満員となり、開始直後に一撃で三浦を沈めた黒人男に、市民は熱狂したという。この一件を取り上げた雑誌は、「われらのカポエイラ」といった表現もしている。また、国産の身体運動としてカポエイラを位置づけようとする動きも一九二〇年代には見られていた。シニョージーニョ（Sinhôzinho: 本名 Agenor Moreira Sampaio）は中上流階級の子弟を主な対象に、格闘技寄りにアレンジしたカポエイラを教え、ブルラマキ（Aníbal Burlamaqui）はボクシングを参考にした試合の規定や、個々の技、トレーニング法などを冊子にまとめ提起した。ブラジリダーデ（brasilidade, ブラジルらしさ）を追い求める文化芸術運動やナショナリズムに訴えかける政権などを背景に、カポエイラに対しブラジル固有の格闘技・スポーツにと望む声が存在していたのは確かである。ただ、そうした期待を現実のものとした立役者はビンバをおいてほかにない。

オデオン・パークで名を上げたビンバは一九三六年、バイア州執政官マガリャンエス（Juracy Magalhães）より招待を受け、官邸でカポエイラを披露した。翌三七年には州教育保健社会福祉局より、ビンバと彼の道場は体育教師およびその教室としての公認を得るに至った。カポエイラは一九四〇年に改正された刑法の文言からは外れたが、その前からすでに実質的には脱犯罪化が進みつつあったのである。事実、ビンバは三〇年代終盤には予備役将校訓練所でも指導を行っていた。ビンバの道場には中上流階級の白人たちも門弟として集まり始めた。サンパウロ、リオなど他州からも招待を受け、ビンバは弟子たちとともに各地を訪問し、「カポエイラ・レジオナル」（Capoeira Regional）と称されるようになった彼のスタイルはブラジル全土に広まっていった。

一九五三年、ビンバはヴァルガス（Getúlio Vargas）大統領との接見の機会までも得る。ヴァルガスはビンバに対し「カポエイラは真に国民的といっていい唯一のスポーツだ」と語りかけたという。つい少し前まで「犯罪」の汚名を着せられていたカポエイラは、時の最高権力者から「国技」としてのお墨付きさえ得るという大転換を遂げたのである。

「伝統の復興」、そして黒人運動との接近——多面的な文化への揺り戻し

レジオナルが道をつけたスポーツ化がカポエイラ普及の原動力となったことは間違いない。ただ、

スポーツ化とはいってみれば近代化、合理化であり、従来のカポエイラが持っていた要素のうち、そうした方向性とは相容れないものを捨象することにほかならなかった。具体的には儀礼的な要素や、かつて使い手たちがしばしばその介在について言及していた「マンディンガ」(mandinga) のような魔術的、神秘的要素などがそれにあたる。それらは黒人奴隷さらにはアフリカというルーツを想起させるような要素でもあった。こうした側面が希薄化されたからこそ、レジオナルはエリートや白人たちにも受け入れやすかったという言い方もできよう。

だが、カポエイラ実践者がこぞってそうした時流に同調したわけではない。その誕生当初からレジオナルが提示した様々な変化に対しては、反発や違和感をおぼえる向きがサルヴァドールの名人たちのあいだにはあった。レジオナルとの区別から「カポエイラ・アンゴラ」(Capoeira Angola) と呼ばれ始めていた従来のスタイルの維持を訴える動きの中で頭角を現してきたのが、パスティーニャ師範(Mestre Pastinha)ことヴィセンテ・パスティーニャ(Vicente Ferreira Pastinha)である。一九四〇年代、彼は「カポエイラ・アンゴラ・スポーツセンター」(Centro Esportivo de Capoeira Angola) を設立し、アンゴラ・スタイルの体系化と普及につとめた。レジオナル以前の、元々多様性の見られたスタイルを整理し、ゲーム(ポルトガル語でジョーゴ jogo) 前の導入歌や、ゲーム中のテンポを落とした舞踊的局面、身体を密接させての駆け引きなども残しながら定式化する一方、無法者と結びついた悪いイメージを払拭すべく、ユニフォームの着用を定め、礼節を重んじることを説いた。

アフリカとの繋がりを示すエキゾティックな呼称も手伝ってか、ときおり民俗芸能公演の声がかかったり、一九六六年にセネガルで開催された第一回世界黒人芸術祭 (First World Festival of Black Arts) にブラジル代表団の一部としてパスティーニャ一行が派遣されたりはしたものの、カポエイラ・

アンゴラはレジオナルのような社会への浸透を果たすことはできず、全体としては低調な活動がしばらく続いた。しかし一九八〇年代に入るとアンゴラは絶滅の淵から甦ることになる。国政の民主化への動きを背景に再興を果たした黒人運動がアンゴラの普及を後押ししたのである。アフロ・ブラジル文化の象徴的存在の一つにカポエイラを位置づけたい黒人運動からすれば、黒人／アフリカ色が中和されたレジオナルよりも、色濃く残っているアンゴラの方が当然望ましい。ビンバ、パスティーニャともに亡き後のサルヴァドールで、モラエス師範（Mestre Moraes 本名Pedro Moraes Trinidade）ら次世代の手で始まったカポエイラ・アンゴラ再生の運動は、ブラジルの他地域や海外にも広まっていき、アンゴラはレジオナルに勝るとも劣らない勢力へと伸長してきている。また、レジオナル、アンゴラ双方の流れを汲むようなスタイルも今日では少なくない。

世界無形文化遺産への登録を定めた決議は、カポエイラの意義を次のように提示している。「抑圧と差別に抵抗するための手段である一方、異なる民族、社会階級、年齢、ジェンダー、国籍の人々のあいだの対話を促進するための手段」でもあると。これはまさに、アンゴラの果たしてきた支配的ヨーロッパ系文化への対抗と、レジオナルの実現してきた人種や階級の壁を超えた裾野の拡大とをそれぞれ反映しているといえよう。歴史の各局面で公権力により都合よく利用され、翻弄されることも少なくなかったカポエイラだが、今日、単に国産スポーツとしてではなくその多面性が認知されつつある。二〇〇三年の初等・中等教育におけるアフリカ系ブラジル人の歴史・文化の必修化（法律一〇六三九号）を受け、体育の授業等でカポエイラの実践を取り入れる学校が出てきていることなども追い風に違いない。カポエイラがさらにどのような役割を社会の中で果たしていくのか、今後も目が離せない。

〈参考文献〉

Assunção, Matthias Röhrig（2005）*Capoeira: The History of an Afro-Brazilian Martial Art*, London and New York, Routledge.

ブラジル連邦共和国外務省・駐日ブラジル大使館編（二〇一〇）『Texts of Brazil カポエイラ』駐日ブラジル大使館。

細谷洋子（二〇一五）『アフロ・ブラジル文化　カポエイラの世界』明和出版。

第4章

楽しむ

Desfrutar

1 サッカー
―ポルトガル語を話すとドリブルがうまくなる?―

市之瀬　敦

キーワード　サッカーの国、フチボウ、ペレ、エウゼビオ、ワールドカップ

ブラジルのサッカーでも、ポルトガルのサッカーでもよい。クラブ・レベルでも代表チームのサッカーでもよい。ポルトガル語を話す両国のサッカーを目にするとき、我々は個々の選手たちが見せる華麗なテクニック、巧みなフェイント、チームとしての流れるようなパスワークに魅了されるに違いない。いや、世界中ですでに数えきれないくらいのサッカーファンが虜になってきた。かくいう筆者もそのうちの一人である。

ブラジルはすでにワールドカップ（W杯）を五回も制覇し、自他ともに認める「サッカーの国」（país de futebol）である。世界中どこにいても、サッカーを語るとき、地元開催二〇一四年W杯準決勝対ドイツ戦の大敗（一対七）を含め、ブラジルという国名を欠かすことはできない。また、W杯での優勝はないものの、二一世紀に入ってからは安定した力を国際舞台で発揮し続けるポルトガル代表のサッカーを愛好するファンも少なくない。ブラジルもポルトガルもサッカーの強豪国だといっても、

誰からも異論は出ないはずである。

また、日本ではほとんど意識されていないが、二〇〇六年ドイツで開催されたW杯にはアフリカ代表として、大陸南西部に位置するアンゴラ共和国が初出場を遂げている。ポルトガル語を公用語とする国は現時点で世界に九か国あるのだが、アンゴラはポルトガル語圏諸国の中では、ブラジルとポルトガルに次いで三番目にW杯に出場した国となったのである。九か国のうちの三か国、すなわち三分の一という比率に意味があるのかどうかは別として、ポルトガル語圏でもサッカーが盛んで、しかも実力も抜きん出ていることが想像できるのではないだろうか。

ポルトガル語圏のサッカー

日本ではサッカーと呼ばれるスポーツが、実は他の多くの国でフットボール（あるいはそれに由来する言葉）と呼ばれることはご存じだろう。ポルトガル語でもサッカーではなく、英語のfootballをポルトガル語に適応させたfutebolという語が用いられる。地域差があるので、ブラジルではフチボウ、ポルトガルではフトゥボルという響きで聞こえるに違いない。このfutebolがどこからポルトガル語圏に伝わり、どのように広がり、発展を遂げたのか、ざっとおさらいをしておこう。

サッカーの母国がイングランドであることはいまさら再確認する必要はないはず。ポルトガル人もブラジル人もサッカーを自分たちで発明したわけではなく、その起源はイングランド発である。かといって、お雇い外国人コーチとしてイングランド人を招へいしたわけでもなく、イングランド人がサッカーを押しつけに来たわけでもない。ポルトガルとブラジルに共通するのは、一九世紀末、裕福な家庭の子弟がイングランドに留学し、現地でサッカーの魅力に触れ、帰国してから家族や友人たちにサッカーを教えたということだ。ポルトガルでは一八八八年一〇月に、ブラジルでも一八九五年四月にサンパウロで、キックオフの笛が初めて吹かれたといわれる。

社会の上流階級から導入されたサッカーが庶民レベルでの人気を獲得するには、ポルトガルでもブラジルでも多少の時間を要した。さらに、ブラジルでは階級の壁だけではなく、人種の壁も存在した。裕福な白人エリートのスポーツとして始まったサッカーのボールがアフリカ系の人々の足元に転がり込むのは簡単なことではなかったのである。サッカー愛好者の間には、「黒人、混血、貧乏人は駄目」という言葉さえあった。ポルトガルでは建国以来続いた王政が一九一〇年に崩壊し共和政に移行したが、その共和政の時代にサッカーが広く庶民の間に普及するようになった。サッカーは社会の民主化を必要としたし、それを促したりもした。一九二八年に開催されたアムステルダム五輪にはポルトガル代表チームが史上初めて国際舞台に姿を見せたが、リスボンの中心地ロッシオ広場に設置されたラジオが伝える実況放送を聞くために数多くの市民が押し寄せたという。サッカーはすでに国民的な関心事となっていたのである。

ブラジルでも二〇世紀に入るとサッカーと人種の民主化が進み、アフリカ系住民もプレーしていた。ブラジルサッカー界の最初のスター選手が生まれたのもその頃のこと。名前はアルトゥール・フリーデンライヒ（Arthur Friedenreich, 一八九二～一九六九年）。グリーンの瞳を持つ混血の選手であった。生涯通算ゴールが、W杯を三回も制した「王様」ことペレを上回るという伝説も残っている。

早くから名選手を数多く生み出したブラジルだったが、ワールドカップでは地元開催だった一九五〇年大会を含めなかなか勝てず、初戴冠は一九五八年スウェーデン大会。ペレという二〇世紀最大のスポーツ選手を擁し、さらに六二年、七〇年の大会も制し、サッカー大国としての地位を確立した。一方、ポルトガルはというと、六六年イングランド大会に初出場すると、王者ブラジルなどを破り、いきなり三位入賞という快挙を成し遂げた。そのときのエースがエウゼビオ・ダ・シルバ・フェレイラ（Eusébio da Silva Ferreira, 一九四二〜二〇一四年）というアフリカ出身の選手だったところに、植民地国家だったポルトガル〝らしさ〟が見て取れたのである。

ブラジルはその後も二度ワールドカップを制し（一九九四年と二〇〇二年）、ポルトガルは浮き沈みを繰り返しながらも二一世紀はコンスタントに重要な国際大会に出場し、ついに二〇一六年には「ユーロ」を初制覇した。ポルトガル語圏であるこの二か国は世界サッカーの一大勢力なのである。

ポルトガルサッカーの英雄エウゼビオの像
（筆者撮影）

ここでアフリカのポルトガル語圏のサッカーにも目を向けておこう。詳しい歴史はこれから解明されねばならないが、鉄道会社やキリスト教関係者がサッカーを持ち込んだともいわれる。六六年ワールドカップで活躍したエウゼビオは南東アフリカの旧ポルトガル領モザンビーク出身であった。モザンビークにサッカーが伝わるのはポルトガル人を介してであったが、隣に位置する南アフリカ共和国の影響も受けた。つまり英国サッカーの影響を受けたということである。それゆえだろう、モザンビークは旧ポルトガル領アフリカ植民地の中で最も早くサッカーが発展した場所であった。なにしろ六六年のポルトガル代表チームの主将もモザンビーク出身のマリオ・コルーナ（Mário Coluna, 一九三五〜二〇一四年）だったのだ。

アフリカ系選手が大活躍した六六年代表チームにモザンビーク出身選手が多かったためにポルトガル人の間ではモザンビークこそが名選手の宝庫というイメージが定着することになった。しかし、アンゴラからも好選手がポルトガルサッカーの発展に貢献してきたことも事実。最近では、二〇一三年夏トルコで開催されたU—二〇ワールドカップで健闘したポルトガル代表チームにブルマ、アラジェ、カー、イエといったギニア・ビサウ出身の将来有望選手がいたことも特筆に値しよう。ワールドカップ二〇一四年大会のアフリカ大陸予選でも、選手登録の違反で失格となったものの、カボベルデが上位進出を果たしたことも覚えておいてよいだろう。現在も、国内リーグや代表チームのレベルは高くはないものの、アフリカには個人レベルでは才能あふれる選手が数多くいることは、ポルトガル人もよく知っているのだ。

また、アジアにもポルトガルサッカーの影響は残っており、たとえばインドのゴア（一九六一年末までポルトガル領であった）にはスポルティング・ゴアというリスボンの名門スポルティング・リスボンに着想を得たクラブが存在する。選手名を見るとペレイラ、フェルナンデス、ゴメスといった明らかにポルトガル系と思われる名前が見られたりする（日本人選手が所属したこともある）。そのインド代表の主将が二〇一二年夏スポルティング・リスボンに移籍したこともあった（その後、退団）。ポルトガルサッカーはポルトガル海洋帝国の歴史を今もなおどこかで引きずっているかのようでもある。

サッカーを研究する視座

ポルトガル語を学ぶ動機としてサッカーというのは十分に成り立つ。筆者自身もブラジル代表のサッカーを見てポルトガル語専攻を最終的に決めた人間であるし、一五年くらい前からはポルトガルサッカーについてメディアでコラムや記事を執筆する機会も随分と増えた。筆者にとって、サッカーとポルトガル語は切っても切れない間柄である。

しかし、ポルトガル語を学んで、ブラジル代表の通称「セレソン」はSeleçãoと表記するんだ、とか、「バロンドール」はポルトガル語だとBola de Ouroというんだ、といっていつまでも喜んでいるレベルではもったいない。せっかく苦労してポルトガル語を身につけるのである。ポルトガル語とサッカーの知識を活かしながら、ポルトガル語圏の文化、社会、歴史、政治、経済などをもっと広く深く知ろうとしない手はないと思うのである。つまり、サッカーによってポルトガル語圏地域研究の実践が可能だと訴えたいのだ。

たとえば、差別の対象だったアフリカ系ブラジル人がサッカーでもグラウンドから排除されていたのが次第に選手としての能力を評価され、白人選手と一緒にプレーするようになり、今ではブラジル代表といえばアフリカ系選手の存在が不可欠である。彼らのサッカー界での活躍なしではブラジルの人種的民主化は考えにくい。多人種・多民族国家ブラジルの研究にサッカーは興味深いテーマを提供してくれるはずである。一方で、ポルトガルでは一九一〇年に王政から共和政に移行したが、民主的になったとされる時代にサッカーの人気は高まった。サッカーが政治を変えたとはいえないが、サッカーに時代の変化が如実に反映されていることは確かであろう。ポルトガル共和国を最初に承認した国はフランスだが、興味深いことに、一九一〇年以降数年間にわたってポルトガルとフランスのクラブチームの試合が多く組まれた。国際社会に認められるために国際試合が実施された。善し悪しは別として、サッカーが政治的に利用された例である。あるいはこうもいってよいだろう。サッカーは歴史に翻弄されてきたが、同時に歴史をつくってきたのである。

また、トリビア的な話題になるが、一九七〇年ワールドカップのブラジル代表チームの選手たちのヘアースタイルに注目してみると面白い事実が浮かび上がる。どの選手も髪を短く刈り、なかには七三に分けている選手がいる。随分と身だしなみに気を使うイレブンだったのだなと感心している場合ではなく、彼らが軍事独裁制の時代を生きていたことを思い出すべきなのである。軍の支配はサッカー界にもおよび、ブラジル代表団一行は軍人に指揮され、選手たちにも厳しい規律が押しつけられた。サッカーが政治と無関係でないことが証明された大会であった。

独裁制とサッカーの関係ならポルトガルでも指摘できる。一九二八年から七四年まで続いたサラザール体制は自己の生き残りのためにサッカーを利用したといわれてきた（近年は否定的な見方も広がっているのだが）。その最たる例が一九六六年ワールドカップだったとされるのだが、植民地出身の選手が多数プレーした同年の代表チームはある意味で政治の産物だったのだろうか。これは今まさに歴史家たちの間で議論されているテーマである。

さて、現在はグローバル化の時代。人もモノもお金も国境を越えて移動している。サッカーの人気もさらに地球全体を覆うようになり、選手の移動も盛んである。そんななか、ポルトガル語圏の選手たちもボールを蹴りながら世界狭しと活躍の場所を広げている。ただし、選手の移動をよく見ると、ブラジル人選手やアフリカ人選手が言葉のつながりを基にポルトガルリーグを目指すケースが目につく。ポルトガル語を介してサッカーを見る視座、つまりポルトガル語圏サッカーという枠組みが求められるゆえんである。

最後に、若干サッカーの話からは逸れてしまうが、アンゴラはポルトガル語の普及度という意味ではブラジル、ポルトガルに次ぐ第三の国でもある。もちろん、ポルトガル語の普及度とサッカーの強化の間に関係を見出すわけにはいかないだろうが、もしポルトガル語の普及率と国家の近代化の度合いに関係があるのなら、そこにサッカーの強化を関わらせることは決して無根拠なことではないだろう。ポルトガル語を話すとドリブルがうまくなる、というのはあながち妄言ではないかもしれない。いや、ドリブルはうまくならなくとも、代表チームは強くなるかもしれないのである。

〈参考文献〉

Serrado, Ricardo（2009）*O jogo de Salazar*. casa das letras.
市之瀬敦（二〇〇〇）『ポルトガルサッカー物語』社会評論社。
――（二〇〇六）『砂糖をまぶしたパス――ポルトガル語圏のフットボール』白水社。

2 ブラジルの児童文学
―豊かな自然と多様な民族を描く―

トイダ・エレナ

キーワード　ブラジル児童文学、国際アンデルセン賞、都市化、多文化共生、多民族国家、ブラジル原産動植物

ブラジルにおける流れ

ブラジルの児童文学の起源は、中産階級の核家族スタイルが定着する一七世紀から一八世紀に起こる社会変容にある。この階層の価値観を反映した作品は、児童書をその啓蒙の道具に仕立て上げ、事実上読書への興味を失わせることになる。しかしペロー、デュフォー、グリム兄弟やジュール・ヴェルヌの作品は、その質の高さから後世へと受け継がれていった。

子どもを対象とした作品は一八世紀前半に出現した。それ以前は学校教育が義務ではなかったが、一八二二年以降ブラジルが宗主国ポルトガルから独立したことに伴い、教育と連動した形で「児童文学作品」として形成されていった。また一九世紀末から二〇世紀初頭にかけて進んだ都市化は、児童文学の土壌を培うことにもなった。奴隷制度の廃止、都市人口の多様化、そして移民の姿が国の一部として組み込まれていったのである。読者数が増え始め、その需要を満たすため児童書や教科書が重

要な位置を占めていくが、近代国家として台頭する国の子どもに向けて、どのような作品を提供するかが問題であった。それまでは、多くの作品がポルトガルで出版されたものであり、実際のブラジルの言語スタイルとはかけ離れていたからである。

以下それぞれの時代の展開を見てみたい。

一八九〇～一九二〇年

この時期は都市化が進み、児童文学形成の土壌が作られる。当時の関心は国の近代化であり、教育機関はその目的達成のため、また特に子どもたちに愛国心、愛情、家族へのリスペクトなどを植えつけるために、児童書を一つの道具として展開した。一九〇五年には、アメリカで出版された作品をブラジル版として編集し、一九五八年まで書き続けられた作品もある。しかし、その一方で、ブラジルのヒーローや豊かな自然をテーマにしたものも多く、ブラジル性（brasilidade）の象徴として認識されていた。外国作品が多く翻訳されたが、その内容が実際のブラジルの社会や言葉と異なっていたため、大きな課題が残されることになった。

一九二〇年代から四〇年代

高い非識字率によりブラジルは後進国のレッテルを貼られるが、これを払拭するため、教育改革に力を注ぐ時期でもある。また一九二二年の近代芸術週間（Semana de Arte Moderna）によって、芸術面は大きな改革を遂げる。それまでの古典スタイルを離れ、口語体を重視し、より自由な表現を希求するようになった。ナショナリズムを誇示する、児童の教育的（啓蒙的）な面は依然として拭い去れなかったが、純粋なブラジル性を表現するために、民話が大きく取り入れられた。子どもたちが国の発展を担う重要な位置にあることが深く認識されていたともいえる。第二次世界大戦後、ブラジルは大きな発展を遂げ、それに伴ってよりよい教育を求める声が上がり、その要請に応える努力も見られたが、対策は全国的な規模には達しなかった。

モンテイロ・ロバット（一八八二〜一九四八年）

一九〇〇年代前半の重要な作家は、ブラジル児童文学の先駆者ともいえるモンテイロ・ロバットである。彼の最も偉大な貢献は、ブラジルのポルトガル語による、オリジナルの児童文学の確立を目指したことだ。つまり、ブラジルの子どもたちが自分自身で想像力を働かせ、物語に参加することの重要性を確信するため、独自の作品を提唱したのである。

一九二〇年に最初の作品『元気いっぱいの女の子』（*A menina do nariz arrebitado*）が出版された。この作品は、後に彼の代表作となり、二三冊のシリーズとして一九二〇年から四七年まで出版され、ブラジル児童文学の金字塔となる『黄色いキツツキ農園』（*Sítio do picapau amarelo*）の第一章となる。タイトルの農園で暮らす主人公・ルシアの周りで起こる様々な出来事を、人間の言葉を話す布人形のエミリアやいたずら好きの黒人の妖怪サシーなどを交えて、登場人物の冒険を軸に、ファンタジー、発見と教育について描いた作品である。一九七七年から八八年、二〇〇一年から〇七年にはテレビシリーズとしても好評を得た。ロバットの文体の特徴としては、徹底した口語体と間接・直接話法（これらによって読者を作品により誘いやすくする）、遊び心とユーモア、感嘆符などの多用が挙げられる。

一九五〇年代から六〇年代

民主主義が顕著になる時期でもあり、識字化と基礎教育を目指す運動などが盛んに起こるようになる。マスメディアの発展に準じて、児童向けコミックや演劇も普及し始める。しかし、一九六四年の軍事クーデターにより、児童文学は愛国心や農業などのテーマに限定され、本来の文化的側面が失われた。この時代に注目すべき作家はほとんど現れていない。

一九七〇年から現代

本来の児童文学というジャンルに携わる作者や作品が増え、使用される言葉や場所はブラジルの現実と日常生活により近くなってくる。以下、児童文学への多大なる貢献者に贈られる国際アンデルセン賞を受賞した作家に焦点をあてたい。

リジア・ボジュンガ・ヌーネス（一九三二年〜）

一九八二年、リジア・ボジュンガ・ヌーネスが初めて国際アンデルセン賞（作家賞）を受賞し、ブラジルの児童文学作品が世界に認められ始めた時代ともいえる。ボジュンガはモンテイロ・ロバットの継承者といわれるが、その理由は、想像の自由を通して、子どもが持つ葛藤を解決するヒントを与えるという特徴を有するからである。彼女も読者とのコミュニケーションを重視し、現実とファンタジーを巧みに織り交ぜながら、読者を魅了する。

この作家の代表作『黄色いバッグ』（*A bolsa amarela*）は、一九七六年に出版された。主人公のみそっかすの女の子が叔母のお下がりの黄色いバッグを手に入れ、その中に自分の秘密の望み（大人になること、男の子になること、そして作家になること）をしまい込むという作品。女の子である意味や不満を、想像上の人物を創りだし、彼らと相談しながら成長していく物語は、多くの読者の共感を得たが、それは国内だけに留まらず、世界にブラジル児童文学としてその存在を示していくことになった。

アナ・マリア・マシャド（一九四一年〜）

二〇〇〇年には、アナ・マリア・マシャドがやはり作家賞部門で、国際アンデルセン賞を受賞した。この作家が最も注視するのは、ブラジルという人種の坩堝の中に暮らす子どもたちに、いかにわかりやすく多文化共生というものを教えるかにあるだろう。その代表作といえるのが、『くろってかわいい』（*Menina bonita do laço de fita*, 望月宏憲訳、新世研、二〇〇一年）という作品である。これは黒人の少女のような肌になりたいと願い、色々試すがうまくいかない白ウサギの物語である。白ウサギはやがて黒いウサギに出会い、二匹の間に様々な色の仔ウサギが生まれる。イラストも大きな役割を担っているが、その色とりどりのウサギこそがブラジルという多民族国家であることを示唆している。同じテーマで他にも秀逸な作品がある。またブラジル原産の果実や動物などを効果的に使い、国の自然の素晴らしさ、大切さを子どもに伝える役割も忘れない。このようなスタンスがマシャドをブラジル児童文学界に大きく貢献させるのである。

軍事政権時代、マシャドは亡命を余儀なくされ、一九七〇年からパリに移り住む。ジャーナリストや大学教員を経て、著名な記号学の重鎮、ロラン・バルトに師事することにもなった。この時期に培った土壌は、その後大きく彼女の創作活動に影響することになる。マシャドが児童文学に携わるのは、第一作『ニータの遊びの本』（*Bento-que-bento-é-o-frade*）を出版したときである。主人公・ニータを中心に子どもたちが繰り広げる遊びがテーマである。比較的遅いデビューでもあったが、それまでに蓄積された知識をフルに活用して、これを機に彼女の児童書の創作は留まるところを知らぬかのように、次々と発表される。

ホジェル・メロ（一九六五年～）

二〇一四年国際アンデルセン賞（画家賞）を受賞。画家部門では、ブラジル人として初めての受賞となる。メロの画風は豊かな創造性と多面的な世界とを駆使して描かれるところにある。一〇〇冊以上の作品をすでに世に出しているが、彼の扱うテーマは、先住民、ヨーロッパ、そしてアフリカの影響を受けたブラジルの豊かな文化に根ざしている。彼の画は暖色と光沢、そして暗色を巧みに使い、豊かな世界を創り上げている。原色を多用するが、繊細な淡色も自在に操る色の魔術師である。また常に新しいテクニックを取り入れ、斬新な展開も試みている。

日本語に訳された作家

ジラルド（**Ziraldo**，一九三二年～）

漫画家、児童文学者、ジャーナリストと様々な分野で活躍する。一九六〇年代、初めてただ一人の作者による漫画雑誌『ペレレの仲間』（*A Turma do Pererê*）が出版され、一躍有名になる。また軍政時代には反政府タブロイドを刊行し、一九六九年から九一年まで続いた。また大人向けの漫画も描き、好評を得ている。

一九六九年、初めての児童文学作品『フリッチス——ふしぎな色の旅』（*Flicts*，松本乃里子訳、無双社、二〇〇九年）を出版し、多大な称賛を得る。フリッチスという名の色が自分の居場所を探して旅に出るも、なかなか自分と同じ仲間は見つからない。思いあぐねたフリッチスはあきらめて天高く昇っていく。この自分探しの旅の物語は年齢を問わず、大勢の読者を魅了する。

一九七九年からは児童文学に専念するようになるが、一九八〇年に出版された『やんちゃなマルキーニョ』（*O Menino Maluquinho*, 松本乃里子訳、静山社、二〇〇九年）は特に秀逸である。やんちゃな男の子の成長を描いたもので、自伝的童話であり、国民的人気を博している作品だ。

まとめ

ブラジルの児童文学は短期間に大きな展開を遂げた分野である。その多彩な世界は多文化共生の国であるブラジルだからこそ実現できたのである。日本においてはいまだ未知の世界だが、前述したように、アンデルセン賞受賞により、近年少しずつ知られ、翻訳されている。

児童文学は国や年齢を問わず、夢を描くこと、些細ではあるが大切なことに気づくことを読者に思い起こさせる役割を担っている。特にブラジルの作品は、理不尽ともいえる社会の現実と向き合い、よりよい未来を築くということを読者に再認識させてくれるのである。

〈参考文献〉

Arroyo, Leonardo（2011）*Literatura Infantil Brasileira*, 3ª ed. rev.e ampliada, São Paulo, Unesp.
Coelho, Nelly Novaes（1995）*Dicionário Crítico da Literatura Infantil e Juvenil Brasileira*, 4ª ed. rev. e ampliada, São Paulo, Edusp.
Coelho, Nelly Novaes（2000）*Literatura Infantil*, São Paulo, Moderna.
Lajolo, Marisa & Zilberman, Regina（2006）*Literatura Infantil Brasileira*, 6ª ed., São Paulo, Ática.

3 クロニカ
―ブラジル文学が生んだ独自のジャンル―

トイダ・エレナ

キーワード　クロニカ、ブラジル文学、独自の文学ジャンル、日常のスケッチ、文学の役割、新聞の申し子、叙情、アイロニー、ユーモア

クロニカとは？

クロニカ（crônica）という言葉は、cronologia（年表）やcronômetro（ストップウォッチ）の語源でもある、「時」を意味するギリシア語のkrónos（クロノス）と関係している。このkrónosとラテン語のannum（年）で形成されている複合語がクロニカである。つまり、クロニカとは現実や生活の「時間」と密接な関係にあり、叙事的時間、日毎に繰り返される継起的、日常的な時間も含め、時の流れの中で起こる出来事を記録する、ブラジル文学の独自のジャンルである。

文学作品が文学作品たるゆえんは、普遍的な感動を数々の読者に与えるからであろう。どんな言語で書かれていても、それは必ず相応の評価を得るものである。ただ、筆者が常々考えてきたことは、何も長編小説でなくともよいのではということだ。また、重々しい技法で描写されたものだけが文学

作品として後世まで残されるに値する、とは思われないのである。

一般論として、文学は神聖視される傾向がある。そのテーマとなるものは、純文学に相応しいものでなければならないと決めつけられてしまうことがある。長編小説がしばしば短編や短い詩よりも価値があるとみなされることについては、疑問の生じるところだ。

ブラジル文学独特のジャンルとして位置づけられるクロニカは、そうした文学神聖視とは相容れないジャンルである。それ故に、一言では定義できないものであるが、強いていえば、ユーモアとアイロニーに彩られた、社会評論的エッセイとでもいえるだろうか。

基本的にクロニカは散文の一ジャンルであり、政治や時評、日常生活、特に都市に住む人々の悲喜こもごもの出来事をテーマとする、およそ一〇〇〇語以下の作品のことで、新聞や雑誌のコラム、または文芸欄に掲載されるものである。その最大の役割は、読者を楽しませることにある。そのために、クロニスタ（cronista＝作者）は色々な技法を駆使するが、なかでも多く見られ、そして好まれるのがユーモアとアイロニーを駆使した作品である。

毎日休むことなくクロニカを書き続けるのは、大変な作業である。一日中、日々の出来事の中にテーマを見出し、毎日クロニカを締め切りまでに仕上げるのである。あるクロニスタによると、クロニカを書くことは、机に向かい、街角で拾ってきたテーマを展開させ、なおテキストの推敲を何度も単調に重ねることであるという。実際読者が目にする作品は、いかにも何気なく書かれた小品のようにしか見えないが、読者を大いに楽しませる力を持っている。計り知れないその労力の成果は、読者の（密かな）笑いによって評価されるのである。

クロニカの世界

クロニカというジャンルをさらに詳しく説明したい。日本語ではさしずめエッセイまたは随筆に相当するといっていいだろう。しかしその定義は、ブラジル文学の枠内で見てみると、単なるエッセイではなくなり、一つのれっきとしたジャンル—クロニズム（cronismo）—として、その存在を主張するのである。ともすれば、新聞や雑誌に掲載される文芸欄（folhetim）にすぎず、時の経過とともに色褪せ忘れ去られてしまう小品にもなりかねないが、それがどのようなプロセスで、文学作品に不可欠な普遍性を帯び、一ジャンルを確立するに至ったのであろうか。

クロニカは元々年代記や編成史、または記録として定義され、それは英語やフランス語の同源語であるchronicleやchroniqueも同じである。ところが、新聞の時評とは確かに関係が深いのだが、ブラジル文学におけるクロニカは、これだけで理解できるものではない。

クロニカ、またはクロニスタという言葉については、後にも引用する『ルーベン・ブラガの一五のクロニカ』（池上岑夫著）において言及されている。この本のはしがきの短い定義によると、「crônicaとは主として新聞、雑誌などのために特定のテーマで定期的に執筆したもの、あるいはそのための欄（コラム）のことで、扱われている内容によって文学的クロニカ、政治的クロニカなどと呼ばれる」とある。しかし、これだけではクロニカという小作品がどんなもので、なぜ文学の一ジャンルになりうるのかを理解するのは難しい。ブラジルで出版された書物以外で、非常にわかりやすい簡潔な定義をしているのが、スターンのブラジル文学事典ではないかと思われる。見出し語はすでにポルトガル語のCRÔNICAをそのまま使用している。

crônicaの英語の直訳がchronicleであるにもかかわらず、一九世紀後半からこの言葉は、歴史的であれ、個人的であれ、想像的であれ、生活の「スケッチ」を語るものとして使われてきた。（中略）そのテーマと内容は、軽い叙情的なものから辛口の皮肉っぽいもの、はてはブラック・ユーモアに至る。文体は非常に口語的で、長さはたいてい一〇〇〇ワード以下である。〔Stern, 1998: 100〕

当初ポルトガル語においてクロニカという言葉は、すでに言及した通り、確かに「年代記」や「編成史」を意味していたが、一九世紀後半には「生活」や「現実」の時間を題材にして創作する小作品を指すようになる。

ブラジル文芸評論家で最も著名なアントニオ・カンディドがあるシリーズの序文でこのジャンルについて論じているが、非常に的確な定義を展開している。

まず注目すべきがその序文のタイトル"A vida ao rés-do-chão"（＝地階での生活）なのであるが、このrés-do-chãoは、「地階」という意味のほか、フランス語のrez-de-chaussée、つまり、娯楽のために新聞の片隅に設けられたスペースを指すのだ。したがって、新聞や雑誌の片隅で息づくクロニカは、地上で息づく庶民と彼らの日常生活そのものを描写するということが前提だと明示しているのだ。

クロニカは「メジャーなジャンル」ではない。文学が偉大なる小説家、戯曲家や詩人たちで形成されるのと同じように、偉大なクロニスタたちによって（文学が）形成されるとは、たとえ彼らがいくら優れていたとしても想像できないだろう。またノーベル賞をクロニスタに授与するとは考えもしないであろう。したがって、クロニカとはやはりマイナーなジャンルであるようだ。

「ありがたいことに」―そう言いたい。なぜなら、マイナーであれば、クロニカは我々の身近に留まるからだ。そして多くの人にとって、人生への道標だけでなく、文学への道標にもなるからだ。一見自由そうなテーマや文体、まるで不用なものであるかのような雰囲気をもちながら、日々の感性にフィットする。それは、特に我々の一番自然なあり方に近い文体を、入念に創り上げるからだ。

つまり、クロニカはその謙虚さのなかで、より読者に接近し、作品の深さと洗練されたシンプルなフォルムをもって、「予期せぬうちに、控えめながらも、完全なるものへの候補となるのだ」とカンディドは言っている。

クロニカの文体と視点

偉大な文学作品は数えきれないほどある。もちろんそれらが文学作品として地位を確立した背景には、読者の人生観、世界観までをも変えてしまうほどの力、感動させる力がその作品にあったからにほかならない。ただ、強いていえば、そこで扱われているテーマの偉大さ、言葉遣いの壮麗さが、ともすれば、現実の、真実の偽装として機能してしまうこともある。文学はたびたびその危険を冒す。その結果として読者が物事を公平に見る力を持つことを妨げるのだ。

その点、クロニカはより口語的な文体で、ユーモアやアイロニーを散りばめながら、より人々に近い視点から描写し、読者を楽しませる役割を全うする。それは、今日読まれたら明日は紙くずとなる新聞と同じく、長く存在し続けたいと主張できない運命にあるからだ。

新聞の時評欄がその誕生した場所であるとすれば、もともとクロニカは本になるために書かれたものではない。今日買って、明日は掃除にでも使われる運命の儚い出版物の一角に、読者を楽しませるために書かれたものである。これを覚悟で書いているクロニスタは、もちろん後世にまで自分の作品を残そうとか、賛美されようとは夢にも思っていない。カンディドはまたクロニスタのあるべき姿勢を、高い山の上で書くのではなく、簡素な地上階で書くのだと定義した。だからこそ、クロニカを文学と意識せずに、一人ひとりの生活に溶け込ませ、新しい存在に変化させることができるのだ、という。

その危ういともいえる存在のなかで、クロニカはしかし、強力な耐久性を見せるときがある。それはアンソロジーが編まれ、本として出版されるときである。おそらくは「クロニカ自身」が意識していたよりも、はるかに深い意味と普遍性を持って。

読者に気に入られようとか、文学にふさわしいテーマにしようなどとはあまり考えずに、クロニスタは自分の視点をとても大切にする。等身大の隣人を、無邪気な子どもを、貧しい家族の風景を、自然の木々や花々を、時にはいとおしく、時には意地悪く、そして読者が最も楽しめる、アイロニーたっぷりに描くのである。作品を通して何かを教えようとは考えていない。軽く読みやすいものであるからこそ、難しそうな哲学書より、読者に伝わるものがあるのだ。

クロニカの語り手はクロニスタ自身である。つまり、語り手とクロニスタは、一人称であれ、二、三人称であれ、一体になり直接読者に語りかける。選んだ題材を、実際にそこに存在するかのように「再現」して語る。自由にふるまい、状況を最も大切にする。だからクロニカを読むと、目の前のスクリーンに、その情景が次から次へと浮かび上がるのだ。めまぐるしく変化する情勢を伝える新聞の申し子であるという特徴がここに見られる。

著名な文芸評論家のコウチニョの定義も以下引用する。

クロニカとは、その本質において、強い抒情性を持つ一つの芸術、言葉の芸術である。非常に私的で、人生のスペクタクル、物事、生きとし生けるものを前にして起こる個人的な、そして本質的なリアクションなのである。

クロニカの変遷

クロニカが現在の形になるには、ポルトガル人がブラジルに到達した一五〇〇年まで遡らなければならないようだ。一説によると、ポルトガル艦隊の書記官、ペロ・ヴァス・デ・カミニャが祖国のマヌエル王へ送った手紙が、実はクロニカの誕生を意味するといわれている。カミニャの手紙は、クロニスタの創作であるということだ。彼は初めて接するブラジルの先住民とその生活様式などについて細かく、時には取るに足らぬ事でさえ、「レポート」しているのである。ここで、彼はクロニカの基本原則―状況を記録する―を打ち出したのである。つまり、最初のクロニスタはカミニャであるというのだ。

ブラジルは一五〇〇年のポルトガル人到達から一八二二年に独立するまで、ポルトガルの植民地であった。その間、ずっとブラジルの文壇をリードしてきたのは、ポルトガルおよびヨーロッパ文学の流れであった。しかし、文人たちは文壇の「ブラジル化」を模索してきた。ブラジルらしさといえるものが表れるのは、国粋主義が顕著になる一九世紀の浪漫主義時代である。ここで登場する作家が、純粋なブラジル的小説の父とも称される、ジョゼー・デ・アレンカール（一八二九〜七七年）である。

一八五四年から五五年にかけて、『商業新聞』（*Correio Mercantil*）に「ペンの赴くままに」（*Ao Correr das penas*）と題して、アレンカールは当時の首都リオデジャネイロのベル・エポックを題材にし、クロニカを連載した。彼が書くものが「クロニカ」と命名されるまでのそれは、その日の、政治、社会、芸術、文学などを題材とする新聞の文芸欄、または新聞の下部に載る囲み記事のようなもので主にフォリェチン（folhetim）と呼ばれていた。この文芸欄は時を経るにつれて短くなり、読者により身近なものに変わり、今の形になった。その過程で読者を楽しませるということに重点が置かれるようになり、論理的または批判的な側面を切り捨て、抒情の世界にも足を踏み入れることになるのである。

一九世紀後半、写実主義の最高峰ともいわれるマシャド・デ・アシス（一八三九〜一九〇八年）の活躍が見られる。この時代においては、彼よりほかにこのジャンルを発展させたものはいないであろう。若い頃から晩年までずっとクロニカを書き続け、文芸欄執筆者の手法を「軽薄さと有益の素晴らしい融合」と定義した。アイロニーに満ちた視点と世の中の悲喜劇を描写する彼の表現力は、クロニカを通して洗練されたともいわれる。

二〇世紀初頭にかけて、マシャドのように、多数の小説家たちが新聞に匿名記事を書いたり、自分のコラムを執筆したりして、生活の糧にした。特筆すべきはジョアン・ド・リオ（一八八一〜一九二一年）であろう。前近代主義のさなか、都市改革が進み、世俗主義がわきあがる当時のリオの街の生き生きとした、ドラマチックな側面をクロニカに記し続けたのである。

ルーベン・ブラガの登場

そして一九三六年、クロニカというジャンルを確立したといえる、ルーベン・ブラガ（一九一三〜一九九〇年）の初めてのクロニカ集『男爵と小鳥』（*O Conde e o Passarinho*）が出版される。彼のクロニカの完成度の高さから、文壇はその価値を認め、唯一クロニスタとしての業績のみで、ブラジル文学史にその名を連ねることになった作家である。

ブラガはミナスジェライス州都ベロオリゾンテの『午後の日報』（*Diário da Tarde*）という新聞で記事やクロニカを書き、その活動を開始した。一九四四年には、イタリアへの遠征軍に従軍し、そこで多数の戦争をテーマとするクロニカを書き、四五年にその選集も出版した。すでにクロニスタとして名を馳せ、帰国後はますます執筆に専念するようになる。

ブラガのブラジル文壇における最大の貢献は、ブラジル独自の文学ジャンルとしてのクロニカを革新したことにある。他愛のない出来事の意義を見出すことにかけては、まさに天才としかいえないだろう。シンプルで的確な文章、そして叙情的かつ静かで暖かい視点とアイロニー。それらがすべて融合され、読者は彼のクロニカの中に、過ぎていく一瞬一瞬をいとおしむ語り手＝クロニスタを発見する。日常の取るに足らぬ小さなことが評価され、そこにこそ大切にすべきことが存在するのだということを、読者は教えられるのだ。

続いてブラガの一選集のタイトルにもなっている、無数の作品の中でも名作と評される「一株のとうもろこし」（*Um pé de milho*, 一九四五年発表）を紹介したい。四段落のわずか四〇〇語余りのクロニカである。

ストーリーは語り手の「私」が庭師の運び入れた土の中に、一株の「何か」の苗を見つけることから始まる。それはとても感動的な出来事だったと語り手は訴える。その苗がとうもろこしであると確信した後、嬉々としてその成長を細かく描写する。花壇の片隅に立ったたった一株のとうもろこしが、町の片隅にひっそりと暮らす一市民である「私」に重なる。そのとうもろこしがいかに大切なのか、を熱弁する「私」。読者に語りかけながら、その一株はとうもろこし畑や農地の中のものと違う、自分だけの、一個人のものであると強調する。また自立した生きものとして位置づけられるのだ。

最終段落では、ブラガ独特の叙情的表現とこまやかな描写が冴える。そのとうもろこしに感動的な出来事が起こる——雄穂がついたのだ。たった一株の他愛もないとうもろこしは「私」だけに大地がくれる美しい贈り物であり、無学で平凡な男を裕福な農民に一変させる。その至福の時が長く続くことはないにしても、「私」はその時だけは至福を味わえるのだ。アメリカ人が月とレーダーでコンタクトをとってニュースになることと同じくらいそのとうもろこしとの出逢いは重要な出来事として描かれる。これを読み終えた読者は、いつのまにか「私」に自分を投影し、改めて些細な事でもありふれたものでも一瞬の幸せを与えてくれるのだと気づかされる。日々の喧騒に摩耗させられてしまった感性を呼び戻すこともできるかもしれない。このようなクロニカを読むのにたいして時間はかからない。その何分かの間に読者を感動させ、うなずかせられたら、文学の本来の役割——教え、感動させ、楽しませ、そして最終的には浄化する——は果たされていると思われる。

かつて文学史に「年代記」として現れたクロニカは、現在ではほとんど見られない。二〇世紀にルーベン・ブラガの活躍で確立した一文学形式が、新しいジャンルとして生まれ変わり、ブラジル文学において確固たる地位を築いたのである。

クロニカとはブラジル的なものを渇望する文壇の要求にこたえ、誕生したものであろう。実質的には一九世紀後半から書き始められたクロニカは、当時の社会を面白く描写する目的で現れた文芸欄が洗練され、ブラジル独特の色を帯び、独立した一ジャンルにまで成長したものだといえる。当然ながら、クロニカが日常生活に密接しているということは、常に口語的な表現を多用することを意味する。思うにクロニカは伝統的な文学の要素を維持しつつ、難しい梗概（こうがい）などを超越して、読者に親近感をもたせ、素直な感動を呼び起こすものだ。短編であるからといって、価値がないわけではない。むしろ、短い文章の中に感動の要素をどう盛り込むかがクロニスタの腕の見せ所なのである。

新聞の中し子であるが故に、語り手＝リポーター＝クロニスタの構図が出来上がり、クロニカは一人称である場合が多い。しかし、必ずしも扱うテーマが作者の実体験によるものとは限らない。いかにも体験したかのように、また作者本人の考えであるかのように、クロニスタのフィルターを通して語られるだけなのだ。新聞という最も大衆の身近にある媒体を通して発表されるクロニカは、まず大衆に語りかける。それ故テーマは日常茶飯事の、読者の身近に転がっているものが多い。いわゆる純文学から見れば、到底相応しくないものばかりであろう。

文学の役割が「教え、感動させ、楽しませ」、最終的には「浄化」するということなら、クロニカはどのようにその役割を果たしているのか。この人生の儚い時間、指の間からこぼれ落ちる一瞬を大切にすることを、シンプルでなおかつ的確な言葉を使って、わかりやすく教えてくれるのだ。仕事から解放され、我が家に辿りつき、新聞や雑誌の隅に何気なく載っているクロニカにさっと目を通す。そこで読者をほっと一息つかせたり、あるいは笑わせられたりしたら、そこでクロニカ本来の役目が果たされているのではないか。

まとめ

これまでクロニカについて述べてきたが、筆者はこのジャンルと俳句の間に少なからぬ類似を見出している。俳句は大衆の中に浸透し、大勢の人に親しまれている。伝統的な文学でありながら、小学生でも作れる。庶民の中に題材をもとめ、一七文字の中に小宇宙を創り上げるのだ。クロニカに関しても同じことがいえるのではないだろうか。一〇〇〇語余りに限られた、クロニスタのそれぞれの持味でユーモア、アイロニー、リリシズムを漂わせている小宇宙だといえる。また俳句が大衆のそばに生き続けることに関しては、クロニカも同様である。取るに足らぬ些細な出来事さえも、クロニスタの手にかかれば、俳句がそうであるように、一つの宇宙を形成し、感動を与える文学作品を形成するのである。

その特徴ゆえ、有名な文学作品として永遠の存在を保とうとは決してしない。それはクロニカの目指すところではないからだ。二一世紀になり、クロニカは最も読まれるジャンルの一つとして定着していることは疑う余地がない。ルーベン・ブラガ（一九〇〇年代～二〇〇〇年）やルイス・フェルナンド・ヴェリッシモ（一九六〇年代～現在）のように、常に傑作を書く作者もいる。また新進作家も登場し始めていることからも、このジャンルは独自性をもって、これからも新聞や雑誌の片隅に存在し続けるだろう。

〈参考文献〉

Bosi, Alfredo（org.）（1977）*O conto brasileiro contemporâneo*, São Paulo, Cultrix.

Braga, Rubem（1982）*Um pé de milho*, 4ª ed., Rio de Janeiro, Record.

Coutinho, Afrânio（1995）*Introdução à literatura no Brasil*, Rio de Janeiro, Bertrand Brasil.

Moisés, Massaud（1982）*Dicionário de termos literários*, 3ª ed., São Paulo, Cultrix.

Moisés, Massaud（2001）*Pequeno dicionário da literatura brasileira*, 6ª ed., São Paulo, Cultrix.

Sá, Jorge de（2001）*A crônica*, São Paulo, Ática.

Setor de Filologia da FCRB (1992) *A crônica*, Campinas: Ed.Unicamp, Rio de Janeiro, Fundação Casa de Rui Barbosa.

Stern, Irwin (1988) *Dictionary of Brazilian Literature*, Westport, Connecticut, Greenwood Press.

トイダ・エレナ（二〇〇一）「クロニカ（一）　ブラジル文学における独自のジャンル」（『上智大学外国語学部紀要』第三六号）一三三―一四七ページ。

――（二〇〇三）「クロニカ（二）　二〇世紀初頭のクロニスタ、ジョアン・ド・リオ」（『上智大学外国語学部紀要』第三八号）一三一―一四九ページ。

――（二〇〇七）「クロニカ（三）　叙情のクロニスタ、ルーベン・ブラガ」（『上智大学外国語学部紀要』第四一号）一三一―一四九ページ。

――（二〇〇九）「クロニカ（四）　ありふれたるもののクロニスタ、フェルナンド・サビーノ」（『上智大学外国語学部紀要』第四三号）二四三―二五九ページ。

――（二〇一一）「クロニカ（五）　儚さのクロニスタ、セシリア・メイレーレス」（『上智大学外国語学部紀要』第四五号）四五―六二ページ。

――（二〇一四）「クロニカ（六）　詩人クロニスタ、C・ドゥルモン・デ・アンドラーデ」（『上智大学外国語学部紀要』第四九号）九九―一一五ページ。

4 ブラジルの俳句とhaicai
—日本人移民の文化遺産—

トイダ・エレナ

キーワード　移民俳句、ポルトガル語の俳句、ハイカイ、ポルトガル語の季語、ブラジルの俳句

異国における俳句

二〇〇八年、ブラジルへの日本人移住は一〇〇周年を迎えた。移住するということは、基本的に移住先の文化を受け入れ、それを自国の文化とうまく調和させていくことである。またその過程で、自国の文化をもって移住地にどのような貢献ができるかを、模索することだろう。この点に焦点をあてた場合、文学の世界におけるブラジルでの日本人の貢献は、どのようなものがあるのだろうか。あまり知られてはいないが、ブラジルは世界でも有数の俳諧王国という異名を持つ国である。

俳句は、一七文字で創作される日本の伝統的かつ世界一短い定型詩である。これほど気軽に創作できるにもかかわらず、そのわずか一七文字の中に小さい宇宙を投影できる文学形式は他に類を見ない。

通常、俳句がブラジルに紹介されたのは、二つの流れを通してだといわれる。

一つの流れは、二〇世紀初頭にヨーロッパで盛んだったジャポニズムを通してである。ブラジルの

文学者、アフラニオ・ペイショット（一八七六〜一九四七年）がフランスの詩人ポール・ルイ・クーシューのフランス語で書かれた作品と出会い、それをブラジル文壇に紹介したのが始まりである。この頃は、いわゆる日本の伝統的な俳句というより、むしろ三行詩というふうに解釈されていた。また俳句を作る上で不可欠な季語についての理解もあまりなかった。

ポルトガル語の俳句

ここで注目すべきは、ブラジルの俳人（ハイクイスト）ともいえるギリェルメ・デ・アウメイダ（一八九〇〜一九六九年）である。詩人で文芸ジャーナリストである彼は、アウメイダ流 haicai の確立を試みた。一九三六年、彼はポルトガル語で俳句を作るために、一行目と三行目の最後の強音シラブルが、また二行目の二つ目と最後の強音シラブルが韻を踏むという方程式を定め、韻を付したのである。シラブルの分け方は西洋の韻文の法則に従っている。

O HAIKAI

*La/va, es/cor/re, a/***gi***/ta*
*a a/***rei***/a. E en/fim,/ na/ ba/***téi***/a,*
fi/ca u/ma ***/pe****/pi/ta.*

俳　諧

洗い、水を切り、揺さぶる、
砂を。やがて、篩に
残るは一粒の金

アウメイダは、一九四七年に出版した *Poesia Vária*（色々な詩）で、“Os meus haikais”（我が haicai）と題した四三句の haicai を発表した。その中で彼は、

haicaiとは、一七シラブルで構成される日本の三行詩である。一行目は五シラブル、二行目は七シラブル、三行目は五シラブルとなる。またhaicaiの定義は「精鋭の一瞬の詩情と真実に満ちたメモ」である。

と述べている。そして、haicaiの理念として前述の作品O HAIKAIが挙げられているのだが、砂金採集人たちが川底を篩(ふるい)で渫(さら)い、そこに残る一粒の金を見出す作業をhaicaiの創作に準えているこの作品は、ブラジルの風土を映したイメージの中で、簡潔な言葉を用いhaicaiの創作過程を明確に表現しているものではないだろうか。

アウメイダは「少数の、常に新しい真実の言葉を求めて苦闘する詩人たち」の一人であった。その探求の過程で俳句と出会い、自己流のhaicai理念を主唱したことは、彼の最大の功績である。それが後にポルトガル語で創作する俳句—haicai—普及の一端を担っていくのである。

言語によって異なる問題点は残るとしても、日本独自の俳句が海を渡り、異国で*haiku*またはhaicaiへと変容し、一定形詩としてその地位を確立したことは、やはり日本研究者やアウメイダのように常に新しいものを探求しようとする文学者の業績によるものではないだろうか。ブラジルでHaikuという名称が定着しなかったのは、ポルトガル語の発音上、音の組み合わせがよくないからだと思われる。

移民俳句

もう一つの俳句普及の流れは、一九〇八年に始まったブラジルへの日本人移住によるものである。ブラジル俳壇の祖といわれている佐藤念腹(一八九八~一九七九年)は、高浜虚子(一八七四~

一九五九年）に師事し、移住前からすでに門下生の逸材として注目され、「越後の念腹」とも呼ばれていた。師の願いのままに俳句普及に尽力し、この流れは後にポルトガル語で創作するhaicaiとなって新しい流れを作ることになる。ブラジルに移住する際、虚子から餞別の句「畑打って俳諧国を拓くべし」を贈られ、それ以降ブラジルの日系コロニア（ブラジルに移住した日本人とその子孫が構築した社会）において、写生俳句の普及に生涯を捧げることになる。コーヒー農園で過酷な労働に従事する一方、コーヒー豆を捥ぐ手は俳句をしたためることを忘れなかった。

念腹には多数の著書があるが、『ブラジル俳句集』（一九四八年）の出版にあたっては、高浜虚子より自筆の一句「梅椿咲かせ得たりといふばかり」を贈られている。これは念腹にとって最大の祝辞であっただろう。戦時中日本語による活動はすべて禁止されていたので、戦後初の句集として、まさに念腹にとって悲願達成の感があったといえる。

虚子の『俳談』（一九九七年）には、弟子の念腹がブラジルにおける俳句普及の現状やサンパウロ市の新聞や雑誌を送ってよこしていたことなどが書かれている。またブラジルや台湾の句に関しては、次のように述べている。

　忠実に台湾の句、ブラジルの句を作ってもらいたい。忠実に写生をすれば必ず我々にもそのよさが判る。（中略）たしかブラジルの人の句に鸚鵡が群れをなして渡るというのがあった。鸚鵡が渡鳥とは面白いですね。〔二三六ページ〕

このようにブラジルにおける俳句は、俳壇の重鎮虚子とその弟子でブラジルの指導者である念腹との深い絆の上に確実に根を下ろし、その枝葉を広げていったことがうかがえる。

日本のようにはっきりしておらず、また広大な自然に囲まれているブラジルにおいて、念腹の最初の挑戦は季題であった。それがどのように克服されたかについては、『木蔭雑詠選集』のあとがきに次のように述べられている。

四季がないといわれる亜熱帯のブラジルにも、三年五年と住み着くに従って、日本程規則正しいものでは元よりないけれど、矢張春夏秋冬の移り変わりのあるのを知る。ことに自然相手の農業移民の吾等には、日本と余り変らぬと思う程、それを感ずることさえある。四季の移り変わりに敏感な日本人が、此現象を黙って見ている訳がない。そこにハイクが作られる。

亜熱帯育ちのブラジル人は、元々季節の変化などに気が付かず、きわめて無関心だ。甚だしきは木の名や花の名さえろくろく知らない。知らぬのが普通で、問われて答え得ることの出来る人は特殊な人と思って間違いない。こんな環境の中で、花鳥諷詠のハイクを作ろうというのだから、まったくの新天地に鍬を入れる心構えで、季題の一つ一つを開発することから始めねばならなかった。私はかつて、ブラジルの四季は日本移民が発見したと言ったが、ハイクの季題をブラジルに開発したのも我々日本移民ということになる。〔二三二ページ〕

桜の花や繊細な四季の移り変わりを取り上げた俳句の題材は、ブラジルの国花イペーやイグアスの滝のような雄々しい自然に取って代わられつつ、日本移民が運んだ文化は広大なブラジルの地にその根を下ろし、立派に花開いたのである。

以下、四季に分けて念腹の俳句を紹介したい。

春

暖か　　少し降る雨暖かし珈琲畑

珈琲の花　　珈琲の花明りより出し月

まるで明りのような白い花をつける珈琲畑の向こうに月が昇ってくる様は、幻想的であるが、日中は過酷な労働の場でもあるのだ。そんな心情が読み取れないだろうか。

夏

旱（ひでり）　　大旱の地獄のあとの雨地獄

蛍　　夕牛の歩に湧く草の蛍かな

夏草　　夏草や和語恋しさの立話

秋

月　　日雇も天下の職や月の秋

草綿　　雇ひたる異人も移民綿の秋

夜なべ　　開拓のはてが籠編む夜なべとは

零余子飯　　ブラジルは世界の田舎むかご飯

冬

味噌搗　　ブラジルへ子に従いて来て味噌を搗く

蛍火やブラジル移民われには是

最後の句は、佐藤念腹の姿勢が最もストレートに表現されており、また多くの移民たちの気持ちを代弁していると思われる。

念腹は師の餞別の言葉のままに、未知の大地で俳句普及運動に生涯をささげた一移民であり、その想いが現在の俳諧王国を作り上げる原動力になったのである。

念腹は終始日本語で作る俳句のみに従事したが、彼の弟子増田恆河（一九一一～二〇〇八年、一九二九年渡伯。ジャーナリスト、画家、俳人）はまた別な道をも模索していた。それはポルトガル語で俳句＝haicaiを作ることであった。そのためにも、ブラジルにおける俳句関連の論文や原稿を整理し、句会を作り、集大成ともいえる季語の書を発行するなど、その普及に尽力した。

恆河について特筆すべきは季語の研究である。一九八七年に立ち上げたGrêmio Haicai Ipê（イペーハイカイ同好会）を軸に季題研究が始まった。やがて、ブラジルにおける季節の移り変わりや広大な自然の現象などをまとめ、一九九五年に日本語で『自然諷詠』を、一九九六年にポルトガル語で*Natureza - Berço do Haicai*（自然―haicaiの原点）を刊行するにいたった。

前述の同好会において恆河は、俳句の定義や手法、ポルトガル語で句作するときの一〇ヵ条、季語の大切さなどについて、簡潔かつ的確にまとめている。

『自然諷詠』は一九九五年に日伯修好一〇〇周年記念として出版されたものであるが、その中から恆河自身の俳句を紹介したい。

イペーの黄空へ溶け込む夕まぐれ

夜桜のごとくイペーの花明り

虚子の忌や根付かんとするポ語のホ句

黄色いイペーはブラジルの国花であり、釣鐘状の花を咲かせる。花をつけているときは葉がなく、桜と少し似ているところがある。最後の句からはまさに虚子とその弟子によってもたらされた俳句がブラジルの大地に根差し、枝葉を伸ばして花を咲かせていく様が想像できるではないか。

ポルトガル語の俳句（haicai）

Natureza - Berço do Haicai（自然―haicaiの原点）は、それまでの移民俳句で扱われてきた季語を研究した、恆河の集大成である。*Kigologia*（季語の研究）と独自の造語とともに、ポルトガル語の季語および作品が収集されているのだが、かなり洗練されたhaicaiがあり、ここからも恆河の作品をいくつか紹介したい。

春

Jacarandá（ジャカランダー：紫色の釣鐘状の花をつける街路樹）

Jacarandá em flor:
Saudade de minha mãe
que gostava de roxo.

満開のジャカランダー
紫色の好きだった
母懐かしき

夏

Café verde（青いコーヒー）

Ramos carregados
de café verde se curvam

たわわに実る
青いコーヒー重たくて

cada dia mais.

日に日にしなる

秋

Março（三月：日本とは季節が逆で、三月が秋になる）

Nos dias de março,
céu mais azul e profundo :
espírito firme.

三月の日々は
空青くそして高く
精神も然り

冬

Frente fria（寒波）

Frente fria vem
trazendo imagem da Antártica-
pinguins em fila.

寒波来る
南極のイメージ背負って―
ペンギンの整列

恆河の功績は多々あるが、やはりその最たるものは、伝統的な日本の俳句とブラジルで展開されたhaicaiとの融合を試みたことであろう。haicai同好会を立ち上げたのも季語集を出版したのも常に研究を重ねてきた彼の成果である。

あるインタビューで恆河は、とても印象的なことを述べている。

自然の中の出来事は同じ場所、同じ時間に留まることはない。常に変化している。この変化こそが俳諧の精神である。

私は日本のこの精神をブラジルに伝えたいと思っている。

この素朴でひたむきな想いこそがブラジルにおける現在のhaicaiの土壌を培ったといえる。

まとめ

ブラジルにおける俳句の二つの流れは、その社会に日本文化を紹介する重大な役目を担い、新たな流れを作り上げた。「桜の花」（＝俳句）はブラジルの大地に植えられ、根を下ろし、枝葉を広げ、そして「イペーの花」（＝haicai）を咲かせたといえる。俳句は日本とブラジルの間で一つの大きな共有財産となり、日本語であれ、ポルトガル語であれ、これからも人々を魅了し続けていくだろう。ブラジルのhaicai人口が確実に増えていることは各地にhaicai同好会ができていること、ブラジルだけでなく日本に向けての俳句の投稿者数が多いことなどからもうかがえる。

俳句王国とまで称されるブラジルで、移住開始以来移民たちの心の拠りどころとなってきた日本の伝統的な最短詩形・俳句は、独自の展開を遂げブラジル社会の中に浸透しポルトガル語haicaiの確立にまで至った。日本移民のブラジルにおける大きな貢献が文学の世界にもこのように見られるのである。

〈参考文献・ウェブサイト〉

Almeida, Guilherme de（1952）*Tóda a poesia* Tomo I-VI , São Paulo, Martins.
Caqui: Revista brasileira de haicai. 〈http://www.kakinet.com/caqui/nempukuh.shtml〉
Masuda Goga, H.（José Yamashiro［trad］）（1988）*O haicai no Brasil* , São Paulo, Oriento.
Masuda Goga, H. et al.（org.）（1991）*As quatro estações - Antologia do Grêmio Haicai Ipê*, São Paulo, Aliança Cultural

Brasil-Japão/Massao Ohno Ed.

Masuda Goga, H. e Teruko Oda（1996）*Natureza - Berço do haicai-Kigologia e antologia*, São Paulo, Diário Nippak.

小塩卓哉（二〇〇一）『海越えてなお』本阿弥書店。

佐藤和夫（一九九一）『海を越えた俳句』丸善。

――（一九八七）『俳句からHAIKUへ』南雲堂。

佐藤念腹（一九七八）『移民七十年俳句集』木蔭発行所。

――（編）（一九四八）『ブラジル俳句集』グラフィカ・ブラジレイラ。

――（選）（一九七九）『木蔭雑詠選集』永田書房。

高浜虚子（一九九七）『俳談』岩波書店。

――（一九八九）『俳句はかく解しかく味う』岩波書店。

トイダ・エレナ（一九九九）「ブラジルの俳人、ギリェルメ・デ・アルメイダ」（*Encontros Lusófonos* 創刊号）一〇―一八ページ。

――（二〇〇七）「南十字星の下で――俳句に見るブラジル移民の姿」（*Encontros Lusófonos* 九号）一三―一三三ページ。

――（二〇〇八）「夢の航跡――ある移民俳人の記録」（*Encontros Lusófonos* 一〇号）二五―三六ページ。

パウリスタ新聞社（編）（一九九六）『日本・ブラジル交流人名事典』五月書房。

増田恆河（一九九五）『自然諷詠』日伯毎日新聞社。

5 ブラジルの演劇
―被抑圧者の解放を目指して―

トイダ・エレナ

キーワード　ブラジルの演劇、ボアール、参加型ワークショップ、被抑圧者、民衆演劇

演劇とは人間の最も古い表現形式（紀元前七世紀）であり、西洋においての起源は古代ギリシャにある。劇場またはシアターという言葉の語源は、ギリシャ語の *théatron* であり、宗教的な祭事を「観に行く場所」を意味する。そしてギリシャ悲劇が書かれ、その後ローマの劇場にて演じられるようになる。

ブラジルにおける演劇史は歴史と並行して展開する。ポルトガル人がブラジルに到達した一五〇〇年以降、ポルトガルの植民地となったブラジルにおいては、独自の芸術スタイルを確立するまでには約三世紀もの時間が必要となる。

植民地時代（一六～一七世紀）

当初演劇はインディオ（先住民）のキリスト教化を主な目的とする教育手段だった。イエズス会神

父によって書かれた初めての戯曲（聖劇）は一五六四年に上演されるが、それは中世伝統の奇跡と倫理感に縛られているのが特徴である。一八〇八年、ポルトガルの国王ジョアン六世が宮廷をブラジルに移転し、娯楽を求める貴族にふさわしい劇場を建設するも、上演される演目はすべてヨーロッパの作品ばかりで、一般市民には馴染みのないものばかりだった。一七五九年のイエズス会士追放から一八世紀の浪漫主義までの二世紀は、植民地侵略の悪条件に加えて、ヨーロッパ・スタイルを模倣した演劇はあまり発展をみない。

浪漫主義・写実主義時代（一八～一九世紀）

一九世紀になって初めて、ブラジル演劇は社会の現実に目を向けることになる。一八二二年にポルトガルから独立したことも影響し、ブラジル独自の芸術を目指すことになった時代である。初めてブラジル的な題材を扱い、ブラジル人によって書かれた悲劇が登場するが、この時代を代表する劇作家はやはり時事をテーマとした風俗喜劇の創設者であるマルチンス・ペナ（Martins Pena, 一八一五～四八年）であろう。彼の喜劇は、大衆的であるとともに当時のリオの習慣を描いているものとして、今日でも重要視されている。実際に演劇が大衆の中に浸透するには、俳優ジョアン・カエタノ（João Caetano, 一八〇八～六三年）の貢献がある。彼はブラジルにおいて演劇がまだ演劇として確立されていなかった時代に、ブラジル人役者の基盤を作り上げた伝説的な人物である。

現　代

二〇世紀初頭は、習慣をテーマにした演劇が主軸をなし、リオのブルジョア生活を題材にした恋愛ものなど、平面的な作品しか現れなかった。しかし、これまでポルトガルの発音で上演されていた作品を、初めてブラジルの発音で上演したことで知られるオドゥヴァウド・ヴィアナ（Oduvaldo Vianna, 一八九二～一九七二年）がいる。

一九三二年、社会批判をテーマにしたジョラシー・カマルゴ（Joracy Camargo, 一八九八～一九七三年）の『神のご加護を』（*Deus lhe pague*）が上演され、精神的な革命を起こす。それは、つまり「考える」作品であり、また観客に「考えさせる」作品でもあった。初めて批判する自由が許されたといえる。

多くの演劇評論家は、一九四三年のネルソン・ロドリゲスの『ウェディングドレス』（*Vestido de Noiva*）の上演によって、ブラジル現代演劇は幕開けを迎えたとする。この作品は、舞台の使い方、背景のデザイン、そして製作のコンセプトに革新をもたらしたのである。これ以降、ブラジル社会の現実を軸に、そこで展開される様々な階級の対立や希望、最後には勝利する大衆を題材にした作品が発表されるのである。代表的な作品には、ジーアス・ゴーメス（Dias Gomes, 一九二二～九九年）の『願掛け参り』（*O pagador de promessas*）がある。

一九四八年、サンパウロにてブラジル喜劇シアター（Teatro Brasileiro de Comédia）が開館し、六四年の軍事政権介入まで活動を続ける。当初はアマチュア劇団の作品を発表するための劇場であったが、俳優や監督を雇い、本格的なシアターとなる。この時期多くのアマチュア劇団がブラジル喜劇シアターと同じ経緯で発足し、革新的な展開を遂げた劇団もあった。

五〇年代は様々な演劇活動が見られる。ブラジルの演劇を比類のないものに展開させる、アウグスト・ボアールが登場するのもこの時期で、彼の指導の下、ブラジルの現実そのものを反映した作品がテアトロ・アレーナ（Teatro Arena）にて上演される。ボアールは、当時の「ブラジル独自の演劇およびブラジル人のアイデンティティ」を探求するという重大な仕事を展開する。一九五八年、ジャンフランセスコ・グァルニエリ（Gianfrancesco Guarnieri, 一九三四〜二〇〇六年）作『彼らはタキシードを召さない』（*Eles não usam black-tie*）の上演も、階級間の対立をテーマとして扱った最初の作品である。また同年、演劇界の新時代を画した一人でもあるゼー・セウソ（Zé Celso, 一九三七年〜）がアマチュア劇団オフィシーナ（Teatro Oficina）を設立、七四年に警察が占領するまで活動を続けた。亡命を余儀なくされたセウソは、亡命先で活動を続け、九三年にオフィシーナを再開する。

これに続く六〇年代は、多くの有能な劇作家の出現をみるが、軍事政権下にあったこの時代は、政治色の濃い作品が多い。代表的な作品は、一九六八年のシコ・ブアルキ作『混沌』（*Roda Viva*）で、軍事政権に対する抵抗の象徴となる。

しかし、七〇年代は厳しい検閲の下、演劇は表現により間接的な手段を用いるようになる。一九七八年には、ブラジル人のアイデンティティ問題を扱った、マリオ・デ・アンドラーデの『マクナイーマ』（*Macunaíma*）が上演され、これによって舞台におけるイメージと語りが同格とみなされる、ブラジル独自の新しい表現方法が誕生する。

八〇年代の演劇界は、多様性と、伝統と近代スタイルの融合の産物であるポスト・モダンの影響が特徴として挙げられる。後半では、小物を最小限に抑え、俳優自身の体、声そして思考を最大限に駆使して表現する、デニーゼ・ストクロス（Denise Stoklos, 一九五〇年〜）のソロ・パフォーマンスが国際的に脚光を浴びる。

九〇年代は古典の演出で、視覚と言葉を駆使する傾向が見られる。いずれにせよ、大きな特徴は、俳優による登場人物の行動の観察、そして俳優たちの声や姿勢の研究などが演技の基本となっている点である。

ブラジルの演劇史に見られるのは、歴史にそって展開されたブラジル社会を形成してきた政治情勢や組織、社会を顕著に反映しているということである。貧富の差、高い非識字率、抑圧された民衆、ナショナル・アイデンティティの探求—有効な解決策もみられないまま、ブラジルの社会はこれらの問題をずっと内包してきた。そして大勢の芸術家がこの問題に取り組んできた。なかでも、アウグスト・ボアールの存在はひときわ目立つ。彼の書いた『被抑圧者の演劇』（一九七四年）が目指したのは、パウロ・フレイレが識字教育における「意識化」を提唱した『被抑圧者の教育学』（一九六八年）と同じく、演劇を通して抑圧に対する意識化を目指し、民衆を抑圧から解放することだった。

ボアール現象

アウグスト・ボアールはブラジルが生んだ一つの演劇現象といってもいいのではないかと思われる。軍事政権の迫害を逃れるため、隣国へ亡命したボアールは、一九七〇年から九〇年代にかけて、参加型演劇ワークショップを広く展開し、世界に向けて発信した。その期間に編み出した演劇手法は、「被抑圧者の演劇センター」設立を経てブラジル独自の手法としてその確立をみる。二〇〇八年ノーベル平和賞にノミネートされ、二〇〇九年三月にはUNESCOより演劇大使に任命される。

『被抑圧者の演劇』

ボアールの提唱した『被抑圧者の演劇』とは、抑圧から解放されるために努力する人々の、人々による、人々のための演劇の一形態である。彼が「演劇は解放の武器である」とうたうように、社会を変えるための道具としての参加型演劇の手法である。つまり、社会において様々な抑圧を被る人間が、演劇を通じて自らの〈声〉を発見し、人間としての尊厳と表現する権利を取り戻すための方法論である。「言葉を詩に変えるものは詩人となり、泥を彫刻に変えるものは彫刻家となる。舞台の場で繰り広げられる社会および人間関係を変えるものは、民となる」とボアールが提唱するように、「民であることは、単に社会の中で生きることではない。それを変えていくことを意味するのだ」。このことを通してボアールは抑圧された民を解放させ、尊厳を取り戻させようとした。

では、ボアールの演劇手法はどのようなものかを以下で述べたい。

(一) **イメージ・シアター**　言葉を使わず、身体のみで問題や感情を具現化する手法。これによって、人々の中に眠るイメージを引き出す。

(二) **新聞劇**　一九七〇年代の軍事政権下で厳しく制限された新聞記事を扱い、検閲を逃れるためその行間に込められたメッセージを再現するという手法。

(三) **見えない演劇**　演劇だとわからないように、街角のレストランなどで繰り広げられる演劇。実際の俳優たちとレストランの客が混在し、ある問題に取り組む手法。つまり客(=観客)は知らぬ間に俳優となり、作品に参加することとなる。

(四) **フォーラム・シアター、または討論劇**　俳優たちが演じる作品で問題提起をし、解決策を観客に問いかける。最初は観客のサジェスチョンをきいて俳優たちが演じていた。しかし、あるとき俳優たちの演技にどうしても満足できなかった観客の女性自身を舞台にあげて解決策を演じてもらったことから、舞台と客席との垣根を越えた手法へと転じた。これがおそらく彼の手法の中で最も知られているものであろう。

主要なものは以上の四つの手法であるが、ほかに、演劇理論としてセラピーにも役立つものや、自分の行動を抑圧している内面化された問題を意識化するためのものがある。
ボアールは世界の演劇界にとって大きな存在だっただけでなく、演劇を通して芸術の社会的役割を明確にしたのだといえる。人として生きることは、微力でも「世界を変えていくこと」だという信念のもと、世界中にその種を蒔き、後継者たちはしっかりと花を育てている。その根底に在るものは、人間そのものに対する深い慈しみにほかならない。
「すべての人間は、演じるから役者であり、観察するから観客である。つまり、我々はみな演じ、そして同時に観ているのだ」。

〈参考文献〉

Boal, Augusto（2011）*O teatro do oprimido e outras poéticas políticas*, 11ªed., Rio de Janeiro, Civilização Brasileira.

―――（1996）*O arco-íris do desejo*, Rio de Janeiro, Civilização Brasileira.

―――（2009）*A estética do oprimido*, Rio de Janeiro, Garamond.

―――（2012）*Jogos para atores e não atores*, 15ªed., Rio de Janeiro, Civilização Brasileira.

Magaldi, Sábato（1997）*Panorama do teatro brasileiro*, 3ªed., São Paulo, Global.

ボアール、アウグスト（一九八四）『被抑圧者の演劇』（里見実ほか訳）晶文社。

6 ブラジル音楽
―多様性と独創性―

マウロ・ネーヴェス

キーワード　サンバ、MPB、ショーロ、ボサノヴァ、セルタネージョ

はじめに

海外でブラジル音楽が批評され、語られるとき、一般的な例としてまず挙げられる音楽はサンバ(samba)である。しかし多くの場合、サンバはリオデジャネイロのカーニバル・パレードで演奏される音楽という、誤った理解を受けることが多い。実際にはサンバは、多様な広がりをもったジャンルの音楽である。サンバの他には、ボサノヴァ(bossa nova)、そしてきわめて稀ではあるがブラジル・ポピュラー・ミュージック(Música Popular Brasileira：MPB)というジャンルによって評されることもある。

しかし、すべてのブラジル音楽をこのたった三つのジャンルに分類することは不可能である。しかもブラジルにおいてボサノヴァは音楽のジャンルではなく、音楽が歴史的進化を遂げ、その後のブラジルの様々な音楽に影響を与えた契機として認識されている。ブラジル音楽は、膨大な地域的特徴と多様性を有するのである。

ブラジル音楽における混淆性

様々なジャンルにより構成されるブラジル音楽の総体に共通する唯一の特徴を探すことはとても困難であるが、はっきりしている点はある。それは、その音楽を生み出した文化から引き継がれた混淆性という特徴である。

この混淆性という側面は、まさにブラジル音楽、特にポピュラー音楽を他のラテンアメリカの音楽と異なるものとする特徴である。また、ブラジルの場合、他のイスパニア語圏のラテンアメリカの国々とは異なり、先住民的な要素の影響は少ない。

ブラジル音楽の場合、文化の宗教的側面、時にはその実践に組み込まれた民俗的根源を持つことから、アフリカ音楽の影響を強く受けている。

ブラジル音楽は概して、奴隷（の移動）とともにアフリカからもたらされたリズムと、植民者であるポルトガル人によるヨーロッパ由来のメロディと調和（的音質）が混ざり合って生まれた音楽として捉えられることが多い。

そうした側面から他のラテンアメリカの音楽との比較を試みたとき、最もブラジル音楽に近い音楽はおそらくキューバとベネズエラの音楽である。しかし、スペインとポルトガルの音楽の間に本来存在するメロディの強い異質性から、ブラジル音楽はそれらの地域の音楽とはあまり共通性を持たない存在であり続けている。

四つの大都市で発展したポピュラーミュージック

限られた紙幅でブラジル音楽を構成する広範な文化的混成を作り出すすべてのジャンルを語ること

は不可能に近い。よってここでは、都市におけるポピュラー音楽と呼ばれる音楽を構成するジャンルについて論じることとする。それは、一九世紀末からブラジルの大都市圏、特に国内でもより豊かな音楽文化が醸成された場所であるリオデジャネイロ、サンパウロ、サルバドール、レシーフェの四つの中心地域において作り出された音楽である。

ブラジル音楽の発展過程において、国内市場を独占する代表的な音楽的表現がこれらの中心地区から離れることなく発展したこと、国内の他の地域においてもこれらの都市圏の音楽文化が強い影響を持っていたことは無視できないが、そのような状況にあってもポピュラー音楽の異なるジャンルが出現した他の場所を見つけることができる。たとえば、八〇年代において国内に広まったロックン・ロールは首都ブラジリアから形成されたものであるし、レシーフェにおいて完成された後、国内市場に到達した音楽であるレゲエをもたらした運動の起源はサンルイスにある。近年の流行音楽となり社会現象として全国に広まったブレーガ（brega）と呼ばれる音楽はベレンのポピュラー音楽の特徴を持つものであるし、ブラジルの音楽市場を独占しているジャンルであるセルタネージョ（sertanejo）は主要な四つの地域で生まれたものではない。そしてリオグランデドスル州で最も強い人気を誇るガウシェスコ（gauchesco）と呼ばれるポピュラー音楽は地元のポップそしてロック・シーンのジャンルに影響を及ぼしている。そうした各地における多様な現状も、決して否定できないということである。

（一）ショーロ

しかしながら、ブラジル音楽として世界的に知られる基礎を作ったジャンルが先ほど挙げた四つの地域において生まれ進化を遂げたことは明白である。

リオデジャネイロにおいて一八八〇年代頃生まれたブラジルのポピュラー音楽の初めての代表的なジャンルは、ショーロ（choro）である。

ショーロの元々のジャンルは何であったのか？　一般的には、フルート、ギター、カバキーニョという三つの主要な楽器を中心に構成される楽団編成の音楽を指す。ワルツ、スコティッシュ、ポルカ、タンゴといった海外渡来の音楽ジャンルがブラジル人の音楽家によって再解釈され見つけ出された音楽の源泉である。

しかしながら、時が経つにつれて、音楽が演奏されるとともに、ショーロの演奏家は作曲家となり、ブラジルのポピュラー音楽の中核となる彼ら自身の音楽を作り上げてゆくようになる。

(二) サンバ

その一方で、それとほぼ同時に、リオデジャネイロとサルバドールの一部でブラジルのポピュラー音楽の基盤となるジャンルが生まれた。それがサンバである。

ショーロとサンバというこれら二つのジャンルは並行して、しかしかなり異なる形で発展する。サンバはヴァルガス政権（一九三〇〜四五年）の文化的ナショナル・アイデンティティ構築を目指した政治体制における文化政策に取り込まれ、まさにそれが原因で、サンバ・チーム（Escola de Samba）のパレードへの政府のコントロールによりその多くが「公式化」と「規律化」の過程と、白人により再解釈された黒人のサンバを示すサンバ・カンサォン（samba-canção）というサブ・ジャンルの創造を経験した。その一方、ショーロはクラシック音楽としての性格を持つようになり、社会的エリート層によって称賛され嗜まれるようになった。

現在、ショーロは主にサンパウロとブラジリアで好まれる音楽であり、サンバはリオデジャネイロに結びつき、音楽市場においては本質的にカーニバルのサンバ・パレードにつながる音楽であると指摘することは重要である。

一九五〇年代、こうした背景に加え、ルイス・ゴンザーガ（Luiz Gonzaga）とウンベルト・テイシェイラ（Humberto Teixeira）という二人の天才の出会いにより、ペルナンブーコ州地域における音楽のジャンルの一つであるバイアォン（baião）が出現というより再創生され、都市におけるポピュラー音楽シーンへ併合した。

(三) ボサノヴァ

一九五九年にはリオデジャネイロでブラジルのポピュラー音楽の改革運動が始まり、それは結果的にボサノヴァとして認知されるものとなった。

ボサノヴァは、サンバと他のクラシック音楽との調和とリズムの特徴の融合に成功し、その新しい音楽にリオデジャネイロ特有で完璧な抒情性の創造を可能とする歌詞を添え、ブラジルのポピュラー音楽シーンの本質を再変容させた。それは、ボサノヴァの創造過程において各々の分野において貢献したヴィニシウス・デ・モラエス（Vinícius de Moraes）、トム・ジョビン（Tom Jobim）、ジョアン・ジルベルト（João Gilberto）という三人の巨匠の出会いがあったからこそ可能となったことはいうまでもない。しかし、それはクビシェック（Kubitschek）政権（一九五五～六〇年）において構築された民主主義と時代特有の開発主義という特徴を持つブラジル政治の時代に符合したが故に可能となったという点を強調することも必要である。

おそらくこの時期に、ボサノヴァはこうした特徴を持つようになる。同時に一九六四年の軍事クーデターの後からボサノヴァは国際的に知名度を高める音楽となるが、ブラジルにおいては逆に衰退してゆく。それは、新しい社会政治的現実による必要性と影響によって、トロピカリズム（Tropicalismo）とブラジルへのロックの到来とともに、ボサノヴァの歌詞に込められた叙情性は否定しながらも音楽的側面では多くの特徴を取り込むことにより新たな音楽ジャンルとして生み出されたプロテスト・ソングによって、ブラジルの音楽シーンが変容を遂げる瞬間である。これがＭＰＢの始まりである。

(四) ブラジル・ポピュラー・ミュージック（ＭＰＢ）

その起源が社会政治的批判という本質的特徴を持つＭＰＢは、現在ブラジル音楽における主なジャンルの一つであるが、サンバでも、アシェー（axé）でも、セルタネージョでも、ロックでもないほぼすべての音楽を含む優れた一つのジャンルとして機能している。

ロックには二つの潮流があった。一つは根底からブラジル的なトロピカリズムによって特徴づけられるもので、一九七〇年代のムタンチス（Mutantes）やラウル・セイシャス（Raul Seixas）や八〇年代のブラジリアにおける無数のロック・バンドの出現によるものである。もう一つは、ジョーベン・グアルダ（Jovem Guarda）のムーブメントにおける中心的存在であったアメリカン・ロックによる影響を受けたものである。特にロベルト・カルロス（Roberto Carlos）やエラズモ・カルロス（Erasmo Carlos）による数多くの作品は、その後のブラジルの音楽市場において支配的な音楽ジャンルとなるホマンチカ（música romântica）の起源となった。

九〇年代にはこの音楽シーンに、サルバドールのカーニバル・チームから生まれその後ブラジルで大ヒットするジャンル、アシェーが加わる。アシェーは国内で最も消費されるジャンルの一つとなったが、それはサンバ同様、カーニバルの時期を狙って売り出される特徴を持っている。

セルタネージョ―ボサノヴァ、サンバ、MPBに並ぶブラジル音楽の重要なジャンル

しかしながら、ブラジル市場における現在での売り上げを独占するジャンルに触れずしてこの稿を終えるわけにはいかない。それは近年においてブラジルに影響を与えた社会変容に即して変化を受けたジャンルの一つ、セルタネージョ（sertanejo）である。

セルタネージョは、大都市に移住した地方出身者によって作られた二級の音楽として、都市圏において偏見の目で見られながら生まれたジャンルである。まさにそれを原因として、サンパウロ州、ミナス・ジェライス州、ゴイアス州のセルタォンにその起源を持つにもかかわらず、セルタネージョは現在のように、サンパウロにおいて、ロベルト・カルロスの甘いロマンティシズムにその多くが取り込まれて歌詞が変わり、部分的に調和的構造を持って少しずつ変容し、ポップ・ミュージックとしての側面を持つものに近づいた音楽である。

セルタネージョのジャンルの進化に影響を与えたメディアによる変容の多くは、MPBのようにブラジル音楽の特徴を完全に備えた音楽ではなく、それらの断片と国際的なロックとポップを融合した、新しいポップ・ミュージックのジャンルの創造と普及にも貢献した。

まとめ

今日、ブラジルは、音楽という側面において地域的にもジャンルとしても広範な多様化の道を辿っ

ている。しかし、結論として、国内におけるブラジル音楽の肖像とは、サンバでもMPBでも、ましてやボサノヴァでもなく、それらの音楽との二重性を有し、ロマンティックな歌詞を持ち、そして最近ではよりポップ・ミュージックに近づいたダンス・ミュージックとしてのセルタネージョにあるということである。インターネットとソーシャル・ネットワークにより、コミュニケーションが歴史上最も速く展開する世界において、トム・ジョビン、そしてMPBの隠された三人の大家であるカエターノ・ヴェローゾ（Caetano Veloso）、ジルベルト・ジル（Gilberto Gil）、シコ・ブアルキ（Chico Buarque）の時代の後、最も有名なブラジルのミュージシャンはミシェル・テロ（Michel Teló）であろう。

ブラジル音楽について考えるとき、サンバ、ボサノヴァ（単なる音楽のジャンルではなく、一九五九年から六九年の間に存在しブラジルのポピュラー音楽を全体として特徴づけたムーブメントであったことを心に留め）、MPBだけではなく、ブラジルのロックやセルタネージョも忘れないでほしい。それは東アジアを中国と日本だけで捉え、韓国の存在を無視することと同様の意味を持つほど、重要な視点といえる。

〈訳　田村梨花〉

7 ブラジルの料理の奥深さ
―色、香り、味―

ニウタ・ジアス

キーワード　バイーア料理、バンデイランティス、シュラスコ、「パイナップルの皮を剥く」、「それは小さなコーヒーだ」

はじめに

多様な民族性と文化を誇るブラジル。そこに暮らす人々から、先住民（インディオ）、ポルトガル人、アフリカの人々の強い影響を受けた多彩な料理が生まれた。

ブラジルの食の歴史をひもとくと、肥沃な土地と良好な天候のおかげで、すでに「発見」と植民の時代、天然もしくは栽培によって入手できる食料が国中にふんだんに育っていたという多数の記録を見出すことができる。また、魚介類と、あらゆる肉類が非常に豊富であったのも特筆すべきことである。入植者たちが開拓を進めるなか、新天地の新しい食材や調理法と出会ったことも、ブラジル料理の多様性につながっている。

食で巡るブラジル歴史の旅へようこそ

（一）北東部

ブラジルの植民地化と入植は、バイーア、ペルナンブコといった沿岸地域から始まったが、それは奴隷労働を基盤としたサトウキビのモノカルチャー（単一栽培）によって特徴づけられていた。当時の食生活はフェジャオン豆、イモなどの根菜類、マンジョッカ粉、魚、野生動物の肉や豚肉といった土地原産の食料で構成されていた。ふんだんな果樹があったにもかかわらず、当時の富裕階層は新鮮な果物を食べる習慣がなかった。入植当初、ファゼンダ（大農園）主の邸宅や一般家庭で作られていたのはポルトガル料理やアフリカ料理であったが、次第に現地にない食材がレシピから消えたり、調達可能な代用品に置き換えられたりして、自然に変化していった。

北東部の沿岸地域では、入植当初から、先住民も入植者も新しい調理法を取り入れていった。ポルトガル人農園主の邸宅（カーザ・グランデ）の台所を取りしきる女主人たちは、屋外で調理する先住民と黒人のやり方を受け入れた。たとえば、肉はジラウという台の上で切り分けられ、モケームと呼ばれる木の小枝で作った一種のあぶり台に置かれて薪の火で焼いたり燻製にしたりして調理した。そのため、ファゼンダの大邸宅には通常二つの台所があり、一つは屋外で、肉の切り分け、処理、調理、そして手がかかる菓子類を作るときに使われ、もう一つの台所は屋内で、洗練された食事や菓子類を作るために使われた。現地の食生活に適応していく過程の中で、新しい料理も生み出された。砂糖農園（engenho）では、サトウキビの煮汁を固めて作るハパドゥーラ（rapadura）をポルトガル人が砂糖の代わりに使用するなど、元来のレシピから新しい菓子類が生まれ、魚・海老・伊勢海老などの海の食材をココナッツミルクやデンデヤシの油を用いて調理するアフリカ風の料理が作られた。先住民料理の特徴は、マンジョッカ粉の他にトウモロコシを使うことである。アフリカを起源とする自然界の神、オリシャ神への捧げ物であるムングンザー（Mungunzá）―ブラジル中南部ではカンジッカ（Canjica）と呼ばれる―は、フェスタ・ジュニーナ（六月に祝されるサン・ジョアン、サント・アントニオ、サン・ペドロの日を記念する祝祭：「フェスタ・ジュニーナ」参照）で好んで供される菓子である。他に北東部料理を特徴づける基本食材としては、瓶詰めで売られる液体状のバターであるマンテイガ・ヂ・ガラッファ（Manteiga de garrafa）、発酵後に凝固した牛乳から作るチーズ、ケイジョ・コアーリョ（queijo coalho）、主に長期にわたる移動期間中に肉を保存する必要性から生まれた干し肉、カルネ・セッカがある。

北東部料理を語る際に忘れてはならないのは、アフリカ系ブラジル料理のよりどころとなるバイーア料理である。ファゼンダでも都市部でも、北東部地方の料理にはアフリカ系黒人の料理の存在が影響を及ぼしているが、それはバイーア地方により顕著に見られる。サルヴァドールの街では、ブラジルの他のどの都市よりも純粋な黒人文化が濃縮され、アフリカ文化が継承された。宗教的伝統行事の中には、カンドンブレ（Candomblé：「ブラジルの宗教」参照）のような、オリシャ神に食物を捧げる慣習があるが、こうした伝統のおかげでアフリカ料理の多くの基本食材がそのまま維持されてきた。カンドンブレの聖者の娘もしくは母親であるとされている「アカラジェ売りのバイーア女性たち」は、同料理の心象風景を象徴するものとして、バイーア州の無形文化遺産に認定されている。ちなみにアカラジェとはツル豆をデンデヤシの油で揚げた生地に、デンデ・ココナッツミルク・マンジョッカ粉でできたヴァタパ、オクラとエビを煮たカルル、トマト、ネギ、エビ、液状のトウガラシであるピメンタを具として入れたバイーア郷土料理である。バイーア女性に対する敬意を表し、長年にわたって多くのカーニバルのパレードにはバイーア地方の民族衣装を着て踊る中高年の女性から構成されるグループであるアーラ・ダス・バイアーナス（Ala das Baianas）が登場する。

（二）北　部

さらに食の旅を続け、北部へと向かおう。隣国との国境地帯では、沿岸地帯とは異なる方法で新しい食料が発見された。コロノ（colono）と呼ばれる植民者たちは丁子（ちょうじ）、シナモン、栗、ガラナー、カカオといった「セルタン（奥地）の薬」（drogas de sertão）と呼ばれた食材を探してアマゾン地方を開拓した際、先住民を労働力として利用した。森林内部を熟知し、「セルタンの薬」の効力にも詳しかったインディオと共存するなかで、開拓者たちは先住民の猟や漁業に基盤を置く食生活や、野生の果実を食べる習慣に自然に適応していった。彼らは巨大なピラルクーなど様々な種類の魚や、ワニ、カメ、パカ（paca）、その他の野生動物や鳥類の肉を味わうことを学んだ。今日もなお、北部地方料理はインディオの影響を受けついでいるが、その良い例がマンジョッカから採れる黄色い液体であるトゥクピー（tucupi）を使う調理法である。トゥクピーは、パット・ノ・トゥクピー（pato no tucupi）やタカカー（tacacá）といった料理を作る際に必要不可欠な食材である。そのほかによく好まれている食材はマンジョッカで、これは有名なタピオカを作る際の基本となる。北部原産のフルーツには、ブラジル人だけでなく外国人の味覚もとらえたガラナー（guaraná）とアサイー（açaí）があり、これらは、北部地方が新しい味の発見をもたらす多様な食材に出会える特筆すべき地域であることの代表例である。

(三) 南東部

ブラジル南東部に目を向けると、開拓者たちは同じく影響を受けたり及ぼしたりしながら、現地料理とポルトガル料理双方の特徴を持つ料理を作り上げていった。探検隊（バンデイランテス）とその後の荷馬車隊（トロペイロス）は長旅のため乾燥食材ならびに運搬しやすい食料を必要としていた。なぜなら通常彼らは布製のナプキンに食料を入れて運んでいたからである。この習慣から、小麦粉・煮たフェジャオン豆・一口大の鶏肉・堅ゆで卵を一つのナプキンの中に入れて混ぜ合わせて作るバンデイランテスの携帯食が生まれた。これがかの有名なサンパウロ風クスクス（Cuscuz paulista）の起源となったともいわれている。

時が経過し、バンデイランテスの時代の後、サンパウロはブラジル国内の異なる地域からだけでなく世界中の様々な地域から移民を受け入れ、現在、食文化のグローバリゼーションを実現している。さらに南東部地域では、ポンジケージョ（pão-de-queijo）、フェジャオン・デ・トロペイロ（feijão de tropeiro）、トウモロコシ粗挽きパンなどに代表されるミナス・ジェライス料理ほか、様々な習慣や食材をミックスしてできあがった多くの食も味わうことができる。それ以外の南東部の美食といえば、エスピリト・サント名物料理のモケッカ・カピシャーバ（moqueca capixaba）、有名なリオ風フェイジョアーダ（feijoada carioca）と、それと一緒に飲むことが多いカイピリーニャ（caipirinha）がある。フェイジョアーダとカイピリーニャはブラジルの典型的な料理とドリンクとして世界的に知られている。

(四) 中西部

バンデイランテスの後を追って中西部へと向かおう。そこはブラジルで二番目に広い面積を誇りながら、人口が最も少ない地域である。当初、中西部には先住民（インディオ）しか住んでいなかった。しかし、バンテイランテスの到来とともに金鉱が発見され、最初の小規模な集落ができた。この地方の料理は土地原産の野菜や獣肉などの利用に特徴づけられている。原産の動物を食材とした料理としては、カピバラのステーキ、ワニ肉、アルマジロのフィレ、そして魚をベースとした料理としては、ナマズを使うモジッカ（mojica）や魚の瓦煮（peixe na telha）、ピラニアのスープ、パクーの炭火焼などがある。野菜の食材としては、ツルナス（jurubeba）、ペキー（pequi）、サフラン、ショウガ、バナナ・ダ・テーラ（banana-da-terra）、トウガラシの一種（pimenta-bode）などがベースもしくは色々な料理の特別な味付けに使われる。ここで紹介したもの以外ではペキー入りライス（arroz com pequi）とゴイアース風パイ（empadão goiano）、ボリビア料理の影響が顕著に見られるマットグロッソ・ド・スル料理で、ボリビアのサルテーニャ（salteña）に起源を持つチキンパイ（鶏肉を中に詰めて焼いたパステルpastelの一種）がある。そしてパラグアイ料理からは、ビスケットの一種であるシッパ（chipa）と、マテ茶の茶葉を冷水に浸して作るテレレー（tereré）を飲む習慣が生まれた。

（五）南　部

最後に南部に向かおう。ここでは広大な土地を利用した牧畜業が営まれている。植民地時代には、南部で生産された干し肉（シャルキ）がブラジル南部と他地域を経済的に結ぶ基本食材となっていた。今日もなお、シャルキはリオグランデ・ド・スルの最も有名な料理、アロース・デ・カヘテイロ（arroz de carreteiro）を作る際の主要食材の一つとなっている。

南部料理というとシュラスコとマテ茶が代表として挙げられがちだが、それは誤りで、実はもっと多様で異なった料理である。ウルグアイ、アルゼンチン、ポルトガルのアソーレス諸島、スペイン、ドイツ、イタリア、日本、ポーランド、ウクライナからブラジル南部に入植した人々が、それぞれ同地域の料理の形成に寄与している。特に顕著なのはドイツ料理の影響で、ビールで調理した肉、カモ肉の紫キャベツ和え、キャベツの酢漬け（ドイツ語ではザワークラウト）、塩漬け豚の膝部分（ドイツ語ではアイスバイン）、ソーセージなどが挙げられる。

一般的に、南部では、肉が多くの料理の主食材となる。たとえばリブステーキのコステラ・アオ・フォーゴ・ヂ・シャオン、牛肉の丸焼きであるボイ・ノ・ロレッチ、豚肉ではポルコ・ノ・タッショ（porco no tacho）、レイタォン・マトゥラード（leitão maturado）などがある。いくつかのレシピでは、肉は地面に掘られた穴の中で焼くことになっているが、それは焚いた火が燃え広がらないようにするために穴を掘った先住民の慣習から伝わったものといわれている。肉以外にもたくさんのスイーツ、タルト、ワイン、チョコレートがある。こうした無限ともいえる美食の数々を前にすると、誰もが体重計を忘れて貪欲に食べてしまう「罪」に身を委ねてしまうだろう。

食べ物の名前が入ったポルトガル語の会話表現

これまで私たちはブラジル料理の歴史を垣間見てきたが、次に、ブラジル国民の多くの習慣、伝承、言語表現にも食に関するものがあることを見ていこう。ブラジルでは、食に関連する伝承や迷信がたくさんあるが、それらは主にポルトガル人などの移民によってもたらされた、マナーや宗教的行為に関係するものであった。しかし、食べ物に関する禁忌や制限のいくつかは、植民時代に主に奴隷を統制し、いくつかの食べ物を奴隷が食べないようにするための方法として、ブラジルだけに見られたものであると信じられている。その最も良い例が、マンゴーと牛乳の食べ合わせが悪いという古い伝承である。今日もなお多くの人々がこの食べ合わせは毒だと信じているのだ！　とはいえ、牛乳入りのマンゴージュースは国内の多くのレストランやランショネッチ（軽食堂）で提供されている人気メニューである。真実か否かは別として、これらの伝承はブラジル人の歴史と文化の一部であり多くの人々が新しい世代へと伝えているが、その一つに新年の願掛けがある。

年末に行われる祝祭は、食に関連する慣習や伝承を見ることができる最高の機会である。たとえば元旦の夕食では、後方に向かって餌をつつく動物の肉すなわち鶏肉を食べてはならない。なぜならその後の生活が繁栄しないと考えられているからで、最も良いのは豚肉か魚を食べることとされている。一方、レンズ豆、ザクロ、ブドウは繁栄と豊かさの象徴であるため、可能な限り、新年の到来を祝う食事の中に使われるべきであるとされている。

新年の食べものと願掛けをミックスする以外にも、民間に伝承している次のような迷信がある。「口やフォーク、スプーンから食べ物が落ちたら、家族や親戚の誰かが飢えていると思え」、「帽子をかぶって食事をするのは、悪魔と食事をしているのと同じだ」、「結婚前の娘はテーブルの上座に座ってはならない。万一座ったら結婚できない」、「最後の一片を食べる者は結婚できない」。

ブラジルのあらゆる地域で、食べ物を指す単語が日常生活でよく使われる会話表現に変化した例を多数見ることができる。興味深いのは同じ単語・同じ表現が、地域によって異なる意味で使われていることがあるということだ。昔から使われているブラジルの日常会話表現のいくつかを紹介しよう。

Descascar um abacaxi.「パイナップルの皮を剥く」
Resolver pepinos.「キュウリを解決する」
——問題を解決すること、困難な状況に立ち向かうこと。

Ele é um banana.「彼はバナナだ」
Ele é um pamonha.「彼はパモーニャだ」（パモーニャとはトウモロコシと牛乳もしくはココナッツミルクをトウモロコシの皮で包み、ダンプリングにしたもの）
——イニシアティブ（やる気）のない、怠惰な、服従した人。

Ela / Ele é um doce.「彼女／彼は甘いスイーツだ」
——良い人、行儀のいい人、とても親切な人。

Isso é café pequeno.「それは小さなコーヒーだ」
Isso é canja.「それはカンジャ（鶏の手羽先を使ったスープ）だ」
——それは簡単だ（成功する方法が確実にあるということを表す）。

Vender o almoço para comprar a janta.「夕食を買うために昼食を売る」
——経済的に困難を抱えていることを表す。

まとめ

これらのことから、ブラジル料理の歴史はブラジルの植民・発展の歴史と並行する形で変遷してきたと結論づけることができる。多彩な食文化の中から、各地方の伝統料理・オリジナル料理を正確に定義することはとても難しい。料理のレシピが必要に応じて変化したり、食材が最初のものから変わったり使われなくなったり、準備の方法や食卓での供し方にも変化が見られる。実際、すべてのブラジル料理は、様々な食材と料理法がミックスした結果として、いい意味で多様化しながら国内に広がっていったのである。このようにしてブラジル料理は、早いうちからグローバル化、ハイブリッド化しながら発展してきたのであり、それがすべての地域や社会階層に行き渡っていったといえよう。その特徴的な多様性は、国境を越えてもたらされ、人々の味覚をとらえ、世界の「美味しい食卓」の中でも突出した地位を築いているのである。

〈訳　内藤理佳〉

〈参考文献〉

Cascudo, Luís da Câmara（2011）*História da alimentação no Brasil.* 4. ed. São Paulo, Global.

8 ポルトガルの食文化
―なぜか懐かしくなるスローフードの味―

内藤理佳

キーワード　ポルトガル料理、バカリャウ（bacalhau）、オリーブオイル、ポートワイン

ヨーロッパ最西端、イベリア半島の西側に位置し、日本の四分の一ほどの小国でありながら、穏やかな気候と豊かな土壌に恵まれたポルトガルにはバラエティに富んだ食文化が育まれてきた。イタリア、スペイン、南フランスなどいわゆる「南欧料理」の中に位置づけされ、これらの国々の料理との類似点も多いが、その中でもポルトガル料理は日本人にとって非常に親しみやすい特徴を持っている。

国民食のイワシとタラ

国土の西と南が太平洋に臨む海岸線となっているポルトガルでは、昔から漁業が盛んであった。ポルトガル人は、他のヨーロッパ諸国同様、牛・豚・鶏を中心とする肉類を主要なたんぱく源としながらも、ヨーロッパの中で最も魚介類を多く食べる国民として知られている。ポルトガル人が特に好んで食べる魚介類にはイワシ、タラ、タコ、アジ、カサゴ、マグロ、タチウオなどが挙げられる。

サルディーニャ（sardinha）と呼ばれるイワシの炭火焼は、魚の両面に塩を振り、炭火でこんがりと焼くだけというごくシンプルな一品である。イワシ漁が旬となる六月に毎年首都リスボンで祝される聖アントニオ祭は別名「イワシ祭り」とも呼ばれ、街角に軒を連ねる大衆レストランの店先から漂ってくる炭火焼の香ばしい香りと、もうもうと立ちのぼる煙が街の風物詩となる。日本と異なるのは、醤油ではなくオリーブオイルで味付けし、ごはんでなくパンとともに食べる点だろう。その他にも、イワシの身をタマネギやトマトなどと一緒に酢と油で漬けたマリネはエスカベシェ（escabeche）という前菜として好まれ、日本の「南蛮漬け」の元祖といわれている。

バカリャウ（bacalhau）と呼ばれるタラは、一六世紀頃から遠洋漁業の技術に長けていたポルトガル人が、ノルウェーやアイスランドなどの北洋で漁獲したのち、かつては帰港するまで時間がかかったため、腐敗を防ぐ目的で塩漬けにしその後天日で干したものが調理法の原点となった。生魚を新鮮なまま空輸できるようになった今も、干しダラが基本となり、水で戻したものをそのまま炭火焼にしたり、丁寧に小骨を取って細かく割いた身を使ってコロッケ、グラタン、卵とじ料理にしたりと、その調理法は一年中毎日違うレシピを楽しめるといわれるほどバラエティに富んでいる。近郊で獲れる魚に比較して価格が高めで、塩抜きして調理するのに手間がかかるのにもかかわらず、タラはポルトガル人の食文化には欠かせない魚の一つになっている。その例として、コンソアーダ（consoada）と呼ばれるクリスマスイブの夕食では、

スーパーの干しダラ売り場（筆者撮影）

シンプルに茹でただけのタラを、ゆで卵と、ニンジン・ジャガイモ・キャベツなどの煮野菜と一緒に付け合わせ、オリーブオイルと塩コショウで味付けして食べるのがポルトガル人家庭の伝統となっている。

米を多く食べる食文化

ポルトガルでは、他のヨーロッパ諸国に比べ、米をよく食べる。ただし、米は主食ではなく、ジャガイモや野菜と同じ副菜の一つとして捉えられている。日本と調理法は異なり、炊かずに軽く水洗いした米をそのまま沸騰したお湯の中に入れ、やや固い歯ごたえの状態になるまで煮込み、トマトやバター、オリーブオイルなどで味付けしてから食べる。その他、メイン料理の一つとして、魚介類と一緒に煮込んだリゾット風の料理もある。基本的に主食はパンで、小麦・ライ麦・トウモロコシなどの粉を使った粒の粗いパンから柔らかい白パンまで、豊富な種類のパンが作られている。なお、イタリアで有名なパスタ類やピッツァ、スペインでよく食される堅いパンはあまり食卓にはのぼらない。

大航海ルートで獲得した香辛料と調理法

ポルトガル料理の調理の基本はみじん切りにしたタマネギ・ニンニク・トマトといった野菜をオリーブオイルで炒めたものである。ここに肉や魚を入れて塩で味付けをし、さらに、一五世紀に始まった大航海時代以降、ポルトガルが到達したアフリカ・アジアの地域で獲得した様々な香辛料、すなわちコリアンダー、コショウ、サフラン、パプリカ、クローブ、カレー粉などを付け加える。

野菜は通常、調理した形で食べる。メイン料理とともに茹でたジャガイモ、ニンジン、葉物野菜を付け合わせることも多いが、最も一般的な野菜の摂取方法は、スープにすることである。代表的なスープは「緑のスープ」を意味するカルド・ヴェルデ（caldo verde）で、日本では青汁に使われるケール（couve）と、ジャガイモをすりつぶして水を加えて煮込み、オリーブオイル・塩・コショウで味付けし、最後に血詰ソーセージ（chouriço）のスライスを浮かべた濃厚な緑色のスープである。日本人になじみ深い生野菜のサラダは一般的でなく、ドレッシング類もほとんどない。その代わり、基本の調味料として、塩・コショウのほか、オリーブオイルとワインビネガーがセットになって必ず食卓に置いてあり、各人が自分の好みによって副菜の味付けをするのが一般的である。

調理したあと、熱すぎず冷たすぎない温度を保つのも特徴的である。スープは湯気がたたなくなってから食し、ドリンク類に氷を入れることはめったにない。また、トウガラシやわさびのような刺激的な辛味を調理に使用することもまれである。ポルトガル料理は全体的に塩分の濃い味付けではあるが、他の南欧諸国に比べると素材の味を生かし、使用するオリーブオイルの量も控えめであるため、日本人にとっては馴染みやすく、思わず「ほっ」とできるものが多いといえるだろう。

無類のスイーツ好き

ポルトガル人は老若男女を問わず、ほとんどが無類のスイーツ好きである。ポルトガルのお菓子は基本的に卵・小麦粉・砂糖をベースにしたシンプルで素朴なものが多いが、日本人にとっては甘すぎるものが多いかもしれない。各地方にはいわゆる「ご当地銘菓」があるが、全国的に好まれているポルトガルの代表的な伝統菓子の一つは、タルト型のパイ生地の中に秘伝の手法で作られるカスタード

伝統菓子パステル・デ・ナタ（筆者撮影）

クリームを流し込んでパリッと焼き上げたパステル・デ・ナタ（pastel de nata）である。日本にはマカオ経由で紹介され、一時「エッグタルト」の名称で人気を博した。

また、カステラのルーツといわれるのがポルトガル中部の街アゼイタオンの銘菓パォン・デ・ロー（pão-de-ló）で、近年日本に「生カステラ」の名で再輸入されている。その他、レストランで提供されるデザートには、オレンジやリンゴなどの果物を細かく切ったものにシロップをかけたフルーツサラダ、アイスクリーム、メレンゲを使用したババロア風のスイーツ、米を牛乳で甘く煮てシナモンパウダーをふりかけたライスプディングなどがある。なお、正式なフルコースメニューでは、デザートの前に各地域で産出される濃厚なチーズが供され、食後酒とともに食事を締めくくる。

世界的に有名なポートワイン

アルコール類では他の南欧諸国同様、ワインが代表的で、国内で良質のワインを多く産出している。ポルトガル産ワインで世界的に有名なのは、ポートワイン（vinho do Porto）であろう。甘さとアルコール度数が強く、テーブルワインではなく、食前酒・食後酒として好まれている。ポートワインは醸造工程中にブランデーを混入することによって高いアルコール度数を保ち、年数とともに味わいと保存性が高くなる酒精強化ワインである。一七世紀後半から北部に位置するポルトガル第二の都市・ポルト（o Porto）を流れるドウロ川地域で広く栽培されるぶどうを使って製造されるようになり、一八世紀から商業化されて以降高い評価を獲得し続けている。

ポルトガル人の一日の食生活

ポルトガルでは、朝食はごく軽く、パンとホットドリンクだけという、いわゆるコンチネンタルスタイルが一般的である。昼食は、日本のように「お弁当」を持参することはあまり一般的でなく、自宅で食べることができない人は基本的に外食かテイクアウトになる。かつては昼食に一時間以上時間をかける時代もあったが、今では、特に都会生活の中では軽くすませ、夕食に重点を置くことが多くなってきたようだ。夕食は他の南欧諸国と同じく、夜八時～九時頃にとることが多く、その前にランシェ（lanche）と呼ばれる軽食（おやつ）を食べるのが一般的である。

こうした軽めの昼食や軽食によく利用されるのが、パステラリア（pastelaria）と呼ばれる形態の飲食店である。店に入るとすぐにガラスケースのカウンターがあり、軽食用のサンドイッチや、菓子パンのような甘いパン・ケーキ類が並んでいる。客は食べたいものを指してオーダーし、コーヒーやジュースなどのドリンク類を頼んで、カウンターで立ったまま食べてすぐに出て行く。トーストやコロッケ類など温かい食べ物をオーダーすることもでき、テイクアウトも可能だ。室内と店外にテーブル席があり、座って食事をとることができる店もあるが、その場合カウンターよりも値段が高くなり、チップを置く必要もある。

一日に数回、好んで飲まれるのはデミタスカップに入った濃いコーヒー（エスプレッソ）である。エスプレッソは「カフェ」（café）と呼ばれるが、首都リスボンには「ビカ」（bica）、ポルトには「シ

アサリと豚肉のアレンテージョ風（筆者撮影）

ンバリーノ」（cimbalino）という異なる名称もある。日本ではお馴染みの、マグカップで飲む薄味のコーヒーは「アメリカン・コーヒー」と名付けられ、一般的ではない。また、日本人にとって見た目が意外なドリンクがガラオン（galão）である。いわゆるホットミルクコーヒーであるが、カップではなく長細いガラスのコップに注がれて提供される。ほかにもコーヒー類はカップの大きさや、好みで入れるミルクの量によって様々な名称がついている。コーヒー豆はかつての植民地だったブラジルやアフリカ諸国から輸入される豆がよく使われている。なお、紅茶も飲まれるが、レストランやカフェでも茶葉でなく市販のティーバッグを使用することが多く、コーヒーと比較するとあまりこだわりがないといえるだろう。

伝統料理とスローフード

狭い国土ながら、沿岸地方と内陸地方、また雨が多く緑の多い北部地方と乾燥した赤い大地が広がる南部地方など、地理的なコントラストが明確なポルトガルの各地域・都市にはそれぞれの土地の特徴を生かした伝統料理が継承されている。特徴的な伝統料理を二つご紹介しよう。

まずは北部の大都市ポルトの「ポルト風モツ料理」（トリッパス・ア・モーダ・ド・ポルト、Tripas à moda do Porto）である。大航海時代の幕開けとなった一五世紀前半、北アフリカのセウタ攻略を狙うエンリケ航海王子のもと、王子の出身地であるポルト市民たちが戦いに臨み港を出発する兵士たちに肉類をすべて提供し、自分たちは残った臓物だけを食べたという献身的行為がポルトガル海洋帝国の繁栄につながったという伝説が起源といわれている料理で、牛・豚・鶏などの臓物を豆とともにトマトベースで煮込んだポルトの伝統料理になっている。なお、大航海時代を支えた勤勉な市民として、ポルトの人々は今も「モツを食べる人」の意味のトリペイロ（tripeiro）の愛称で呼ばれている。

もう一つが、ポルトガル国内で「食の宝庫」と呼ばれる東南部アレンテージョ地方の伝統料理である、イベリコ豚と大振りのアサリをトマトベースのオリーブオイルで炒めた「豚肉のアレンテージョ風」（Carne de porco à alentejana）である。一見ミスマッチかとも思われるような貝と肉のコラボレーション料理であるが、意外や意外、豚の肉汁とアサリのエキスが混ざって生み出される独特の味わいが地元民ばかりでなく観光客の人気をも呼んでいる。

ポルトガルの食文化はその保守的な国民性を反映し、ファストフードが世界を席巻する今も、時間をかけてゆっくりと調理する典型的なスローフードの風潮が根付き、豊かな食文化が連綿と継承されている。

第5章

夢見る

Sonhar

1　夢の工場
―ブラジルのテレノベーラ―

マウロ・ネーヴェス

キーワード　ブラジル化、グローボ社、ブラジル文化の海外活動、ブラジル市場、文化的アイデンティティ

テレノベーラの始まり

ブラジルのテレビが最初に商業的な放送を始めたのは、一九五〇年九月一八日のことだった。放送を行ったのはトゥピーテレビであり、このとき放送された番組の中に、ドラマ的なシーンがあったが、これは後にブラジルの視聴者がテレビ界のチャンピオンとして認めることになる連続テレビ小説（以下、テレノベーラ）の嚆矢（こうし）とされている。

六〇年以上に及ぶ進化の中で、ブラジルのテレビは徐々にその型が出来上がり、なかでもテレノベーラは一九八〇年代から今日までの間に国際的なレベルにおいて国を代表するものになった。

二〇世紀を通して、ブラジルはそれまでサンバの国、サッカーの国といわれてきたが、テレノベーラが脚光を浴びる国になり、四年に一度開催されるサッカーワールドカップに匹敵するものとなった。時にはワールドカップの試合と同じ程度の視聴率を誇ることもある。

一九五一年、まだ連続化されていない最初のテレノベーラが放送されてから、現在の基準に従って正確にテレノベーラということができる最初の番組が放送される一九六三年までの約一〇年間は、テレノベーラの放送を心待ちにするような視聴者を確保するための挑戦の時代であった。この期間においては、テレノベーラは毎日放送されず、一週間に二回の放送であった。六〇年からは、ラジオや演劇や映画の言葉遣いとは違った、テレビ固有の言葉遣いが確立されるようになった。六〇年代を通してブラジルの視聴者はテレノベーラに深く興味を持つようになった。

一九六三年七月から九月までの間に、ブラジルのテレビで毎日放送されるテレノベーラが初めて放送された。この頃のテレノベーラは、ビデオテープの技術を用いることもなく、また一般的には屋外のシーンの映像を用いることはなかった。役柄はとても少なく、テレビ局の番組編成上、それほど重要な位置づけではなかった。こうした状況は、六六年以降変わることになる。つまり、同年以降、テレノベーラが重要な役割を果たすようになるのである。

一九六〇年代のブラジルでは、社会的にも政治的にも経済的にも数多くの重要な出来事が起こったが、同国のテレビはほとんどそういった出来事に注意を向けることなく、テレノベーラにおいてもまったく政治に無関心な世界を作り上げた。例外もあるが、この傾向は七〇年代末まで続くことになる。

グローボ社の設立─テレノベーラのブラジル化と多様化

一九六四年は軍事クーデターの勃発もあったが、ブラジルのテレビ業界とテレノベーラの進展においてもきわめて重要な年である。七〇年代と八〇年代においてブラジル国内でテレビ業界の主導権を握っただけでなく、今日でもまだ残っているテレノベーラの基準を作り出したグローボテレビが設立された年なのである。

この時期においては、いくつかのテレビ局が競争を繰り広げていたこと以外に、テレビドラマの分野で様々な挑戦が行われた。これらのテレビ局は視聴率を確保するためにテレノベーラを放送するようになった。一九六八年からは、ますます視聴者の現実やブラジル人の日常生活に近いテレノベーラがブラジルのテレビで最盛期を迎えることになる。テレノベーラは、重要性の乏しい番組という位置づけから脱し視聴率を稼げる番組になってきたのである。

この時代に、テレノベーラは「ブラジル化」されるようになった。ブラジル化とは、テレノベーラの脚本や日常会話で使われるポルトガル語をブラジル特有のものにすること、文学作品の改作はブラジル文学の作品に限定することなどを指している。また、この時期は、扱うテーマが多様になり、ブラジル映画や演劇の中で使われている役柄をますます導入するようになった。

同じくこの時期は特に、ブラジルのテレノベーラの中に、ブラジル社会に影響を与えた一般的な問題が取り入れられるようになった。たとえば、人種差別、女性の地位、カトリックとウンバンダの間の宗教混合主義（「ブラジルの宗教」参照）、産業の発展に伴う汚染、都市部の貧困や暴力などである。

このように、それまでは主要な登場人物間の三角関係をドラマの中心的な要素の一つとしてきたテレノベーラにおいて、この時期に放送されたドラマの大半には、徐々に国の現実や視聴者の日常生活のことが取り入れられるようになった。こうした変化をうけ、視聴者がテレノベーラの世界に共鳴しやすくなり、テレノベーラの評価が上がり、結果として視聴率が大幅に上がった。そして特に一九七〇年代であるが、テレノベーラはブラジル人の生活に必要不可欠なものになった。七〇年代は、グローボ社が国内のテレビ市場を独占するようになり、テレノベーラの製作に関してグローボ社の基準が確立された。

同年代から、扱っているテーマに従って、テレノベーラを四つのグループに分けることができるようになった。一つ目はドラマの文脈の中に現実世界を入れ、そのドラマの脚本の中に恋愛的な内容を加えたタイプである。二つ目は新種の脚本に挑むタイプである。三つ目はコメディーをテーマにしたタイプのものである。そして四つ目は特にブラジルの文学作品を改作したタイプである。

七〇年代と八〇年代のテレビドラマで最も際立つ点は、国の社会政治的な現実の取り扱い方に違いがあることである。すなわち軍事政権末期に行われた政策をテーマにした作品が増えてきたのである。

世界に輸出されるブラジルのテレノベーラ

ところで、八〇年代のブラジルのテレビドラマに直接的な影響を与えたのは以下の四つの要因である。第一に、政府による検閲が終わり、いくつかのテレノベーラが軍事政権の厳しい現実を取り扱うようになったこと。第二に、グローボ社によって初めて国産の作品が海外に輸出されるようになったことになり、ブラジルのテレノベーラが国際化されたこと。第三は短い期間で終わるシリーズ（ミニシリーズ）を導入したこと。そして第四に、ブラジル大手テレビ局であるSBTによってブラジル以外のラテンアメリカ系の作品の輸入が再び始まり、同局によってメロドラマの製作が復活したことである。

ブラジル文化の海外輸出という点を考慮すると、テレノベーラが表す価値をはかる最もわかりやすい比較は、ブラジルとアメリカの関係ではないだろうか。つまり、映画がアメリカにとって重要であるように、ブラジルにとってはテレノベーラが重要なのである。グローボ社は真の「ブラジル版ハリウッド」を作り出したといえるだろう。

ブラジルのテレノベーラは世界に広がり、「ブラジル市場」を作り出した。その結果、作品の内容と同時に、ブラジルの自然、習慣、国民性やブラジルの産品なども世界に広まり、他国の人々を魅了し、ブラジルは世界の中でも類まれな景色に恵まれているというイメージを作るのに一役買っている。ブラジルのテレノベーラ輸出はすでに三〇年も続いている。外国でも成功した理由としては、言葉遣いや日常生活にとても近い情景の使用、北アメリカやイギリスの作品と比べるとより質が高いユニークな作品になっているということが挙げられよう。

グローボ社は一九七三年に初めてメキシコにブラジルのテレノベーラを輸出した。しかしながら、輸出のプロセスが確立し、世界の巨大なテレビマーケットを獲得できるようになるのは、一九八〇年にアメリカで『奴隷イザウラ』（一九七六年）が放送されてからである。このテレノベーラは、北米市場だけでなく、キューバや中国など一〇〇を超える地域で視聴者を数多く獲得した作品である。なかでもキューバでは、フィデル・カストロのスピーチの中でこの作品が言及され、中国では、中国で作られていないドラマという枠組みで考えると、それまででは考えられないほどの成功を収めた作品であり、ドラマを作る形式に影響を与え、後に中国版テレノベーラが製作されるようになった。以来、中国ではテレビドラマ制作のモデルにさえなっている。

ポルトガルや「ポルトガル語公用語アフリカ諸国」（ＰＡＬＯＰ）の場合は、ブラジルのテレノベーラを輸入する理由は、同じポルトガル語を話すという事実に起因することも、重要な側面である。これらの国々のポルトガル語に、ブラジルのポルトガル語が影響を与えることになり、一方でポルトガルに関していうと、都市部よりも、視聴者がより多かった農村部のポルトガル語に影響を与えるようになったといわれている。

今日では、ブラジルで放映されているテレノベーラには多様性を感じることもできる。つまり、コメディーやブラジルの現実世界を示そうとしたドラマ、ファンタジーを取り入れたテレノベーラから、ラテンアメリカなどから輸入されたメロドラマまで、その内容は多岐にわたるのである。

まとめ

二一世紀になってへコルジ社（Rede Record）との激しい競争が始まったが、グローボ社の力、そして同放送局がゴールデンタイムに放映するテレノベーラの重要性はブラジル社会に影響を与え続けている。グローボ社自体が国内サッカーリーグのスポンサーになっており、主要な試合の放映権はほとんどグローボ社にある。テレノベーラの放送がない日曜日以外の日にリーグ戦を放映するときは、テレノベーラが終わった後で放映するようにしたのである。ワールドカップの予選のときもグローボ社は圧力をかけたが、ブラジルで行われた試合については時間帯を変更することに成功したものの、他の国で行われるブラジル代表戦には影響を及ぼすことはできなかった。グローボ社は、ワールドカップの予選のときだけは、テレノベーラを放送する時間帯を変更しなければならなかった。テレノベーラに対する大衆の興味を失わせることを防ぐためである。

ケーブルテレビ、ペイテレビ、色々なものを提供できるインターネットなど、映像のエンターテイメントの新しい形が成長し始めてからは、テレビに対する視聴者の興味は失われ、視聴率も大幅に下がってきている現実があるが、テレノベーラに関しては視聴者数の減少や、ブラジルの文化的アイデンティティとしての地位が失われるのはまだ先のことだと考えられる。

〈訳　後藤　崇〉

2 ポルトガル語
―ルゾフォニアという見果てぬ夢―

市之瀬 敦

キーワード　ルゾフォニア、マイナー言語、話者数、公用語、経済言語学、インターネット、ノーベル文学賞、ナショナル・アイデンティティ、帝国、ポルトガル語諸国共同体（CPLP）

ポルトガル語のイメージ

ポルトガル語、と聞いて、今あなたはどんなイメージを思い浮かべただろうか。音楽好きの方なら、ポルトガルの国民歌謡ともいわれるファドの悲しげなメロディーに乗って歌われている言葉。それとも、ブラジル人の身体が自然に生み出すサンバのリズムに合わせて発せられる言語を思い浮かべただろうか。サッカー好きの方なら、Jリーグで日本語の次によく聞かれる言葉。あるいは名手クリスティアーノ・ロナウドやネイマールといったイケメン選手がインタビューで話す言葉だろうか。それとも、アフリカ大陸のどこかの都市の雑踏の中で飛び交う様々な言葉の中から、ポルトガル語の響きを聞き分けた人もいるだろうか。ボタン、金平糖、カステラは南蛮時代にポルトガル語から日本語に入った単語であることを思い出し、遠い昔のポルトガル人たちとの交流を思い浮かべた歴史好きの方もいるかもしれない。

いうまでもないが、ポルトガル語は欧州のイベリア半島の一角を占めるポルトガルで生まれ、一五世紀に始まる大航海時代以降、アフリカや南米、さらにはアジアの一部に広がった言語である。ならば、北から南へ。ポルトガル語といえば、南へと広がった言葉。そんなイメージを持ってみるのはどうだろうか。どこかトロピカルで、ロマンチックな印象さえ受けてしまうのである。

しかし、この「南」という言葉のせいだろうか。ポルトガル語（あるいはポルトガル語を話す人々）には、「陽気で明るい」というプラスの意味合いも付随しうると同時に、「マイナー」という否定的なイメージも伴うようだ。豊かな「北」と、貧しい「南」という長年にわたって定着した負のイメージである。

ポルトガル語にマイナー言語というイメージがつきまとう原因には様々ある。たとえば、ポルトガル語圏世界の経済力の弱さ。貧しい「南」というイメージと重なる。ブラジル経済の急成長ぶりは目覚ましいが、それは最近の出来事である。さらに、ポルトガル語圏世界の映画や音楽が紹介される機会がだいぶ増えたとはいえ、日本ではメディアで触れることもまだまだ少なく、どちらかというとポルトガル語は今なお縁遠いエキゾチックな存在なのかもしれない。いや、実際にブラジルもポルトガルも日本から遠いのである。

それに比べ、英語は義務教育の一部になっているし、近年は一部企業内の公用語にさえなっている。国外へと目を転ずれば、英語が世界の共通語になりつつあることも実感できる。フランス語もかつてほどの大きなプレゼンスはないものの、たとえばオリンピックなら必ず英語と並んでフランス語のアナウンスを耳にする。また、スペイン語も多くの国際機関で公用語になっているし、たくさんの国が公用語として採用している。ポルトガル語はまだ国連の公用語（アラビア語、中国語、英語、フランス語、ロシア語、スペイン語の六言語）になっていない。これらの誰もが認識する「メジャー」な言語に比べると、ポルトガル語が確かに比較的マイナーに見えてしまうのは否定できない。

だが、そんな負のイメージをくつがえすデータをいくつか紹介してみよう。ポルトガル語の現実を知れば、日本人が思っている以上にポルトガル語の〝メジャー〟さがわかるはずである。もちろん、メジャーがよくて、マイナーが悪い、などという単純な二元論をとろうとしているわけではない。そもそも世界中の言語をメジャーかマイナーかに二分する必要があるのか、そもそも分ける基準は何なのかだって議論しうるわけだが、今はその点は脇に置こう。

ポルトガル語の話者数は？

まずは話者数である。話者数の多い少ないで言語間に優劣をつけることなどできないが（さらに、構造上の違いに基づいて言語の優劣をつけるべきではない）、話者数の多い、いわゆる「大言語」であればあるほど、習得したときの見返りが大きくなる公算は大きく、また学習する機会も増える。ここでいう見返りとは経済的な利益だけではなく、人との出会いといったより精神的なレベルで享受できるものも含めている。確かに、二一世紀人類の課題の一つに少数言語の保全があるが、言語学者でもないかぎり、経済的側面をはじめとして自らの可能性の幅を広げてくれそうな言語に取り組みたくなるのはしかたないことだろう。そう思うと、ポルトガル語は実はマイナーな言葉ではなく、むしろメジャーな言語の一つとなるのだ。

世界で最も母語話者が多い言語は何語だろうか。英語と答えた方は、「母語」ということに要注意。第二言語、外国語としての使用者は除外している。よって英語はランキングの首位に来ないのである。だが、母語話者に関する統計というのにもそのとり方によって揺れがあり、たとえばキーワードを調べるときによく使用されるウィキペディア（wikipedia）〈http://en.wikipedia.org/wiki/List_of_

languages_by_number_of_native_speakers〉には、三種類のリストが挙げられていた。どのリストを見ても、最上位は中国語、続いてスペイン語、英語は三位である。では、ポルトガル語はどうかというと、アメリカ中央情報局（ＣＩＡ）のリストでは七位、Nationalencyklopedin のリストでは六位、そして言語統計では最もよく参照されるであろうEthnologueによればやはり六位である。どれを見ても、ポルトガル語はトップ一〇に入ることがわかる。

この数字を見て、やはり「マイナー」だなと思っただろうか。それとも意外とメジャーだなと思ったただろうか。全世界でおよそ六〇〇〇言語が今も使用されるとして、上位トップ一〇に入っているポルトガル語はかなりメジャーな言語といってよいのではないだろうか。ちなみに、日本語の母語話者数はポルトガル語よりも少ない。けれども、ポルトガル語より話者が少ないとはいえ、トップ一〇に入る日本語はマイナーなのだろうか。もし日本語にマイナーというイメージがつきまとうとしたら、それは日本を一歩離れるとほとんど通じないという事実によるのだろう（海外の有名観光地のお土産物店は別だが）。

いや、日本語の話ではなかった。話者数という個人のレベルの話をしたが、国家レベルでいうと、つまり公用語として認定されている国の数で考えるのだ。公用語とは、政府諸機関、学校教育、裁判所など、公的機関で使われる言語のことであるが、英語、フランス語、スペイン語、アラビア語に次いで、ポルトガル語はポルトガル、ブラジル、アンゴラ、モザンビーク、ギニア・ビサウ、カボベルデ、サントメ・プリンシペ、東ティモールの八か国で公用語とされており、世界五位になる（赤道ギニア共和国を加えて九か国として見ても順位は変わらない）。世界的な広がりという意味で見てもかなりのものなのである。

なお、統計にブレがあるといったが、「ポルトガル語観測所」（Observatório da Língua Portuguesa）〈observatorio-lp.sapo.pt/〉というポルトガルのサイトによれば、ポルトガル語の話者数は二億四〇〇〇万人もおり、ランクでも四位となっている。他のサイトではどれも一億八〇〇〇万人前後とされるから突出した数値である。どのサイトが正しいかといえば、少なくとも母語話者数に関しては二億人以上とする方が現実に近いであろう。なにしろ、ブラジルだけでも人口がすでに二億人を超えており、ブラジル人のほとんどすべてにとってポルトガル語が母語になっているからである。

そうはいっても、母語話者数に関してはさらに注意が必要である。ポルトガル語公用語圏アフリカ諸国や東ティモールの場合はいわゆる現地語を母語として話す人々がまだ多く存在し、ポルトガル語を話すとしても第二、第三言語としてであり、さらには話さない人も少なからずいるということである。国家にとっての公用語とは、国民の誰もが話せるという言語的現実の反映というよりはむしろ政治的な判断に基づく。よって、人口数をそのまま話者数としてみなすことはできないのである。

ポルトガル語は南へと向かった言語という表現を使ったが、ここで興味深い事実を指摘しておこう。南半球で公用語として使われる諸言語の中で、ポルトガル語は最も多くの話者を有する言語でもあるのだ。もちろんブラジルの存在があるからなのだが、話者数を増やしつつあるアンゴラとモザンビークの貢献も忘れてはならない。地球を半分に割ったとき、片方の半球ではナンバーワンというのは、なんだかワクワクしてこないだろうか。

ビジネス・チャンスを広げるポルトガル語

話者数だけでは言語はメジャーとはみなしえない、という反論は可能だ。ならば経済力を考慮してみよう。経済力によって言語のランク付けを行うことには抵抗もありうるかもしれないが、ある言語を学ぶときの代償を考える際には、重要な指標となるはずだ。社会科学と言語学の接点ともいえる経済言語学に興味を持つことも悪いことではない。二〇一二年三月にポルトガル語圏のメディアで話題になったことだが、ポルトガル語圏は世界全体の国内総生産の四パーセントを生み出しているというデータがある〔Reto 2012：85〕。これは十分に大きな数値ではないか。二億四〇〇〇万人からなる市場へのパスポートになりうるのがポルトガル語という言語であり、一〇年後には話者数は三億人に達しているとさえ見込まれる。当然のように、GDP（国内総生産）の総和も増えているはずである。経済力の欠如がマイナーという言語イメージに結びついたというのは、もはや過去の話である。

さて、今日、私たちの生活はインターネットなしには考えられない。インターネットといえば英語の独壇場かと思いきや、他の言語もネット上で健闘している。先ほど紹介したサイト「ポルトガル語観測所」によれば、ポルトガル語はインターネット上で最も使用されることの多い言語としては五番目なのである。一位は英語、以下二位が中国語、三位スペイン語、四位が日本語である。インターネットの使用者が多い国としてもブラジルが五位に入っている。

また、SNSの代表格であるFacebookで使用される言語の中でポルトガル語は三位であり、フランス語やドイツ語よりも多い。さらに、ツイッター上では英語、日本語、スペイン語に次いで四位である（両方を合わせて三位という統計もある）。ポルトガル語圏世界の人々はつぶやき上手なのかどうかは別にして、こうして見ると、ポルトガル語がウェブ上の一大勢力であることがわかるだろう。なお、先ほどウィキペディアを参照したが、このインターネット百科事典内の項目の多さでもポルトガルは八位にランクインしている（首位はやはり英語）。

ウィキペディアの項目数で八位にランクされるように、ポルトガル語は「文化の言語」としても上位に位置づけられる。「知」を伝える言語としても有力なのである。ポルトガル語圏の作家としてはノーベル文学賞を受賞したのはポルトガル人作家ジョゼ・サラマーゴ（José Saramago，一九二二～二〇一〇年）、これまでたった一人だけとはいえ、言語別で見ると一二位にランクされるのだ。サラマーゴのノーベル文学賞受賞は一九九八年であった。ポルトガル語で書かれる作品には素晴らしいものも少なくはなく、もっと数多くの受賞者がいてもよいと個人的には思うのだが、他の言語に翻訳される作品数がまだ足りないのかもしれない。その翻訳に関していうと、他の言語に翻訳される言語としては一五位だが、逆に他の言語からの翻訳に関しては七位とトップ一〇入りを果たす。

二〇一二年秋、イギリスのビジネス誌『モノクル』がポルトガル語を「チャンスの言語」として特集した。日本だけでなく、国際的に見ても、ビジネスの世界でポルトガル語の需要は高まりつつあるのだ。一三年秋にブリティッシュ・カウンシルが実施したアンケート調査によると、今後の二〇年間でイギリス人にとって重要な言語のトップ一〇の中にポルトガル語がランクインしている。中国でもポルトガル語に対する関心が高まりつつあるという。だが同時に、そのさらなる普及のためには特に海外の大学レベルにおけるポルトガル語教育の質向上が求められており、それは上智大学ポルトガル語学科の課題でもあるだろう。

「ルゾフォニア」という〝魔法の言葉〟

ポルトガル語が思いのほか世界で広く普及し、教養を伝える「文化の言語」であり、なによりも経済的な利益とも結びついているということがわかってもらえたのではないだろうか。「金になる言語」

というのは下卑た表現だが、経済的な側面は学習の動機づけとしては重要である。

さて、ポルトガル語に関して語るとき、使用状況だけを話題にするのは不十分である。もちろん、ポルトガル語の言語面での特徴について述べることも重要だが、ここではポルトガル語の広がりから生まれる「思想」（あるいは「信仰」といってもよいだろう）について論じてみたい。キーワードは「ルゾフォニア」である。

ルゾフォニア、とは多くの読者にとって聞き慣れない言葉であろう。ポルトガル語の単語だが、lusofoniaと綴る。古いポルトガル語辞書には掲載されていない、比較的新しい語である。辞書を見れば、「ポルトガル語を公用語とする国や地域の集まり」あるいは「ポルトガル語を使用する国や地域に住む人々の集合的アイデンティティ」というような定義を目にすることができる。最初の方がいわゆる「ポルトガル語圏（世界）」の意味であり、ここで考えてみたいのは後者、すなわち「ポルトガル語圏というアイデンティティ」の方である。私自身は、ポルトガル語圏世界を理解するためには、ポルトガル語圏を意味するこのルゾフォニアという言葉の分析こそが不可欠だと考えているのである。とりわけポルトガルにとって重要な概念であり、ポルトガル論の一部に含めるべきかもしれないが、ポルトガル語圏全体に関与するものであることも事実である。

一九七四年の「四月二五日革命」（あるいは「カーネーション革命」）をきっかけにポルトガル領アフリカ植民地は独立を果たした。一時期ポルトガルと旧アフリカ植民地の間の関係はぎくしゃくしたが、八六年にポルトガルが欧州連合（ＥＵ）に加盟し、経済状況が好転すると、アフリカ諸国との関係強化が進み、共通の言語・文化・歴史に基づくルゾフォニアが盛んに話題にのぼるようになった。九〇年代にはその語をメディアで目にしない日はないくらいであった。

ナショナル・アイデンティティという言葉を安易に使うべきではないことは承知の上だが、ポルトガル人のアイデンティティの根幹には失われた栄光の過去、すなわち大航海時代を経て築き上げた海洋帝国の歴史があるといってよいだろう。二〇世紀のおよそ半分の時代をポルトガル人はサラザールという独裁的な政治家による支配体制のもとで生きたのだが、サラザール体制は生き残りのためにポルトガル帝国の偉大さを国の内外で喧伝した。共和政へ移行した一九一〇年以来、独裁政の時代を経て民主主義の時代になった今でも変わらず歌い続けられるポルトガルの国歌「ア・ポルトゥゲーザ」の中に「ポルトガルの栄華を今あらためて甦らせよ」という歌詞があるが、国歌を口ずさまずとも栄光の歴史を生き返らせようという願望は常に繰り返されるのである。

一九七四年の四月二五日革命によって、ポルトガルは植民地支配の歴史に終止符を打つことになった。その後ポルトガルはEU（ヨーロッパと読み替えることも可能だ）の仲間入りを果たすことに夢中になり、国民的健忘症とでもいうべきくらい独立を遂げたアフリカ諸国のことを忘れたが、一九八六年に実際に加盟を果たした後には喜びだけではなく、「帝国」の喪失感にも襲われることになった。また同時に、ヨーロッパ諸国の中に埋没しないためにはポルトガルにしかないオリジナリティ＝アイデンティティが求められたのである。すなわち、大西洋世界かヨーロッパかの二者択一ではなく、両方が両立しうる（両立させなければならない）ことを見出したのである。そこで知識人を中心に取り上げられたのが「帝国」とは呼ばれない「ルゾフォニア」であった。断定的すぎるかもしれないが、ルゾフォニアとは失われた「帝国」の「民主主義バージョン」なのである。政治や経済では「帝国」の再建はできないが、言語によってそれをもう一度この世に再現しようというプロジェクトなのである。ルゾフォニアは、言語による帝国の〝再発明〟でもあるのだ。

そもそもポルトガル人は、世界においてポルトガル語がどのような機能を果たしているのかを議論するのを好む傾向がある。一四九二年には隣国スペインでスペイン語最初の文法書が書かれたが、その著者ネブリーハは「言語は帝国の朋友である」とその本を書き始めている。同様に、ポルトガルでもポルトガル語はポルトガル帝国の朋友なのであった。ポルトガル人が（彼らにとって）輝ける「帝国の歴史」を思い出すとき、真っ先に思い浮かぶのはポルトガル語なのである。それは何よりもまず、一九世紀末に芽生え二一世紀初頭まで続いた「帝国の歴史」ゆえだろう。思い返せば、一九世紀末のポルトガルでは「ポルトガル衰退論」がかまびすしかったが、ポルトガルはその小ささをスペインとの統合ではなく（「イベリア連合」の創設である）、植民地の存在によって補おうとした。ポルトガル王国ならぬ、ポルトガル帝国という概念にポルトガル人が縛られるようになったのはこの時期だと思われる。

ここでポルトガルの視点を離れ、アフリカ側の視点に立ってみると、なぜポルトガル語を政府の言葉としたのだろうか。なぜアフリカの国々は独立と同時に旧宗主国の言語を公用語としたのか？　旧宗主国の言語を話し続けなければならない義務はないにもかかわらずポルトガル語を選んだ理由は、旧宗主国との関係を重視（政治・経済上の理由）したこともある。独立を指導したアフリカ人もヨーロッパ型の教育を受けていたので、自らの特権を守りたかったという側面もあるだろう。現実問題として、アフリカの民族諸言語では国家の運営はできなかったことも確か。アフリカの国家元首で現地語しかできない人はこれまでいないのだ。また、多数の現地語から一つだけ選べば、紛争の要因にさえなりえたのである。

このように、アフリカ側にも一部にアイデンティティとしてのルゾフォニアを受け入れる土壌は存在する。すなわち、ポルトガル語という共通の言語でつながる諸国間、諸民族間の共通アイデンティティの構築という目標（夢）は可能性を秘めてはいる。だが、最大のポルトガル語国であるブラジルはどこか冷めた態度でルゾフォニアを語っているようであり、それはまだポルトガルだけのものであるというべきなのだろう。ポルトガル帝国という古い夢の〝再発明〟としてのルゾフォニアの制度的側面である「ポルトガル語諸国共同体」（CPLP）は、ポルトガル語を公用語とする国々の間の政治・経済・外交面での協力を目標に一九九六年七月に創設されたのだが、誕生と同時に死産したとまではいわないが、ブラジルの決して積極的とはいえない態度もあり、創設から一五年以上が経っても順調に成長しているともいいがたいのである。数多くの在日ブラジル人が暮らす日本はこの共同体に二〇一四年七月からオブザーバー国として承認されたが、その活動に関してはまだ未知数のままである。

二一世紀に入り、ルゾフォニアの意味は世界におけるポルトガル語使用に過剰なまでに傾きつつあるように思われる。二一世紀のポルトガル語の使用状況（あるいはその普及）ばかりに目が行き、その分、二〇世紀末までの植民地支配の本質に関する歴史的議論がおろそかにされてきたようにも思える。

確かに、ポルトガルがEUに加盟した一九八〇年代後半以降、アンゴラやモザンビークなど旧植民地諸国との外交関係は大きく改善をみた。援助を求めたポルトガル語圏アフリカ諸国の期待に応えようとする努力や、東ティモール独立のための支援活動は評価に値する。だが、ルゾフォニアという一見すると価値中立的な言葉によって、過去を浄化しようとしてはなるまい。

ポルトガルのナショナル・アイデンティティ再構築の手段として利用されるだけなのか、それとも二一世紀にふさわしい共通の価値観を抱く「ポルトガル語圏」という大規模な言語共同体を構成しうるのか。ルゾフォニアという概念が二一世紀の国際社会の中に確たる実体としての地位を築くことができるのか否か。ポルトガル語圏を研究対象とする我々は常に注目し、同時にそのプロセスに積極的に関与していかねばならないはずである。

〈参考文献・ウェブサイト〉

Observatório de Língua Portuguesa 〈observatorio-lp.sapo.pt〉 (Acesso em: 10 de novembro de 2013).
Reto, Luís (coord.) (2012) *Potencial económico da língua portuguesa*, Lisboa, Texto Editores.
市之瀬敦（二〇〇〇）『ポルトガルの世界――海洋帝国の夢のゆくえ』社会評論社。
――（二〇〇四）『海の見える言葉　ポルトガル語の世界』現代書館。
母語話者に関する統計〈http://en.wikipedia.org/wiki/List_of_languages_by_number_of_native_speakers〉(Acesso em: 20 de novembro de 2013).

3 独立
―ミーニョから東ティモールへ―

市之瀬 敦

キーワード 海外県、サラザール、王国、解放闘争、植民地戦争

この「独立―ミーニョから東ティモールへ―」というタイトルを見て、矛盾あるいは皮肉を感じ取った方はすでにかなりのポルトガル現代史通であるに違いない。一九二六年から七四年まで続いたポルトガルの独裁制のもとでは世界に広く植民地（「海外県」という欺瞞的な呼び方が用いられた時期もあった）を領有することがポルトガルの偉大さの拠り所であり、その偉大さを守る体制の存続を正当化しようとしたのであった。ミーニョとはポルトガルが生まれた北部地方のことであり、東ティモールはアジアに残る領土ということでポルトガル領の広がりを表すシンボルとして用いられた。

アントニオ・デ・オリベイラ・サラザール（António de Oliveira Salazar, 一八八九～一九七〇年）という稀代の政治家によって統治された独裁的なポルトガルで植民地支配の継続を正当化するために用いられたのがこの「ミーニョから（東）ティモールへ」というフレーズであった。それゆえに、独立という言葉とは矛盾を成し、皮肉でもあるのだが、ここではあえてこのフレーズを使いながら、ポル

トガル語圏諸国の独立のプロセスを再確認してみたい。ポルトガルもかつてミーニョ地方で独立を果たし、ブラジルも一九世紀初頭にポルトガルから独立し、二〇世紀末にはアフリカ諸国もポルトガルから独立し、そして東ティモールも二一世紀になって独立を果たしたのである。ポルトガル語圏の独立の物語はポルトガル植民地帝国の崩壊の裏返しの物語である。

ポルトガルという新王国

ポルトガル王国の誕生は一二世紀のこと。一二世紀といえば、イベリア半島はレコンキスタ、そしてヨーロッパは十字軍の時代であった。そこに至るプロセスには、○○王とか、△△侯爵とか、××領とか、王や貴族の名前や耳慣れない地名が色々と出てきて嫌になるかもしれないがおつきあい願いたい。

八世紀初頭、イベリア半島はイスラム教徒によってあっという間に占領された。だが、彼らから土地を奪回する運動＝レコンキスタは逆に時間がかかり、その結果として小王国がいくつか形成されることになった。ガリシア王国。レオン王国。カスティーリャ王国。アラゴン王国。そしてポルトガル王国である。

イベリア半島にやってきたキリスト教騎士の中でフランスのブルゴーニュ地方出身の二人が際立った活躍を見せた。カスティーリャ・レオン連合王国のアフォンソ六世は、娘テレーザをそのうちの一人エンリケ・デ・ボルゴーニャ（アンリ・ド・ブルゴーニュ）に嫁がせ、娘婿に現在のポルトガル北部にあったポルトゥカーレ伯領を譲渡した。ポルトゥカーレという地名からわかるように、これがポルトガルという国名の起源である。

エンリケは住まいをギマランイスに移し、アフォンソ六世からの独立をもくろんだ。エンリケが死んだとき、息子のエンリケス（エンリケの息子という意味）はわずか四歳にすぎなかった。よってポルトゥカーレ伯領を統治したのはテレーザであった。彼女はガリシアの貴族と愛人関係にあったため、ガリシアがポルトゥカーレにとって脅威となった。そこで息子が騎士を名乗り、母親に対し反旗を翻したのであった。

ポルトゥカーレの自治のため、エンリケスはレオン・カスティーリャ連合王国のアフォンソ七世と戦い、領土拡大のためにモーロ人と戦い、さらにローマ教皇からの独立承認を授与されるために努力した。そして一一四三年、アフォンソ七世の軍隊の侵略を退け、アフォンソ・エンリケス王を名乗ることになった。これがポルトガル（正確にはポルトゥカーレ）王国の成立である。すぐに教皇の承認を得たわけではなかったが、一一七九年、教皇アレクサンデル三世によってポルトガル王国の国際的な承認がなされた。

ポルトガルの北部ミーニョ地方を舞台に、俗な表現を使えば親子げんかで息子が母親に勝利することによってポルトガル王国は生まれたのである。ちなみに、ポルトガルではアフォンソ・エンリケスが母テレーザを殴って独立を達成したという神話があるが史実に反する。ポルトガル人が自虐的に、息子が母親を殴って独立した国にはろくな未来はないなどと口にすることがあるが、そのような自虐ネタは真に受けない方がよいだろう。

ブラジルの独立、ブラジルの喪失

ブラジルの「発見」は一五〇〇年と切りがよいので覚えやすい。その後ポルトガルの領土となったわけだが、ブラジルが独立するのは一八二二年九月七日のこと。ヨーロッパで商品化できる物品を見つけられなかったため、到着した当初はブラジルに大きな興味を持たなかったポルトガル人だが、一五三〇年から定住を開始した。アフリカ大陸から連れてきた奴隷の労働力を利用し、サトウキビ農業を発展させたブラジルは次第にポルトガル本国の経済を凌ぐことになる。

一九世紀初頭、ナポレオン軍の侵略を三度受けたポルトガルは王室をブラジルに避難させることに決めた。一五世紀の船に約一万人の人々を乗せた船団は、一八〇八年一月リオデジャネイロに上陸した。ポルトガル王国の首都はリオデジャネイロとなり、つまりポルトガルは植民地の植民地のようになったのである。

ポルトガルはイギリスの支援を受けフランス軍を撃退し、一八一五年、「半島戦争」は終わりを迎えたものの、国土は疲弊していた。しかも、ポルトガルに残された政府機能はイギリス人将軍ベレスフォードの支配下に置かれるようになった。一八一七年のイギリス人追放の計画も早い段階で鎮圧されてしまった。しかし、国民の不満が募るなか、一八二〇年にポルトで軍事蜂起、リベラル革命が成った。翌年にはブラジルに避難していた王室も帰国した。二二年にはリベラルな性格を持つ新憲法が制定され、ポルトガルに立憲君主主義が確立されたのである。

ポルトガル王室がブラジルに拠点を置いた一四年間、ブラジルは大きな発展を遂げることになる。ジョアン六世が帰国すると同時に、ブラジル独立の機運が高まった。そこにポルトガル本国政府は改めて宗主国としての傲慢な態度をとり始めてしまう。ブラジルの貿易の独占、再植民地化、そしてペドロ王子の帰国を求めたのである。しかし、ペドロ王子は帰国を拒否、一八二二年九月七日、イピランガの丘で「独立か死か。ポルトガルとは切り離された」と叫び、独立を宣言した。ポルトガルがブラジルの独立を承認するのは三年後のことであった。

アフリカ諸国の誕生

レコンキスタの時代、ポルトガルがカスティーリャ王国から独立し、一九世紀初頭になるとポルトガルからブラジルが独立した。ブラジルを失った後ポルトガル人の視野にはアフリカの領土が重要性を増して映るようになり、一九世紀末に欧州列強によるアフリカ支配が強まると、ポルトガルもその流れに乗らざるをえなかった。探検隊を派遣し、必要であれば軍事力による平定作戦も繰り返した。それに抵抗したアフリカ人側に独立への意思があったかどうかは別として、二〇世紀後半の独立とまったく無関係であったとはいえまい。

一九六〇年が「アフリカの年」と呼ばれるように、同年を境に旧英領と旧仏領のアフリカ植民地が次々と独立を達成した。一方でポルトガル政府はアフリカ領土の保有にこだわり、六一年にアンゴラ、六三年にギニア・ビサウ、六四年にモザンビークで解放組織の武装闘争が始まった。当初はアフリカの解放組織は話し合いによる独立を求めたが、ポルトガル政府は応じず、最後の手段として武器を手にしたのであった。同じ戦争をポルトガルでは「植民地戦争」、アフリカ人は「解放闘争」と呼んでいる。単に軍事面だけでいえばポルトガルは決して劣勢ではなかったが、国際社会からの批判が続くなか、自分たちの戦いに正義を見出せなくなったポルトガル軍の若手将校が七四年四月二五日にクーデターを遂行、新しく生まれた政府は脱植民地化を進めた。三つの解放組織と交渉が必要だったアンゴラのケースは最も複雑でしこりを残すことになったが、七五年一一月一一日、アンゴラ民主共和国の独立宣言をもってポルトガルは大航海時代前とほぼ同じ領土に縮小されることになった。大航海時代、ポルトガル船団のシンボルだったカラベラ船は任務を終えて帰港したといってよいだろう。

ポルトガル人はかつてモーロ人から土地を再征服（レコンキスタ）し、独立を果たした。その後、大航海時代における拡張のプロセスを経て八〇〇年が過ぎた後、ポルトガル人はアフリカで土地をレコンキスタされる立場に回ったのであった。あるいはこうもいえる。アフリカを支配下に置いた植民地国家ポルトガルは、植民地が自立することによって、他者を支配するという呪縛から解放されたのであった。

東ティモール民主共和国

日本から見て最も距離的に近いポルトガル語圏の国である東ティモールの独立は、二〇〇二年五月二〇日。二一世紀最初の独立国がポルトガル語公用語圏という事実は、ポルトガル語の明るい未来を予感させるかのようでもある。だが、東ティモールの独立に至るまでの苦難の道を忘れてはならない。独立へのプロセスでノーベル平和賞を受賞する東ティモール人も現れたが（一九九六年にラモス＝オルタ元大統領とシメネス・ベロ司教が受賞）、外交の華やかな舞台だけを見ていては本質を見誤る。数多くの犠牲者を出した解放闘争の歴史は記されておかねばならないのである。

一九六〇年代から七四年の革命までポルトガル政府は頑なに植民地保持にこだわり、ポルトガル人の間にもアフリカ人の間にも数多くの犠牲者を出した。しかし、東ティモールの場合、立場は入れ替わり、この独立のために外交的に活発に行動した。また、一九九九年から二〇〇二年の独立に至るまでのポルトガル国民の高揚感は特筆すべきものであった。自ら望んでミーニョ地方で独立国となったポルトガル。海外に膨大な領土を抱えブラジルやアフリカでは独立を喪失と捉えたが、ティモールではまたその独立を支援した。ポルトガルという国は縮小したが、ポルトガル語圏は世界に広がったまま残っている。今では、ポルトガルの領土がミーニョからティモールまで広がるのではなく、ポルトガル語を公用語とする独立国がそこに広がるのである。共通の言語を話す国々が個性を発揮しあえる、新しい時代がやってきたのだ。
　ミーニョからティモールまで、その形成までにおよそ四〇〇年の月日が流れ、その独立にはさらに四〇〇年の時間が必要であった。こうした長い時間の中で起こった出来事を調査するのも重要だが、今後の各独立国の動向をフォローすることもポルトガル語圏地域研究に勤しむ我々の大切な任務である。

〈参考文献〉

Duran, Frédéric（2010）*História de Timor-Leste. Da pré-história à actualidade*, Braga, Lidel.
Ramos, Rui（coord.）（2010）*História de Portugal*, Lisboa, A Esfera dos Livros.
金七紀男（二〇〇九）『ブラジル史』東洋書店。

4 東ティモール
―二一世紀生まれのポルトガル語圏―

市之瀬　敦

キーワード　植民地、インドネシア、ラモス・オルタ、シャナナ・グスマン、テトゥン語

一六世紀、ヨーロッパの最西端から極東の日本まではるばる船でやってきて、キリスト教をはじめ西洋文明を伝え、さらには貿易も行ったポルトガルという国の行動範囲の広さには驚きを禁じえない。グローバル化が進む二一世紀の今なら経済的かつ時間的余裕があれば誰でも世界一周の旅はむずかしいことではないだろうが、今から五〇〇年も前に遠大なる航海を繰り返したポルトガル船団、さらにその船団を支援したポルトガルの国力には感銘を覚えてしまうのである。

そのポルトガルは、一九七〇年代半ばまでアフリカ大陸に五つの植民地を有し、さらにアジアでは一九九九年一二月になってやっとマカオを中国に返還し、二〇〇二年五月に東ティモールの独立をみた。長く植民地支配を続けたことは決して肯定的に解釈することはできないが、ポルトガルという規模の小さな国がきわめて長期にわたって世界にそのプレゼンスを誇示してきたことは特記すべき事実であろう。

東ティモールの歴史

歴史と記憶は異なる。記憶には神話的なところがある。東ティモールの歴史を語る前に建国の神話を紹介したい。地図で見るとわかるが、ティモール島の形はワニを想起させる。そこから創造されたのが、まだ生まれたばかりのときに助けてくれた少年に国をつくらせてあげるため、海底で化石化した大ワニがティモール島の基になったというお話である。

また、これは神話ではないが、ティモール島に最初に人類がやってきたのは今からおよそ四万二〇〇〇年ほど前だとされる。パプアニューギニアやオーストラリアからメラネシア系の住民がやってきた。さらに、次の大きな流れは四五〇〇年前。台湾経由で到来したオーストロネシア系住民がティモールに住みついたのである。言語民族的に、東ティモール人は二つの大きなグループに分けることができるだろう。

東ティモールが位置するティモール島は二つの国に分かれる。西側はインドネシア共和国の領土となる西ティモール（首都はクーパン）。東側は旧ポルトガル領であり現在は独立国である東ティモール民主共和国である（首都はディリ）。ポルトガル人がティモール島に姿を見せたのは一五一五年のこと（一五一二年という記述もある）。かぐわしい香りを発する白檀を求めてのことであった。島は小国家に分かれ、イスラム教でも仏教でもなく、いわゆる伝統宗教が広く行われていた。一六世紀後半になると、ポルトガル人宣教師（主にドミニコ会修道士）の尽力でキリスト教の普及が始まり、ポルトガル支配が確立されていった。一六五一年にオランダ人が島最西端のクーパンを占領、次第に島中央部まで侵攻すると、一六五九年に両国は島を分有することで合意する。長い間、東ティモールはポルトガル領、西ティモールはオランダ領という形で二分されていたのである。

第二次世界大戦中、戦略的に重要な位置にあったティモール島は連合軍（オーストラリアとオランダ）と日本軍の激しい戦闘の舞台となり、ティモール人の間からも数万人という死者を出すことになった。日本軍の犠牲になった住民が数多くいたことは記憶しておくべきだろう。一九四五年、西ティモール側がインドネシア領の一部として独立するものの、東側はポルトガル領であり続けた。海外領土所有はポルトガルという国家にとってナショナル・アイデンティティの根幹をなしていたのである。

一九四五年から七四年まで、インドネシア政府は東ティモールに対する領土的野心を公にすることはなかった。一九六〇年の国連決議では東ティモールはポルトガル統治下に於ける非自治領土と認定され、六二年から七三年までは同領土の自決権を認める決議を何度も下したが、ポルトガル政府は自国の「県」の一つであるとし、独立を一切認めようとはしなかった。正に「ミーニョからティモールまで」の標語通りであった。

一九七四年四月二五日に起こった「カーネーション革命」によってポルトガルは民主化への道のりを歩み始めた。新政権は「三つのD」すなわち「民主化」、「発展」そして「脱植民地化」を掲げ、その結果として東ティモールでも独立の機運が高まった。ポルトガル政府は政党の結成を認め、すると三つの主要政党が誕生した。ポルトガルとの関係を重視するティモール民主連合（UDT）、独立を求める東ティモール独立革命戦線（ASDT、後にFRETILIN）、そしてインドネシアとの統合を訴えるティモール人民民主協会（APODETI）である。つまり、東ティモール人には三つの選択肢が提示されたのである。同じ旧ポルトガル領でも、アフリカの五か国とはずいぶんと状況が異なっていた。

一九七五年になると脱植民地化のプロセスが進んだ。そのなかで、文化的な違いから東ティモール住民の大半がインドネシアによる併合を拒んでいることは明らかであった。インドネシアはイスラム教国だが、東ティモール人の九九パーセントがカトリック信者である。一一月二八日には、FRETILINが一方的な独立宣言。しかし、この宣言は同時に激しい内戦の始まりでもあった。一二月にポルトガル当局が撤退するまではもちろんポルトガルの植民地であったが、隣接するインドネシア軍の侵攻を受け、東ティモールにとって受難の時代が始まることになったのである。

しかし、時代はまだアメリカと（旧）ソ連が対立する冷戦構造が健在であった。FRETILINをマルクス主義政党とみなしたアメリカ政府の暗黙の了解を得たインドネシアの軍隊が自国市民を保護するためという口実のもと、東ティモールに侵攻、そして支配下に置いた。東ティモールはインドネシアの「二七番目の州」、あるいはティモール・ティムールと呼ばれるようになったのである。

インドネシア軍に占領されていた間、東ティモールはFRETILINの軍事部門「東ティモール解放軍」（FALINTIL）を中心に抵抗運動を続けた。ゲリラ兵士たちも彼らを支援する民間人も、いつインドネシア軍の兵士に逮捕されるかわからない緊張と恐怖の日々を過ごしていた。同時に海外に亡命したティモール人は外交面での活動に尽力した。一九九六年シメネス・ベロ司教（Bispo D. Ximenes Belo, 一九四八年〜）と共にノーベル平和賞を受賞した元大統領ラモス・オルタ（Ramos Horta, 一九四九年〜）は代表的な存在である。インドネシア軍による抑圧は苛烈であり、その支配下に置かれた期間、東ティモール人の死者数は約二五万人、全人口のおよそ三分の一にも達したといわれる。また、インドネシア支配時代、ポルトガル語の使用が禁止されていたことも記しておくべきだろう。逆にいえば、東ティモールの若者たちがポルトガル語のメッセージをテレビカメラの前で掲げたとき、それは抵抗のシンボル的行為でもあったのだ。

一九九九年、インドネシア政府が政策を変更、東ティモール人による国民投票を認めた。インドネシアとの統合あるいは独立を選択できることになったのである。一九九九年八月三〇日に実施された選挙の結果、八割近い人々が独立の意思を表明したものの、結果を不服とした民兵たちが破壊行為におよび、東ティモールにすぐには平和が訪れなかった。だが、国際社会も即座に反応、在外のインドネシア大使館、アメリカ大使館、英国大使館などに早急な行動を求めるために群衆が集まった。ポルトガルでも一九七四年の「四月二五日革命」以来のデモ行進が全国で見られた。一般市民に呼びかけるためにインターネットが大規模に利用されたのも、この東ティモール支援活動が初めてではなかっただろうか。

同年九月、ブラジル人国際外交官セルジオ・ヴィエイラ・デ・メロ（Sérgio Vieira de Mello, 一九四八～二〇〇三年）率いる国連監視団が派遣され、インドネシアとの統合を望む武装勢力（民兵）の非武装化、独立までの移行期間の統治にあたることになった。復興が進むにつれ、国外に亡命していたティモール人たちも帰国し始めた。憲法制定議会選挙も実施され、二〇〇二年五月二〇日に念願の独立を果たした。初代大統領は独立運動の英雄シャナナ・グスマン（Xanana Gusmão, 一九四六年～）、首相はマリ・アルカティリ（Mari Alkatiri, 一九四九年～）であった。東ティモール民主共和国は二一世紀最初の独立国であり、しかも公用語の一つはポルトガル語である（もう一つはテトゥン語）。

独立から一〇年が経ち……

独立後も国連の協力を得て、東ティモールは平和維持、構築に取り組んできた。そんななか、最大の危機は二〇〇六年のものであろう。同年四月、給与格差を不満とした西部地方の軍人が抗議のストライキ。それが警察や失業に苦しむ若者を巻き込んだ暴動へと発展。首都ディリは混乱した。結局は国際社会の支援を得て鎮静化へと向かったが、東西社会の対立、若者を中心とした失業や貧困など、東ティモールが抱える問題が浮き彫りになった。

二〇〇六年の東ティモール危機の際に反政府勢力となったアルフレード・レイナルド少佐が、二〇〇八年二月、ラモス・オルタ大統領（当時）を襲撃、瀕死の重傷を負わせるなど、混乱は続いたが、その後、混乱は表面的には収まっている。

二〇一二年五月、東ティモール民主共和国は独立一〇周年を祝った。首相および大統領の暗殺未遂事件など、いくどかの危機を乗り越えながら迎えた一〇周年は、祝賀ムード一色というわけにはいかなかった。国民の半数近くは貧困にあえぎ、権力者たちの腐敗・汚職は止まらない。二〇一四年一一月には、東ティモール政府要人の汚職疑惑の捜査に携わっていたとされる外国人法律関係者を唐突に国外退去させるという手段もシャナナ・グスマン首相によって講じられた。

国家建設には教育の整備が不可欠だが、教科書が学校の児童たちにいきわたらない。ポルトガル植民地時代に教育を受けた老人たちはポルトガル語を覚えているが、若者の間では順調に普及しているわけではない。小学校でポルトガル語を教えても次の段階では忘れてしまう。学校外ではテトゥン語や他の民族諸語が使用されるのだ（それが悪いというわけではない）。

首都ディリの道路や建築物などのインフラ面で発展は見られるが、石油で得た利益は国民の生活改善につながっていない。独立時に第一の課題とされた貧困対策は一〇年後の今も残ったままなのだ。

独立からすでに一〇年以上が経ち、経済成長という数字上の成果もあるが、教育を筆頭にどの分野でも課題は山積みである。日本からの協力もまだまだ期待されている。大国の思惑がうごめくなか、新しく生まれたばかりの小さな国が、一部の権力者だけが富を独占するような国になってしまうのか否か、その正念場を迎えている。二〇一二年の独立記念日に就任した第三代大統領、タウル・マタン・ルアク（Taur Matan Ruak, 一九五六年～）に課される任務はきわめて大きく、数も多い。

〈参考文献〉

Duran, Frédéric（2010）*História de Timor-Leste. Da pré-história à actualidade*, Braga, Lidel.
青山森人（二〇一〇）『東チモール――未完の肖像』社会評論社。

5 資源
―食糧、エネルギー、鉱物の世界的な供給地ブラジル―

子安昭子

キーワード　アグリビジネス、モノカルチュア、エタノール、石油、日伯関係

世界一位から三位の生産量を誇るもの

ブラジルが資源大国であることはよくいわれることであるが、注目すべき点は食糧、エネルギー、鉱物のどの分野にも名を連ねていることである。また食糧ひとつとっても、一つだけの作物の生産量が高いのではなく、多種多様な産物において高い生産量を誇っていることである。しばしば途上国の貧困問題を論じる際にその国が「モノカルチュア経済である」ことが言及される。モノカルチュアの「モノ」は単一、一つだけという意味である。カルチュアはこの場合文化ではなく栽培を指す。しかしながら以下の表にあるようにブラジルはモノカルチュア（＝単一栽培）ではなく、マルチカルチュア（＝多種多様な産物を生産することが可能な）経済である。ここに資源大国ブラジルの重要性がある。

資源大国と呼ばれる背景の一つには「アグリビジネス」（ポルトガル語でagronegócio）の発展にある。

アグリビジネスとは農畜製品の生産に関連する経済活動のことを指し、農村への設備やサービスの供給、工業化、製品輸出などを含み、農畜産品・鉱物資源に付加価値をつけ、つまり製品として生産・輸出することにかかわる全般的な経済活動のことである。ブラジルは単に農畜産品や鉱物資源をそのまま生産し輸出している国ではない。農畜産業（第一次産業）が国内総生産（ＧＤＰ）に占める割合は六・三パーセント（二〇一〇年）であり、ブラジルは第二次・第三次産業がむしろ強い国である。特にサービス業など第三次産業がＧＤＰに占める割合が最も高い。

二〇一二年のデータによるとアグリビジネス関連分野はＧＤＰの二二・一パーセント、そして輸出の三六・九パーセントを占めている〔*Almanaque Abril 2013*〕。たとえば大豆は加工品や油を含め食用のほかにも家畜用飼料にも使われるなど多様である。中国やアフリカ諸国の需要増などからブラジルにおける大豆生産は今後とも増加傾向が見込まれよう。こうしたブラジルとの関係において、日本は中国を含めアジア諸国向けの輸出を狙ってブラジルから安定的な大豆の買い付けを行うべく、商社などが積極的に動いている。

次表は生産量が世界一位から三位を占める産品をまとめたものである。一位を占めるものにはブラジルだけで世界の生産のかなりのシェアを持つものも多い（例：サトウキビ、カシューナッツ、サイザル麻、マテ茶など）。レアメタルのニオブの生産量は九七パーセントを超え、ほぼブラジルの独占状態であることがわかる。

表　ブラジルの生産量が世界１位から３位までの産品

		品　目	ブラジルのシェア	その他の主要生産国
世界第１位	食糧ほか	サトウキビ	41.9%	インド、中国
		オレンジ	26.5%	米国、インド
		コーヒー	35.1%	ベトナム、インドネシア
		カシューナッツ	90.3%	マリ、マダガスカル
		パイナップル	11.4%	フィリピン、コスタリカ
		サイザル麻	68.2%	タンザニア、ケニア
		マテ茶	55.9%	アルゼンチン、パラグアイ
	鉱物	ニオブ	97.08%	
		タンタライト	26.6%	
第２位	食糧ほか	牛肉	14.6%	米国、中国
		大豆	25.9%	米国、アルゼンチン
		フェイジョン豆	13.8%	インド、ミャンマー
		タバコ	11.2%	中国、インド
		パパイア	16.2%	インド、ドミニカ共和国
		繊維	23.6%	ベトナム、タイ
		ブラジルナッツ	40.4%	ボリビア、コートジボアール
	エネルギー	バイオエタノール	35.8%	米国（36.1%）
	鉱物	マンガン	17.81%	中国
第３位	食糧ほか	鶏肉	12.5%	米国、中国
		トウモロコシ	6.6%	米国、中国
		マンダリンオレンジ	5.2%	中国、スペイン
		胡椒	12.2%	ベトナム、インドネシア
		トウゴマ	5.4%	インド、中国
		ソバ	3.7%	中国、ポーランド
		天然ゴム	1.7%	メキシコ、ギアナ
	鉱物	鉄	15.5%	中国
		Crisotila	15.1%	ロシア
		ボーキサイト	14%	オーストラリア
		Talco e Pirofilita	8.5%	中国
		マグネシウム	8.1%	中国
		Grafita	8%	中国

注）その他の主要生産国の欄はブラジルが2位の場合は1位と3位の国を、3位の場合は1位と2位の国をのせてある。なお3位の鉱物については主要産出国の一つをのせてある。

出所）*Almanaque Abril 2013* より筆者作成。

ブラジルの資源戦略――エタノールのグローバル化

資源を持つ国はしばしば資源価格を吊り上げたり、供給量を抑制したりすることがある。歴史的にも一九七四年の第一次石油危機で世界は石油価格の高騰によって激しく混乱した。当時も現在も、日本は石油をほぼ一〇〇パーセント輸入に依存する国であり、しかも中東諸国からの石油輸入量がその大半を占めている。石油由来の製品の価格にも影響し、主婦たちが当時トイレットペーパーを買い占め、店頭からトイレットペーパーがなくなったことは有名な話である。その頃ブラジルはまだ石油輸入国であり、同じく石油価格の高騰によって経済が混乱した。その後二〇〇六年にブラジルは石油自給可能な国となった。近年では中国の経済発展による需要が増加し、食糧や資源価格が高騰するという事態もおきている。いずれにしても資源は戦略物資である。だからこそ国家は国際関係の中で目的を達成するために、その資源を武器に対外交渉を行うのである。

ではブラジルは資源を囲い込んでいるだろうか？　答えは「ノー」である。たとえばエタノールについて考えてみよう。ブラジルは自国以外の国に生産拠点を設けることで、より持続可能な生産・供給を確保する、すなわち資源を囲い込まず、他国とシェアする考えを持っている国である。ブラジルは表にも挙げたように米国に次ぐエタノール生産国であり、輸出量では米国を抜き、世界一位である（シェアも約四割を占めている）。輸出先も先進国、途上国双方に、また地域的にもアジア、米州、欧州と世界に広がっている。

このようにブラジルは生産、輸出ともにエタノール王国であるが、その一方でブラジルは自国以外の国や地域でエタノールを生産するために、技術や資金を提供している。特にアフリカはそうしたブラジルのエタノール戦略の実践場である。二〇〇三年から一〇年にかけて大統領であったルーラはまさにエタノール普及を目的に就任中アフリカ諸国を歴訪した。たとえばガーナでは、エタノールの生産がブラジルにおいて貧困削減に貢献したことを挙げ、同じことはアフリカにおいても実現可能であると演説している。こうしたブラジルの取り組みはまた米国との協力のもとで進んだ。二〇〇七年三月には米国とブラジルの間で「バイオ燃料に関する覚書」が調印され、その中で米国、ブラジルに次ぐ第三国でのエタノール生産に向け、調査や技術支援を行うことが内容として盛り込まれた。覚書調印後、ドミニカ共和国やエルサルバドルなど中米やカリブ海諸国に対して技術協力が実施された。

資源をめぐる日伯関係

ブラジルと日本の関係は移民から始まった。戦後は移民も再開されるが、その一方で経済関係が開始した。戦後賠償の問題でアジアへの投資が伸び悩む時代に、企業は南米ブラジルに投資先を見つけたのである。一方のブラジルも工業化（輸入代替工業化）が本格化する中で海外からの投資を積極的に呼び寄せ、一九五〇年代から六〇年代前半にかけては日本からも製鉄（日本ブラジル合弁のウジミナス製鉄所）、自動車（トヨタ）、造船（石川島播磨工業との合弁でイシブラス）などの分野に日本企業が進出した。ブラジルへの第一次日本企業の進出ブームである。

一九六〇年代後半はブラジルが年率一〇パーセント超の経済成長が続いた経済ブームの時代（「ブラジルの奇跡」）であり、日本企業にとって第二次進出ブームが訪れる。このときはまさにブラジルの資源を目的とした企業進出が盛んとなり、紙パルプ、アルミ、鉄鋼などの分野でブラジルのナショナル・プロジェクトに日本が参加した。七〇年代後半には農業開発のナショナル・プロジェクトとして日本とブラジルによるセラード農業開発協力事業が始まった。第一次進出ブームの目的はブラジル市場への進出、そして獲得であったが、第二次ブームのそれはブラジルの資源を目的としたものであった。ブラジルは資源供給国であり、日本の資本・技術提供によって両者は相互補完的であるという考えである。しかしながら相互補完的という考え方がともすれば日本とブラジルの上下関係（従属的関係）となることが批判されることもあった。

一九七〇年代末頃になると、ブラジルは対外資金に頼った開発が行き詰まるようになる。借り込んだ開発資金を返せない状況は一九八二年の対外債務危機を招き、ブラジルから多くの企業が撤退を余儀なくされるのである。ブラジルと日本の投資・金融関係は冷え込んでいき、その状況は世紀が変わる頃まで続いた。ブラジル経済の低迷は日本へのデカセギ現象の要因の一つとなった。これまでの日本→ブラジルの人の流れが、ブラジル→日本へと逆転するようになったのである〔水野 一九九五〕。

二一世紀も一〇年がすでに過ぎた今、ようやく日本企業の第三次進出ブームの兆しが見え始めた。日本企業が再度ブラジルに目を向けるようになっている。今回のブームを支えているのはやはり資源である。世界的な資源価格の高騰はもちろんであるが、それ以前にブラジル経済が一九九〇年代後半から徐々に安定し始めたことも追い風となり、今また日本企業はブラジルに目を向け始めている。第三次ブームの特徴は日本とブラジルの二国間関係というよりも、生産地（調達先）としてのブラジル、消費地としてのアジア（もちろん日本も含む）をつなぐ役割を日本が担うという三角形の関係になっている。日本にとっても食糧安全保障の観点から、安定してブラジルから食糧を調達することはきわめて重要である。資源を介した日本とブラジル関係は二国間の閉じた（そして相互補完的とややネガティブの側面を持っていた）関係の時代を超え、現在は日本およびブラジル企業のよりグローバルな戦略の中で、よりオープンな関係になっている〔子安二〇一五〕。

〈引用文献〉

Almanaque Abril 2013, São Paulo, Editora Abril S.A..
子安昭子（二〇一五）「修好一〇〇周年から二〇年間のブラジルの変化と日伯関係」（『ブラジル特報』一六二四号）。
水野一監修、日本ブラジル交流史編集委員会編（一九九五）『日本ブラジル交流史——日伯関係一〇〇年の回顧と展望』日本ブラジル中央協会。

6　開　発
――経済開発主義から社会的公正へ――

田村　梨花

キーワード　開発、貧困、格差、ボルサ・ファミリア、社会的包摂

開発のパラダイム転換とブラジルの経験

戦後、世界のすべての国々に課された命題「開発」は、工業先進国を唯一のモデルとして国家開発を目指す経済成長至上主義のもと推進されてきたが、一九九〇年代以降国連開発計画（UNDP）により提唱された社会開発・人間開発を重要視する形へとパラダイムの転換を迎える。ブラジルはちょうどその頃、一九八五年に軍事政権から民政移管という大きな政治的転換期を経験する。九九年にはG20のメンバーとなり、BRICSの一国として「途上国」ではなく「新興国」へと変貌を遂げたブラジルにおける近年の開発政策の解析は、国際社会において深刻な課題であり続けている貧困問題と、経済のグローバル化による社会における格差拡大の克服に対して、数々の示唆を与える可能性を持っている。

ブラジルは長年、「経済大国でありながら不平等な国」として認識されてきた。他の旧植民地国同様、

「発見」後から国家形成の五〇〇年にわたる歴史において、民衆の多くは経済的貧困状態に置かれてきた。それはベルギーとインドの混在を意味する「ベリンディア」(Belíndia)と称された。このように、格差の激しい不平等な社会という特徴は歴史的にブラジルに刻まれてきたのである。

歴史によって作られた社会的不平等

ブラジルにおける格差とは、人種・民族間の社会階層間の格差、北東部・北部と南東部・南部の地域格差、農村・都市間の格差の三つの特徴を持つ。植民地としての歴史を持つブラジルは二〇世紀初期まで、砂糖、コーヒーといった農作物、あるいは金、ダイヤモンドなどの鉱産物資源の供給地として「従属的発展」の状態に置かれていたが、一九三〇年のヴァルガス政権は「上から」の輸入代替工業化を推し進めた〔堀坂 一九九七：二六〇－二六一〕。

この発展過程により、「発見」以前までこの地で暮らしていた先住民は生活文化の拠点を奪われた。北東部のプランテーション農園を基盤とする植民地経済の奴隷労働力として搾取されてきた黒人は、一八八八年の制度撤廃後身分は解放されたが、大土地所有制が継続されたため、生活基盤となる土地を得ることはできず、必要な保護や教育を受けることもない状態で、産業化が進む南東部へと移動して自力で活路を開く生活を強いられた。北東部出身の貧困層の多くは、雇用を求めてサンパウロやリオデジャネイロなど南東部の都市へと移動したが安定した職を得ることは難しく、結果として都市における新たな貧困層を形成することとなった。このようにして、奴隷制と大土地所有制による植民地としての歴史と、地域間、農村・都市間の不均衡な産業発展は、その恩恵を受けられない社会階層を国家の富から常に排除する形でブラジルの格差社会を形作ってきた。

「開発の時代」の功罪

戦後、「五〇年を五年で」のスローガンのもと開始された国家主導の経済開発の時代にも、このような階層間の不平等は拡大された。一九六四年以降の軍事政権による開発独裁は、未開の地である中西部とアマゾン地域において国家の安全保障としての開発計画を多額の外資導入のもと次々に推進した（「アマゾンと環境」参照）。大規模機械化農業の進展と農業の労働集約化は農村地域の零細農民から生活の基盤を奪い、農村から都市への更なる人口移動とそれに伴う都市の貧困層の増大を引き起こした（「ファヴェーラ」参照）。

「ブラジルの奇跡」と呼ばれる高度経済成長期（一九六八〜七三年）は貧困層へのトリックルダウンを引き起こすことなく一九八二年のメキシコの債務危機に始まる八〇年代の「失われた一〇年」により終わりを迎える。マクロ経済は混乱を迎え、ハイパーインフレと預金凍結等の金融政策は中間層の生活にも打撃を与えることとなった。所得分配、土地改革といった格差是正のための諸政策はほとんど着手されず、ブラジルにおける貧困問題は深刻化する。社会における所得分配の不平等性を示すジニ係数（一に近づく程不平等）は一九六〇年から一〇年ごとに〇・四九七、〇・五五五、〇・五九二と増加し、九一年には〇・六三七となった（IBGEウェブサイト）。二一年間の軍事政権が終焉し、八五年に再民主化を迎えたブラジルは、約半数の国民が貧困状態に置かれているという厳しい現実を打開する課題を抱え、国づくりへのスタートを切ることとなる。

民主化と社会的公正への国づくり―社会自由主義による社会開発とボルサ・ファミリア

レアル・プランによってマクロ経済の安定化を図り、一九九四年に大統領に選ばれたブラジル社会民主党（Partido da Social Democracia Brasileira:PSDB）のカルドーゾ（Fernando Henrique Cardoso）は、ブラジルの社会的不平等を克服する思想を現実に社会政策として実施した初の大統領といえる（「ブラジリアン・リーダー」参照）。一九八八年憲法で定められた民主主義国家を構築するため、カルドーゾは政府、市場、市民社会が連携関係を持ち相互協力することで経済成長と社会的公正を同時に実現する「社会自由主義」（小池 二〇一四：二五）と呼ばれる思想を反映させた国づくりに着手した。この思想は、カルドーゾ政権以降のブラジルの国家形成における中心的概念となる。

カルドーゾ政権（一九九五～二〇〇二年）で実践された「社会的公正を伴う開発」は、ＵＮＤＰの人間開発指標を利用した貧困の可視化と地域住民による開発計画の推進を通して、貧困撲滅政策を展開する（子安 二〇〇四：二三七―二三九）。なかでも貧困の改善に直接的効果をもたらす教育分野における制度改革と政策は、主に初等教育の普及と拡充を具体的目標として積極的に取り組まれた（田村 二〇〇四：一四四―一五二）。九〇年半ばより、地方自治体に相当するムニシピオレベルで導入されていた初等教育就学年齢児童対象の現金給付プログラムであるボルサ・エスコーラ（Bolsa Escola）は、二〇〇一年に連邦政府のプログラムとなり、貧困家庭の児童の就学率向上に有効に作用した（「ブラジルにおける教育」参照）。カルドーゾは、人間開発指標を利用してブラジルの社会指標を大きく変化させたことを評価され、二〇〇二年一二月にＵＮＤＰが人間開発に貢献した人物に与える賞であるマーブル・ハク賞の初の受賞者となった。

貧困層の生活向上を底上げすることで社会的公正を実現しようとしたカルドーゾ政権における開発思想は、二〇〇二年の選挙におけるＰＳＤＢから労働者党（Partido dos Trabalhadores：PT）のルーラ（Luís Inacio Lula da Silva）大統領への政権（二〇〇三～一〇年）交代後も継続された。二〇〇三年の「飢餓ゼロ（Fome Zero）プログラム」と食料・保健衛生・教育といった社会開発の諸側面を包括的に保障する家族支援プログラムである「ボルサ・ファミリア」（Programa Bolsa Familia：PBF）は、次の同党のルセフ政権（二〇一一〜一四年、二〇一五年〜）にも引き継がれた。PT政権においてPBFは、対象者の年齢層を〇〜一七歳に拡大し、就学の継続と乳幼児の健康維持に効果を上げた。受益者は二〇一三年で一三八〇万世帯、年間総支出はGDPの約〇・四八パーセント（約二四〇億レアル）に相当するが、世帯の消費増加に影響を与えるため費用対効果が高いこともこの政策が評価されている理由である（小池二〇一四：四二）。

「社会自由主義」概念を基に民主化以降取り組まれてきた諸制度には、参加型開発や連帯経済、企業のCSR等がある（小池 二〇一四）。貧困問題の解決と社会的公正を実現するには政府、企業が各々の役割を果たし、コミュニティ、民衆組織、NGOといった市民社会が主体として、また監査機能として関わることが重要視される。PBFもその実施において、受益者の生活環境や就学状況の確認のため、自治体とコミュニティ組織の協力を不可欠とした。軍事政権下の開発の時代のように国家がその中心的役割を果たすのではなく、地域住民や当事者を中心とする市民社会がその舵取りを担うことができるように、民主化以降のブラジルでは様々な制度改革や政策実施を可能にする土壌が築かれてきたのである。

変わるブラジル社会と残された課題―社会的包摂への挑戦

社会政策は、政権交代により中断されることにより効果が確認されないまま終わってしまうことが多い。その意味で、一〇年以上継続されているPBFは貧困解決に明白な結果を示した。一九九〇年代に〇・五九前後で停滞していたジニ係数は二〇〇二年（〇・五八六）から二〇一二年（〇・五二七）まで漸進的に減少している。同期間において貧困層は二七・〇一パーセントから一一・六七パーセント、最貧困層は一〇・二五パーセントから四・六四パーセントまで減少した（Ipeadataウェブサイト）。PBFによる所得増の影響を考慮しても、貧困層の「新」中間層への大幅な階層移動の実現は、ブラジルの新興国としての地位が広く認知されることに貢献したといえる（「新中間層（Cクラス）」参照）。リーマンショックによる世界経済の危機的状況を他所にブラジルのマクロ経済が好況を呈していたことも社会政策の継続性を可能とした重要な要因である。一九八〇年代債務危機に陥ったブラジルが二〇〇七年に債権国として逆の立場となることを誰が予想できたであろうか。二一世紀初頭における経済好況と継続的な社会政策の成果は、ブラジル社会の不平等性を着実に改善してきたといえるだろう。

　もちろん、格差解消への道のりは平坦ではない。ジニ係数はOECDの平均値（〇・三二六）と比較すればいまだ高く、経済停滞の影響を受けて再度増加する可能性もある。最貧困層の割合は減少したが、人口数でみると二〇一三年には約一六〇〇万人の人々が一日一ドル以下で生活しており、階層間、地域間の格差もいまだ存在する。あらゆる人々の権利が保障され安心して生活できるように、社会的包摂を促進する社会政策の継続的な実践が最重要課題であることは間違いない。しかし、OECD諸国間で格差が拡大する傾向にある（日本も例外ではない）現代において、ブラジルが経験してきた格差是正への取り組み、なかでも「社会自由主義」の基軸である政府、企業、市民社会が一体となり社会問題を解決する様々な試みは「もう一つの社会」の創造のための学びを与えてくれるだろう。

〈引用文献〉

小池洋一（二〇一四）『社会自由主義国家――ブラジルの「第三の道」』新評論。
子安昭子（二〇〇四）「従属論の思想と実践――フェルナンド・エンリケ・カルドーゾ」（今井圭子編著『ラテンアメリカ　開発の思想』日本経済評論社）二二七―二四四ページ。
田村梨花（二〇〇四）「教育開発と社会の変化：格差是正への取り組み」（堀坂浩太郎編著『ブラジル新時代』勁草書房）一三九―一六〇ページ。
堀坂浩太郎（一九九七）「ブラジル」（川田順造ほか編『開発と文化1　いま、なぜ開発と文化なのか』岩波書店）二六〇―二六二ページ。

〈参考ウェブサイト〉

IBGE〈www.ibge.gov.br/〉(Acesso em: 24 de fevereiro de 2015).
Ipeadata〈http://www.ipeadata.gov.br/〉(Acesso em: 24 de fevereiro de 2015).

7 ブラジルにおける教育
―教育開発の軌跡と民衆教育の実践から―

田村梨花

キーワード　ナショナリズム、教育の方針と基礎に関する法律（LDB）、ボルサ・エスコーラ、ボルサ・ファミリア、民衆教育、ノンフォーマル教育、パウロ・フレイレ、意識化、対話、市民権

はじめに

Brasil：Pátria Educadora（教育する祖国：ブラジル）――二〇一五年一月一日、二期目となるルセフ大統領の就任演説において述べられた、新政権のキーワードである。ブラジルにおいて国民の教育水準が大幅に向上したのは今世紀に入ってからのことで、九〇年代以降継続的に実施されている基礎教育普及を目的とした様々な教育政策が実を結びつつある。二〇一三年、一五歳以上識字率は九一・七パーセント、初等教育の純就学率は九〇パーセントを超えている。対貧困政策の影響もあり、特に初等教育就学年齢層の子どもたちの教育指標は安定してきている。しかしながら、国際基準と比較するとまだ低く（二〇一二年、OECD三六カ国中三五位）、基礎学力、教員の待遇、学校設備環境などに現れる教育の質の問題、雇用に影響する高等教育の普及など課題は多い。ルセフは「幼稚園から大学院まで質の高い教育を提供する」ことを国家の最優先事項として宣言し、一期目に引き続き積極的に

取り組む姿勢を見せている。

ブラジルでは長期にわたり「すべての子どもを学校へ」という教育政策が貫かれてきたが、子どもを学校へ通わせることだけが教育のすべてではない。ブラジルは、この地に生きる人びと、特に社会の底辺に置かれ困難な生活状況を強いられてきた人びとが、不平等な社会の根源となる構造的問題を認識し、より良く生きるために必要な様々な権利を獲得するために行動を起こすきっかけを作る学びの場が形作られてきた「民衆教育」の歴史を持つ国でもある。ブラジルの経験は、アジア、アフリカ諸国における開発の現場で「人びとのエンパワーメント」を可能とする教育法として重要視されている。

ここでは、ブラジルの教育指標が大きく変化する時代となった民主化以降の教育改革を中心に、教育政策の目標と達成の様相を概観するとともに、地域社会の現場で発展した「人々による教育活動」ともいえる民衆教育とその役割を考察し、「すべての人にあらゆる教育の機会を提供する」ためのブラジルの挑戦について検討する。

教育政策と指標の変化

（一）教育政策の傾向と特徴―ヴァルガス政権から民主化以降を中心に

植民地としての歴史を持つブラジルでは、教育を含む社会開発に政府が本腰を入れ、全国規模で取り組むようになったのは一九八五年の民主化以降のことである。一八二二年独立後の帝政時代より教育法は存在していたが、それは支配者階層つまりエリート養成を目的とするもので、高等教育の管轄は王室とされた。一八二四年憲法、一八三四年憲法では初等教育の無償化が謳われたが、その普及は現在の州に当たる行政区の管轄とされ、実質的な発展は見られなかった。旧共和政下の一八九一年憲法においても、高等教育の管轄は連邦政府、初等・中等は州政府という役割は変化せず、基礎教育の発展は立ち遅れたものとなった。

教育政策と制度普及が現実に動きを見せるのは、ヴァルガス政権におけるナショナリズムの時代である。一九三〇年には教育省（教育保健省）が設立され、一九三四年憲法では国民に対する教育の細則が定められた。ブラジルの工業化に必要となる人材育成と、国家に対する忠誠心を高める教育が推進され、初めて農村地域に「学校」（grupo escolar）が作られる。ヴァルガス政権下の教育は「新国家体制」を支える基盤として秩序と統制を軸とする教育発展であり、「すべての人びとの権利」としての教育思想に基づいた開発とは異なる目的を持っていた。

戦後の開発の時代に入ると、国連をはじめとする国際機関において国家発展における教育の重要性が認識され、人権思想に基づいた教育普及の時代が世界的に到来するが、ブラジルの場合、軍事政権が教育開発のベクトルを変える結果をもたらした。一九五五年以降、クビシェッキ大統領による「五〇年の進歩を五年で」に示される近代化の流れのなか、農村地域を含めた全国範囲の公教育普及が目指された。一九四六年憲法において基礎教育（Educação Básica）と成人教育に相当する補完教育（Supletivo）が言及されたが、現実に導入されるのは一九六一年の教育基本法成立後のこととなった。六一年基本法では教育は人間の基本的権利と位置づけられ、親による子弟の初等教育（Ensino Primário）就学の義務（七～一〇歳の四年）も明示された。この間、ブラジルの特に北東部においてコミュニティ・レベルでの教育活動の組織が活性化するが（後述）、一九六四年の軍事クーデター以降、政府の教育政策は中央集権的特徴を色濃くした。一九六七年に開始されたブラジル識字運動（Movimento Brasileiro de Alfabetização：MOBRAL）は、成人の識字率向上に貢献したと評されるが、そのテキストと導入方法は画一的で地域的特性や学習者の社会的側面を考慮したものではなかった。一九七一年には教育基本法が改定され、義務教育期間が前期中等教育（Ginágio）の四年を含めた八年（七〜一四歳）の第一課程（Ensino de Primeito Grau）へと拡大された。この改定により、基礎教育における学年と年齢の不一致が見られるようになり、義務教育を四年間しか終えていない青年・成人に対する教育政策が将来的にブラジルの教育政策の課題として残されることとなる。軍事政権が経済危機に陥る八〇年代にはMOBRALは失速し、一九八五年の民政移管と同時に終了した。

民主化以降、ブラジルの教育政策はそれまでの政策とは異なる特徴を有するものとなる。民主的憲法である一九八八年憲法は教育をすべての人びとの権利であり国家と家族の義務である（第二〇五条）とし、就学の平等性を強調した（第二〇六条）。同時に、普通教育における特別支援教育や幼児教育の普及も言及された（第二〇八条）。一九八八年憲法はその後のブラジルの教育政策を「万人への教育普及」へと方向づけるための根幹となった。

教育基本法は、カルドーゾ政権（一九九五〜二〇〇二年）下の一九九六年に教育の方針と基礎に関する法律（Lei de Diretrizes e Bases da Educação Nacional：LDB）として一九八八年憲法を反映する形で抜本的に改定された。一九九〇年代、経済成長から人間開発へと開発のパラダイム転換が起きた国際的潮流の影響を受け、LDBでは基礎教育の中でも初等教育（Ensino Fundamental）普遍化を最優先する教育改革を目指すものとなった。LDBは教育政策決定の地方分権化を規定した。高等教育は連邦政府、中等教育は州政府の管轄とし、初等教育はムニシピオ（市町村レベルの自治体）の行政がその普及の責任を負うものとしたことは特筆すべき変化である。また、同時期に成立したFUNDEF（Fundo de Manutenção e Desenvolvimento do Ensino Fundamental e de Valorização do Magistério：初等教育の管理および発展と教師の地位安定のための基金）は諸税収の一五パーセントを初等教育就学児童数に応じて州およびムニシピオへ配分することと、うち六〇パーセントを教員給与に充てることを義務化し、予算が満たない場合は連邦政府から資金移転するシステムを構築した。カルドーゾ政権下で実施された社会開発政策に共通する各セクター間の連携は教育開発においても強調され、それにより学校運営への地域社会の参加を促進する基盤が築かれた（「開発」参照）。こうした一連の初等教育の「市営化」は公教育システムの民主化を目的とするものであった〔江原 二〇〇五：五九―六〇〕。

カルドーゾ政権下における重要な教育政策の一つにボルサ・エスコーラ（Bolsa Escola）がある。一九九五年に複数の自治体で採用されていた条件付き現金給付プログラムであるボルサ・エスコーラは、就学年齢の子どもをもつ家庭に対し就学を条件に毎月一定の資金援助を行うプログラムである。一九九〇年の「万人のための教育」（Education for All）およびＩＬＯの児童労働撲滅計画の目標達成のための「すべての子どもを学校へ」（Toda Criança na Escola）キャンペーンの一環として二〇〇一年より全国的な運用が開始された。また、学校の自治力の強化を目的とした学校審議会（Conselho Escolar）や保護者教員協会（Associação de Pais e Mestres）の設置、学校に対する直接資金移転プログラム（Programa Dinheiro Direto na Escola）も実施された。また二〇〇一年には国家教育指針（Plano Nacional de Educação：PNE）が批准され、教育改革の長期計画が明示される動きが固定化した。

初等教育の普及と貧困家庭への支援を重要視した教育政策は、労働者党政権においても継続された。ルーラ政権（二〇〇三～一〇年）下ではボルサ・エスコーラに保健衛生・食料支援の側面を統合したボルサ・ファミリア（Bolsa Família）が開始され、包括的な貧困層の生活改善が実施された。二〇〇六年の法律一一二七四条により初等（義務）教育の九年制（六～一四歳）の二〇一〇年までの施行を目標に導入されたのもこの時期である。ルーラ政権の特徴として、中等教育学力試験ＥＮＥＭ（Exame Nacional do Ensino Médio）の入試制度への導入、公立大学入学定員数の割当て（クオータ）制度（Sistema de Cotas）や私立大学給付型奨学金ＰＲＯＵＮＩ（Projeto Universidade para Todos）に代表される高等教育改革が挙げられる。ＰＮＥは教育相アダッヂ（Fernando Haddad）により二〇一〇年に提出され、さらなる一〇年間の教育目標が掲げられた。引き続くルセフ政権下（二〇一一年〜）では従来の基礎教育改革の継続に加え、ボルサ・ファミリアの対象年齢層の拡大や妊産婦へのケアを含む幼児教育（Educação Infantil）の普及が目標とされた。二〇一三年の法律一二一七四条では義務教育期間を幼児教育の二年間（四〜五歳）と中等教育（一五〜一七歳）を加えた一四年間とすることが定められた。

このように、民主化以降のブラジルの教育改革は、地方分権化や学校システムの民主化を目標にした構造改革とともに、貧困家庭の生活水準を底上げする社会政策と並行して歴史上教育の機会を十分に享受することのできなかった社会的排除層の子どもたちの学校教育への包摂が継続的に実施される特徴を持つものとなった。

(二)　指標の変化からみる教育水準の向上

次に、以上の教育政策が様々な教育指標にどうインパクトを与えてきたかＩＢＧＥおよびＩＮＥＰ（国立教育研究所）のデータを基に考察する。一五歳以上の非識字率は軍事政権下以降も継続された識字教育プログラムにより順調な低下をみせ、二〇一三年では一〇パーセントを切っている（図1）。一方、一五歳以上の機能的非識字率（就学年数四年以上）を見ると二〇〇一年以降低下しているものの二〇一三年で一七・八パーセントという高い数値を示している（図2）。非識字者の割合は減少したが、八・五パーセントという数値は人口数にして一三〇〇万人に相当し、その大半は五〇代以上の年齢層の成人であり、学齢期に教育の機会を得られなかった社会層を対象とする青年・成人教育（Educação de Jovens e Adultos：EJA）の必要性が依然重要視されている。

初等教育の純就学率は一九九四年から二〇〇〇年にかけて急増しており（図3）、これはカルドーゾ政権の初等教育政策の影響を受けたものと考えられる。二〇〇九年から六歳を含めていることから数値は減少しているが、二〇一三年には九二・五パーセントの就学年齢層の子ども

図1　15歳以上非識字率（1950～2013年）

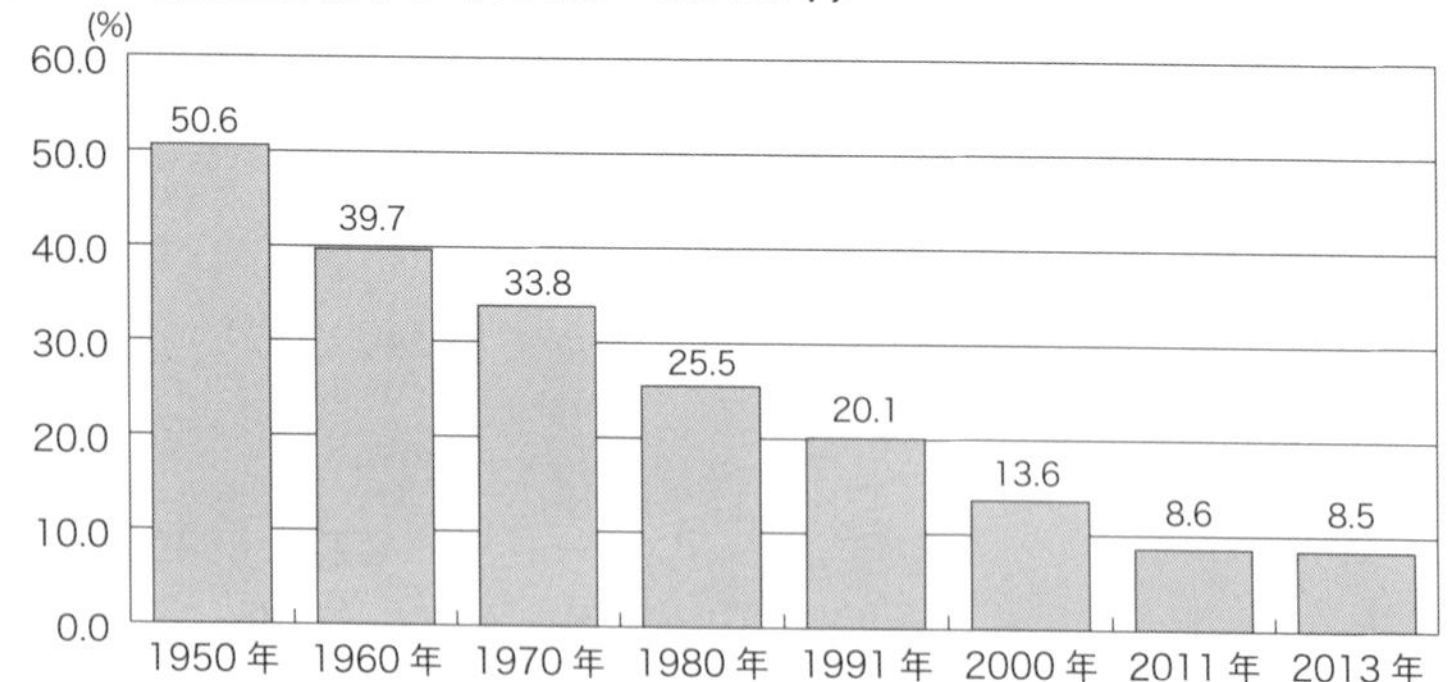

図2　15歳以上機能的非識字率（2001～2013年）

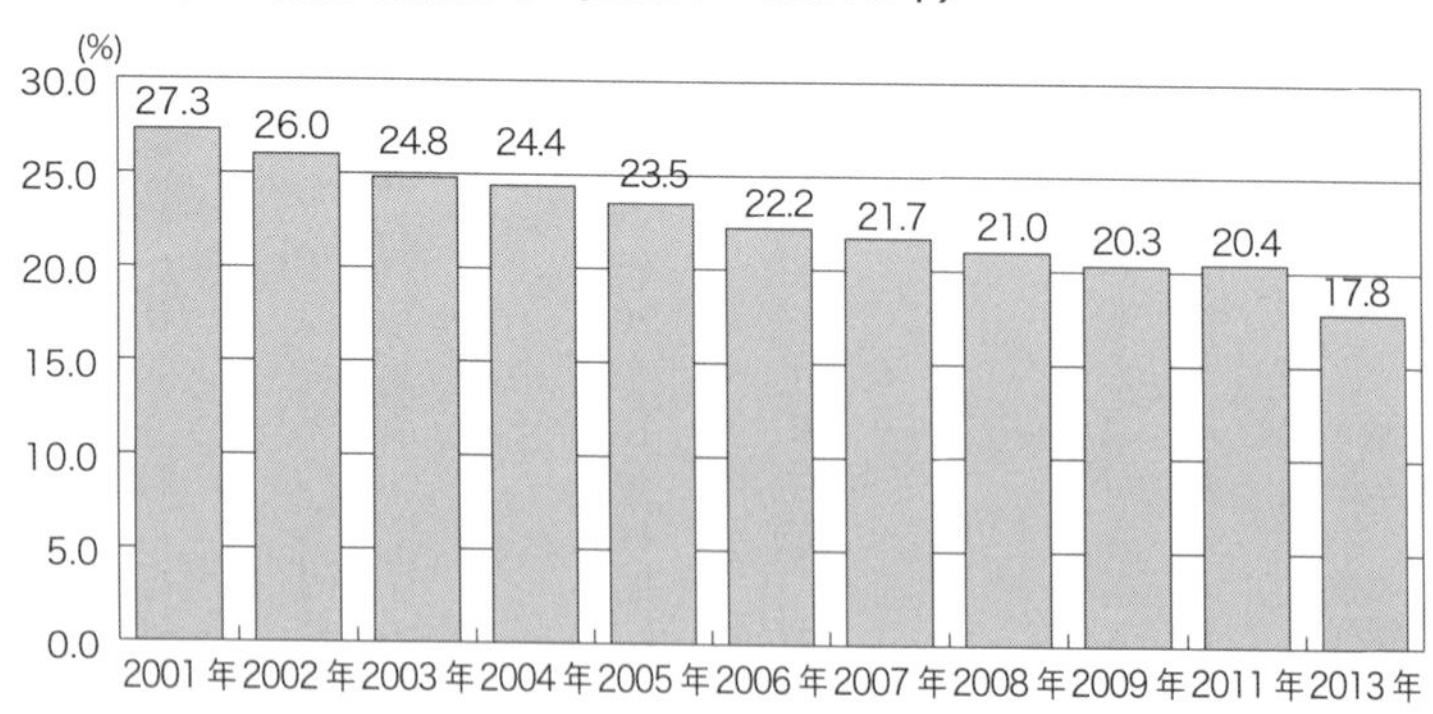

が教育を受けていることがわかる。最も数値の高い南部パラナ州九四・八パーセントに対し最も低い北東部ペルナンブーコ州で九〇・〇パーセントであり、地域格差が僅かであることも、近年の初等教育政策の格差是正への効果を示している。

中等教育の純就学率は二〇〇〇年には三三・三パーセントであったが、初等教育普及政策の恩恵を受けた年齢層の継続的就学という段階的移動を経て、二〇一三年には五五・二パーセントに増加した（図4）。しかしながら初等教育が全国レベルで普及をみせたのに対し、中等教育は

図3　初等教育純就学率（1980～2013年）

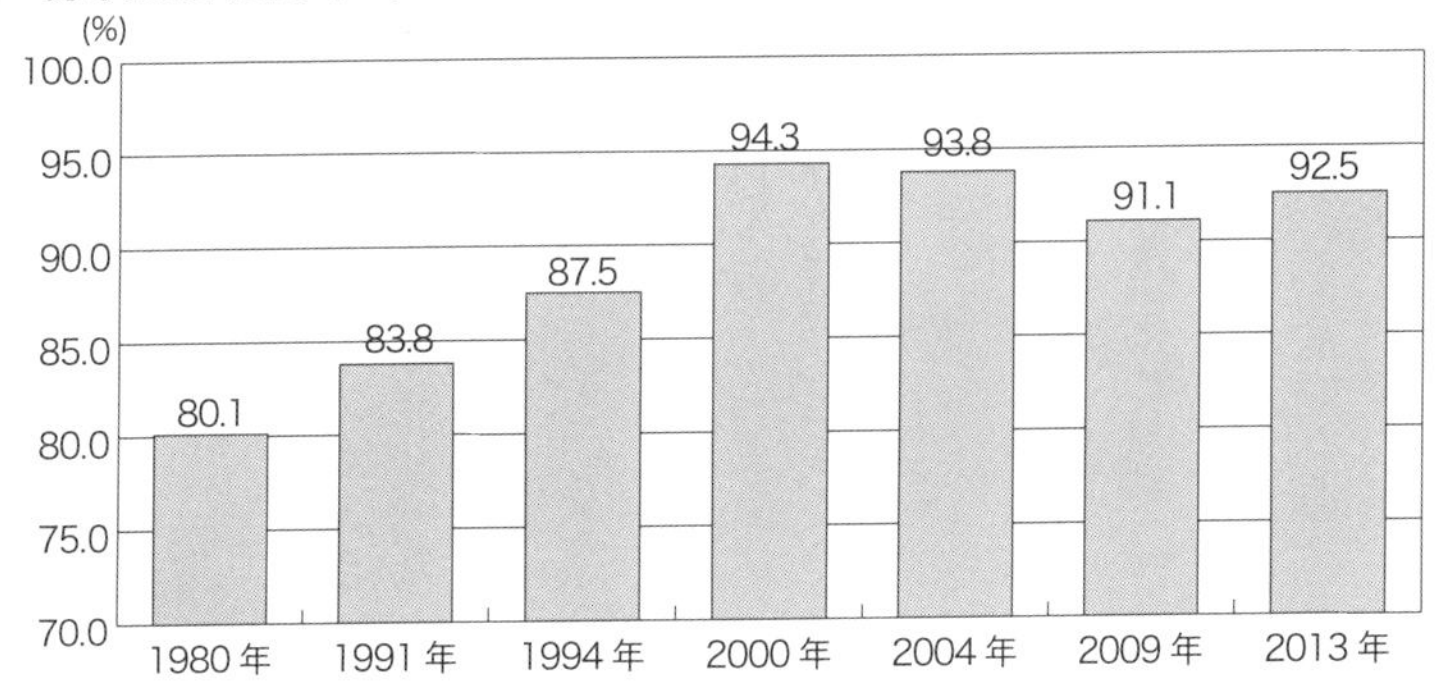

図4　中等教育純就学率（1980～2013年）

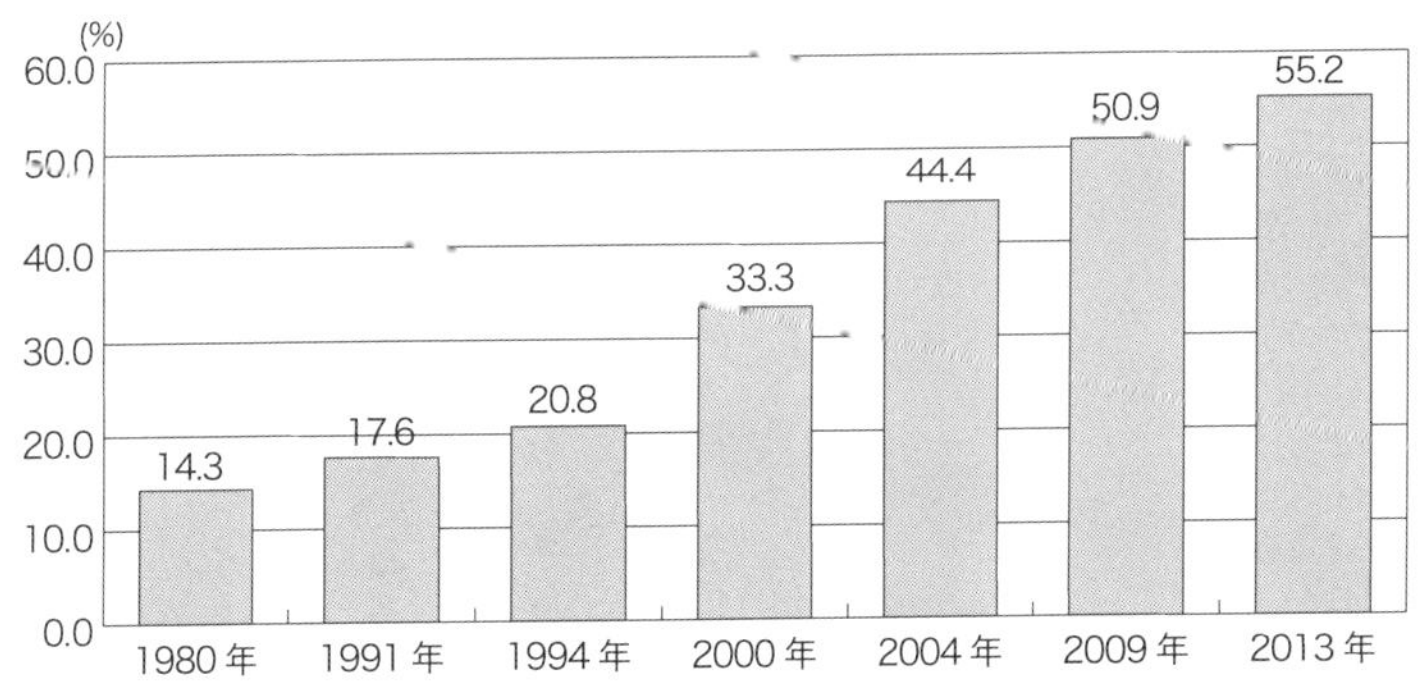

出所）IBGEウェブサイトおよびSíntese de Indicadores Sociaisより筆者作成。

地域格差が依然存在している〔最高値南東部サンパウロ州六九・三パーセントに対し最低値北東部アラゴアス州三七・四パーセント〕。

高等教育の就学率は純就学率に既卒者を加算した調整値で計測する。二〇〇二年の一一・二パーセントから二〇一二年には一八・八パーセントに増加しており、粗就学率は一六・六パーセントから二八・七パーセントに増加していることから高等教育の門戸もこの期間に拡大したことがわかる。ただし、中等教育同様地域間、所得階層間、人種間の格差が大きいことが課題として残されている〔INEP 2014: 36―39〕。また公立校と比較して私学の割合が多く〔二〇一二年で私学は全体の八七・四パーセントを占める〕、就学者数の七一・〇パーセントは私学に通学している結果をもたらしている。さらに全体に占める夜間コースの就学者数の割合は連邦立の三〇・二パーセントに対し私学では七三・二パーセントにのぼる〔Ibid: 116〕。労働者党政権下の政策により大学進学者に対する経済的支援の整備は進められたが、現実には低所得者層の場合は働きながら私立大学の夜間コースに通い高い学費を負担する状況が生まれている。このことは現在世界規模で起きている新自由主義的教育改革、つまり教育の私事化と商品化を示す現象ともいえる。

民衆教育―「市民を育てる教育」としてのノンフォーマル教育

(一) 民衆教育の思想―パウロ・フレイレの意識化と対話

ブラジルの教育を概観するとき、忘れてはならない「もうひとつの教育」の潮流が存在する。先住民、アフロ系ブラジル人、小作農や零細農民、都市貧困層といった社会の底辺に置かれた社会階層の人々は長い期間公教育システムから排除されてきた。しかしながらブラジルは、主に戦後の開発の時代において、貧困指数の高い北東部を中心に人々が自分の権利を取り戻すための教育活動である「民衆教育」が育まれた歴史を有している。その代表的存在が、内発的発展の概念に影響を与えた教育思想家パウロ・フレイレ（Paulo Freire）である。

ブラジルの民衆教育の生みの親と称されるフレイレは、一九二一年にレシーフェに生まれた。中産階級の出身でありながら当時北東部を襲った旱魃（かんばつ）による貧困と飢餓の厳しさを幼少に経験し、公教育システムが貧困層の現実を反映した学習を提供していないことに対し懐疑的であったフレイレは、弁護士として働く過程で文字を読む力をつけることで民衆は自分の生活をより良いものとする力を獲得できることを発見した。民衆の生活世界を考慮しない画一的な公教育の導入は不平等な社会構造に対する批判的意識の醸成を妨げ、逆に「人間を非人間化」するとして、意識化（conceitização）と対話（diálogo）という思想に基づく独自の教育理論を展開した。

意識化とは、教師が一方的に生徒に知識を詰め込む教育方法である「銀行型教育」に対し、生徒が社会生活における様々な問題点を課題提起し、学習者として主体的に教育活動に関与する批判的思考を促す「課題提起型教育」を用いることによって、民衆が社会＝世界に対し主体的に関わることを可能とする行為を意味する。意識化が内発的に発生する教育空間の構築には教師役と学習者間の平等な対話的関係性が不可欠であるとし、教師はあくまでファシリテーターであり、学習者とともに教育活動への参加者であるという理念を打ち立てた。

コミュニティ・レベルで文化サークルをつくり、人々の意識化による社会的エンパワーメントを促すフレイレの識字方法は劇的な効果を上げ、一九六四年ゴラール政権下で導入予定であった「全国識字教育計画」で中心的役割を遂げる直前に軍事クーデターが勃発し、民衆の組織化を共産化として敵視する軍事政権から逃れるためにボリビアに亡命し、その後チリで自らの教育思想を『被抑圧者の教育学』として出版した。アメリカを経てスイスのジュネーブにある「文化行動研究所」にてポルトガル語圏アフリカ地域の民族解放運動に参加し、一九八〇年の恩赦法で帰国、その後サンパウロ教育長（一九八九～九一年）を務め、九七年に他界している。フレイレの教育思想は批判的教育学や開発教育の理論形成、参加型開発・エンパワーメントの研究において現在も強い影響を与えている。

（二）民衆教育の実践とノンフォーマル教育の展開

軍事政権によって亡命を余儀なくされたフレイレによる六〇年代以降のブラジルにおける活躍は限定されたものとなったが、彼の精神を受け継ぐ教育活動家や民衆組織が軍事政権下も草の根の活動を継続し、権威主義体制下で人権が蹂躙される現状に屈しない人びとが民衆教育を展開していた。こうした草の根の社会運動組織は民政移管後、憲法策案に主体的に関わる組織――市民社会・NGOとして成長した（「NGO」参照）。

民政移管により政治的民主化を達成したブラジルであるが、同時に訪れたグローバリゼーションの波と新自由主義的改革の影響を受け、貧困層の生活状況は変化せず、九〇年代は逆に格差が拡大した（「開発」参照）。よって、八〇年代から九〇年代はブラジルにおける社会的公正を取り戻すためのアクターとしてNGOが急成長した時代となり、人びとが自らの手に権利を取り戻すための方法論としてコミュニティレベルの民衆教育が継続された。学習者のニーズに基づき社会問題の解決のための方法を模索するプロセスを重要視する民衆教育は、主体となる組織もテーマも多様である。こうした、公教育とは異なるアプローチで学習者のエンパワーメントに影響を与える民衆教育は、ブラジルのノンフォーマル教育の基盤を形成している。ノンフォーマル教育とは基本的に公教育とは異なる場において学習者の文脈に近づいた教育活動を意味し、ブラジルの場合は社会的公正、市民権（cidadania）獲得と政治参加の要求、意識化と対話という民衆教育の思想が重要視され展開されている〔田村二〇一二：一八二―一八三〕。

今後の課題――基礎教育の拡充と市民が主体となる教育改革への挑戦

二〇一一年のＰＮＥは二〇二〇年までにブラジルの教育が達成すべき目標を「質の高い基礎教育への権利保障（職業教育を含む）」、「格差解消と多様性の重視（特別支援教育を含む）」、「教師教育」、「高等教育の充実」に大別される計二〇項目に分類している。また、初等教育の普及は完全化したわけではなく、いまだ就学の機会を得ることができずにいる子どもの存在も忘れてはならない。二〇〇九年、七歳から一四歳の年齢で不就学の子どもの数は五三万人、そのうち六一・六パーセントは黒人であり、七五・八パーセントは都市部で暮らしている〔UNICEF 2012: 27〕。

学力向上も深刻な目標であり、学習到達度を測る指標として二〇〇七年に基礎教育開発指標（Índice de Desenvolvimento da Educação Básica：Ideb）を導入している。進学率とポルトガル語・数学の試験により算出されるＩｄｅｂは少しずつではあるが基礎教育の学力改善を示しているが、基礎教育における公立学校（二〇一三年の中等教育終了時の数値で三・四）と私学（五・四）の格差を示してもいる。教育相からサンパウロ市長となったアダッデは二〇一三年より市独自の教育評価システムを導入し、宿題の義務化や留年制度の復活により公教育の質改善に着手している。こうした学力偏重の教育政策は教育における多様性の尊重や民主的運営の促進よりも市場主義の競争原理を優先する政策であり、教育関係者からは批判的考察もみられる〔Singer 2013〕。

民衆教育の立場から、教育による地域社会の民主化を目的としてきたノンフォーマル教育においては、学力向上は教育の質の改善の結果の一つにすぎず、教育開発により社会的公正と市民権の獲得が実現をみることこそ重要であるとされる。学校をハブとして地域社会の構成員が教育現場を変革する主体となり、地域住民の学校に対する価値観の変容が引き起こされる過程で地域開発が活発化することが、結果的に貧困や治安問題といった社会的課題の解決を促進すると考えられている。公教育を民主化するための手段〔Gohn 2010〕として認識されているノンフォーマル教育は、そのような目的を共有する地域社会、自治体における教育政策の実施において重要な役割を果たしている。実際に様々なＮＧＯが自治体の教育プログラムに参与する形でミクロレベルにおける学習者の参加、自治体の政策運営の変革、教育プログラム実施における行政と地域社会とのネットワーク構築を促し、地域住民の意識化と教育現場の民主的運営を進めながらブラジルの教育の民主化に貢献している。

まとめ

ブラジルにおける教育開発は、一九九〇年代半ばに本格的に着手されたばかりであるにもかかわらず、二〇年にも満たない短期間において劇的な変化を実現した。その多くは国連ミレニアム開発目標で示される国際基準に到達する勢いを見せており、ＰＮＥで示される二〇二〇年までの詳細な目標値からもPátria Educadoraの本気度が伝わってくる。しかしながら、教育指標の改善を最優先する教育政策が主流となれば、軍事政権時代にブラジルが身を切る思いで学んだ「社会的公正と市民権獲得のための教育」の貴重な経験は失われてしまう。ブラジルの市民社会はそうした国家主導の教育政策の方向性に警鐘を鳴らす役割を果たしているといえる。経済的側面だけではなく、より人間的な生活を手に入れるための教育を実現するため、政府と地域社会、市民社会、企業、その他あらゆる多様なセクター間の協力関係・連携関係の構築のプロセスの考察によって、ブラジルにおける地域社会を基盤とする教育政策の実践はグローバル化する社会における教育理念のあり方に多くの示唆を与えると考えられる。

〈引用文献・ウェブサイト〉

IBGE（2004）*Tendências demográficas: uma análise dos resultados da amostra do censo demográfico 2000 / IBGE, Coordenação de População e Indicadores Sociais*, Rio de Janeiro, IBGE.

INEP（2014）*Censo da Educação superior 2012: resumo técnico*, Brasília, Instituto Nacional de Estudos e Pesquisas Educacionais Anísio Teixeira.

Gohn. Maria da Glória（2010）*Educação não formal e o educador social: atuação no desenvolvimento de projetos sociais*, Coleção questões da nossa época; v.1, São Paulo, Cortez.

Singer, Helena（2013）"Mais Educação São Paulo: Reforma ou Retrocesso?," *em Portal Aprendiz*, 〈http://portal.aprendiz.uol.com.br/2013/08/27/mais-educacao-sao-paulo-reforma-ou-retrocesso/, 27de agosto de 2013〉(Acesso em: 6 de maio de 2015).

UNICEF（2012）*Iniciativa Global Pelas Crianças Fora da Escola: Brasil - Acesso, permanência, aprendizagem e conclusão da Educação Básica na idade certa - Direito de todas e de cada uma das crianças e dos adolescentes*, Brasília, Fundo das Nações Unidas para a Infância.

江原裕美（二〇〇五）「ブラジル初等教育改革における分権化と学校自律性の強化」（『帝京大学外国語外国文学論集』第一一号）五七―九二ページ。

田村梨花（二〇一三）「コラム二七　ブラジルの民衆教育」（丸山英樹・太田美幸編『ノンフォーマル教育の可能性――リアルな生活に根ざす教育へ』新評論）一八〇―一八五ページ。

8 ブラジルの多人種社会
―「人種民主主義の国」はいま―

矢澤達宏

キーワード　人種、黒人、混血、人種民主主義、アファーマティヴ・アクション

黒人のハンディキャップ

「ブラジルでは貧しい黒人に人生のチャンスはあまりない」。国産映画としては異例の大ヒットとなった二〇〇七年公開の映画『エリート・スクワッド』(Tropa de Elite) の中の台詞の一つである。主要な登場人物の一人、警察官にして難関大学の法学部にも通う黒人青年マチアスの紹介に際し、主人公によるナレーションがそう語る。「だけど彼は別格だ」ともちろん続くのだが。

映画館に詰めかけた観客は、この台詞をどう受け止めたであろうか。想像ではあるが、ほとんどは違和感を覚えることなどなかったのではないか。つまり、多くの人々がブラジルの現実として経験的に感じてきたことなのではないかということである。表1を見てほしい。褐色 (pardo) とは黒色と白色の混血とみなされ、黒色 (preto) と合わせてアフリカ系 (afro-descendente) もしくは単に黒人 (negro) と称される。ブラジルはこの黒人と白人 (白色) とがほぼ半々の社会ということになるが、

表1　ブラジルにおける人種別人口構成比・平均月収（2010年）

肌の色または人種	白色	褐色	黒色	黄色	先住民
人口構成比［%］	47.7	43.1	7.6	1.1	0.4
平均月収［レアル］	1019.65	495.56	539.3	995.15	344.97

※平均月収は10歳以上が対象。1レアルは約35円（2015年8月現在）。
出所）Instituto Brasileiro de Geografia e Estatística, Censo Demográfico 2010.

前者の平均月収は後者の半分にも満たない。国民を二分する二つの人種間に明白な格差が存在する、著しい不平等社会なのである。ところが、よく知られているように、この国は人種差別のない（あるいは少ない）国とも長らく信じられてきた。このように矛盾をはらむブラジルの多人種社会をどのように理解すればよいであろうか。そして今日、それはどのような状況にあるのといえるのだろうか。

人種間の調和的関係という神話

「人種の天国」との異名は、ブラジルがまだ植民地だった時代にまで遡る。混血の人々の多さ、そして奴隷に対する主人の温情ある接し方――主にアメリカとの対比で訪問者たちに与えたそうした印象が、ブラジルは人種偏見が希薄だという認識につながったようである。ただ、こうした評価が決定的なものとなったのは、二〇世紀に入り新進気鋭の学者ジルベルト・フレイレ（Gilberto Freyre）が『大邸宅と奴隷小屋』（Casa grande e senzala; 一九三三年）を著し、学術的な議論へと洗練させたのを機としている。奴隷制下のブラジル北東部の地域社会の中に白人、黒人、先住民それぞれの文化の混淆、人種間の調和的な関係を見てとるフレイレは、これをブラジル人の特質として一般化し、称えたのである。

フレイレの特筆すべき点は異文化間・異人種間の混淆を肯定的価値を持つものへと転換させたところにあった。当時はまだ白人種の優越、混血種の堕落といった人種主義的思考が根強く、混血社会として名の知れていたブラジルはしたがって「汚染された劣等社会」との烙印を押されていた。だが彼は人間を規定するものとして、人種という遺伝的な要因よりも環境や文化の方が重要であるとした上で、ブラジルの社会や文化に対し、基調はヨーロッパ由来ながらも先住民や黒人の果たした貢献も肯定的に評価した。他には類を見ない混血文化とアメリカにも優る人種間の調和的関係は、元々人種に対する意識の低いポルトガル人であればこそなせるわざだったのであり、混血層の拡大はさらにそれを後押ししたとフレイレは説く。こうして三つの人種に由来する混血文化、人種間の調和を共有する国民という形で、ネーションとしてのブラジル人を描き出したのである。

フレイレの論は時代の要請に見事にはまった。もはや奴隷でなくなった黒人、世界各地から大挙して押し寄せる移民を包摂しつつ、いかなる形でネーションとしての統合を実現すべきか模索していた知識人・エリート、そしてヨーロッパ的規範への追従に飽きたらなくなっていた文化人・芸術家ともに、ブラジル人の誇りと求心力の源泉となるような「ブラジリダーデ」(brasilidade = ブラジルらしさ)を希求していたのである。

時を同じくして成立したヴァルガス(Getúlio Vargas)の独裁体制も、機に乗ずるに抜かりはなかった。同化に抗って孤立化する移民集団に対して母語の使用を規制するなど国民統合を強制的に押し進める一方で、報道宣伝局を創設して文化活動への統制を行い、ナショナル・アイデンティティの形成に寄与するものとなるよう仕向けたりもした。かの有名な「美しい小麦色のブラジル」と歌うサンバ「ブラジルの水彩画」(Aquarela do Brasil; 一九三九年)が世に出たのもまさにこの時期である。同曲はディズニー映画でも取り上げられて成功を収め、混血の国というブラジル像をあらためて印象づけるのに一役買った。

また、人種間の調和的関係というテーゼは、やがて「人種民主主義」(democracia racial) と名付けられ、こちらも国の内外を問わずあまたの信奉者を生み出した。その浸透ぶりは、ユネスコが人種間・民族間の協調の鍵となる要因をブラジルに見出そうと調査を企画するほどであった。だが、第二次世界大戦の反省にたち一九五〇年代前半に実施されたこの調査の結論は、皮肉にも当初の想定に反し、ブラジルにも様々な形で人種偏見や差別が存在するというものであった。実際、典型的な例を挙げれば、高級なホテルやレストラン、スポーツクラブなどが黒人を門前払いしたり、求人広告に「容姿端麗」(boa aparência) といった条件を掲げ、暗に黒人不可と告知したりすることは日常的に行われていた。それでも、同時期のアメリカ南部や南アフリカと違って、法制化されていない隠然とした人種差別はとらえどころがなく、問題化したケースでも例外として片付けられてしまうのがおちであった。人種間の経済社会的格差についても、奴隷解放とともにいわば丸腰で世間に放り出されたハンディキャップの影響や下層民一般に対する偏見などに原因が求められ、人種主義が問題とされることはなかったのである。おまけに一九六四年に軍事政権が誕生すると、人種民主主義は自国に関する政府の公式見解とされ、一部の黒人活動家や学者の異論を封じ込めた。ここに至り、人種民主主義は人種主義を隠蔽するイデオロギーと化したのであった。

ブラジルにも人種主義は存在する――認識の大きな転換

絶大な影響力を誇った神話も、軍政による抑圧の緩和とともに大きく揺らぎ始めた。その象徴が一九七八年の黒人統一運動 (Movimento Negro Unificado) の旗揚げであった。この組織の呼びかけに応じ、およそ二〇〇〇人がサンパウロ市の中心部に集結し、街頭で人種差別を告発する叫び声を上げたのである。これ以降、人種民主主義の欺瞞性を曝く声が徐々に高まっていった。

一方、体制側のスタンスもしばらくすると変わり始めた。その一端は民政移管後の一九八八年に公布された新憲法に見てとることができる。同憲法の二一五条は、民衆文化とともに先住民文化とアフロ・ブラジル文化をブラジルの文化形成に寄与したものと位置づけ、それぞれの表明を保護すると謳っている。一見、フレイレの唱えた混血文化論と変わらないようにも見えるが、力点の置き所が異なる。フレイレ流の議論が混淆を通じた統合の側面を強調するのに対し、新憲法は国民の多様性そのものを肯定する。いってみれば公式なネーション観が、混淆を媒介にした同質的なものから多文化的なものへと転換したということである。それまではタブー視されていたが、黒人など特定の人種・民族集団をブラジル人全体から切り離して個別に扱い、政策立案などを検討する道が開かれることにもなった。

またこの憲法には、キロンボ（quilombo）に由来すると認定されたコミュニティにその土地の所有権を付与する規定も盛り込まれた。キロンボとはかつて農園等から逃げ延びた奴隷たちが形作った自律的な共同体で、奴隷制期にはブラジル全土にわたり無数に存在していた。奴隷制廃止後、逃亡奴隷の末裔たちの多くはそのまま、住む土地の所有権も持たない不安定さと貧困の中、暮らしてきたという状況がある。黒人全体を対象にしているわけではないものの、奴隷制に対する補償的な意味合いを持つ措置が定められたことは、きわめて画期的であった。

一九九〇年代に至り、人種間関係に対する社会の一般的認識は本格的に変容したといってよい。民主主義の空気が社会に浸透し、黒人運動や市民社会の訴えが受容されていった結果といえよう。九五年実施のダータフォーリャ（Datafolha）の調査によると、対象者のおよそ九割が白人は黒人に対し人種偏見を持っていると回答している。また、政府見解の転換もより明確に示されるに至った。九六年、

「黒人の地位向上のための省庁間作業部会」設置に寄せてカルドーゾ（Fernando Henrique Cardoso）大統領は、かつて偏見の存在について語ることは国への背信であったが、いまや過ちを認め正すことこそ国の威信につながるとして、「ブラジルには偏見が存在するのだ」とかなり直截に述べたのである。

人種間の格差解消・差別撲滅に向けた実質的な方策

人種間の格差や差別の問題に対し具体的な方策が実施されるようになったのは、二一世紀に入ってからのことである。折からの情勢変化に加え、二つのことが追い風となった。一つは二〇〇一年のいわゆる反人種主義世界会議（ダーバン会議）へのブラジルの参加である。その準備のための様々な国際会合の場で、黒人活動家たちはブラジルの人種問題をアピールし、自国の政府高官たちに本腰を入れて取り組む必要性を認識させることに成功したという。もう一つが〇三年の労働者党政権の誕生である。低所得者層を重要な支持基盤の一つとする同党が、その中で大きな割合を占める黒人を意識した政策を掲げるのは不思議なことではない。現にルーラ（Luiz Inácio Lula da Silva）大統領は史上最多となる三人の黒人を閣僚に起用したほか、連邦最高裁判所判事の一人にもこれまた異例となる黒人の任命に踏み切るなど、積極的に黒人の人材を登用する姿勢を示した。ちなみに、このとき自認する黒人としては初の最高裁判事となったジョアキン・バルボーザ（Joaquim Barbosa）は、のちに初の黒人最高裁長官（二〇一二〜一四年）にまでなっている。

ルーラ政権の取り組みとしては、まずSEPPIR（人種平等推進政策特別庁、二〇一〇年に人種平等推進政策庁に改称）の新設（二〇〇三年）が挙げられる。黒人の権利擁護、地位向上のための国家機関としては、すでにパルマーレス文化財団（Fundação Cultural Palmares; 一九八八年〜）が存在していたが、同財団は文化省の下に置かれ、その活動は文化の領域が中心であった。対するにSEPPIRは大統領府直属とされ、一部ですでに始められていたアファーマティヴ・アクション（後述）など、社会経済面も含むより実質的な平等に向けた方策を立案、調整することが明確にされた。

もう一つ、一九八八年憲法で示されていたブラジル史教育における指針（「ブラジル人の形成に対する様々な文化、民族の貢献を考慮する」第二四二条第一項）の実質化にも着手した。初等・中等教育においてアフリカ系ブラジル人の歴史と文化を必須の内容とすることを定めた法律一〇六三九号を、やはり二〇〇三年に制定している。これを受け、翌〇四年には学習指導要領の改訂が行われ、教授内容の詳細が提示された。

アファーマティヴ・アクション――「劇薬」の是非

しかし、最も踏み込んだ方策はなんといってもアファーマティヴ・アクション（affirmative action; 以下、AAと略す。ポルトガル語ではação afirmativa; 日本では積極的差別是正措置と訳されることも）である。AAは元々、アメリカにおいて一九六四年の公民権法後、黒人など従来差別を受けてきた集団に対し、実質的な機会均等を保障するためにとられた積極的措置として知られるようになった。その後、女性や障害者なども対象にしつつ広く一般化していった。具体的な実施形態としては、高等教育機関の入試や特に公的機関における職員の採用・昇進などにおいて、対象者を優遇する措置（優先枠の設定や試験の得点に対する加点など）をとるというのが典型である。

AAは一部の省庁、公立大学による自主的な導入の形で始まった。先陣を切った農業開発省は二〇〇一年、任用試験において採用数の二〇パーセントを黒人枠とし、管理職に占める黒人の比率も最低二〇パーセント（〇三年までに順次三〇パーセント）に引き上げ、さらに同省と業務請負契約を結ぶ企業に対しても黒人を社員全体の最低二〇パーセントは雇用するよう指示すると定めた。一方、高等教育機関でこうしたクォータ制（sistema de cotas）をいち早く導入したのは、リオデジャネイロ州の二つの州立大学（リオデジャネイロ州立大学とノルテフルミネンセ州立大学）であった。入試の募集人員の五〇パーセントを公立学校で初等・中等教育を受けた者（＝低所得家庭の子女）向けのいわゆる社会枠（cota social）として二〇〇〇年に設定したのに続き、翌〇一年にはそれとも部分的に重複しうる人種枠（cota racial）として四〇パーセントを黒人に割り当てた（これらの決定はそのまま運用されるには至らず、〇三年の入試ではじめて公立校出身者二〇パーセント、黒人二〇パーセント、障害者および民族マイノリティ五パーセントの優先枠がそれぞれ実現した）。こうした動きのきっかけとなったのは、ブラジルも参加した反人種主義世界会議において、人種差別是正のためのＡＡを含む政策を各国に求める行動計画が採択されたことであった。このあとも司法省、文化省、ブラジリア大学、バイーア連邦大学など、人種枠を単独もしくは社会枠との組み合わせで導入するケースが相次いだ。一一年までには一〇〇を超える国公立大学が何らかの優先枠を設けるに至っている。

ところが、すべての国家機関、国公立高等教育機関に対し一律に優先枠設定を義務づける法制化となると、そう簡単にことは運ばなかった。カルドーゾ大統領は政権最終年の二〇〇二年にアファーマティヴ・アクション国家計画を布告したが、これは結局、優先枠の割合なども提示されぬまま実行に移されずに終わった。また、黒人の連邦下院議員パウロ・パイン（Paulo Paim）が提出した「人種平等法」（Estatuto da Igualdade Racial）制定法案（二〇〇〇年）は成立まで一〇年を要した末、事実上、骨抜きにされた。この法案は当初、公務員採用や大学入試にとどまらず、公選職、従業員二〇人超の企業の雇用、テレビドラマのキャストやＣＭのモデルにまで黒人枠を課す野心的なものであったが、連邦議会における審議、修正の過程で割合の明示された黒人枠はことごとく除外されていった。一〇年にようやく制定された人種平等法は数値目標なき指針へと後退していたのである。

ＡＡは即効性が期待できる反面、あちらこちらに無理もかかる、いわば「劇薬」だといえる。黒人に対し高等教育や雇用の機会を強制的に拡大すれば、白人との間の所得の格差も縮小に向かうであろうし、教室や職場をともにすることをきっかけに白人の偏見が弱まる可能性もある。しかし一方で、白人の側では人種枠のあおりで入学や就職の機会を失う者も出てくるし、能力主義を一部犠牲にする側面もある。もともとＡＡをめぐっては、アメリカなどでも従来から激しい論争があり、ブラジルでも政治家、学者、メディア等それぞれの中で賛否が分かれている。黒人の中にすら、優先枠がなければ入学・就職できないといった偏見を逆に植え付けかねないなどとしてＡＡに反対する声もある。また、人種枠の対象者であるか否かの判別が恣意的にならざるをえないといった、運用上の問題点も指摘されている。ＡＡの法制化が頓挫したのは、こうした根強い反対意見の存在があったからにほかならない。

ＡＡの是非について結論は出るべくもないが、国のスタンスとしては一定の方向性が出されるに至っている。ブラジリア大学の人種枠に対し起こされた違憲訴訟において、最高裁が二〇一二年、合憲の判断を下したのである。これを受け、同年のうちに通称「クォータ法」（法律一二七一一号）が成立し、全国立大学に人種の基準も組み込んだ社会枠として募集人員の五〇パーセントを設定することを義務づけた。この社会枠は対象者（公立高校出身者）の世帯人員一人あたり月収額を基準（最低賃金の一・五倍超か以下か）に半々に分けられ、それぞれの中で黒色、褐色、先住民を対象にその州でそれぞれが占める人口比率に即した割り当てがなされる（図１参照）。また一四年には、国家公務員の採

図1　クォータ法による国立大学入試における優先枠の配分

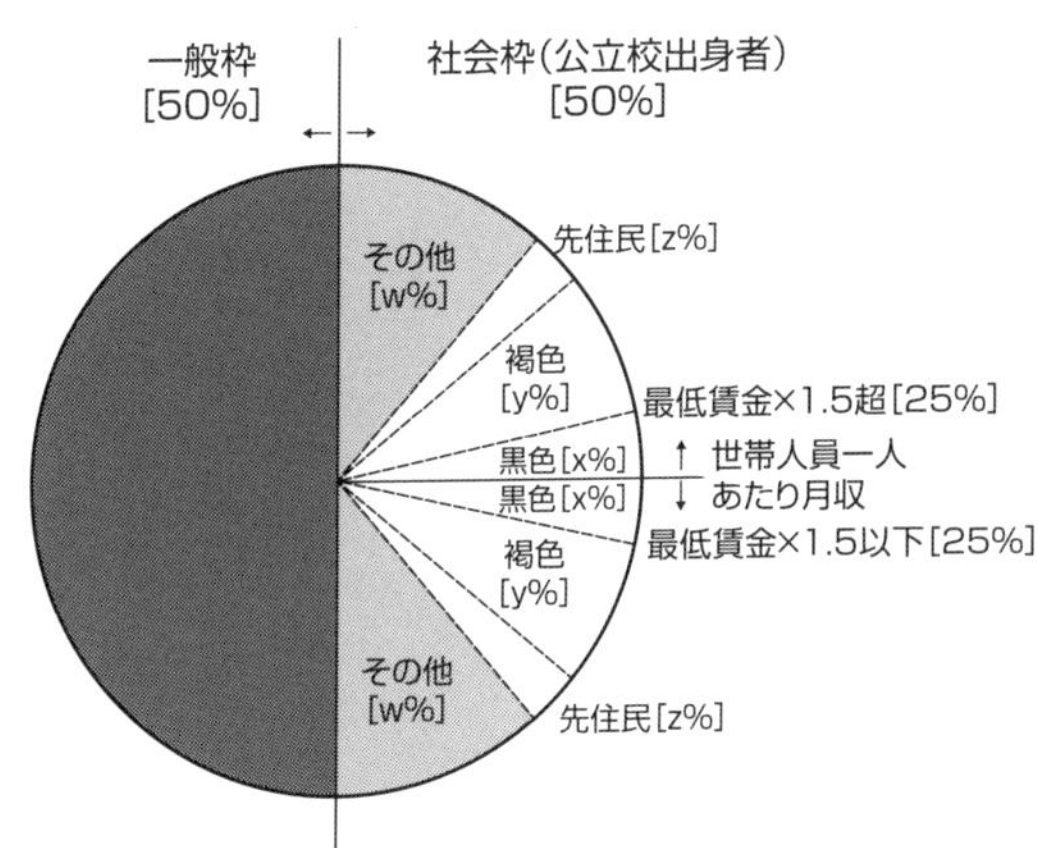

注）x：y：z：wの比率は、その大学が所在する州（または連邦区）の人種別比率となる。したがって、上図のx、y、z、wに入る実際の値は、当該州（または連邦区）の人口に対し各人種が占める割合［%］に0.25をかけた数値。

用において二〇パーセントの黒人枠を設けることを定めた法律一二九九〇号も実現している。

多人種社会の行方

すでに色褪せていた人種民主主義神話の末期をかろうじて知るだけの筆者でさえ、AAをはじめとする昨今の人種差別是正に向けた政策の進展ぶりには隔世の感を禁じ得ない。二一世紀に入ってからの比較的好調なブラジルの経済成長もおそらくは幸いしたのだろう。肌の色ごとの一八～二四歳人口に占める大学（学士課程）在籍者の割合は、一九九七年において褐色二・二パーセント、黒色一・八パーセントだったのに対し、二〇一一年にはそれぞれ一一パーセント、八・八パーセントとおよそ五倍に増加し、白色（一一・四パーセントから二五・六パーセントで約二・二倍）の二倍以上の伸び率を示している（教育省のデータによる）。一方、同時期の平均月収（一〇歳以上）の増加幅の方は、白人が一〇九三レアルから一二六二レアル（約一・一五倍）なのに対し、黒人（黒色＋褐色）は四八五レアルから七一六・三レアル（約一・四八倍）と、伸び率は後者が前者をやや上回る程度にとどまっている（全国世帯サンプル調査による）。

改善の兆しは見え始めているものの、表1で見た通り、黒人と白人の間の格差はいまだ顕著な形で存在し続けていることは事実である。また、最近は特にインターネット上などにおいて、人種差別的な中傷が問題化することも依然多い。ブラジルにおける人種主義の存在を認め、その根絶に向けた取り組みが本格化してから一〇年あまり。効果を検証するには時期尚早であるかもしれないが、いずれにせよ今後もまだまだ闘いが必要なことはたしかである。

国連は二〇一五年からの一〇年間を「アフリカ系の人々のための国際の一〇年」と定め、アフリカ外の各地に拡散する黒人たちの権利擁護、地位向上に向け取り組むよう各国に働きかけている。ブラジルがいま直面しているのは、じつは世界全体としてもその喫緊性が認められている課題なのである。冒頭で紹介した台詞が「時代遅れ」に感じられるような日の到来は、今後も世界の一人一人がこの問題にどれだけ真摯に向き合っていけるかにかかっているのではないだろうか。

〈参考文献〉

Jaccoud, Luciana (org.) (2005) *A construção de uma política de promoção da igualdade racial: uma análise dos últimos 20 anos*, Brasília, Instituto de Pesquisa Econômica Aplicada.

テルズ、エドワード・E（二〇一一）『ブラジルの人種的不平等——多人種国家における偏見と差別の構造』（伊藤秋仁・富野幹雄訳）明石書店。

フレイレ、ジルベルト（二〇〇五）『大邸宅と奴隷小屋（上・下）』（鈴木茂訳）日本経済評論社。

9　ファヴェーラ

――都市化と新たなコミュニティの創生――

田村梨花

キーワード　ファヴェーラ、コルチッソ、ストリートチルドレン、軍警察治安維持部隊（UPP）、文化運動

「スティグマ」としてのファヴェーラ？

ブラジル社会を知るとき、新興経済大国としてのエネルギッシュな存在感、サンバ・カーニバルに代表される文化的躍動感や華々しさ、人々の陽気さとは異なる「闇の部分」を表すファヴェーラ（favela）の存在に出会うことは多い。映画『黒いオルフェ』（Orfeu Negro：一九五九年）や『シティ・オブ・ゴッド』（Cidade de Deus：二〇〇二年）に登場するファヴェーラは、貧困、犯罪、暴力の温床、すなわち開発から取り残された社会の「負の遺産」を象徴する場所として強くイメージづけられている。

ファヴェーラは本来、都市部において土地を不法に占拠して建てられた住居の集中する地域を指している。二〇一〇年の国勢調査においてブラジル地理統計院（Instituto Brasileiro de Geografia e Estatística：IBGE）はファヴェーラを低水準人口密集地（Aglomerados Subnormais）と分類し、「公有地または私有地である他者の所有する土地を占拠した居住単位が五一以上存在する地域であり、一般的にその多くが公

的・基礎的サービスの不足した未整備な密集地域」〔IBGEウェブサイト〕と定義している。同年の統計では、人口の六パーセントに相当する一一四二万五六四四人が居住し、その約半数（四九・八パーセント）は南東部（サンパウロ二三・二パーセント、リオデジャネイロ一九・一パーセント）に位置している。三二三ムニシピオに六三二九の地域があり、ブラジル全土の各都市に必ず存在する居住形態といえる。さらに、冒頭で述べたようなスティグマを押されたファヴェーラは、不法占拠地区としての特徴のみならず「政治的・社会的に排除された貧しい人々の暮らす世界」として語られるものとなる〔北森二〇〇一：三〇〕。

ファヴェーラの形成—不法占拠居住地としての歴史と住民の様相

当時ブラジルの首都であった一九世紀末のリオデジャネイロに、初めてファヴェーラと呼ばれる地域が出現した。パラグアイ戦争、黒人奴隷解放、カヌードス戦争の元兵士などを中心とした同地域への大量の人口移動、さらに二〇世紀初頭の都市開発による低所得者層の居住地移動がその起源とされる〔住田二〇〇九：七〇—七二〕。その後、輸入代替工業化が進展する一九三〇年代以降のサンパウロ、また開発の時代である五〇年代以降は全国規模で、都市への人口移動は急速に増加する。その原因としては、都市における雇用市場の創出、輸送手段の発達、農業の大規模機械化による農村からの労働力移動などが挙げられる〔三田一九九九〕。主に北東部からの人口流入により、七〇年には農村と都市の人口割合が逆転し、八〇年には都市人口比率は平均六七パーセント、南東部では八二パーセントを超える規模となる〔IBGEウェブサイト〕。

よりよい収入を求めて都市に移動してくる人々の多くは、新しい生活を始めるための十分な資金を持ち合わせていない。低所得者向けの住宅政策として一九四六年の「人々の家財団」（Fundação da

Casa Popular)、軍事政権下の一九六四年には「ブラジル住宅銀行」(Banco Nacional de Habitação) が設置され「住宅金融制度」(Sistema Financeiro de Habitação) が開始されるが、これらの受益者は主に中産階級であった〔谷口 二〇〇九：一五六〕。未熟練労働者として都市に流入した人々は不安定な収入しか得ることができず、必然的に河川沿いや急斜面など住宅には適さない土地に住居を作り生活することとなる〔萩原 二〇〇八：七八〕。電気、水道などのインフラは皆無であるから、盗電による感電事故、ゴミや汚水による感染症増加など劣悪な住環境で暮らすことを強いられる。なお、居住者のいない建物を不法に占拠した集合居住形態はコルチッソ(cortiço) と呼ばれる。低所得労働者に対する社会保障が欠如したまま進められた国家主導の開発計画の結果、ファヴェーラはブラジルの貧富の格差の象徴的光景として都市に映し出されているといえる。

コパカバーナ海岸のすぐ裏手の岩山の斜面にできたファヴェーラ「パヴォン・パヴォンジーニョ」(撮影：下郷さとみ)

「社会問題」化されるファヴェーラ

こうした形成過程を考慮すれば、ファヴェーラは都市貧困層の居住地としての特徴を持つ地域にすぎない。ファヴェーラが「社会問題」として扱われる最大の原因を作っているのは犯罪組織である。行政の管理の及ばない密集住宅地は、麻薬取引等の犯罪を行う組織にとって好条件を備える場所である。特にリオデジャネイロを拠点とするブラジルの巨大犯罪組織コマンド・ヴェルメーリョ (Comando Vermelho) が誕生する七〇年代以降、ファヴェーラ内部には麻薬組織の巣窟が出現した〔Jean 2011: 182–

183]。多くのメディアでは、犯罪組織活動の隠蔽を助けることで治安維持を約束される住民、という相互補完的な関係が語られることが多いが、住民の多くは犯罪組織と無関係であり、逆に組織間の抗争や警察との銃撃戦による被害者である。ファヴェーラの住民は、インフラ欠如と麻薬組織の重圧という物理的・社会的に劣悪な住環境における生活を余儀なくされたのである。

ファヴェーラから生まれた「社会問題」として注目を集めるのがストリートチルドレンの存在であろう。一九九三年のカンデラリア虐殺事件（カンデラリア教会前で八人の子どもが殺害された事件）がアムネスティをはじめ国際人権組織・メディアにより広く報じられたことから、ストリートチルドレンは貧困が原因となって蔓延する家庭内暴力の被害者となった子どもが路上で暮らし始め、生きるために犯罪に手を染め、警察や私警に抹殺される、というステレオタイプで描かれることとなった。実際には路上で労働に従事する例、路上で暮らしながらも家族との紐帯を維持している例など、その現状は多様である。しかしながら、二〇世紀後半における社会政策の欠如が、低所得者層の教育の機会を奪い、低年齢児童までもインフォーマルな経済活動に従事せざるをえないという困窮した生活状況を作り出し、多くの子どもたちの人権が尊重されてこなかったことも事実である。

解決のための試み――行政・住民組織による住環境改善プログラム

ファヴェーラが拡大する六〇年代、主にリオデジャネイロにおいて、政府はその違法性を根拠に該当居住地域の強制撤去と郊外の住宅地への移転政策を実施した。しかし七〇年後半に入り民主化の波を迎えるなか、住宅改善政策は従来の強制排除的な性格から、住民を「票田」として利用し都市の経済構造の底辺階層として「現状維持」を進める方向へと変化し、さらに八〇年代以降はコミュニティとしての住民参加を軸とする「統合政策」へと転換される〔近田 二〇〇二：一六一―一七〕。米州開発銀行の資金供与により一九九四年から二〇〇八年まで実施されたリオデジャネイロのファヴェーラ・バイロ（Favela-Bairro）計画はその一例で、インフラ整備と住民の生活支援を多様なセクターの共働により実現したとされる〔谷口 二〇〇九：一五八―一六四〕。

八〇年代以降の政府政策の転換は、住環境の改善のために草の根の活動を実践してきた住民による自助組織である住民組織（associação dos moradores）が活発化する土壌を形成した。ファヴェーラにおける生活改善に最も重要とされる上下水道、電気といったインフラ整備を実現する活動が行政との交渉をもとに行われ、共働き家庭のための託児所や子どもたちの居場所としてのコミュニティ学校、青年・成人対象の識字教室、職業訓練や所得向上プロジェクト、住民のアイデンティティ確立のための文化活動など、それまで住民の相互扶助と、カトリック教会・国際ＮＧＯの支援により実践されてきた数々の社会活動が行政・民間企業などとの連携関係を得て発展した（「ＮＧＯ」参照）。

二一世紀に入ると、二〇一四年のワールドカップ、二〇一六年のオリンピック開催地決定を視野に入れ、リオデジャネイロにおけるファヴェーラの抜本的な改善政策が開始される。二〇〇七年、連邦政府は第二次経済成長加速化計画（Frograma de Aceleração do Crescimento 2：PAC2）により、州・市政府と協力しファヴェーラのインフラ整備に着手した。また、州政府は二〇〇八年に「軍警察治安維持部隊」（Unidade de Polícia Pacificadora：UPP）計画を策定し、中心市街地に

中産階層の住宅地に隣接するファヴェーラ「サンタ・マルタ」。UPPが初めて導入された地域でもある。（撮影：下郷さとみ）

近いファヴェーラから順に犯罪組織の掃討と駐在所設立をすすめ、市民組織等他セクターとの協力のもと社会開発プログラムを実施している。二〇一四年末までに三八カ所のファヴェーラにUPPを設置、住民一五〇万人がプログラムの恩恵を受けたとされている〔UPPウェブサイトより〕。こうした行政主導の政策実施に対し賛否の議論はあるが、生活上の「安心」をもたらすファヴェーラ内部の治安改善は住民に何らかのプラス作用を与えると予想されるし、ブラジルの都市開発政策が社会的排除層の生活改善を重要視する方向性へと転換している一例として認識することができるだろう〔「開発」参照〕。

新しい文化アイコンとしてのファヴェーラ

民主化以降の住宅政策や住民運動における新たなイニシアティブにより、多くのファヴェーラはそのスティグマを克服するかのように変容を遂げている。UPPの大規模な介入は、リオデジャネイロのファヴェーラを観光地とする政策を可能にした。映画『ファヴェーラの丘』(Favela Rising：二〇〇六年)のアフロレゲエ文化グループのように、若者を中心とする住民組織の文化運動はファヴェーラのコミュニティ・アイデンティティを高めることに成功している。今後、ファヴェーラはソーシャルネットワーク等を通じてファンキ〔米国のヒップポップに影響を受けたファヴェーラ発祥の音楽スタイル〕やグラフィッチ〔主にスプレーで壁絵を制作するストリート・アート〕といったサブカルチャーの発信地としての存在を強めていくのであろうか。治安問題と住環

アフロレゲエ文化グループの
教育プログラムのひとつ「アフロ・ダンス」
(撮影：下郷さとみ)

境を改善し、ファヴェーラが都市における新たなコミュニティとして創生する姿から、排除―包摂という統合的関係性を超越したブラジルの多様性の新たな魅力が立ち現れる可能性は高い。

〈引用文献・ウェブサイト〉

IBGE 〈www.ibge.gov.br/〉 (Acesso em: 20 de outubro de 2015).

Jean, Martine (2011) "Criminal Gangs," in Crociti, John J. (ed.), *Brazil Today: An Encyclopedia of Life in the Republic*, vol.1, Santa Barbara, ABC-CLIO, pp.181–185.

UPP 〈www.upprj.com〉 (Acesso em: 20 de outubro de 2015).

北森絵里（二〇〇一）「リオデジャネイロのスラム住民の日常的実践」（藤巻正己編『生活世界としてのスラム』古今書院）一二八―五九ページ。

住田育法（二〇〇九）「ブラジルの都市形成と土地占有の歴史――旧都リオデジャネイロを中心として」（萩原八郎ほか編『ブラジルの都市問題――貧困と格差を超えて』春風社）四九―八一ページ。

谷口恵理（二〇〇九）「ブラジリア連邦区とリオデジャネイロ市の住宅政策――都市住環境開発と公共政策」（萩原八郎ほか編『ブラジルの都市問題――貧困と格差を超えて』春風社）一五四―一七七ページ。

近田亮平（二〇〇二）「サンパウロ市のファヴェーラ――その形成と市当局の政策」（『ラテンアメリカ・レポート』第一九巻第一号）一〇―二二ページ。

萩原八郎（二〇〇八）「ブラジルの都市空間に見る貧困問題」（富野幹雄編『グローバル時代のブラジルの実像と未来』行路社）七〇―八六ページ。

三田千代子（一九九九）「内陸都市サンパウロの形成と発展」（国本伊代・乗浩子編『ラテンアメリカ都市と社会』新評論）一二五―一四九ページ。

10 多文化共生
―ブラジル人が日本を変える!?―

拝野寿美子

キーワード　入管法、多文化共生、外国人集住都市会議、在日ブラジル人

多文化共生とは

一九九〇年に新しい「入国管理及び難民認定法」（以下、入管法）が施行されてから、就労を目的とした日系人を中心とする南米出身者の来日が急増した。日本にはそれまでも朝鮮半島出身者など多くの外国籍住民が居住していたが、ニューカマーの多くを占める南米出身の日系人とその家族の急増により、日本の多文化化は一気に進んだ。来日当初は、ブラジル人と地域住民のコミュニケーションがうまくとれなかったことや、ブラジルと日本の生活習慣の違いなどから、トラブルが絶えなかった。日本政府は移民を受け入れるための確固とした政策や方針を有していないため、ブラジル人をはじめとする外国籍住民を取り巻く様々な課題については、必然的に、彼らの生活の足場である地方自治体が手探りで解決するほかなかった。そのような状況下で頻繁に使用され始めたのが「多文化共生」という概念である。これはいわば、多文化化が進んだ日本の社会目標ともいえるものである。「多文化

共生」については様々な定義がなされ、議論されているところであるが、日本人住民と外国籍住民が相互理解に努め、公正・平等で友好的な社会を構築することと捉えてよいだろう。多文化共生を実現するためには、ブラジル人住民をはじめとする外国籍住民にのみ日本社会への同化を迫るのではなく、日本社会そのものの変革、果ては、その大部分を構成する日本人一人ひとりの意識変革が必要となる。以下で、そのための具体的な取り組みを見ていく。

自治体主導の多文化共生──外国人集住都市会議

先にも説明した通り、日本政府に先立ち、多文化共生を目指して連携したのはブラジル人をはじめとする多くのニューカマーを抱えた地方自治体だった。これらの都市は二〇〇一年に「外国人集住都市会議」を設立した。以降、年に一回全体会議を開催し、情報の共有や意見交換、政府への提言などを行ってきている。以下、少し長くなるが、概要を知るためにその設立趣旨を紹介する。

外国人集住都市会議は、ニューカマーと呼ばれる南米日系人を中心とする外国人住民が多数居住する都市の行政並びに地域の国際交流協会等をもって構成し、外国人住民に係わる施策や活動状況に関する情報交換を行うなかで、地域で顕在化しつつある様々な問題の解決に積極的に取り組んでいくことを目的として設立するものである。

また、外国人住民に係わる諸課題は広範かつ多岐にわたるとともに、就労、教育、医療、社会保障など、法律や制度に起因するものも多いことから、必要に応じて首長会議を開催し、国・県及び関係機関への提言や連携した取り組みを検討していく。

こうした諸活動を通して、分権時代の新しい都市間連携を構築し、今後の我が国の諸都市における国際化に必要不可欠な外国人住民との地域共生の確立をめざしていく。（二〇〇一年五月七日）

二〇一七年四月現在の会員都市は、群馬県太田市、大泉町、長野県上田市、飯田市、岐阜県美濃加茂市、静岡県浜松市、富士市、磐田市、掛川市、袋井市、湖西市、菊川市、愛知県豊橋市、豊田市、小牧市、三重県津市、四日市市、鈴鹿市、亀山市、伊賀市、滋賀県甲賀市、岡山県総社市の二二市町である。

外国人集住都市会議の提言や取り組みについては公式ホームページで確認することができる。

草の根の多文化共生―ブラジルタウン

外国人集住都市会議のメンバーであり、ブラジル人の人口比率が日本一である群馬県大泉町（人口の約一〇パーセントがブラジル人）は、静岡県浜松市とともにブラジルタウンとして全国的に知られ、マスコミにもよく取り上げられてきた。一九九〇年当時、町内にある自動車や家電製品の工場、その下請工場で働く人材が不足していた。そこで、労働者受け入れのために行政をあげてブラジルに赴き、町に来てくれた人には冷蔵庫に一週間分の食料を入れて手厚く迎えるなどして、ブラジル人を積極的に受け入れたのである。文化や習慣の違いから地域住民とのトラブルも起こったが、ゴミ出しの掲示板をはじめとする行政の表示や公立小中学校の校内サインなどのポルトガル語併記をいち早く行ったのもこの町である。リーマンショック後、ブラジル人の帰国が相次いだものの、今でもブラジル人コミュニティは過疎化が進む町の活性化に貢献している。町の中心部を走る国道沿いにはポルトガル語表記のショップが軒を連ねており、最近ではこうしたブラジル人向けの店を日本語で紹介するタウン誌も発行されるようになった。

このような集住地では、日本語とポルトガル語のバイリンガルであるブラジル人第二世代が育っている。彼らは青年期を迎え、それまで日本語ができる在日ブラジル人第一世代が担ってきたブラジル人コミュニティと地域社会とのパイプ役を継承し始めている。日本の高等教育を受けた彼らは、集住地の自治体で通訳として働いたり、ブラジル人の子どもたちを対象にポルトガル語を使いながら日本語を教えたりするなど、少しずつ活躍の場を広げている。先に紹介したタウン誌を制作・発行しているのも、日本の大学でポルトガル語を専攻した日系ブラジル人青年である。そして、日本の学校に就学するブラジル人の子どもたちとともに遊び学んだ日本人の子どもたちは、知らず知らずのうちに異文化や異言語の存在を当たり前のものとして受け入れている。後述するように日本ではグローバル人材の育成が急務であるといわれ、青年の内向き志向が懸念されているが、ブラジル人をはじめとする外国籍住民の存在は、日本人にグローバル化の中で生きているという実感を持たせてくれている。

地域住民とポルトガル語

上記のようなブラジル人集住地では、自治体が開講している語学講座などで日本人住民がポルトガル語を学ぶ機会も増しつつある。静岡県浜松市では、日本人の教育支援者にポルトガル語を教える「先生のためのポルトガル語講座」が開講されている。集住地の保育園で、日本人保育士がブラジル人の子どもたちに危険防止の目的で注意するときなど、ポルトガル語を進んで使用しているという報告もある〔品川 二〇一一：一一二〕。集住地に居住した経験がある日本人が転居先でポルトガル語を学び始める例もある。ブラジル人が多数日本に住むようになったことが契機となって、ポルトガル語学習者が増加した。

この傾向はポルトガル語テキストの出版数にも表れている。一九八〇年代にはわずか十数冊であったポルトガル語の学習教材は、ブラジル人が増え始めた九〇年代には八〇冊以上発行されるようになり、二〇〇〇年代もこのペースが維持されている。ブラジルの経済力の上昇によるポルトガル語学習者の増加は世界的な動向であるが、日本における静かなポルトガル語学習ブームはむしろ、ブラジル人の隣人を持つ人々によって支えられているといってよい。

ローカルで鍛えられるグローバル人材の資質

さて、日本政府は先の「グローバル人材育成」について以下のように謳っている。

「若い世代の「内向き志向」を克服し、国際的な産業競争力の向上や国と国の絆の強化の基盤として、グローバルな舞台に積極的に挑戦し活躍できる人材の育成を図る」〔文部科学省公式サイト〕

ここで、「グローバルな舞台に積極的に挑戦し活躍できる人材」にはどのような能力が必要とされるか考えてみよう。「グローバル人材」の概念の要素Ⅰとして、語学力、コミュニケーション能力が挙げられている。しかし、これらの能力は道具にすぎない。大切なのは相手の文化・習慣を知り（異文化に対する理解／要素Ⅲ）、相手の立場に立って物事を考えられる協調性・柔軟性（要素Ⅱ）ではないだろうか。歩み寄りの姿勢を持つことなしに誰かと信頼関係を築くのは難しい。地域社会とブラジル人コミュニティを架橋する在日ブラジル人をはじめとする移民第二世代、彼らと同時代を生き外国人住民のために働く日本人の青年たちはすでにこの力を身につけ始めている。「グローバル」な時代を生きる上で大切な力を、意識すれば「ローカル」で獲得できることに自覚的でありたい。

ブラジル人をはじめとするニューカマーの急増は、これまで日本の単一文化・単一言語という事実と異なる幻想を目に見える形で打ち砕いた。日本の多文化化、多言語化はもう後戻りすることはない。日本の潜在的な多文化化への潮流を瞬く間に顕在化したのは時間的・空間的に凝縮された在日ブラジル人の存在であったと思えてならない。私たちは、間違いなく彼らから多くの恩恵を受けている。

〈引用文献・ウェブサイト〉

品川ひろみ（二〇一一）「多文化保育における通訳の意義と課題——日系ブラジル人児童を中心として」（『保育学研究』第四九巻第二号）一〇八–一一九ページ。
外国人集住都市会議公式サイト〈http://www.shujutoshi.jp/〉（二〇一七年十二月一四日アクセス）。
文部科学省公式サイト〈http://www.mext.go.jp〉（二〇一五年七月一五日アクセス）。

Press.

Matos-Cruz, José de (1999) *O cais do olhar: O cinema português de longa metragem e a ficção muda*, Lisboa, Cinemateca Portuguesa.

Sucena, Eduardo (2002) *Lisboa, o fado e os fadistas*, Lisboa, Vega.

Tinhorão, José Ramos (1994) *Fado: dança do Brasil, cantar de Lisboa, o fim de um mito*, Lisboa, Ed. Caminho.

[政　治]

Lobo, Mariana C. & Neto, Octávio A. (organizadores) (2009) *O semipresidencialismo nos países de língua portuguesa*, Lisboa, Imprensa de Ciências Sociais.

[言　語]

市之瀬敦（2000）『ポルトガルの世界――海洋帝国の夢のゆくえ』社会評論社。

―――（2004）『海の見える言葉――ポルトガル語の世界』現代書館。

―――（2010）『出会いが生む言葉　クレオール語に恋して』現代書館。

内藤理佳（2019）『ポルトガルのポルトガル語』白水社。

Freixo, Adriano de (2010) *Minha Pátria é a Língua Portuguesa: a construção da ideia da lusofonia em Portugal*, Rio de Janeiro, Editora Apicuri.

マカオ

[マカオ近代史]

東光博英（1998）『マカオの歴史――南蛮の光と影』大修館書店。

[マカオ現代史]

塩出浩和（1999）『可能性としてのマカオ――曖昧都市の位相』亜紀書房。

[マカエンセ]

内藤理佳（2014）『ポルトガルがマカオに残した記憶と遺産――マカエンセという人々』上智大学出版。

―――（2017）『マカエンセ文学への誘い（いざない）―ポルトガル人子孫によるマカオ20世紀文学』上智大学出版。

Cabral, João de Pina and N. Lourenço (1993) *Em terra de tufões – Dinâmicas da etnicidade macaense*, Macau: Instituto Cultural de Macau.

Costa, Francisco Lima da (2005) *Fronteiras da identidade: macaenses em Portugal e em Macau*, Lisboa, Fim de Século-Edições, Sociedade Unipessoal, Lda.

Bagno, Marcos（1999）*Preconceito linguístico — o que é, como se faz*, São Paulo, Edições Loyola.
Coulmas, Florian（ed）（1998）*The Handbook of Sociolinguistics (Blackwell Handbooks in Linguistics)*, Wiley-Blackwell.
Hickey, Raymond（ed）（2010）*The Handbook of Language Contact (Blackwell Handbooks in Linguistics)*, Wiley-Blackwell.

[文　学]

Moisés, Massaud（2001）*Pequeno dicionário da literatura brasileira*, 6ªed., São Paulo, Cultrix.
Sá, Jorge de（2001）*A crônica*, São Paulo, Ática.
Setor de Filologia da FCRB（1992）*A crônica*, Campinas, Ed.Unicamp, Rio de Janeiro, Fundação Casa de Rui Barbosa.

[演　劇]

ボアール、アウグスト（1984）『被抑圧者の演劇』里見実他訳、晶文社。
Boal, Augusto（1996）*O arco-íris do desejo*, Rio de Janeiro, Civilização Brasileira.
———（2009）*A estética do oprimido*, Rio de Janeiro, Garamond.
———（2011）*O teatro do oprimido e outras poéticas políticas*, 11ªed., Rio de Janeiro, Civilização Brasileira.
———（2012）*Jogos para atores e não atores*, 15ªed., Rio de Janeiro, Civilização Brasileira.

ポルトガル

[歴　史]

市之瀬敦（2009）『革命のコントラスト——カーネーションとサラザール』上智大学出版。

金七紀男（2010）『図説　ポルトガルの歴史』河出書房新社。

Ramos, Rui（coord.）（2009）*História de Portugal*, Lisboa, A esfera dos livros.

[文化：映画・音楽]

Halpern, Manuel（2004）*O Futuro da saudade: O novo fado e os novos fadistas*, Lisboa, Pub. Dom Quixote.
Johnson, Randal（2007）*Manoel de Oliveira*, Chicago, University of Illinois

三田千代子（2009）『「出稼ぎ」から「デカセギ」へ――ブラジル移民100年にみる人と文化のダイナミズム』不二出版。

Masuda Goga, H., Oda, Teruko（1996）*Natureza – Berço do haicai-Kigologia e antologia*, São Paulo, Diário Nippak.

[在日ブラジル人]

拝野寿美子（2010）『ブラジル人学校の子どもたち――「日本かブラジルか」を超えて』ナカニシヤ出版。

三田千代子編著（2011）『グローバル化の中で生きるとは――日系ブラジル人のトランスナショナルな暮らし』上智大学出版。

[在外ブラジル人]

ヤマグチ、アナ・エリーザ（2012）『在英ブラジル人についての基礎的調査研究』上智大学イベロアメリカ研究所。

Jouët-Pastré, Clémence and Leticia J. Braga（eds.）（2008）*Becoming Brazuca: Brazilian Immigration to the United States*, Cambridge, Harvard University David Rockefeller Center for Latin American Studies.

Margolis, Maxine L.（1994）*Little Brazil : an Ethnography of Brazilian Immigrants in New York City*, Princeton, Princeton University Press.

Margolis, Maxine L.（2013）Goodbye, Brazil: *Émigrés from the Land of Soccer and Samba*, Madison, University of Wisconsin Press.

[多文化共生]

岩渕功一編著（2010）『多文化社会の〈文化〉を問う――共生／コミュニティ／メディア』青弓社。

渡戸一郎・井沢泰樹編著（2010）『多民族化社会・日本――〈多文化共生〉の社会的リアリティを問い直す』明石書店。

[言　語]

ギボ ルシーラ エツコ（2014）『ブラジルの沖縄系移民社会における言語接触によって発生した言語の研究』学位論文（博士）琉球大学学術リポジトリ2014年3月20日。

工藤真由美編（2009）『ブラジル日系・沖縄系移民社会における言語接触』ひつじ書房。

工藤真由美・八亀裕美（2008）『複数の日本語――方言からはじめる言語学』講談社選書メチエ。

民社会の挑戦に学ぶ』新評論。

[社会：サッカー]

市之瀬敦（2006）『砂糖をまぶしたパス——ポルトガル語圏のフットボール』白水社。

ベロス、アレックス（2006）『フチボウ——美しきブラジルの蹴球』土屋晃・対馬妙訳、ソニーマガジンズ。

[文化：映画・音楽・テレノベーラ]

Alencar, Mauro（2002）*A Hollywood brasileira: Panorama da telenovela no Brasil*, Rio de Janeiro, Senac.

McGowan, Chris and Ricardo Pessanha（1998）*The Brazilian Sound: Samba, Bossa Nova, and the Popular Music of Brazil*, Philadelphia, Temple University Press.

Nagib, Lúcia（2002）*O cinema da retomada: Depoimentos de 90 cineastas dos anos 90*, São Paulo, Ed. 34.

Perrone, Charles A. and Christopher Dunn（2001）*Brazilian Popular Music & Globalization*, Gainesville, University Press of Florida.

Shaw, Lisa and Stephanie Dennison（2007）*Brazilian National Cinema*, London, Routledge.

[政治・経済]

近田亮平編（2014）『躍動するブラジル——新しい変容と挑戦』アジア経済研究所。

二宮康史（2011）『ブラジル経済の基礎知識』（第2版）ジェトロ。

堀坂浩太郎編（2004）『ブラジル新時代——変革の軌跡と労働者党政権の挑戦』勁草書房。

堀坂浩太郎（2012）『ブラジル——跳躍の軌跡』（岩波新書1380）岩波書店。

[日系社会]

太田恒夫（1995）『日本は降伏していない』文藝春秋。

佐藤念腹（選）（1979）『木蔭雑詠選集』永田書房。

サンパウロ人文科学研究所編（1997）『ブラジル日本移民史年表』無明舎。

高橋幸春（1993）『日系ブラジル移民史』三一書房。

半田知雄（1970）『移民の生活の歴史——ブラジル日系人の歩んだ道』サンパウロ人文科学研究所。

増田恆河（1995）『自然諷詠』日伯毎日新聞社。

本書執筆者によるおすすめ文献リスト

ブラジル

[事　典]

『新版ラテン・アメリカを知る事典』平凡社。

『新版アフリカを知る事典』平凡社。

『新訂増補スペイン・ポルトガルを知る事典』平凡社。

『現代ブラジル事典』新評論。

[総　説]

麻生雅人・山本綾子編（2012）『ブラジル・カルチャー図鑑――ファッションから食文化までをめぐる旅』スペースシャワーネットワーク。

IAPEポルトガル語教室・谷啓子・富本潤子編著（2001）『ブラジルと出会おう』国土社。

上智大学外国語学部ポルトガル語学科編（2014）『上智大学外国語学部シリーズ　地域研究のすすめ（ポルトガル語圏編）』（第5版）。

[歴　史]

ヘミング、ジョン（2010）『アマゾン――民族・征服・環境の歴史』国本伊代・国本和孝訳、東洋書林。

山田睦男編（1986）『概説ブラジル史』有斐閣。

[社会：教育、子ども]

牛田千鶴編（2014）『南米につながる子どもたちと教育――複数文化を「力」に変えていくために』行路社。

小貫大輔（1990）『耳をすまして聞いてごらん』ほんの木。

木村ゆり（1999）『路上の瞳――ブラジルの子どもたちと暮らした四〇〇日』現代企画室。

里見実（2010）『「被抑圧者の教育学」を読む』太郎次郎社エディタス。

フレイレ、パウロ（2011）『被抑圧者の教育学　新訳』三砂ちづる訳、亜紀書房。

ベゼラ・デ・メーロ、イボネ（1995）『リオの路上から――イボネと子供たち』宮川智恵子訳、丸善プラネット。

[社会：NGO]

篠田武史・宇佐見耕一編（2009）『安心社会を創る――ラテン・アメリカ市

内藤理佳（NAITO, Rika）
専門：マカオ地域研究（ポルトガル人子孫のエスニシティ）、欧州ポルトガル語
最近の業績：『ポルトガルのポルトガル語』白水社、2019年。

ネーヴェス　マウロ　ジュニオル（NEVES, Mauro Junior）
専門：ラテン・アメリカやアジアのポップカルチャーに見る社会情勢研究、ファド研究
最近の業績：「マノエル・デ・オリヴェイラ監督の作品におけるヨーロッパのイメージ――ポルトガルからヨーロッパへ」（『ヨーロッパ映画における移民たち』上智大学ヨーロッパ研究所、2008年）209－219ページ。

拝野寿美子（HAINO, Sumiko）
専門：異文化間教育学、移民研究
最近の業績：田村梨花・三田千代子・拝野寿美子・渡会環共編『ブラジルの人と社会』上智大学出版、2017年。

矢澤達宏（YAZAWA, Tatsuhiro）
専門：アフリカ地域研究（おもに政治・歴史）、ブラジル黒人研究（黒人史・人種間関係）
最近の業績：『ブラジル黒人運動とアフリカ』慶應義塾大学出版会、2019年。

〈訳者〉
山田将之（YAMADA, Masayuki）［ミーニョ大学大学院博士後期課程］
専門：言語学（第二言語習得）、外国語教育
最近の業績：Descrição das peculiaridades da interlíngua dos aprendentes japoneses da língua portuguesa através da análise de erros com o auxílio computacional (MA Thesis, Sophia University, Tokyo, Japan, 2015).

後藤　崇（GOTO, Takashi）
［在リオデジャネイロ日本国総領事館　副領事］

執筆者一覧

（五十音順）

市之瀬敦（ICHINOSE, Atsushi）
専門：ピジン・クレオール諸語、ポルトガル語圏近現代史研究
最近の業績：『ポルトガル　震災と独裁、そして近代へ』現代書館、2016年。

ギボ　ルシーラ（GIBO, Lucila）
専門：ポルトガル語学、琉球語学、言語接触の研究
最近の業績：『ブラジルの沖縄系移民社会における言語接触によって発生した言語の研究』博士論文、琉球大学学術リポジトリ、2014年。

子安昭子（KOYASU, Akiko）
専門：国際関係論、ブラジルの政治・外交研究
最近の業績：堀坂浩太郎・子安昭子・竹下幸治郎共著『現代ブラジル論—危機の実相と対応力』上智大学出版、2019年。

ジアス　ニウタ（DIAS, Nilta）
専門：児童教育学、在日ブラジル人児童の教育問題研究
最近の業績："Diversity and Education: Brazilian Children and Religious Practices in Everyday Life at Japanese Public Schools", in Córdova Quero, Hugo and Rafael Shoji (ed.) *Transnational Faiths Latin-American Immigrants and their Religions in Japan, Surrey,* Ashgate, 2014, pp.89-106.

田村梨花（TAMURA, Rika）
専門：ブラジル地域研究、ブラジル貧困地域のコミュニティ教育研究
最近の業績：田村梨花・三田千代子・拝野寿美子・渡会環共編『ブラジルの人と社会』上智大学出版、2017年。

トイダ　エレナ（TOIDA, Helena）
専門：ブラジル文学研究、翻訳通訳論
最近の業績：『これなら覚えられる！ ブラジル・ポルトガル語単語帳』NHK出版、2012年。

ポルトガル語圏世界への50のとびら

2015年12月30日　第1版第1刷発行
2020年 3 月10日　第1版第2刷発行

編　者：上智大学外国語学部ポルトガル語学科

発行者：佐 久 間　　　　勤

発　行：Sophia University Press
上　智　大　学　出　版

〒102-8554　東京都千代田区紀尾井町7-1
URL：https://www.sophia.ac.jp/

制作・発売　㈱ぎょうせい

〒136-8575　東京都江東区新木場1-18-11
TEL 03-6892-6666　FAX 03-6892-6925
フリーコール　0120-953-431

〈検印省略〉　URL：https://gyosei.jp

印刷・製本　ぎょうせいデジタル㈱
ISBN978-4-324-10016-5
(5300246-00-000)
[略号：(上智) ポルトガルのとびら]

Sophia University Press

上智大学は、その基本理念の一つとして、
「本学は、その特色を生かして、キリスト教とその文化を研究する機会を提供する。これと同時に、思想の多様性を認め、各種の思想の学問的研究を奨励する」と謳っている。

大学は、この学問的成果を学術書として発表する「独自の場」を保有することが望まれる。どのような学問的成果を世に発信しうるかは、その大学の学問的水準・評価と深く関わりを持つ。

上智大学は、(1) 高度な水準にある学術書、(2) キリスト教ヒューマニズムに関連する優れた作品、(3) 啓蒙的問題提起の書、(4) 学問研究への導入となる特色ある教科書等、個人の研究のみならず、共同の研究成果を刊行することによって、文化の創造に寄与し、大学の発展とその歴史に貢献する。

Sophia University Press

One of the fundamental ideals of Sophia University is "to embody the university's special characteristics by offering opportunities to study Christianity and Christian culture. At the same time, recognizing the diversity of thought, the university encourages academic research on a wide variety of world views."

The Sophia University Press was established to provide an independent base for the publication of scholarly research. The publications of our press are a guide to the level of research at Sophia, and one of the factors in the public evaluation of our activities.

Sophia University Press publishes books that (1) meet high academic standards; (2) are related to our university's founding spirit of Christian humanism; (3) are on important issues of interest to a broad general public; and (4) textbooks and introductions to the various academic disciplines. We publish works by individual scholars as well as the results of collaborative research projects that contribute to general cultural development and the advancement of the university.

Cinquenta portas para o mundo lusófono

published by
Sophia University Press

production & sales agency : GYOSEI Corporation,Tokyo
ISBN 978-4-324-10016-5
order : http://gyosei.jp